Wolfgang Senz

Reformation des Sozialismus

Wolfgang Senz

Reformation des Sozialismus

Eine Alternative zum sozialdemokratischen Reformismus

Rediroma-Verlag

Bibliografische Information der Deutschen Nationalbibliothek:
Die Deutsche Nationalbibliothek verzeichnet diese Publikation in der Deutschen Nationalbibliografie; detaillierte bibliografische Daten sind im Internet über http://portal.dnb.de abrufbar.

ISBN 978-3-98885-227-4

www.rediroma-verlag.de
19,95 Euro (D)

Vorwort

„Bei einer der Zahl und Ausbildung nach unentwickelten Arbeiterklasse kann das allgemeine Wahlrecht lange als das Recht erscheinen, den «Metzger» selbst zu wählen, […]“ Diesen Satz hat Eduard Bernstein 1899 geschrieben. Was er beschreibt, das ist immer noch gesellschaftliche Realität. Hinzuzufügen ist lediglich, dass der Satz nicht auf die Arbeiterklasse eingeschränkt werden darf. Wie anders soll es möglich sein, dass in einer österreichischen Tageszeitung KURIER (12.03.2023) folgende Sätze von Rudolf Mitlöhner vorgesetzt werden können: „Auf noch viel mehr Resonanz, weit über kirchliche Kreise hinaus, stößt seit jeher das «politische» Programm von Franziskus. Hier sind zunächst seine Positionen zu sozioökonomischen Fragen zu nennen, wo eine extrem globalisierungskritische und antimarktwirtschaftliche Haltung zu erkennen ist. Dagegenhalten ließe sich, dass «diese Wirtschaft» eben nicht «tötet» (Franziskus in *Evangelii gaudium*), sondern das effektivste Mittel zur Verbreitung von Wohlstand, Frieden und sozialer Sicherheit ist, das es je gegeben hat.“ Das ist Realitätsverweigerung ersten Ranges. Aber sie löst keine Empörung aus. Der Grund hierfür liegt auch darin, dass dergleichen Propaganda ununterbrochen verbreitet wird, die von Bernstein eingeforderte Ausbildung im Keim erstickend.

Aber diese Ausbildung ist zu realisieren. Das hiermit angegebene Ziel ist weiter entfernt, als es zunächst den Anschein haben mag. Der Grund hierfür ist, dass gleich der erste Schritt auf dem Weg zum Ziel einen Tabubruch bedeutet. Es gilt zu erkennen, dass die aufgeklärte Moderne, auf die sich uneingeschränkt von den Protagonisten „dieser Wirtschaft“ berufen wird, kein Triumph der Vernunft ist; sie ist ein Triumph klassengesellschaftlichen, marktgesellschaftlichen Denkens. Das einzusehen bereitet den Kritikern „dieser Wirtschaft" (zumindest abseits der Kirche) offensichtlich enorme Probleme. Somit akzeptieren sie aber, was die Basis dessen ist, was sie ablehnen. Eine erstaunliche Situation, die allgemein erbreitet ist, auch bei am Tier-, Naturschutz usw. interessierten Menschen. Die „Metzger" wird's freuen.

Das vorliegende Buch versucht im Namen der dialektischen Tradition zu zeigen, dass der eingeforderte Tabubruch kein Abgleiten in die Vernunftlosigkeit bedeutet, sondern tatsächlich erst zur Vernunft vordringen lässt.

Inhaltsverzeichnis

1 Einleitung

Mit dem Auftreten der Aufklärung haben sich gesellschaftliche Kräfte etabliert und durchgesetzt, die im feien Markt – im freien Unternehmer – die Substanz der bürgerlichen Gesellschaft sehen. Die Aufklärung *klärt* darüber *auf*, dass die Gesellschaftsordnung nicht auf welchen übernatürlichen Grundsätzen auch immer aufgebaut werden darf, die den rein weltlich verstandenen Fleiß der Unternehmer unterwandern, anstatt ihn zu fördern. Das hieran geknüpfte Bild von der wohlgeordneten Gesellschaft umfasst, die Vorstellung von der Gleichheit der Menschen auf jene am Markt reduzieren zu müssen. Die Gleichheit der Menschen an und für sich wird als metaphysische Phantasie zurückgewiesen.

Tatsächlich, so geben die Protagonisten dieses Denkens zu, bringt ihre Vorstellung von der Gleichheit der Menschen eine Klassengesellschaft mit sich, die Gesellschaft in Eliten und Nicht-Eliten teilend. Das darf aber nicht negativ verstanden werden, fügen sie sogleich hinzu. Einerseits ist das Wirken der Eliten für die Nicht-Eliten vorteilhaft, was soviel bedeuten soll wie: ohne den Eliten ginge es den auf sich gestellten Nicht-Eliten schlechter. Andererseits soll die Marktgesellschaft eine durchlässige Gesellschaft sein, hat man sich doch, der Aufklärung sei es gedankt, von dem Adelsprivileg der Geburt emanzipiert. Wer es nicht am nötigen Fleiß mangeln lässt, dem ist der Weg in die Klasse der Eliten nicht versperrt.

Gegen dieses Klassendenken ließe sich nichts einwenden, ließe es sich rechtfertigen; ließe sich also darlegen, dass es keinen Reduktionismus enthält. Aber gerade hiervon, so wird sich zeigen, kann nicht die Rede sein. Der Grund hierfür liegt darin, dass diese Denken in der modernen Aufklärung wurzelt. Diese Aufklärung ist keine Aufklärung im Namen der Vernunft. Sie ist eine Aufklärung im Namen der Protegierung der Interessen der klassengesellschaftlichen Eliten. Diesen ist es gelungen, die Inhalte der modernen Aufklärung so sehr außer Streit zu stellen, dass sie auch von den Kritikern der Klassengesellschaft verfochten werden, mit verhängnisvollen Folgen.

Aufbauend hierauf soll in dem vorliegenden Buch dargelegt werden: Zur wohlgeordneten Gesellschaft, also einer die Gleichwürdigkeit der Menschen anerkennenden Gesellschaft, wird nur mittels der sozialistischen Ideologie gefunden, als dem modernen Gegenentwurf zur marktgesellschaftlichen Ideologie und der kapitalistischen Marktwirtschaft. Aber die sozialistische Ideologie kann ihr Potenzial nur entfalten, wenn sie zur vollen Entfaltung gebracht wird. Das ist bisher noch nicht geschehen, wofür der Grund eben in der fehlenden Emanzipation von der modernen Aufklärung liegt.

Diese Entfaltung soll in dem vorliegenden Buch skizziert werden, aus der kritischen Betrachtung des Wissenschaftlichen Sozialismus von Karl Marx und Friedrich Engels und der Sozialdemokratie, vor allem aber im Lichte der nötigen philosophischen Fundierung, die die unerläßliche Emanzipation von der modernen Aufklärung erbringen muss.

Eine anschaulichere Darstellung dessen, was in dem Buch gezeigt werden soll, lautet: Der Triumph des modernen klassengesellschaftlichen Denkens hat seine Wurzel in der Zeit der aufkommenden Industrie, die sich ihrerseits enormen Fortschritten in Naturwissenschaft und Technik verdankt. Es ist leicht vorstellbar, dass von diesen Fortschritten eine Suggestivkraft ausgegangen ist, die den Blick ausschließlich auf die weltliche Ebene gelenkt hat, jenen auf das Ganze vernebelnd. Man ist also darauf verfallen, den empirischen bzw. innerweltlichen Blick als das Sein vollständig wiedergebend zu verstehen. Von „Vernebelung“ ist hier tatsächlich zu sprechen, denn, so wird zu zeigen sein, rechtfertigen lässt sich diese, eine Einengung bedeutende Fokussierung des Blicks nicht. Im folgenden Kapitel wird dieser Umstand deutlich gemacht.

Dass Probleme vorliegen, ist den Protagonisten der Aufklärung durchaus aufgefallen, aber „berauscht“ von den Fortschritten hat man daraus originelle Konsequenzen gezogen: Einerseits ist jegliches Denken, das sich gegen diese Verengung wendet, als anachronistischer Unfug diskreditiert worden. Andererseits hat man sich darauf geeinigt, dass nicht erbracht werden braucht, was angeblich (!) nicht erbracht werden kann: eine rechtfertigbare Vorstellung vom Sein, der Welt, den Menschen. Diese Rechtfertigung ist aber, wie also im folgenden Kapitel zu zeigen ein wird, sehr wohl erbringbar, lediglich die aufgeklärte Moderne ist hierzu nicht fähig.

Den Protagonisten und Nutznießern der Marktgesellschaft, also den neuen Eliten im Geiste der Aufklärung, kann man besagte Berauschtheit nicht vorwerfen. Sie haben nüchtern erkannt, dass, was ihnen hier an Möglichkeiten entgegenwächst, geeignet ist, ihre Hybris, ihr „mehr sein wollen als andere Menschen“ (Klassendenken!) befriedigen zu können. Sie haben also erkannt, dass ihnen hier etwas geboten wird, das die alten gesellschaftlichen Eliten verabschieden lässt, sodass sie sich an deren Stelle setzen können. Die fehlende Rechtfertigbarkeit des neuen Weltbildes ist ihnen hierbei nicht einmal ansatzweise ein Thema gewesen. Sie mussten und müssen lediglich darauf achten, dass sich dieses Defizit nicht herumspricht.

Wem es ein Anliegen ist, zur wohlgeordneten Gesellschaft zu finden, der muss aber diesen Reduktionismus durchbrechen bzw. dafür sorgen, dass er sich „herumspricht“, der muss zu einem zutreffenden Menschen-, Gesellschafts- und Weltbild vordringen. Das ist etwas anderes, als innerhalb der Marktgesellschaft nach dem kleinsten Übel zu suchen, geleitet von dem Engagement, die Situation der Nicht-Eliten zu verbessern. Die Eliten können ein derartiges Engagement sogar in ihrem Interesse aufgreifen, insoweit es ihnen nämlich dienlich ist, etwaige Empörungen abzuwenden (soziales Engagement als Empörungsprophylaxe).

Um besagten Reduktionismus durchbrechen zu können, muss man zunächst Sensibilität dafür entwickelt haben, dass ein solcher überhaupt vorliegt. Die Wurzel hierfür kann darin liegen, dass einem die Aussage, die Gleichheit und Gleichwürdigkeit der Menschen läßt sich auf deren Funktion als Marktteilnehmer reduzieren, suspekt wird. Dass einem ein Denken suspekt wird, das von der Gleichheit der Menschen spricht und selbige zugleich in Klassen einteilt. Einsicht in diesen Umstand zu erlangen stellt eine immense Leistung dar, aufgrund der enormen Propaganda, mit der sich das klassengesellschaftliche Denken seit seinen Anfängen in Erinnerung ruft. Karl Marx und Friedrich Engels sind die ersten gewesen, die zu dieser Leistung auf gehaltvolle Weise fähig gewesen sind.

Sie haben sich nicht davon einnehmen lassen, die gesellschaftliche Bedeutung industrieller Produktionsprozesse, die ihnen nicht entgangen ist, mit deren marktgesellschaftlicher Ausgestaltung identifizieren zu sollen. Marx und Engels haben erkannt, dass es sich hierbei um einen Kurzschluss handelt, im Dienste der neuen Eliten. Zudem haben sie erkannt, diesen Kurzschluss vollständig zurückweisen zu müssen, anstatt ihn anzuerkennen, aber dekoriert mit Bemühungen um das Schicksal der Nicht-Eliten.

In dieser Hinsicht ist es ihnen zweifellos gelungen, sich nicht von dem neuen Zeitgeist *einnehmen zu lassen*. Insofern sind sie auf jenem sozialistischen Boden gestanden, der zu einer wohlgeordneten Gesellschaft führt, insofern diese nicht aus der Beachtung der Gesetze der freien Wirtschaft herleitbar ist. Jedoch, in einer anderen, hiermit aber wesentlich zusammenhängenden Hinsicht ist es ihnen *nicht gelungen*, zur nötigen Selbständigkeit gegenüber dem Zeitgeist zu finden. Das betrifft ihre Einschränkung des Blickes alleine auf die weltliche Ebene, also den innerweltlichen Blick. *Diesbezüglich unterscheidet sich der Materialismus von Marx und Engels in nichts von dem Denken der „aufgeklärten", marktgesellschaftlichen Eliten. Hieraus müssen ihnen Probleme erwachsen sein.*

Eigentlich beklemmend ist, dass sie in Händen gehalten haben, was sie ihr Ziel hätte vollständig erreichen lassen: *die Dialektik Hegels*. Auch Hegel berichtet davon, dass die wohlgeordnete Gesellschaft nicht aus der weltlichen Veranstaltung „freie Marktwirtschaft" hergeleitet werden darf. Aber seiner Philosophie gemäß folgt hieraus nicht die Auflösung der Marktwirtschaft, sondern deren Bändigung durch die Beachtung von jenem, das einsichtig wird, wenn der Blick nicht nur auf die weltliche Ebene gerichtet wird. Es ist leicht nachvollziehbar, dass Marx und Engels derlei als bourgeoissozialistische Verblendung erscheinen konnte.

Das hieraus resultierende Mißverständnis hat zu der berühmten Aussage geführt, Hegels Philosophie „vom Kopf auf die Füße stellen zu müssen". In diesem Sinne haben sie die Dialektik aus Hegels Philosophie herauspräpariert und in ihr eigenes materialistisches Denken implantiert. Damit haben sie die Dialektik aber nicht „auf die Füße gestellt": *sie haben sie zugrunde gerichtet*.

Somit erhebt sich die Frage: Was ist Engels und Marx eigentlich an Hegels Dialektik so bedeutungsvoll gewesen, dass sie auf sie zugegriffen haben? Die Antwort hierauf liegt in der Differenz, zu der gemäß der Dialektik zum marktwirtschaftlichen Denken zu treten ist, jegliches Sich-Arrangieren mit selbiger ausschließend. Der Wissenschaftliche Sozialismus Engels' und Marxens versteht die Ausbildung der wohlgeordneten, klassenlosen Gesellschaft als Negation der kapitalistischen Gesellschaft. Tatsächlich ist das Negations-Argument ein wesentliches Element der Dialektik Hegels, aber es „funktioniert" keinesfalls innerhalb eines materialistischen Rahmens.

In diesem Sinne lässt sich der Wissenschaftliche Sozialismus mittels folgender Formel charakterisieren:

Die Dialektik Hegels wird aufgegriffen, aber in einen materialistischen Kontext eingegliedert. Im Sinne dieser Dialektik wird die Realisierung der wohlgeordneten Gesellschaft davon abhängig gemacht, dass zum Kapitalismus in Differenz getreten wird (Negation), dass er überwunden wird. Hierbei wird Kapitalismus mit Marktwirtschaft gleichgesetzt.

Hierin liegt auch, dass Engels und Marx meinten, die Negation des Kapitalismus gleichsam als mit naturgesetzlicher Notwendigkeit auftretendes Phänomen verstehen zu können: Der Kapitalismus trägt seine eigene Auflösung in sich. Das hat sich als verhängnisvoller Irrtum erwiesen, der seine Quelle nicht zuletzt im sorglosen Umgang mit Hegels Dialektik hat. Insofern kann nicht überraschen, dass Reformationsversuche aufgetreten sind.

Eine insbesondere geschichtsträchtig gewordene Reformation ist – verkürzt gesagt - von Eduard Bernstein initiiert worden und hat zur Sozialdemokratie geführt. Dieser zielte unmittelbar auf Schwierigkeiten in der Position Marxens und Engels' ab, wie sie sich aus deren Verwendung von Hegels Dialektik ergeben haben. Bernstein zielte aber nicht darauf ab, die Fehlerbehaftetheit dieser Verwendung zu überkommen. Im Namen der konsequenten Beachtung der modernen Vernunft zielte er darauf ab, die Dialektik zu streichen. Zumindest insofern ist seine Reformation der hier zu gebenden Reformation diametral entgegengesetzt.

Bernsteins Vorgehen bedeutet vor allem den Verzicht darauf, die wohlgeordnete Gesellschaft in Differenz zur Marktwirtschaft zu begreifen. Das hat zu dem Schlagwort des Hinüberwachsens in die wohlgeordnete Gesellschaft geführt. Zunächst ist dieses Hinüberwachsen durchaus noch in Verknüpfung mit der Überwindung der Marktwirtschaft verstanden worden, selbige also nur in ihrer kapitalistischen Ausprägung denkbar verstanden worden. Aber hiervon ist innerhalb der Sozialdemokratie abgekommen worden. Das Hinüberwachsen in die wohlgeordnete Gesellschaft wurde als Übwindung des Kapitalismus unter Beibehaltung der Marktwirtschaft begriffen. Als Rechtfertigung hiervon wurde angegeben, dass die Menschen soziale Kräfte entwickeln, die das Eigenwohl in Verknüpfung mit der Beachtung des Allgemeinwohls verstehen lassen.

Aus der Perspektive Marxens und Engels' versandet ein derartiger Ansatz notwendig im Bourgeoise-Sozialismus, der zwar um eine Verbesserung der Situation der Nicht-Eliten in einer Klassengesellschaft bemüht sein mag, keinesfalls aber darum, die Probleme, die eine Klassengesellschaft mit sich bringt, an ihrer Wurzel zu fassen. Tritt Marktwirtschaft auf, so ihre Argumentation, so ist das ein Zeichen dafür, dass die Menschen noch auf dem Niveau der Tiere sind: sie können nur um ihr eigenes, individuelles Wohl bemüht sein, konkret unter Konkurrenzbedingungen. Unter diesen Bedingungen können die von der Sozialdemokratie eingeforderten sozialen Kräfte nicht zur Ausbildung kommen. Tatsächlich sollen sie nur im Rahmen der Negation dieser Bedingungen auftreten können.

Hiervon hat sich Bernstein nicht beeindrucken lassen, auch da er erkannt hat, dass die von Engels und Marx behaupteten Zeichen für die Selbstauflösung des Kapitalismus ausbleiben. Dergleichen hat ihn zu der Überzeugung gebracht, dass die Marktwirtschaft nicht zu überwinden (Negation) ist bzw. nicht überwunden werden braucht, da sie flexibel genug ist, um in die wohlgeordnete Gesellschaft integriert werden zu können.

Angesichts hiervon ist der Kern des Reformismus sensu Bernstein bzw. der Sozialdemokratie in folgende Formel zu gießen:

Der Dialektik Hegels wird jegliche Bedeutung abgesprochen. Hiermit wird auch die Vorstellung von der Differenz (Negation) aufgegeben, gemäß der auf revolutionärem Wege er Kapitalismus überwunden werden soll. Die Überwindung des Kapitalismus geschieht im Rahmen eines Hinüberwachsens aufgrund erwachender sozialer Käte in den Menschen. Diese Vorstellung vom Hinüberwachsen hat innerhalb der Sozialdemokratie zur Auflösung der Gleichsetzung von Kapitalismus und Marktwirtschaft geführt. Der Kapitalismus muss überwunden werden, aber die Marktwirtschaft kann aufgrund der erwachenden sozialen Kräfte genutzt werden, da sie entsprechend reguliert werden kann.

Aber auch diese Formel hat sich als nicht zielführend erwiesen. Nicht zuletzt die Entwicklungen in Richtung Monopolkapitalismus, wie sie seit mehr als zwei Jahrzehnten in sukzessive mehr westlichen Gesellschaften zu beobachten sind, führen die Vorstellung vom Hinüberwachsen endgültig ad absurdum. Das bedeutet auch: Bernsteins Vorstellung von den erwachenden gemeinschaftsorientierten Kräften in den Menschen ist genauso eine Fehleinschätzung wie

Engels' und Marxens Vorstellung von der dem Kapitalismus einwohnenden Selbstauflösung.

Somit liegt vor, dass der Wissenschaftliche Sozialismus eine reformbedürftige Darstellung des Sozialismus ist und die Reform im Sinne der Sozialdemokratie in die Irre geführt hat. Daher, so soll gefolgert werden, bedarf es einer neuen Reform. Worauf hat diese zu achten? Der Wissenschaftliche Sozialismus ist daran gescheitert, dass er die Überwindung des Kapitalismus, womit auch die Überwindung der Marktwirtschaft gemeint ist, als Ergebnis eines geschichtlichen Prozesses verstanden hat. Unbenommen von dieser Kritik bleibt die Vorstellung, die wohlgeordnete Gesellschaft nur aus einem Denken heraus gestalten zu können, das in Differenz zur Marktwirtschaft ist. Die sozialdemokratische Reform ist an der Vorstellung gescheitert, diese Differenz aufheben zu sollen. Unbenommen hiervon bleibt, die Marktwirtschaft mit der wohlgeordneten Gesellschaft versöhnen zu können.

Hieraus folgt für die Konzeption einer neuen Reform, die Vorstellung von der Differenz mit jener von der Beibehaltung der Marktwirtschaft verschmelzen zu müssen. Auf den ersten Blick scheint dieses Unterfangen unmöglich ausführbar zu sein. Aber dieser erste Blick täuscht. Er täuscht, da er ausgeblendet lässt, was Engels und Marx nur in verzerrter Gestalt aufgeboten und die Sozialdemokratie überhaupt ignoriert hat: Hegels Dialektik. An dieser interessiert hier vor allem, dass sie die Reduktion auf den innerweltlichen Blick zurückweist, ohne deshalb Welten in Anspruch zu nehmen, von denen man nicht wissen kann, wo sie eigentlich sein sollen, wie gebetsmühlenartig in der aufgeklärten Moderne unterstellt wird.

Was ist aus der Perspektive der „neuen" Reformation an Hegels Dialektik entscheidend? Indem sie die Reduktion auf die weltliche Ebene zurückweist, fordert sie zur

Thematisierung der (hier so zu nennenden) personalen Ebene heraus. Hiermit eröffnet sie, genau jenes erbringen zu können, was auch Marx, Engels und die Sozialdemokratie in Anspruch nehmen, die Ausbildung sozialer Kräfte abseits des Konkurrenzdenkens, aus denen heraus die wohlgeordnete Gesellschaft aufgebaut werden kann. Die Ermöglichung hiervon wurzelt also in der Zurückweisung der Reduktion auf den innerweltlichen Blick. Anders gewendet: In der Zurückweisung des Leuchtturms der modernen Aufklärung. Zuerst ist daher zu erkennen, dass dieser Leuchtturm von einer Aufklärung aufgebaut worden ist, die nicht der Triumph der Vernunft ist, sondern der Triumph der Eliten der modernen Klassengesellschaft.

Zweifellos stellt diese Orientierung an Hegel einen Tabubruch ersten Ranges dar, aber nur wer sich hiervon nicht beeindrucken lässt, kann zur Entfaltung des Sozialismus beitragen.

Die „neue“ Reformation lässt sich in folgende Formel gießen:

Die Dialektik Hegels ist aufzugreifen, ohne sie – der aufgeklärten Moderne folgend – in ein materialistisches Korsett zu zwängen. Somit ist auch das Differenzargument beizubehalten. Aber die hiermit angesprochene Negation des Kapitalismus trägt sich nicht, anders als im Wissenschaftlichen Sozialismus ausgesagt, in der Zeit - Geschichte - zu, sondern indem zur personalen Ebene von Ich vorgedrungen wird, was erst die Thematisierung jener sozialen Kräfte ermöglicht, mittels derer die wohlgeordnete Gesellschaft aufgebaut werden kann. Daher ist auch zwischen Kapitalismus und Marktwirtschaft zu unterscheiden. Jener ist zu negieren, was sich aus den gewonnen Einsichten in die dem Ich einwohnenden sozialen Kräfte ergibt, ohne dass die Marktwirtschaft aufgegeben werden muss, da diese Kräfte zugleich tatsächlich (also anders als in der Sozialdemokratie) eine Regulation des Marktes im Sinne der wohlgeordneten Gesellschaft erlauben.

Diese Formel wirft freilich zahlreiche Fragen auf, die es zu beantworten gilt. Aber die Beantwortung all dieser Fragen braucht nur in Angriff genommen zu werden, wenn zunächst begründet werden kann, dass die Erweiterung des innerweltlichen Blicks um die Thematisierung der personalen Ebene tatsächlich gerechtfertigt werden kann. Das hiermit gegebene philosophische Problem steht im Zentrum des folgenden Kapitels.

2 Philosophische Überlegungen, die den Weg zu einer Reformation des Sozialismus weisen

Vorbemerkung. Das vorliegende Buch behandelt ein gesellschaftliches Thema. Daher mag überraschen, dass die Gesellschaft in dem anstehenden Kapitel erst ab Abschnitt XIX. unmittelbar Thema ist. Der Grund hierfür liegt darin, dass die hier vorzuschlagende Reformation des Sozialismus auf einer Philosophie aufbaut, die kaum noch bekannt ist, sodass sie in ihren Grundzügen von ihrem Fundament an dargelegt werden muss. Die Substanz der darzustellenden Philosophie ergibt ich aus jener Hegels, die in entfalteter Form geboten wird. Es wird sich noch zeigen, was es damit auf sich hat, dass Hegels Philosophie in der aufgeklärten Moderne ignoriert wird.

- I. -

In der Einleitung ist die These aufgestellt worden, die Fundierung des Sozialismus in unmittelbarer Verknüpfung mit der Dialektik Hegels begreifen zu müssen. Das ist gleichbedeutend damit, die moderne Aufklärung als reduktionistisches Unterfangen zurückzuweisen. Anders formuliert: Die alleinige Ausrichtung am empirischen Blick – dem innerweltlichen Blick – ist als reduktionistisches Unterfangen zurückzuweisen. Noch einmal anders formuliert: Die Behauptung, dass der empirische Blick das Sein bzw. Seiendes unmittelbar erfassen lässt, ist zurückzuweisen. Wovon hiermit die Rede ist, das wird im Sozialismus als völliger Unsinn abgetan, als Anachronismus, der nicht weiter hilft. Dem soll entgegengehalten werden, dass es gerade die Ausrichtung auf den empirische Blick im Sinne der modernen Aufklärung ist, die dem Sozialismus nicht weiter hilft. Sie hilft nicht dem Sozialismus; sie hilft den Protagonisten der Klassengesellschaft. Solange der Sozialismus nicht zu dieser Einsicht findet, kann er sich nicht gerecht werden, zur Freude besagter Protagonisten.

Das lässt sich in folgende Formel gießen:

Die moderne Aufklärung mit ihrer Reduktion auf den innerweltlichen Blick ist nicht der Triumph der Vernunft – sie ist der Triumph klassengesellschaftlichen Denkens in einer industrialisierten Gesellschaft und kann daher vom Sozialismus nicht angenommen werden.

Dese Formel gilt es zu rechtfertigen, um den Weg zur Vorstellung von einer wohlgeordneten Gesellschaft zu ebnen.

Zu den zentralen Sätzen der modernen Aufklärung gehört der Satz, dass nichts im Denken sein kann, was nicht vorher in den Sinneswahrnehmungen gewesen ist. Hiermit soll zum Ausdruck gebracht sein, dass die Menschen, wie alle Lebewesen, alleine als weltliche Erscheinungen zu verstehen sind, die sich mittels der Sinnesorgane jene Informationen über ihre Umwelt verschaffen, derer sie zur Befriedigung ihrer Bedürfnisse benötigen. Ihr Wissen basiert alleine hierauf. Jeglicher metaphysische, religiöse usw. Versuch, diese Vorstellung vom Menschen um die Annahme einer – trivial formuliert - Seele zu erweitern, die nicht wieder als körperlich und daher weltlich zu verstehen ist, und die ein weiteres (grundsätzlicheres) Wissen mitbringt, sodass nicht mehr alles Wissen seinen Ursprung in den Sinneswahrnehmungen hat, wird als Unsinn abgetan.

Die Frage lautet somit: Lässt sich der Satz, wonach nichts im Denken ist, was nicht zuvor in den

Sinneswahrnehmungen gewesen ist, wird er tatsächlich ernst genommen, rechtfertigen?

- II. -

Wahrnehmungen werden immer im Hier und Jetzt getätigt, zeigen also die Umwelt – aber auch das wahrnehmende Subjekt – im Hier und Jetzt. Das ist eine Trivialität. An dieser ist entscheidend, dass sie eine veränderliche Umwelt aussagt, da sich anders nicht vernünftig (gehaltvoll) von Jetzt – um nur hierauf zu blicken – sprechen ließe. Wäre die Umwelt unveränderlich, würde also immer dasselbe wahrgenommen werden, es bräuchte nicht von Jetzt geredet zu werden. Mehr noch: Es würde nicht einmal von Wahrnehmung die Rede sein, einfach da es eine Wahrnehmung, die fortgesetzt selbiges melden müsste, nicht geben würde. Welchen Sinn soll es machen, unausgesetzt selbiges wahrzunehmen? Keinen. Umgekehrt muss gelten: Was ich jetzt wahrnehme, das darf von dem, was ich im darauffolgenden Jetzt wahrnehme, nicht völlig verschieden sein. Würde diese vollständige Verschiedenheit vorliegen, die vorausgegangene Wahrnehmung wäre völlig sinnlos, da sich schon im nächsten Jetzt eine ganz andere Situation präsentiert.

Unbestreitbar wird aber wahrgenommen und ebenso unbestreitbar ist das Wahrnehmen von grundsätzlicher Bedeutung für das Wahrnehmungssubjekt. Hiervon kann somit nur die Rede sein, wenn Veränderliches wahrgenommen wird, wobei diese Veränderlichkeit Regeln (Gesetzen) unterliegen muss, sodass die Aufeinanderfolge der einzelnen Wahrnehmungen keine reine Chaotizität (Beliebigkeit) ergibt. Von den Dingen A bis N, die ich in einem Jetzt wahrnehme, kann ich also postulieren, dass sie zumindest teilweise regelhaft aufeinander bezogen sind. Zudem kann ich postulieren, dass ich diese Dinge in jeweils speziellen Ausprägungen wahrnehme, eben da zwischen den Wahrnehmungen Veränderungen auftreten, wobei diese Veränderungen regelhafter Natur sind.

Es sind konkret diese Regelhaftigkeiten, die die Wahrnehmung bedeutungsvoll sein lassen, da sie die Basis dafür sind, mich in der Umwelt – kurz: Welt – zurechtfinden zu können: Wenn ich jetzt wahrnehme, so aus dem Grund, dass ich Einsicht in die aktuellen Gegebenheiten meiner Umwelt erlangen will, als Bedingung dafür, mein Verhalten jetzt und (zumindest) in naher Zukunft auf bedürfnisbefriedigende Weise gestalten zu können.

Hieran ist ein Aspekt insbesondere hervorzuheben: Indem ich mich als wahrnehmend erfahre, mich also als Wahrnehmungssubjekt Wahrnehmungsobjekten gegenüberstelle, erfahre ich mich als integraler Teil jener Welt, die ich wahrnehme. Ich erfahre mich also als ein Glied der regelhaften Bezogenheiten zwischen den die Welt ausmachenden Dingen. Somit kann ich als Wahrnehmungssubjekt nicht an und für sich anderes sein als die Wahrnehmungsobjekte. Wie sollte, was sich an und für sich Anderes ist, in der Wahrnehmung aufeinander regelhaft bezogen sein können?

- III. -

Überblickt man die bisherigen - für sich genommen trivialen! – Überlegungen, so lässt sich festhalten: Für das Wahrnehmungssubjekt ist entscheidend, über die Regelhaftigkeiten in der Welt informiert zu sein. Hieran lässt sich nicht zweifeln. Diese Feststellung ergibt sich bereits aus dem Alltagserleben, das also kritisch aufgearbeitet dargeboten worden ist, stellt also noch keine philosophische Aussage dar. Die Vertreter der aufgeklärten Moderne werden diese Überlegung ebenso anerkennen, wie jene, die in dieser Moderne einen Reduktionismus sehen. Die folgende Überlegung bereitet dieser Harmonie ein Ende.

Diese Überlegung basiert auf einer einfachen „Beobachtung“: In den Wahrnehmungen (im Hier und Jetzt) treten keine Regelhaftigkeiten entgegen, sondern Ding-Konstellationen, die aufgrund von Regelhaftigkeiten eingetreten sind. Das ist keine Wortklauberei, sondern ein ernstes Problem, da ja die Sinneswahrnehmungen das einzige sein sollen, aus dem Wissen erwächst. Konkreter: Was in der einzelnen Wahrnehmung vergegenwärtigt wird, kann zunächst nur besagen, was tatsächlich im Hier und Jetzt wahrgenommen worden ist. Die Bedeutung des Wahrgenommenen erstreckt sich also nur hierauf, obschon ich aufgrund besagter Regelhaftigkeit zu Recht behaupten kann, dass sie nicht hierauf beschränkt sein kann, also von allgemeinerer Bedeutung sein muss. Aber dieses Wissen erklärt noch gar nicht, was an einer konkreten Wahrnehmung deren Gehalt an Regelhaftigkeit ist, also über das Hier und Jetzt hinausweist.

Nimmt man den interessierenden Satz („Es ist nichts im Wissen, was nicht zuvor in den Sinneswahrnehmungen gewesen ist.“) tatsächlich ernst, so ergibt sich: Genau jenes, worauf es ankommt, die Regelhaftigkeiten, bleibt in dem, was man zum Wissensgewinn zur Verfügung hat (die Wahrnehmungen) unbekannt. Es muss erst erschlossen werden.

Die Freunde besagten Satzes werden hierüber vielleicht amüsiert sein. „Was soll hieran problematisch sein? Es muss doch bekannt sein, dass es ein Gedächtnis gibt, das erlaubt, die einzelnen Wahrnehmungen miteinander in Beziehung zu setzen, als Basis dafür, zu den Regelhaftigkeiten vordringen zu können." Ist hiermit das Problem tatsächlich zumindest entschärft? Anders gefragt: Ist hiermit tatsächlich der Anfang jenes Weges gefunden, an dessen Ende die Rechtfertigung davon steht, von Einzelaussagen (die einzelnen Wahrnehmungen betreffend) zu Allgemeinaussagen finden zu können? Das ist, wie sich zeigen wird, definitiv zurückzuweisen.

Hierzu ist zunächst zu beachten: Der Satz, dass nichts im Wissen sein kann, was nicht zuvor in den Sinneswahrnehmungen gewesen ist, muss zweifellos auch den historischen Anfang des Wissens erklären können. Die Ausblendung dieses Umstandes impliziert, der Menschheit unendliches Sein zu attestieren, was schlechteste Metaphysik wäre. Wie aber soll man sich diesen Anfang vorstellen? Der Satz, in aller Konsequenz genommen, was die einzig vernünftige Vorgehensweise ist, besagt, dass anfänglich Wahrnehmungen getätigt worden sind, bar jeglichen Wissens. Das signalisiert auf jeden Fall, dass der interessierende Satz nicht unkritisch akzeptiert werden kann.

Die somit einzufordernde kritische Betrachtung muss auf folgendem Satz aufbauen: Aus dem fraglosen Dasein von Wahrnehmen folgt, dass es im Wahrnehmungssubjekt etwas geben muss, was das Wahrnehmen sinnvoll sein lässt. Es muss also etwas geben, das Wissen generieren lässt, basierend darauf, dass die Sinneswahrnehmungen über das Hier und Jetzt hinausweisen.

Aber diese Aussage gehört noch dem Alltagserleben an, stellt also noch keine spezielle philosophische Positionierung dar, die geforderte kritische Betrachtung bedeutend. Eben diese wollen die Freunde des interessierenden Satzes aber bieten, absichernd, dass, was als Alltagswissen zweifellos gilt, nicht dahingehend über sich hinausweist, dass die kritische Betrachtung des interessierenden Satzes zu dessen

Aufhebung führt. Was fraglos zutrifft, die Verknüpfung von Wissen und Sinneswahrnehmung, soll in dem interessierenden Satz seine endgültige Darstellung erfahren. In der nun zu gebenden Ableitung wird eben die Rechtfertigbarkeit hiervon bestritten bzw. besagte Aufhebung vorzunehmen sein.

- IV. -

Ein erster Hinweis auf besagte Nichtrechtfertigbarkeit zeigt sich, wenn die gebrachten Überlegungen zum Alltagserleben konkret im Lichte des angeführten Satzes betrachtet werden, dass, wenn alles Wissen seine Quelle in den Sinneswahrnehmungen haben soll, am Beginn des Wahrnehmens kein Wissen vorhanden gewesen sein kann. Liegt aber tatsächlich kein Wissen vor, so ist alles, was in den Sinneswahrnehmungen vergegenwärtigt wird, zu Hinterfragendes. In dieser Situation kann das Hinterfragen nicht einmal einsetzen: Ich kann ja nicht wissen, was mich an meiner Umwelt interessieren soll.

Hiervon kann aber nicht Rede sein, da dieser Schluss der Selbstaufhebung des Alltagswissens gleichkommt. Diesen Schluss beiseite zu legen fordert aber dazu auf, folgenden Sätzen zugleich gerecht werden zu können: (1) Das Hinterfragen kann nicht mit einer tabula rasa-Situation beginnen. (2) Die Sinneswahrnehmungen sind eine Wissensquelle. Beiden Sätzen zugleich kann aber nur entsprochen werden, wenn das die Tabula rasa-Situation abwehrende Wissen von dem von den Sinneswahrnehmungen generierte Wissen unterschieden wird (Differenz), da nur so sicher gestellt werden kann, dass jenes Wissen diesem Wissen das nötige

Fundament bieten kann. Somit gilt: Der interessierende Satz („Nichts ist im Wissen, was nicht zuvor in den Wahrnehmungen gewesen ist.") darf nicht unüberprüft übernommen werden, da die Freunde dieses Satzes diese Differenzierung (Unterscheidung) nicht explizit thematisieren. - Wie sich zeigen wird, können sie diese Problematik nicht vollständig ignorieren. Aber ihr Umgang hiermit greift das dargelegte Problem k e i n e s f a l l s in der hier gegebenen konsequenten Weise auf.

Im Lichte hiervon ist genauer zu betrachten, was es mit dem Hinterfragen in Rücksicht auf die Sinneswahrnehmungen auf sich hat.

- V. -

Hinterfragt werden muss nur, wenn etwas fragwürdig bzw. hinterfragenswert ist; wenn ich, was ich wahrnehme, nicht sogleich verstehe. Im Hinterfragen versuche ich zum Verstehen vorzudringen. Woher aber kommt es, dass mir etwas, das ich wahrnehme, zunächst fragwürdig ist?

Um diese Frage beantworten zu können, ist zunächst zu beachten, dass mittels den Sinnen Dinge wahrgenommen werden bzw. etwas (Gerüche, Töne), das mit Dingen in Beziehung zu setzen ist. Diese Dinge zeichnen sich durch ihre räumliche und zeitliche Begrenztheit aus. Die räumliche Begrenztheit bedeutet, dass z. B. ein Blick in die Welt ein Ensemble von Dingen zeigt, die gegeneinander abgegrenzt sind und daher auch jeweils eigens benannt werden können. Zu dieser Begrenztheit ist festzuhalten, dass sie tatsächlich nur zwischen Dingen auftreten kann; ein Ding ist immer gegen ein anderes Ding abgegrenzt. Hierher gehört, dass auch das Wahrnehmungssubjekt ein solches Ding ist. Das gilt zudem für die Sinnesorgane. Beachtet man diesen Umstand, so erhellt: Wahrnehmung gehört zu den regelhaften Beziehungen zwischen Dingen. Das impliziert: Wahrgenommen kann nur Dingliches werden. Anders gewendet: Die Sinneswahrnehmungen lassen ausschließlich Dinge vergegenwärtigen.

Angesichts hiervon ist daran zu erinnern, dass die Sinneswahrnehmungen immer nur eine „Momentaufnahme" der weltlichen Dynamik vermitteln können, wie sie sich im Jetzt der Wahrnehmung darbietet. Aus dieser Situation kann nicht herausgefunden werden, eben da nur Dinge wahrgenommen werden, also etwas, das sich aufgrund besagter Dynamik notwendig in jeweils einer bestimmten Ausprägung präsentiert.

Dieser Umstand ist hier aus folgendem Grund von substanzieller Bedeutung: Wahrgenommen wird, wie bereits angemerkt worden ist, aus Gründen des Bemüht-seins um sich; die Umwelt wird hinterfragt, um Einsicht in die einem bedeutungsvollen Regelhaftigkeiten selbiger erlangen zu können. Man ist also um Einsicht bemüht, um prognostizieren zu können. Das setzt voraus, dass man, was man erlebt, insofern verstehen lernt, als das Grundsätzliche (Regelhaftigkeit) hieran herauspräpariert wird. In diesem Sinne muss also von den Eigenheiten der jeweils speziellen Wahrnehmungssituationen abstrahiert werden. Anders gewendet: Kommt man erneut in die Situation A, so soll aufgrund der vorausgegangenen Erfahrungen mit dieser Situation selbige als Situation A wiedererkannt werden können, obschon sie sich erneut in einem in so und so vieler Hinsicht anderen Gewand bietet. Ist dieses Herauspräparieren und Abstrahieren auf zutreffende Weise vollzogen worden, so ist eine dem Bemüht-sein um sich dienliche Prognose möglich.

- VI. -

Im Prinzip ist hiermit wieder auf das Gedächtnis verwiesen, erweitert um die Abstraktionsfähigkeit, wie sie von den Freunden des interessierenden Satzes in Anspruch genommen wird. Aufgrund der Feststellung, wonach immer nur Dinge wahrgenommen werden können und somit „Momentaufnahmen“, lässt sich nun aber zeigen, dass eine Rechtfertigung des interessierenden Satzes n i c h t m ö g l i c h ist. Hierfür ist entscheidend, d a s s d i e s e e i n M a ß a n E i n d e u t i g k e i t d e r S i n n e s w a h r n e h m u n g e n b e h a u p t e n m u s s , d a s n i c h t r e c h t f e r t i g b a r i s t . Was ist hiermit gemeint?

Was sich in den Sinneswahrnehmungen zeigt, muss veränderlich sein. Daher muss es etwas sein, das nicht sogleich verstanden sein kann, da es in den Momentaufnahmen immer nur in einer bestimmten Ausprägung auftritt. Im Hinterfragen soll daher ein Verständnis der wahrgenommenen Dinge aufgebaut werden. Da a l l e s, was in den Wahrnehmungen auftritt, dieserart ist, ist a l l e s zu Hinterfragendes. Versucht man, aus dieser Situation herauszufinden, ohne ein in Differenz hierzu seiendes Wissen in Anspruch zu nehmen, (vgl. oben), was genau die Freunde des interessierenden Satzes machen müssen, ist die Annahme von so etwas wie einem gewissen Maß an Eindeutigkeit der mittels den Sinneswahrnehmungen gewonnenen Informationen notwendig. Eindeutigkeit bezeichnet hier, dass sich zumindest einige der Informationen doch als das Hinterfragen erübrigend präsentieren. Auf diese Aussage ist der hier interessierende Satz unabwendbar angewiesen. Kann sie nicht verteidigt werden, bricht das auf diesen Satz angewiesene Denken zusammen; das Hinterfragen muss im Sande verlaufen.

Wie aber soll die Verteidigung dieses Satzes aussehen? Aus dem Satz, dass alles, was im Wissen ist, zuvor in den Sinneswahrnehmungen gewesen ist, kann die Aussage von der genügenden Eindeutigkeit keinesfalls hergeleitet werden, da sie in den Wahrnehmungen nicht an und für sich auftritt. Im Gegenteil: Dieser Satz kann die Aussage von der Eindeutigkeit nicht rechtfertigen, sondern er bedarf ihrer, um selbst gerechtfertigt werden zu können. Auf das Alltagserleben kann um willen der Rechtfertigung dieser Aussage auch nicht zugegriffen werden. Der Grund hierfür ist: Das Alltagserleben bezeichnet ein unreflektiertes Denken, das thematisiert, worin Einsicht erlangt werden soll. In diesem Sinne berichtet es davon, als Mensch Wahrnehmungssubjekt zu sein, ein uranfängliches Wissen zu haben usw. Von all dem berichtet es als etwas, das es erst zu verstehen gilt. Hierfür bieten sich offensichtlich verschiedene Möglichkeiten an, von denen Metaphysik und aufgeklärte Moderne in den bisherigen Überlegungen angesprochen worden sind. Beruft sich daher das Denken, das auf dem Satz aufbaut, dass nichts im Wissen sein kann, was nicht zuvor in den Wahrnehmungen gewesen ist, auf das Alltagserleben, so liegt vor: Es beruft sich auf etwas, das dazu auffordert, erst Einsicht erlangen zu sollen. Es beruft sich also auf etwas, das gerade nicht leisten kann, was von ihm erwartet wird.

Somit kann die Aussage von der hinreichenden Eindeutigkeit weder aus dem Alltagserleben heraus gerechtfertigt werden, noch aus der speziellen Position heraus, die eingenommen wird, um, was das Alltagserleben als zu Erklärendes vorgibt, tatsächlich erklären zu können. Eine weitere Möglichkeit der Verteidigung besagter Aussage kann es aber nicht geben. Somit liegt vor: *Die Aussage von der Existenz der hinreichenden Eindeutigkeit kann nicht verteidigt werden und daher auch nicht der hierauf angewiesene Satz, gemäß* dem alles, was im Wissen ist, zunächst in den Sinneswahrnehmungen gewesen sein muss.

- VII. -

Trotzdem werden sich die Freunde des interessierenden Satzes noch nicht als widerlegt betrachten. Sind sie geschickt – und das sind sie sehr wohl -, so werden sie den Fokus auf das Hinterfragen der Wahrnehmungsobjekte legen und betonen, dass die vorangegangene Ableitung die Aussage von der Existenz einer hinreichenden Eindeutigkeit nicht widerlegt hat; lediglich gerechtfertigt kann sie nicht werden. Was hindert also daran anzunehmen, dass sie am Beginn des Bedenkens und Hinterfragens vorgelegen hat, unerklärbar wieso? Wäre es anders gewesen, die Menschheit wäre eben über ihre Anfänge nicht hinausgekommen und ausgestorben. Aber, ganz im Gegenteil: Die Menschheit hat dank der aufgeklärten Moderne eine „Höhenflug" erlebt, der sich in der Industrialisierung kristallisiert hat. Mag die aufgeklärte Moderne vielleicht auch nicht die Welt in einem naiv realistischen Sinn abbilden können, so muss sie doch über Als-ob-Sätzen verfügen, die von einem Realismus nicht weit entfernt sein können, da sich anders die Erfolge in der Industrie nicht erklären lassen.

Das ist immer noch keine Rechtfertigung und auch nur bedingt in sich stimmig, da von vornherein nicht ausgeschlossen werden kann, dass auch mit einem reduktionistischen Zerrbild von Bedenken und Hinterfragen zu Erfolgen in der Industrie gefunden werden kann. Vor allem aber blendet dieser Rettungsversuch aus, dass auf diesem Weg dem

Wahrnehmungssubjekt, dessen Betrachtung hintan gestellt worden ist, gar nicht beizukommen ist.

Legt man diese Ausblendung ab, so ergibt sich folgendes Bild: Es ist dargestellt worden, dass zum Alltagserleben die Einsicht in das Vorliegen eines anfänglichen Wissens gehört, um den auf den Sinneswahrnehmungen basierenden Wissenserwerb nicht mit einer tabula rasa-Situation beginnen lassen zu müssen. In Rücksicht auf die Wahrnehmungsobjekte konnte der expliziten Nennung dieses Wissens noch durch die Zuhilfenahme von Als-ob-Sätzen entgangen werden. In Rücksicht auf das Wahrnehmungssubjekt ist das aber nicht mehr möglich. Das meint: Im Alltagserleben von mir als hinterfragendem Ich vergegenwärtige ich mich unmittelbar in meinem Da-Sein. Zwar bin ich mir in dieser Situation zugleich zu Hinterfragendes, aber mein Alltagserleben gibt mir nichtsdestoweniger ein sicheres (Alltags-)Wissen von mir als Seiendem zur Hand. Diese Sicherheit signalisiert sogleich, das Wissen von mir mit jenem Wissensfundament in Beziehung setzen zu müssen, von dem gesagt worden ist, dass es in Differenz zum wahrnehmungsbasierten Wissen da sein muss, um diesem keine tabula rasa-Situation bieten zu müssen. Daher ist dieses Wissen von mir als Seiendem mit keinem Als ob-Satz verknüpfbar.

Kurz gesagt: In Beziehung auf das Subjekt der Wahrnehmungen lässt sich – anders als im Falle der Objekte – die Flucht zu Als ob-Sätzen nicht aufrecht halten. In Beziehung auf das Subjekt zeigt sich unmißverständlich, dass das Fundament des Bedenkens und Hinterfragens Seinsvergegenwärtigung ist und die Differenz in Rücksicht auf das Alltagswissen in diesem Sinne zu verstehen ist. Jene Seinsvergegenwärtigung also, mit der die Freunde des interessierenden

Satzes nicht zurecht kommen, wie sich zeigt, wenn man ihren Satz konsequent kritisch hinterfragt.

- VIII. -

Dieses Argument wirft folgende Probleme auf: (1.) Das erste Problem hängt mit dem Begriff Wahrnehmungssubjekt zusammen. Dieses Subjekt ist offensichtlich als Teil der Welt zu verstehen, wie sie in den Sinneswahrnehmungen auftritt, also als eingeflochten in die regelhaften Beziehungen zwischen den Wahrnehmungsobjekten. Daher kann es nicht Anderes als diese sein, was aber impliziert: Es ist zu Hinterfragendes. Was im vorangegangenen Abschnitt festgehalten worden ist, kann somit dem Verständnis nur zugeführt werden, wenn die genannte Differenzierung in Beziehung auf Wissen auf das Ich erweitert wird. Das meint: Das uranfängliche Wissen, das gegeben sein muss, da das Hinterfragen nicht mit einer tabula rasa-Situation beginnen kann und das in Differenz zum Wissen in Rücksicht auf das empirische Hinterfragen ist, muss einem Ich-Begriff zugeordnet werden, der seinerseits in Differenz ist zum Ich, wie es in „Wahrnehmungssubjekt" zum Ausdruck kommt. Nur für jenes Ich trifft die soeben festgehalten Aussage zu, dass das Fundament des Bedenkens und Hinterfragens Seinsvergegenwärtigung ist. (2.) Das führt zu dem zweiten, anzusprechenden Problem. Ist die empirische, von den Sinneswahrnehmungen geprägte Ebene des Hinterfragens in Differenz zu jener Ebene, die die Seinsvergegenwärtigung bedeutet, so kann sie nicht den unmittelbaren Zugang zum Sein bedeuten. Das impliziert nicht, dass sie gar keinen Zugang zum Sein darstellt, wie sich schon aus der Unverzichtbarkeit dieses Zugangs ergibt. Aber worin ihre konkrete

Bedeutung liegt, das ist zunächst uneinsichtig. Was hat es hiermit auf sich?

Mit der Anführung dieser Probleme wird erstmals unmittelbar einsichtig, was es ist, das die Inhalte des Alltagswissens dahingehend über sich hinausweisen lässt, wie zuvor festgehalten worden ist, dass die Inanspruchnahme dieses Wissens gemäß der aufgeklärten Moderne zurückzuweisen ist. Es beginnt sich also abzuzeichnen, was es ist, das in der philosophischen Analyse des Alltagswissen zu vergegenwärtigen ist bzw. jenes, was die aufgeklärte Moderne aus ihrer Sicht auf jeden Fall diskreditieren muss, um die alleinige Ausrichtung auf den innerweltlichen Blick als das „Maß aller Überlegungen" darstellen zu können.

- IX. -

Daher scheint es ratsam, vor der weiteren Entfaltung der zu bringenden Argumentation kurz auf die Strategien zu blicken, die von der aufgeklärten Moderne entwickelt worden sind, um ihr Defizit in Rücksicht auf die Thematisierung des Differenz-Argumentes maskieren zu können. Das geschieht also nicht, da hiervon neue Erkenntnisse zu erwarten sind, sondern um der Fortführung der Ableitung die volle Aufmerksamkeit zuteil werden lassen zu können. Um also nachhaltig den Verdacht zu verwischen, dass der allseits gepriesenen modernen Aufklärung, besagte Rettungsversuche sind ausgesprochen erfolgreich, nicht doch Unrecht widerfahren ist. Wesentliche Elemente dieser Rettungsversuche sind Kritizismus, Praxis und Mathematik.

- IXa. -

Zu den Hauptvertretern der kritizistischen Rettung des rein innerweltlichen Blicks gehört David Hume. Eben jener David Hume, der das Problem, das daraus entsteht, wenn nur die Sinneswahrnehmungen als unmittelbarer Zugang zum Sein anerkannt werden, als erster in der Moderne klar ausgesprochen hat. Er hat dargelegt, dass noch so viele Wahrnehmungen (Beobachtungen) nicht zur Aufstellung von Allgemeinsätzen berechtigen: logisches Induktionsproblem. Aber den soeben festgehaltenen Schluss, dass die Sinneswahrnehmungen auf sich alleine gestellt nicht den unmittelbaren Zugang zum Sein bedeuten können, hat er n i c h t gebracht. Der Grund hierfür ist: Ihm ist es um die Etablierung eines Denkens gegangen, das alleine den innerweltlichen Blick anerkennt. Um dieses Ziel erreichen zu können, m u s s t e er es geradezu an der nötigen Konsequenz mangeln lassen, also besagten Schluss ignorieren.

Da das logische Induktionsproblem auch von jenen Denkern thematisiert worden wäre, die keinesfalls die Reduktion auf den innerweltlichen Blick bejahen, hat er es selbst aufgegriffen. Seine skeptizistische Entschärfung des Problems besteht darin, dass alleine mittels den Informationen aus den Sinneswahrnehmungen zwar nicht zum Erkennen des So-Seins der Dinge und Regelhaftigkeiten gefunden werden kann, wohl aber zu Sätzen, die das, wovon sie berichten, so darstellen, a l s o b das So-Sein vergegenwärtigt würde. Aber auch die Fähigkeit zu diesen Als ob-Sätzen musste von Hume begründet werden. Wozu er hierbei in *Untersuchung über den menschlichen Verstand* gefunden hat, das bezeichnet Johannes Hirschberger[1] sehr richtig als „Gravitation der Bewußtseinsinhalte“:

„[…]: wie die Bewegungen der Himmelskörper einzig von der Anziehungskraft ihrer körperlichen Massen abhängen, so müssen die Vorstellungsbewegungen, meint er [Hume], auch auf ein ähnliches Gesetz zurückgeführt werden können, auf ein Gesetz ihrer psychischen Masse, wenn man so sagen darf. Letzterer Ausdruck steht nicht bei ihm, aber das ist es, was er meint, so daß wir kurz sagen können: was bei Newton die Gravitation ist, ist bei Hume die Assoziation. Es ist das psychische Grundgesetz schlechthin.“ (S.227f.)

Dieses psychische Grundgesetz kann nur herbeiargumentiert sein, aus der Not heraus, das logische Induktionsproblem anders nicht entschärfen zu können. Zuvor ist die Rede davon gewesen, dass sich der Satz von der Eindeutigkeit der Sinneswahrnehmungen niemals mit dem Satz, dass alles, was im Wissen ist, zuvor in den Sinneswahrnehmungen gewesen ist, vereinbaren lässt, dahingehend, dass dieser Satz jenen Satz rechtfertigt. Ganz genau dieselbe Situation tritt nun in Beziehung auf das „psychische Grundgesetz“ auf: Fasst man das Grundgesetz ebenfalls skeptizistisch auf, so verliert die gesamte Konstruktion ihr Fundament. Sie wird bedeutungslos, da nichts bleibt, was sie rechtfertigen könnte. Wird das Gesetz aber nicht skeptizistisch aufgefasst, so erhebt sich sogleich die Frage, woher das Wissen von diesem Gesetz stammen soll: Woher soll das Wissen stammen, wonach die „Gravitation der Bewusstseinsinhalte“ zum So-Sein menschlichen Bedenkens gehört? Eine gehaltvolle Antwort hierauf im Namen des Skeptizismus kann nicht möglich sein – und ist von Hume auch nicht versucht worden.

[1] Hirschberger, J. 1981[11]: *Geschichte der Philosophie* – Band II: *Neuzeit und Gegenwart*, - Freiburg, Basel & Wien

- IXb. -

Als zweites Element der Rechtfertigungsversuche der alleinigen Ausrichtung auf den innerweltlichen Blick ist die Praxis angeführt worden. Diese besitzt Affinität zum Skeptizismus, ist aber auch in Verknüpfung mit naiv realistischen Positionen entwickelt worden[2]. Die Ausrichtung auf die Praxis zielt, zumindest soweit sie nicht mit naiv realistischen Vorstellungen verknüpft ist, darauf ab, dass die Bedeutung des logischen Induktionsproblems maßlos überschätzt wird, da es letztlich nicht – zumindest nicht unmittelbar – um Wahrheit geht. Worum es geht, das ist der praktische Erfolg. Dieser kann sich einstellen, ohne die Beziehung von Einzelbefunden (Sinneswahrnehmungen) und Allgemeinsätzen im erkenntnistheoretischen Sinn verstanden zu haben.

Das mutet zunächst durchaus überlegenswert an, hat aber folgende Achillesferse: Gesteht man zunächst zu, dass es möglich ist, bei alleiniger Ausrichtung auf den innerweltlichen Blick praktische Erfolge erzielen zu können, so beinhaltet dieses Zugeständnis, dass die Menschen ihre Bedürfnisse dieserart befriedigen können. Überlegt man nun, ob hiervon tatsächlich zu sprechen ist, so gilt es Vorsicht walten zu lassen, um nicht mehr zuzugestehen, als man zunächst bereit gewesen sein mag. Der Rettungsversuch mittels der Praxis-Strategie erwartet nämlich auch das Zugeständnis, dass, wovon er spricht, die g e s a m t e Bedürfnis-Situation des Menschen bezeichnet. Somit erwartet er sich die

[2] Diese Positionen zeichnen sich durch jegliches Fehlen eines erkenntnistheoretischen Problembewusstseins aus. Sie sollen hier unbeachtet bleiben.

Anerkennung eines speziellen Menschenbildes. Die Frage lautet daher, ob die Praxis-Strategie mit den ihr zur Verfügung stehenden Mitteln überhaupt zu einem rechtfertigbaren Menschenbild kommen kann. In dieser Hinsicht gilt es also Vorsicht walten lassen zu müssen.

Der Grund hierfür liegt darin, dass auf die Praxis zugegriffen worden ist, um den Schwierigkeiten mit dem logischen Induktionsproblem zu entgehen, inklusive jenen, die sich Hume mit seinem „psychologischen Gesetz“ bereitet hat. Aber die Praxis-Strategie kann offenbar aus diesem Dilemma Humes nicht herausfinden, ein begründetes Menschenbild anbietend, da sie ihrerseits eines Satzes bedarf, der sich gerade nicht aus den zugestandenen Voraussetzungen herleiten lässt. Dieser Satz lautet. „Das So-Sein der Menschen ist derart, dass sie keine anderen Bedürfnisse als jene haben, die sich mittels dem praktischen Erfolg befriedigen lassen.“ Gerade über das So-Sein will die Praxis-Strategie aber nichts aussagen, um sich von dem logischen Induktionsproblem fernhalten zu können. Somit darf sie aber auch nichts, will sie konsequent vorgehen, über das So-Sein der Menschen sagen. Woher also soll sie ein begründetes Menschenbild nehmen? Das kann ihr nicht möglich sein, obwohl es, wie sich gezeigt hat, zu fordern ist.

Wenn sich die Praxis-Strategie über diesen Umstand stillschweigend hinwegsetzt, so auf genau jene Weise, die Hume zu seinem „psychologischen Gesetz“ hat finden lassen und zuvor bereits in Beziehung auf die Anerkennung der zureichenden Eindeutigkeit der Sinneswahrnehmungen angetroffen worden ist. Diese Weise besteht darin, die Probleme einfach zu ignorieren, die sich aus der hinreichend konsequenten Betrachtung des Alltagswissens ergeben.

Als drittes Element der Rettungsversuche ist die Mathematik angeführt worden. Zunächst scheint hiermit tatsächlich der Königsweg beschritten worden zu sein, da das logische Induktionsproblem in Hinsicht auf ein formales Satzsystem bedeutungslos sein muss. Das Ziel scheint also in greifbarer Nähe zu liegen, da man sich aller Psychologie und sonstiger Seins-Betrachtungen (wie sie in der Praxis-Strategie noch vorliegen) entledigt hat. Tatsächlich erwächst hieraus aber nicht der Triumph dieser Strategie, sondern ihre Schwachstelle. Das logische Induktionsproblem ist nicht gelöst oder zumindest entschärft worden. Es ist umgangen worden. Der Grund hierfür ist: Die Bedürfnissituation der Menschen bezieht sich fraglos unmittelbar auf Seiendes, das somit zunächst verstanden werden muss. Das gelingt aber nur, indem das logische Induktionsproblem gelöst wird; keinesfalls, indem es umgangen wird. Von der Lösung des logischen Induktionsproblems kann aber nicht die Rede sein, wenn hierzu etwas aufgeboten wird, die Mathematik, das sich unmittelbar gar nicht auf Seiendes bezieht.

Es ist geradezu paradox, dass diese Situation eigentlich bekannt ist, aber ignoriert wird. Folgende Ausführungen des Mathematikers Reichel[3] verdeutlichen, wovon hiermit die Rede ist:

„Der seit Beginn des [20.] Jahrhunderts *vorherrschende Grundlagenstandpunkt* der Mathematik war (bzw. ist) der *Formalismus*. Und eben dieser – übrigens auch von anderen Ansätzen her beeinsprucht – wurde durch Gödel zu Fall gebracht – jedenfalls in seinem theoretisch philosophischen *Anspruch*, wenn übrigens

[3] Reichel, H.-C. 1992: *Mathematik und Weltbild seit Kurt Gödel* - In: Reichel, H.-C. & E. Prat de la Riba (Hrsg.): *Naturwissenschaft und Weltbild* – Wien; S. 9-29

auch nicht in seiner praxiswirksamen *Arbeitsweise*, die ja bis dato praktiziert wird.“ (S.11)

„Und ein zweites konnte Gödel – wenn auch nicht unmittelbar, so doch folgerichtig daraus ableiten: Satz B Gödels: Für keinen derartigen Kalkül *S* läßt sich dessen Widerspruchsfreiheit nur *mit den Mitteln des Kalküls* selbst beweisen. *Folgerung*: Widerspruchsfreiheitsbeweise sind zwar möglich (wie bereits erwähnt), aber man muß prinzipiell ein dem gegebenen Kalkül fremdes, übergeordnetes Axiom hinzunehmen (oder mehrere), und für das neue Axiomensystem gilt dann dasselbe, und so fort. Ein «absoluter» Widerspruchsfreiheitsbeweis der Mathematik (oder auch nur der Mengentheorie) verlangte daher einen regressus ad infinitum und ist *ergo unmöglich*.“ (S.17)

Dieser regressus ad infinitum ist zweifellos nicht, was man sich in Beziehung auf das Fundament des Bedenkens erwartet. Insbesondere interessant ist aber das Bild, das im ersten Zitat gezeichnet wird: Gödels Unvollständigkeitstheorem hat den Formalismus zwar in Rücksicht auf seinen „theoretisch philosophischen Anspruch“ „zu Fall gebracht“, aber die „praxiswirksame Arbeitsweise“ ist hiervon unbehelligt geblieben. Das ergibt nur bedingt Sinn. Was zu Fall gebracht worden ist, das hat nämlich damit zu schaffen, die Mathematik als Element der Rechtfertigung der alleinigen Ausrichtung auf den innerweltlichen Blick verstehen zu können. Bricht aber dieser Teil der Mathematik weg („zu Fall gebracht“), so hängt der „praxiswirksame“ Teil der Mathematik notwendig in der Luft. Der Grund hierfür liegt darin, dass „Praxis“ erneut nicht verstanden sein kann, da sie ohne jegliches gerechtfertigte Fundament ausgesagt wird. Es ist bemerkenswert, dass dieser einfache Schluss in der aufgeklärten Moderne ignoriert wird.

Ein Umstand ist an dieser Situation vor allem hervorzuheben: Fraglos ist die Mathematik für die Analysen im Sinne des innerweltlichen Blickes wichtig. Sie ist um nichts weniger unentbehrlich als die Empirie. Die in diesem Kapitel zu bringende Kritik an der aufgeklärten Moderne bzw. ihre Zurückweisung zielt *keinesfalls* darauf ab, Mathematik und Empirie für erübrigbar zu erklären. Sie zielt vielmehr darauf ab, ihre Bedeutung verstehen zu können. Angesichts hiervon muss auffallen, dass die Mathematik, um hier nur von ihr zu reden, ihre Aufgabe auch in einem Denken erfüllen kann, das reduktionistisch ist, da es alleine den innerweltlichen Blick anerkennt.

Hiermit soll die Analyse der Rettungsversuche des Satzes „Es ist nichts im Wissen, was nicht zuvor in den Sinneswahrnehmungen gewesen ist.“ beendet sein. Die Veranlassung zu dieser Analyse hat sich aus der angeführten Einsicht ergeben: „Somit ist die alleinige Anerkennung des innerweltlichen Blicks aufzugeben, also jenes Denken, das, was durch die Sinnesorgane vermittelt wird, als unmittelbare Vergegenwärtigung der Welt bzw. des Seins / Seienden ausgibt.“ Das in diesem Satz angeführte Denken ist jenes der aufgeklärten Moderne, zu dem also jene Alternative zu geben ist, die sich rechtfertigen lässt.

- X. -

In diesem Sinne soll die unterbrochene Entfaltung der Argumentation wieder aufgenommen werden. Wie erinnerlich, ist vor der Unterbrechung zu der Aussage gefunden worden, die Differenz innerhalb von Wissen / Hinterfragen und Ich beachten zu müssen. Das ist konkret im Lichte davon zu verstehen, das mit den Sinneswahrnehmungen verknüpfte Wissen und Hinterfragen nicht als unmittelbaren Zugang zum Sein verstehen zu können. Angesichts hiervon lässt sich die zu lösende Aufgabe auch wie folgt darlegen: *Was hat es* mit dem unmittelbaren Zugang zum Sein auf sich und in welcher Beziehung steht er zum innerweltlichen Blick.

Die Identifizierung des unmittelbaren Zugangs ist durchaus nicht kompliziert, da die bisherigen Ausführungen hierfür bereits wesentliche Vorarbeiten geleistet haben. Diese gilt es zunächst herauszustellen und genauer zu betrachten.

Erstens ist an das sichere Wissen im Alltagserleben zu erinnern, das in Differenz zum wahrnehmungsfundierten Bedenken und Hinterfragen ist und das Ich zum Inhalt hat, insofern es nicht mit Als ob-Sätzen verknüpft werden kann. Der Begriff „Differenz" ist hierbei wie folgt zu konkretisieren: Der innerweltliche Blick und der unmittelbare Zugang zum Sein müssen voneinander unterscheidbar sein. Es kann keine Identität vorliegen. Zugleich aber können sie auch nicht an und für sich einander Anderes sein, da sie in diesem Fall nicht übereinstimmend Zugänge zum Sein sein könnten und der unmittelbare Zugang nicht das Fundament beibringen könnte, das nötig ist, um den innerweltlichen Blick als sinnvolles – da fundierbares! - Instrument des Seins-Zuganges verstehen zu können.

Zweitens ist daran zu erinnern, dass sich der innerweltliche Blick als eine abgrenzbare Ebene des Zugangs zum Sein erwiesen hat. Hiervon ist zu sprechen gewesen, da das innerweltliche Hinterfragen zu nichts vordringen lässt, das nicht wieder zu Hinterfragendes ist. Die Abgrenzbarkeit ergibt sich somit daraus, dass der innerweltliche Blick nicht sukzessive in den Bereich des nicht mehr zu Hinterfragenden hinüberleitet (z. B. aufgrund so und so viele Beobachtungen).

Aber es gibt noch einen weiteren Hinweis darauf, dass der innerweltliche Blick / mittelbare Zugang zum Sein als eine Ebene zu verstehen ist, zu der der unmittelbare Zugang zum

Sein in Differenz ist. Dieser Hinweis ergibt sich aus dem Wesen der aufgeklärten Moderne. Diese meint, mit dem innerweltlichen Blick das Auskommen finden zu können, die Inhalte des unmittelbaren Zugangs ignorieren könnend. Hiervon könnte nicht die Rede sein, wäre dieser Blick keine abgrenzbare Ebene. Wäre er keine solche Ebene, es müsste sofort evident sein, dass das Ausklammern der Inhalte des unmittelbaren Zugangs ein Defizit in Rücksicht auf das Fundament des Zugangs zum Sein provoziert – dass etwas fehlt. Aber gerade hierüber kann sich die aufgeklärte Moderne hinwegsetzen!

Daher ist auch davon zu sprechen, dass der mittelbare Zugang zum Sein ein differenziell eigenständiger Zugang ist. Das meint: Er muss etwas enthalten, das zu einem scheinbar tragfähigen Fundament ausgebaut werden kann, die tatsächlich fundierenden Inhalte des unmittelbaren Zugangs zum Sein unbeachtet lassend. Die obige Betrachtung der Mathematik hat ein einprägsames Beispiel hierfür erbracht. „Differenzielle Eigenständigkeit" meint also, dass er nicht auf sich alleine gestellt am Werke sein kann, sehr wohl aber auch in Verknüpfung mit einem reduktionistischen Zerrbild von den Inhalten des unmittelbaren Zugangs zu Sein Verwendung finden kann. Hierin liegt, dass er gegenüber der zutreffenden Thematisierung dieses Zugangs unabhängig ist, dass er insgesamt „differenziell eigenständig" ist.

Drittens ist den gebrachten Ausführungen zu entnehmen, dass zum mittelbaren Zugang zum Sein im Hinterfragen nicht vorzudringen ist, wohl aber zu jenen des unmittelbaren Zugangs. Das mag zunächst überraschen, da er ja ebenfalls im Alltagserleben angesprochen wird, als ein Wissen in Differenz zum wahrnehmungsbasierten Wissen. Das braucht aber nicht zu irritieren, da der Satz wie folgt zu verstehen ist: Anfänglich (Alltagserleben) liegen beide Zugänge vor, wie sie zueinander in Differenz sind, aber nur die

Inhalte des mittelbaren Zugangs sind uranfänglich thematisch gegeben. Dieses thematische Wissen ist eingebettet in ein Wissen von den beiden Zugängen, das aber zugleich Aufforderung ist, zum Verstehen dessen, was gewusst wird, vorzudringen. Somit liegen also die Inhalte des innerweltlichen Blicks anfänglich vor, aber ohne anfänglich als Inhalte des mittelbaren Zugangs verstanden zu werden.

Auch hierfür legt das Auftreten der aufgeklärten Moderne Zeugnis ab: Würde der mittelbare Zugang zum Sein uranfänglich in seiner differenziellen Eigenständigkeit verstanden und daher notwendig nach den Inhalten des unmittelbaren Zugangs bzw. zum Verstehen dieses Zugangs vorgedrungen werden, die aufgeklärte Moderne hätte sogleich als Irrtum entlarvt werden müssen.

Viertens ist daran zu erinnern, dass alleine in Beziehung auf das Ich, konkret insofern es nicht als Wahrnehmungssubjekt verstanden wird, der unmittelbare Zugang zum Sein auszusagen ist. Zu diesem Satz ist gefunden worden, da sich das begründete Reden über das Ich nicht in Als ob-Sätzen erschöpft. Was hiermit zum Ausdruck gebracht ist, das soll als F o k u s s i e r u n g a u f d a s I c h bezeichnet werden.

- XI. -

Es ist nur selbstverständlich, die Suche nach dem zutreffenden Verständnis des unmittelbaren Zugangs zum Sein und dessen Inhalt mit der Betrachtung dieser Fokussierung auf das Ich zu beginnen. Eigentlich kann von einer Suche nach dem Inhalt nicht die Rede sein, da zumindest der zunächst entgegentretende Inhalt sogleich aufleuchtet: d a s I c h. Dessen Dasein muss notwendig gegeben sein, um von der

Möglichkeit eines Hinterfragens sprechen zu können, das um das zutreffende Seinsverständnis bemüht ist. An dem Satz „Ich bin." kann also nicht gezweifelt werden. Die Frage scheint eher zu sein, was mit der Aufstellung dieses Satzes gewonnen sein soll. Konkreter: Was soll mit diesem Satz gewonnen sein, das nicht schon im Alltagswissen gegeben ist? Auch dieses meldet keine Zweifel am eigenen Dasein an.

Das Gewicht dieser Frage ergibt sich nicht zuletzt daraus, dass mit der Aufstellung des Satzes „Ich bin." aus dem Alltagswissen herausgetreten sein soll bzw. in die Philosophie eingetreten sein soll. Hat diese nicht mehr als jenes zu bieten, so würde es schwer fallen, die an der aufgeklärten Moderne geübte Kritik, diese orientiert sich auf reduktionistische Weise am Alltagswissen, aufrecht zu halten. Worin also unterscheidet sich die philosophische Aussage „Ich bin." von der Sicherheit in Rücksicht auf das eigene Dasein im Alltagswissen?

Die Antwort hierauf muss darin liegen, dass der fundierende Satz – also „Ich bin." - nun nicht mehr dazu auffordert, begründet werden zu müssen um verstehen zu können, sondern tatsächlich als Fundament für das Verstehen genommen werden kann, da er als unmittelbare, nicht mehr hinterfragbare Seins-Aussage dargelegt werden kann. Auf den philosophischen Satz „Ich bin." trifft das im Unterschied zu der Selbstgewissheit gemäß dem Alltagswissen zu, da er das Ergebnis der kritischen Hinterfragung dieses Wissens mittels der vier gebrachten Argumente ist. Im Zentrum hiervon steht die Beachtung der Differenz in Rücksicht auf Wissen und Ich, wie sie im Alltagwissen gegeben ist. Das meint: aus der Einsicht heraus, dass der innerweltliche Blick lediglich von differenzieller Eigenständigkeit ist, wird trotz des Umstandes, dass zunächst nur dessen Inhalte thematisch gegeben sind, das Ich in „Ich bin." alleine auf jenes Ich bezogen, das bereits im Alltagswissen in Differenz zum Wahrnehmungssubjekt ist.

Mit dem Vollzug dieses Schrittes wird die Seinsgewissheit in Rücksicht auf das Ich im Alltagswissen zur unmittelbaren, nicht hinterfragbaren Seinsaussage, also zum fundierenden Satz des unmittelbaren Zugangs zum Sein. Anders gewendet: Was im Alltagswissen sicher gewusst wird, aber als Zu-Erklärendes, hat seine Erklärung erhalten.

- XII. -

In diesem Sinne ist der Satz „Ich bin." sogleich zu erweitern zu „Ich bin Hinterfragen / Bedenken.". Der Grund hierfür ist, dass ein Ich nur im Bedenken und Hinterfragen seine Seinsgewissheit äußern kann. Hieran ist folgender Umstand hervorzuheben: In „Ich bin Bedenken / Hinterfragen." bedeutet Bedenken / Hinterfragen keine Prädizierung von Ich. Tatsächlich besagt der Satz, dass das Ich Bedenken / Hinterfragen *ist*. Das ergibt sich daraus, dass es sich bei dem nun interessierenden Satz um einen solchen des unmittelbaren Zugangs zum Sein handelt, also um einen Satz in Differenz zu jener Zugangsebene, die mit Dinglichkeiten umgeht. Eben jene Dinglichkeit, die Wahrnehmungsobjekt und -subjekt zu unterscheiden nötigt. Hiervon kann auf der Ebene des unmittelbaren Zugangs nicht ebenfalls die Rede sein, da er ja in Differenz hierzu ist. Auf dieser Ebene kann also nicht davon die Rede sein, dass sich das Ich als Wahrnehmungssubjekt selbst zum Objekt wird. Diese Trennung muss aufgehoben (entgrenzt) sein. Was aufgrund dieser Aufhebung (Entgrenzung) auftritt, ist die sprachliche

Entgegenhaltung eines Satzes, eben da das Ich Sprache ist, in Form von Bedenken und Hinterfragen.

Diese Aufhebung der Trennung in Objekt und Subjekt und die unmittelbare Ausrichtung auf die Sprache bzw. Begrifflichkeit sind substanzielle Elemente der Dialektik Hegels, die explizit eine Begriffsdialektik ist. Die gebrachte Fokussierung auf das Ich bedeutet demgegenüber eine Entfaltung der Dialektik Hegels, die allerdings nicht dazu führt, dass irgendwie aus dieser herausgetreten wird!

Angesichts hiervon ist festzuhalten: Mit dem Satz „Ich bin Hinterfragen / Bedenken." ist das Fundament gelegt worden. Dieser Satz braucht und kann nicht mehr hinterfragt zu werden. Umso mehr bedarf er der Entfaltung, wie sich schon daraus ergibt, dass der Satz, wird er für sich genommen, noch gar nicht einsehen lässt, was es mit Hinterfragen und Bedenken auf sich hat.

Bevor die Arbeit hieran begonnen werden soll, ist es wohl angebracht, folgenden Umstand hervorzuheben: Die Thematisierung des Satzes „Ich bin Hinterfragen / Bedenken." ist kein übergehbares Vorspiel zur eigentlichen Analyse der sozialistischen Ideologie, sondern unumgehbare Voraussetzung für die gehaltvolle Darstellung dieser Ideologie.

In terminologischer Hinsicht ist besagter Entfaltung vorauszuschicken: Das Ich, wie es in dem fundierenden Satz auftritt, also das Ich des unmittelbaren Zugangs zum Sein, soll als personales Ich bezeichnet werden. Das Ich des mittelbaren Zugangs zum Sein, also der weltlichen Ebene, soll als weltliches Ich bezeichnet werden.

- XIII. -

Am Beginn der zu gebenden Entfaltung muss zweifellos das Bemühen stehen, eine möglichst konkrete Vorstellung von dem Verhältnis geben zu können, in dem der unmittelbare und der mittelbare Zugang zum Sein zueinander stehen. Hierzu ist zunächst zu beachten, dass der mittelbare Zugang als differenziell eigenständiger Zugang niemals für sich alleine am Werke sein kann. Aber auch der unmittelbare Zugang zum Sein ist nicht auf sich alleine gestellt am Werke. Nirgendwo ist davon die Rede gewesen, dass mit der Thematisierung dieses Zuganges der mittelbare Zugang zum Sein seine Bedeutung verliert. Tatsächlich gilt, dass dieser im Vollzug bleibt, wobei er nun erst verstanden wird.

Endlich ist zu beachten, dass beide Zugänge einheitlich solche zum Sein sind. Sie beziehen sich also auf dasselbe, was auch darin zum Ausdruck kommt, dass in beiden Zugängen ein Ich-Begriff auftritt. Offensichtlich ist, dass dies *nur* für den Ich-Begriff zutrifft bzw. zutreffen kann. Nur die weltliche Dinglichkeit „weltliches Ich“ (bzw. Wahrnehmungssubjekt“) findet also zumindest zunächst in der Ebene des unmittelbaren Zugangs eine Entsprechung, in Form des personalen Ichs. Das ist aufgrund der Fokussierung auf das Ich zwar einsichtig, dem Verstehen muss es aber erst im Rahmen der Entfaltung des fundamentalen Satzes näher gebracht werden.

Fasst man die soeben gebrachten Argumente zusammen, so zeigt sich, dass das Bild von den zwei Zugängen zum Sein nicht länger aufrecht zu halten ist, obschon tatsächlich zwei Zugänge zu unterscheiden sind. Was soll hiermit zum Ausdruck gebracht sein? Dass beide Zugänge übereinstimmend solche zum Sein sind, wovon einer – der mittelbare Zugang – nur differenziell eigenständig ist, lässt die Formulierung zu, dass tatsächlich nur ein Zugang zum Sein vorliegt. Dieser eine Zugang muss vom unmittelbaren Zugang dominiert sein, da dieser der einzig an und für sich eigenständige Zugang ist. „Dominiert" bedeutet hierbei: Im Heraustreten aus dem Alltagswissen wird dessen Vorstellung von dem einen Zugang zum Sein aufgrund der neu gewonnen Einsicht konkretisiert zur Vorstellung von dem unmittelbaren Zugang zum Sein. Aber dieser Zugang tritt eben niemals ohne Verknüpfung mit dem mittelbaren Zugang auf, was nur bedeuten kann, dass dieser für den ausgesagten einen Zugang unentbehrlich ist.

Versucht man, die hiermit gegebene Situation, in eine Aussage zu kleiden, so erhält man: Der eine Zugang zum Sein ist der unmittelbare Zugang. Aber dieser eine Zugang umfasst einen zweiten, differenziell eigenständigen Zugang, den mittelbaren Zugang, der niemals „außerhalb" des einen Zugangs auftritt. Das bedeutet: Es liegt ein zweieinheitlicher Zugang vor. Einheitlich ist er, da nur ein Zugang gegeben ist. Die Zwei in „zweieinheitlich" verweist auf das Vorliegen eines zweiten, wenn auch nur differenziell eigenständigen Zugangs.

Diese Aussage von der Zweieinheitlichkeit ist zu präzisieren, den Begriff Repräsentation einbringend. Der Anlass hierfür ist, dass zwischen dem personalen und dem weltlichen Ich zu unterscheiden ist. Beide Ich-Begriffe müssen dasselbe Ich bezeichnen. Unmittelbare Vergegenwärtigung von Sein – hier: Ich – ist aber nur das personale Ich. Das weltliche Ich ist lediglich mittelbare Vergegenwärtigung von Sein. Anders gewendet: Ein an und für sich seiendes weltliches Ich gibt es nicht. Das bedeutet aber nicht, dass das weltliche Ich eine Fiktion darstellt. Tatsächlich bedeutet es die Repräsentation von Ich auf der Ebene des mittelbaren Zugangs gemäß der Zweieinheitlichkeit des Zugangs zum Sein.

Es soll nicht unerwähnt bleiben, dass sich hiermit auch die Seele-Körper- bzw. Geist-Körper-Paradoxie auflöst, abseits reduktionistischer Spielereien, die Seele bzw. Geist zu „besseren“ körperlichen Eigenschaften herabbrechen. Das meint: Personales und weltliches Ich sind nicht miteinander vermengt, man weiß nicht wie. Sein an und für sich kommt nur dem personalen Ich zu. Das weltliche Ich – das nichts weniger als ein Epiphänomen ist! - ergibt sich alleine aus der Art und Weise des Bedenkens des personalen Ichs. Gerade deshalb ist es aber im Sinne des Zweieinheitlichkeits-Argumentes nicht in Getrenntheit zum Sein zu verstehen.

Das führt umgehend zu der Frage: Was hat es mit dieser Repräsentation auf sich? Generell ist zu fragen: Was hat es mit der Zweieinheitlichkeit des Zugangs zum Sein auf sich? Wozu bedarf der unmittelbare Zugang zum Sein eines eingeflochtenen zweiten Zuganges, der sich ebenso wie er auf das Ich bezieht und differenziell eigenständig ist? Die Antwort hierauf muss sich, wie dargelegt worden ist, aus der Entfaltung des fundamentalen Satzes „Ich bin Hinterfragen / Bedenken.“ ergeben.

- XIV. -

Was hat also hat es mit der Zweieinheitlichkeit des Zugangs zum Sein auf sich?

Hierzu ist zunächst daran zu erinnern, dass sich das Ich als Hinterfragen / Bedenken erwiesen hat. Dieser Umstand kann bereits wie folgt konkretisiert werden: Ausgangpunkt des Hinterfragens /Bedenkens ist das Alltagswissen, das insofern über sich hinausweist, als das sichere Wissen, das es bietet, signalisiert, erst verstanden werden zu müssen.

Hierum bemüht findet das Ich zunächst zur Thematisierung seiner Personalität, explizit im Sinne der Fokussierung auf Ich. Daher lässt sich davon sprechen, dass das Ich, insofern es hinterfragt und bedenkt, um sich bemüht ist: Es ist um Einsicht in sein So-Sein bemüht.

Wovon hiermit die Rede ist, das bezeichnet offensichtlich eine Aufgabe, um deren Lösung das Ich bemüht ist: es soll die Aufgabe lösen. Hiervon ist zu sprechen, da sich das Ich nicht anders als im Vollzug des Umgangs mit dem Alltagswissen erfahren kann; es ist gleichsam uranfänglich in diesem Vollzug. Es ist ausgeschlossen, dass sich das Ich in der Situation der Annahme dieses Vollzugs erfahren kann.

Das Bemüht-sein um sich ist somit dahingehend zu verstehen, dass das Hinterfragen, als das sich das personale Ich erweist, das Heraustreten aus dem Alltagswissen hin zum philosophischen Wissen bedeutet. Diese Aufgabe soll das Ich lösen, da es Hinterfragen / Bedenken ist. Das ist seine fundamentale Aufgabe.

Angesichts hiervon ist zu beachten, dass nicht vernünftig von einer dem Ich gestellten Aufgabe die Rede sein kann, wenn ihm nicht zugleich eine Hilfe gegeben ist, die es ihm ermöglicht, die Aufgabe lösen zu können. Tatsächlich lässt sich diese Hilfe problemlos angeben: sie ist in Gestalt des sichren Wissens im Alltagswissen gegeben. Dieses Wissen weist zwar über sich hinaus, aber als Fundament.

An diesem Fundament ist aber noch ein weiterer Aspekt zu beachten, der gegeben sein muss. Soll es sich bei dem Fundament um eine Hilfestellung für die Lösung einer Aufgabe handeln, so muss auch die Möglichkeit des Scheiterns an der Aufgabe gegeben sein. Die Hilfe kann nicht darin bestehen, dass die Lösung gleichsam vorgegeben wird. Zumindest lässt sich derartiges nicht sinnvoll mit der Vorstellung vom Hinterfragen/ Bedenken vereinbaren, was das Ich ist.

Die Betrachtung hiervon stellt angesichts der bereits gebrachten Ausführungen kein Problem dar. Es ist explizit das Zweieinheitlichkeits-Argument, das in der hier gegebenen Situation hilft und zugleich seine Erklärung findet. Besser formuliert: In der Zusammenführung von Scheitern-können und Zweieinheitlichkeits-Argument findet die Vorstellung vom fundierenden Satz „Ich bin Hinterfragen / Bedenken." eine wesentliche Entfaltung.

Das meint: Die dem Ich gebotene Hilfe ist derart, dass sie nicht zwingend zur zutreffenden Lösung der Aufgabe führt. Sie hält auch die Möglichkeit einer falschen Lösung offen, die, wird sie ergriffen, zum Scheitern an der fundamentalen Aufgabe führt.

Wann entscheidet sich ein Ich für die falsche Lösung? Es entscheidet sich hierfür, wenn es die ihm in Gestalt des uranfänglichen, sicheren Wissens gegebene Hilfe ignoriert, oder nicht konsequent hinterfragt, was ihm in Gestalt dieses Wissens an Hilfen geboten ist. Verhält es sich dieserart, so findet es im dementsprechend reduktionistisch verzerrt bedachten weltlichen Ich alles, dessen es braucht, um ein zutreffendes Bild von sich entwerfen zu können. Die Bedingung hierfür ist die differenzielle Eigenständigkeit des mittelbaren Zugangs zum Sein, also die Zweieinheitlichkeit des Zugangs zu Sein.

Es ist hier daran zu erinnern, dass die aufgeklärte Moderne ein Beispiel für da scheitern an der fundamentalen Aufgabe ist.

- XV. -

Die soeben gebrachte Argumentation enthält einen Inhalt, der notwendig hervorzuheben ist. Die Lösung der fundamentalen Aufgabe bedeutet die Thematisierung eines Wissens, das von Anfang an unthematisch gegeben ist. Hierin kommt auch zum Ausdruck, dass das Ich uranfänglich personales Ich ist. Als dieses ist im Vollzug des Umgangs mit der fundamentalen Aufgabe. Keinesfalls bedeutet die Erzielung der zutreffenden Lösung der fundamentalen Aufgabe, sich zum personalen Ich weiterentwickelt zu haben. Tatsächlich ist auszusagen, dass das Ich, indem es zur zutreffenden Lösung vordringt, also Einsicht in sein So-Sein entwickelt, in die Realität überführt, was der Potenzialität nach immer schon gegeben gewesen ist.

Konkreter: Indem es die zutreffende Lösung anerkennt, kann es sich seinem So-Sein gemäß verhalten, was zuallererst bedeutet, dass es sein fundamentales Bedürfnis nicht im Bereich seines weltlichen Ichs sucht, sondern explizit im personalen Ich. Aber was hiermit Realität geworden ist, das ist der Potenzialität immer schon gegeben gewesen.

Endlich ist hiermit ausgesagt, dass das Ich dieserart in Beziehung auf die Befriedigung seines fundamentalen Bedürfnisses zur Ruhe kommt: Es ruht in sich. Dieser Zustand der Ruhe ist aber auch zu Beginn gegeben gewesen, wenn auch nicht an und für sich. In Rücksicht auf das Alltagswissen ist insofern von Ruhe zu sprechen, als es sicheres Wissen darstellt. Aber diese Ruhe ist keine Ruhe an und für sich, da das Alltagswissen über sich hinausweist. Es ist somit eine Ruhe, die aus sich hinausweist in die Dynamik des Hinterfragens und Bedenkens. Diese Dynamik führt aber zu nichts, das nicht den Anfang prägt. Sie führt zurück zum sicheren

Wissen vom Ich, nun aber in Gestalt einsichtsvollen Wissens. – Das ist eine klassische Denkfigur der Dialektik Hegels!

Im Sinne hiervon ist folgende vorläufige Definition des personalen Ichs zu geben:

Das personale Ich (das Ich an und für sich) ist der Vollzug des Umgangs mit der fundamentalen Aufgabe, sich gerecht werden zu sollen, indem zur Vergegenwärtigung der eigenen Personalität vorgedrungen wird.

- XVI. -

Angesichts hiervon ist folgende Frage aufzugreifen: Von welchem Umfang ist eigentlich die dem Ich gebotene Hilfe? Ist es als eigenständiges Ich oder als „Marionette des Schicksals“ zu verstehen? Die Beantwortung dieser Frage kann hier nur auf grundsätzliche Weise geschehen, da eine ausführliche Beantwortung eine weit umfangreichere Entfaltung des fundierenden Satzes zu Bedingung hat, als sie im Rahmen dieses Kapitels geboten werden kann[4].

- XVI.a -

Zur Beantwortung der aufgeworfenen Frage ist zunächst daran zu erinnern, dass alle zu gebenden Inhalte aus dem fundierenden Satz „Ich bin Hinterfragen / Bedenken.“ zu

---

[4] Vgl. Senz, W. (in Endarbeitung): *Philosophia perennis*

entfalten sind. Hieran ist nun hervorzuheben, dass hiermit nicht gemeint sein kann, alle Inhalte zum Sein, die in der Entfaltung thematisiert werden, als im Sein des Ichs begründet verstehen zu dürfen. Das inkludiert. Aus dem fundierenden Satz ergibt sich nicht, dass das Ich seine eigene Da-Seins-Quelle ist. Das wird sogleich einsichtig, wenn bedacht wird, dass es nicht die Quelle seiner Hilfen sein kann, über die es aber verfügt. In diesem Sinne weist der fundierende Satz also über sich hinaus bzw. über das Ich, auf dessen Da-Seins-Quelle. Die zunächst zu beantwortende Frage lautet somit: Was ist hiermit konkret ausgesagt?

Zweifellos bezeichnet der fundierende Satz mit Ich etwas Seiendes, etwas das i s t. Zu diesem Ich ist in Erfahrung gebracht worden, dass es im Vollzug des Umgangs mit der fundamentalen Aufgabe nicht als auf sich gestellt am Werke seiend verstanden werden kann. Es ist auf Hilfe angewiesen, die es sich nicht selbst hat erarbeiten können. Aber es ist nicht nur auf diese Hilfe angewiesen, e s h a t s i c h a u c h n i c h t d i e f u n d a m e n t a l e A u f g a b e v o r g e l e g t. Der gesamte Komplex aus Aufgabenstellung und Hilfestellung ist also dem Ich vorgegeben, dahingehend, dass es dieser ist.

Angesichts hiervon ist nochmals zu betonen, dass das Ich Seiendes ist. Was nun in das Blickfeld geraten ist als Da-Seins-Quelle, das muss daher ebenfalls Sein bezeichnen, aber offensichtlich in Differenz zum Ich: Es kann nicht der selben Seinsebene angehören wie das Ich. Der Grund hierfür ist, dass das Ich, wie es sich im fundierenden Satz erkennt, Seiendes erkennt, das den dargestellten Komplex bedeutet, und daher gerade nichts, das dessen Quelle sein kann. Um zu dieser vorzudringen, muss in Differenz zu dieser Ebene getreten werden.

Es muss also in Differenz zum Ich getreten werden, nicht aber in Transzendenz: die Quelle kann nicht uneingeschränkt ein Anderes sein als das Ich. Das meint: Die

Thematisierung der Da-Seins-Quelle bedeutet unmittelbare Thematisierung von Sein, in genau dem Sinn, wie sich die Thematisierung von Ich nicht mit Als ob-Sätzen verbinden lässt. Somit muss auch die Thematisierung der Da-Seins-Quelle in eben diesem Sinn verstanden werden, was gleichbedeutend damit ist, dass das Ich zur Thematisierung von Sein an und für sich fähig ist; es muss sich nicht mit Annahmen zu einem transzendenten Sein begnügen. Somit kann es nicht an und für sich Anderes sein als besagte Quelle.

Hierüber darf aber nicht übersehen werden, dass zwischen dem Ich und der Da-Seins-Quelle eine Differenz gegeben sein muss. Gemäß dieser Differenz hat sich das Ich bereits als das Nicht-an-und-für-sich zu dem In-sich-ruhen der Da-Seins-Quelle gezeigt. Hierzu ist nun auszuführen, dass die Ausrichtung auf das In-sich-ruhen, wie sie im Umgang mit der fundamentalen Aufgabe dem Ich zukommt, keinesfalls bedeutet, dass das Ich mit der erfolgreichen Lösung der fundamentalen Aufgabe aufhört, Person zu sein, also Hinterfragen / Bedenken. Anders gewendet: Indem das Ich die Aufgabe löst, verwandelt es sich nicht (in eine Über-Person, einen Über-Menschen oder was auch immer), sondern es wird sich gerecht. Das ist gleichbedeutend damit, dass es, in Relation zur Da-Seins-Quelle betrachtet, innerhalb seiner Ebene verbleibt. Somit stellt das Ich eine differenziell eigenständige Seinsebene dar.

Was hiermit bezeichnet ist, das ist wieder, wie im Falle des Zugangs zum Sein, mittels dem Zweieinheitlichkeits-Argument zu konkretisieren: Das Ich ist in dialektischer Differenz zum Sein an und für sich. Anders gewendet: Das Sein an und für sich ist zweieinheitlich und daher zugleich zu seinem An-und-für-sich personales Ich. Noch einmal in anderen Worten: Das Sein an und für sich ist, indem es ist, Da-Seins-Quelle des Komplexes aus Aufgaben- und Hilfestellung.

Hieran ist explizit hervorzuheben: Dieser Satz im Sinne der dialektischen Differenz gemäß Hegel besagt genau nicht, dass das Sein hier an und für sich ist und dort personales Ich (Komplex). Beide sind in Zweieinheitlichkeit Eines, sodass die Frage „Wo soll denn das Sein an und für sich sein?“ lediglich peinlich ist.

Die soeben gebrachten Aussagen scheinen die Frage herauszufordern, wieso das Sein an und für sich zweieinheitlich ist. Aber diese Frage ist unzulässig. Aus dem personalen Ich heraus, also aus seiner Vergegenwärtigung im Bedenken und Hinterfragen, ist das Sein seinem An-und-für-sich nach vergegenwärtigt worden soweit es diesem Ich möglich sein kann. Hierbei hat sich gezeigt, dass sein Hinterfragen und Bedenken darauf ausgerichtet ist, sich bzw. seiner Personalität gerecht zu werden. Hierzu muss die Einsicht in die Zweieinheitlichkeit des Seins bedeutungsvoll sein, konkret insofern das Sein an und für sich die Da-Seins-Quelle der Personalität ist. Wieso das Sein zweieinheitlich ist, hat hiermit aber nichts zu schaffen, sodass es außerhalb des Fragehorizonts bleiben kann und ist.

- XVIb. -

Angesichts hiervon ist der Weg für die Beantwortung der Frage geebnet, was es konkret mit den Hilfen auf sich hat, die dem personalen Ich zuteil sind. Der Zugriff auf die gesuchte Antwort gelingt, wenn beachtet wird, dass es das Sein ist, das im personalen Ich mit einer Aufgabe umgeht, wobei es gleichermaßen das Lösen-Sollen (Aufgabe) und Lösen-Können (Hilfen) ist. Somit kann der Umgang mit der Aufgabe keine Beliebigkeit darstellen, da er das Sein selbst bezeichnet, in zweieinheitlicher Differenz zu dessen An-und-für-sich. Das schließt aus, das Bemühen des Menschen als das einer „Marionette des Schicksals" verstehen zu können, da Marionettenhaftigkeit zweifellos nicht als das verstanden werden kann, was in Differenz zum Sein an und für sich ist.

Hieraus ergibt sich sogleich folgender Satz: Das Ich kann nicht nur keine Marionette sein, es muss in seinem Umgang mit der Aufgabe eigenständig im Sinne von frei sein. Das meint: Das Sein an und für sich kann nicht als bedingt durch was auch immer gedacht werden, da alles, was diesbezüglich erdacht werden mag, Seiendes zum Ausdruck bringen muss, was dem Sein unterworfen sein muss. Somit muss diese Unbedingtheit im personalen Ich zum Ausdruck kommen, da dieses in zweieinheitlicher Differenz zum Sein an und für sich ist. Zum Ausdruck ist dieser Umstand dadurch gebracht, dass das Ich die Dynamik des hinterfragenden Vordringens zum In-sich-ruhen ist, wovon bereits die Rede gewesen ist. Diese Dynamik bezeichnet die Differenz zum statischen In-sich-ruhen, wie es dem Sein an und für sich zuzuordnen ist und dieses die Da-Seins-Quelle der Dynamik sein lässt[5].

In diesem Sinne bedeutet der Umgang mit der fundamentalen Frage konkret, eine Wahl treffen zu müssen zwischen der zutreffenden und der falschen, reduktionistischen Lösungsmöglichkeit dieser Aufgabe. An dieser Aussage ist hervorzuheben, worauf sich die Wahl konkret bezieht. Sie bezieht sich konkret darauf, ob ein Mensch bereit ist, das uranfänglich gegebene

[5] Natürlich ist die hiermit bezeichnete Situation insofern komplexer, als auch das weltliche Ich das Ich bezeichnet und sich Eigenständigkeit und Freiheit nur auf das personale Ich bezieht. In *Philosophia perennis* (siehe Fußnote 4) wird dieser Umstand erörtert.

Wissen als Orientierungsgrundlage für sein Hinterfragen anzunehmen oder nicht. Die hiermit bezeichnete Entscheidung hat in dem uranfänglichen Wissen nichts, das ihm, ist hierzu vorgedrungen, gleichsam als Apriori den Weg weist. Das uranfängliche Wissen weist erst dann den Weg zum Sich-gerecht-werden, wenn man sich dafür entschieden hat, es anzuerkennen.

Von dieser Entscheidung zu sprechen darf nicht zu verleiten, das Hinterfragen und Bedenken als darauf folgendes Anhängsel zu verstehen. Diese Entscheidung bedeutet eine Wahl und keine Beliebigkeit. Daher steht sie unter einem Rechtfertigungsanspruch, der im Hinterfragen und Bedenken zu liefern ist. Das ist wie folgt genauer zu verstehen: Zunächst ist zu beachten, dass der fundierende Satz „Ich bin Hinterfragen / Bedenken.“ dahingehend entfaltet worden ist, Bedenken und Hinterfragen auf besagte Wahl beziehen zu müssen. Was hiermit erreicht worden ist, das ist im Lichte davon aufzugreifen, dass sich die Personalität, die hiermit ausgesagt ist, als Invariante gezeigt hat, im Sinne de aussage von der zweieinheitlich Differenz zwischen Ich und Da-Seins-Quelle. Ist daher das Ich invariant Hinterfragen und Bedenken, so in Beziehung auf die Wahl. Diese kann somit kein einmaliger, prägender Akt sein.

Somit ist es folgender Umstand, der die Wahl nicht zur Beliebigkeit werden lässt: Das Ich steht invariant unter dem Anspruch, im Umgang mit der fundamentalen Aufgabe wählen zu müssen. Welche Lösung der fundamentalen Aufgabe es wählt, steht aber unter Rechtfertigungsanspruch, was besagt, dass es invariant mit der Möglichkeit konfrontiert ist, die gebotenen Hilfen in aller Konsequenz einsehen zu können. Diese Möglichkeit muss das Ich aber nicht ergreifen. Es kann Affinität zur reduktionistischen, falschen Lösung aufbauen, eben da diese suggeriert, die konsequente Beachtung der Hilfen missachten zu dürfen. Es kann also zu einer Rechtfertigung finden, die tatsächlich nur das Zerrbild der zutreffenden Rechtfertigung ist.

Der gesamte Komplex aus Bedenken, Hinterfragen, Freiheit, Entscheidung, differenzieller Eigenständigkeit soll in dem Begriff Würde (Dignität) des Ichs zusammengefasst werden. Diese besteht also darin, dass das Ich tatsächlich frei ist, da es durch keine Hilfen im Sinne von Aprioris gebunden wird, denen gegenüber es gerade keine Freiheit besitzt. Es ist eben diese Freiheit, die das Ich als das Nicht-Andere als die Da-Seins-Quelle erweist. Anders gewendet: Es ist die Würde, die im Umgang mit der fundamentalen Aufgabe aus der Potenzialität in die Realität überführt werden soll.

- XVII. -

Angesichts hiervon ist zu klären, was es mit der Repräsentation der Würde auf der Ebene des weltlichen Ichs auf sich hat.

Wie dargelegt, bringt Würde die differenzielle Eigenständigkeit zum Ausdruck, die das personale Ich ist, insofern es die Da-Seins-Quelle nicht an und für sich ist, was umfasst, dass es nicht Anderes als diese ist. Hierin liegt, dass es der Umgang mit der fundamentalen Aufgabe ist, wobei ihm Hilfe geboten ist. Wovon hiermit die Rede ist, das muss im weltlichen Ich repräsentiert sein, insofern dieses in zweieinheitlicher Differenz zum personalen Ich ist.

Zum weltlichen Ich bzw. der weltlichen Ebene allgemein ist bereits festzuhalten gewesen, dass es bzw. sie von Regelhaftigkeiten und Gesetzen geprägt ist. Kenntnisse von diesen

Regelhaftigkeiten / Gesetzen sind für das weltliche Ich unentbehrlich, da sie Bedingung dafür sind, die eigenen Bedürfnisse befriedigen zu können. Hieran ist zu beachten, dass diese Bedürfnisse ihrerseits Ausdruck der die weltliche Ebene prägenden Regelhaftigkeiten / Gesetze sind. So kann z. B. ein weltliches Ich in der Situation sein, sein Bedürfnis, Nahrung aufzunehmen, befriedigen zu sollen. In dieser Situation kann es aber nur sein, da sein Köper weltlichen Regelhaftigkeiten unterliegt. Das bedeutet, dass sich die dem Ich gestellte Aufgabe aus etwas ergibt, das über es hinausweist. Es ist auf die Welt verwiesen, wie sie im mittelbaren Zugang zum Sein zum Ausdruck kommt. Aber diese Weltlichkeit ist nicht nur Ursprung zu lösender Aufgaben, sie ist zugleich Ursprung der nötigen Hilfen, konkret in Gestalt der Eruierbarkeit der Regelhaftigkeiten / Gesetzlichkeiten.

Somit ist die Weltlichkeit der Ursprung des Komplexes aus dem Ich gesellten Aufgaben und gebotenen Hilfestellungen. Das bedeutet: Sie nimmt jene Position ein, die in Beziehung auf das personale Ich die Da-Seins-Quelle einnimmt. Die Evolutionslehre verdeutlicht diesen Umstand, da sie explizit davon sprechen lässt, dass die Quelle des Da-Seins der weltlichen Ichs letztlich in der unbelebten Weltlichkeit gegeben ist. Umso dringlicher ist es, die Unterschiede zu erkennen, die zwischen der Da-Seins-Quelle in Beziehung auf das personale Ich und der Weltlichkeit in Beziehung auf das weltliche Ich gegeben sind.

Zunächst ist zu beachten, dass das weltliche Ich, anders als das personale Ich, nicht in Differenz zu seiner Da-Seins-Quelle ist. Es ist genauso Weltlichkeit wie die unbelebte Natur. Das ist insofern essentiell, als sich gerade aus dieser Differenz zur Da-Seins-Quelle die Freiheit des personalen Ichs ergeben hat. Es ist frei, da es mit dem Komplex aus Aufgabe und Hilfestellung in differenzieller Eigenständigkeit umgeht. Da hiervon also in Rücksicht auf das weltliche Ich und seiner Beziehung zu seiner Da-Seins-Quelle nicht die Rede sein kann, kann auch nicht von seiner Freiheit gesprochen werden. Wie bereits angemerkt, kann nur von Graden der Indeterminiertheit die Rede sein.

Sodann ist zu beachten: Wie dargelegt, ist die Da-Seins-Quelle in Beziehung auf das personale Ich dieses in zweieinheitlicher Differenz zu seinem An-und-für-sich. Ein wesentliches Merkmal der Würde resultiert daher daraus, dass das personale Ich nicht Anderes ist als die Da-Seins-Quelle bzw. etwas, dessen Bemüht-sein um sich die Da-Seins-Quelle gleichgültig gegenübersteht. Das Ich ist nicht in Beliebigkeit sich selbst überlassen. Unmittelbarer Ausdruck hiervon ist das Auftreten der Hilfestellungen. Auszuschließen ist freilich, dass die Da-Seins-Quelle punktuell in das Vorgehen des personalen Ichs eingreift. Der Grund hierfür ist die differenzielle Eigenständigkeit dieses Ichs.

In Beziehung auf das weltliche Ich und seiner Da-Seins-Quelle kann von alldem nicht die Rede sein. Es ist nicht zuletzt die Evolutionslehre, die diesen Umstand deutlich vor Augen führt: Die Da-Seins-Quelle des weltlichen Ichs ist in letzter Konsequenz die unbelebte Natur. Somit aber Weltlichkeit, die nicht einmal als Repräsentation des personalen Ichs verstanden werden kann, das also in keinerlei Beziehung zu Bemüht-sein um sich verstanden werden kann. Die Hilfestellungen, die dem weltlichen Ich geboten sind, sind also nicht Ausdruck von Nicht-Beliebigkeit, sondern fehlender Chaotizität in der Welt.

Fasst man die drei letzten Absätze zusammen, so ergibt sich: Die Da-Seins-Quelle des weltlichen Ichs ist weder in Differenz zu diesem, womit zugleich das Fehlen von Freiheit in Beziehung auf das weltliche Ich ausgesagt ist, noch mit Bemüht-sein in Beziehung zu setzen. Die Repräsentation der Würde auf der Ebene des weltlichen Ichs ist daher eingegrenzt auf das Auftreten des Komplexes aus gestellter Aufgabe (Bedürfnisbefriedigung) und gebotener Hilfe.

Es wäre aber ein Fehler, diese Aussage rein als Ausdruck von Defiziten des weltlichen Ichs gegenüber dem personalen Ich zu verstehen. Eine derartige Auffassung ließe sich niemals mit der Logik des Differenz- und des Zweieinheitlichkeits-Argumentes vereinbaren. Das weltliche Ich soll ja kein Abklatsch des personalen Ichs sein, sondern dessen Nicht-an-und-für-sich. Das ist insbesondere für die Betrachtung des weltlichen Ichs von Bedeutung, wie es im Alltagswissen entgegentritt, als Ausgangspunkt dafür, zum philosophischen, fundierenden Satz „Ich bin Hinterfragen / Bedenken.“ finden zu sollen.

Das meint: Zuvor ist festgehalten worden, dass das weltliche Ich Bedürfnisse befriedigen soll, die in Differenz zum Bedürfnis des personalen Ichs sind, sich dem So-Sein nach zu verstehen. Dieser Satz ist uneingeschränkt aufrecht zu halten, nicht zuletzt da er die differenzielle Eigenständigkeit des weltlichen Ichs zum Ausdruck bringt. Aber gerade deshalb muss er im Lichte davon genommen werden, dass das weltliche Ich, gerade wie es in der zuvor angesprochenen Situation im Bedenken entgegentritt, über sich hinausweisen muss, da anders nicht vernünftig vom Heraustreten aus dem Alltagwissen gesprochen werden kann. Das gilt konkret in dem Sinne, dass sich der sein Alltagswissen hinterfragende Mensch als dieses über sich hinausweisende weltliche Ich verstehen muss, wobei sich eben hierin die fundamentale Aufgabe zeigt: Soll, was gemäß Über-sich-hinausweisen zunächst völlig unthematisch aufleuchtet, dahingehend zu thematisieren versucht werden, dass in Differenz zum weltlichen Ich getreten wird, dessen differenzielle Eigenständigkeit ersichtlich werden lassend (= zutreffende Lösung)? Oder soll mit den Möglichkeiten, die der mittelbare Zugang zum Sein bietet, ein Bild dessen gezeichnet werden, was mit Über-sich-hinausweisen gemeint mit (falsche, reduktionistische Lösung)?

Somit gilt: Dem weltlichen Ich kommt nicht das personale Bedürfnis zu; hierzu ist es in Differenz. Sein Handeln ist geprägt von der Befriedigung weltlicher Bedürfnisse. Aber zugleich umfasst es eine Vorstellung von seinem Über-sich-hinausweisen, wiewohl eine solche, die zunächst völlig konturlos ist. diese Konturlosigkeit erweist sich dem weltlichen Ich als etwas, was es aufzulösen gilt, aber nicht als aufgrund eines weiteren weltlichen Bedürfnisses, sondern von etwas, das im weltlichen Ich auftritt, da es in zweieinheitlicher Differenz zum personalen Ich ist.

- XVIII. -

Wovon hiermit die Rede ist, das gilt es nun aus der Perspektive jenes Denkens zu betrachten, das sich wider die zutreffende Lösung der fundamentalen Aufgabe entscheidet. Dieses Denken ist von der Ausblendung der personalen Ebene geprägt. Somit ist es auch von der Missachtung von Freiheit und Würde geprägt. Da aber dieses Denken keine von der zutreffenden Antwort völlig abweichende Antwort bieten kann sondern eine reduktionistische Verzerrung jener Antwort, muss sie auch reduktionistische Vorstellungen von Freiheit und Würde anbieten können. Das ist auch im Lichte davon aufzunehmen, dass sich die reduktionistische Lösung der fundamentalen Aufgabe tatsächlich als Alternative zur zutreffenden Lösung darstellen können muss. Das wäre durch eine triviale Streichung zentraler Begriffe zweifellos substanziell erschwert.

Hierbei ist der aufgeklärten Moderne entgegengekommen, dass sich das enge Korsett „Newtonsche Mechanik" nicht als uneingeschränkt verbindlich für die Naturerklärung erwiesen hat. Dieses Korsett konnte gelockert werden, Räumen der Indeterminiertheit Platz gebend. Einen Spezialfall hiervon, wenn auch nicht im physikalischen Sinn, bietet die Evolutionslehre mit ihrer Aussage, dass sich der Mensch durch die weitgehende Auflösung der das Leben der Tiere prägenden Instinktgebundenheit von diesen unterscheidet. Auch hier ist also von Indeterminiertheit die Rede, in unmittelbarem Zusammenhang mit der Da-Seins-Quelle der Menschen. In unmittelbarer Verflechtung hiermit steht der für die Moderne so wichtige Erwerb der Fähigkeit der Beherrschung der Naturgesetze. Diese können zwar nicht verändert werden, aber genutzt werden, um der Bedürfnisbefriedigung des weltlichen Ichs Möglichkeiten zu eröffnen, die es nicht mehr eine Marionette dieser Gesetze sein lässt, die es hiervon befreit. Das Ich soll sich also gleichsam gegenüber der Da-Seins-Quelle einen Privatraum aufbauen können in dem es, auch gemäß seiner Indeterminiertheit, frei entscheiden kann, ohne die fundierenden Gesetze zu missachten.

Diese Überlegung erlaubt, die reduktionistische Verzerrung von Würde zu betrachten, die dieses Denken aufwenden muss. Hierzu ist vor allem zu beachten, was zuvor dazu festgehalten worden ist, das weltliche Ich nicht einfach als defizitäres personales Ich verstehen zu dürfen: Bereits im weltlichen Ich ist angelegt, wenn auch nicht als weiteres weltliches Bedürfnis, über sich hinausgehen zu müssen. Dem weltlichen Ich, so hat sich gezeigt, ist hierbei nicht einsichtig, worauf hiermit abgezielt ist. Tatsächlich entscheidend ist aber, wie ein personales Ich hiermit umgeht, das, sich selbst in seiner Personalität nicht anerkennend, die falsche Lösung der fundamentalen Aufgabe wählt und daher alleine das weltliche Ich beachtet. Einem solchen Ich kann das

Über-sich-hinausweisen nichts sein, was im Sinne der Beachtung der Differenz zu verstehen ist, einfach da diesem Denken das Ich und seine Da-Seins-Quelle nicht in Differenz zueinander sind.

Hierin liegt: Das Über-sich-hinausweisen wird dahingehend interpretiert, sich von der Da-Seins-Quelle so weit wie möglich zu emanzipieren, sie so weit wie möglich zu ignorieren. Das übersteigt das zuvor verwendete Bild von den Privaträumen insoweit, als nun nicht mehr die mit diesen bezeichneten Freiräume gegenüber einer gebietenden Naturgesetzlichkeit und Naturregelhaftigkeit im Vordergrund stehen, sondern diese Freiräume an und für sich. Die hiermit bezeichnete Situation wird endgültig einsichtig, wenn zudem beachtet wird: Das reduktionistische Denken muss auch eine Verzerrung der differenziellen Eigenständigkeit aufbieten. Nichts kommt diesem Umstand mehr entgegen als die Anführung der soeben genannten Freiräume.

In Verknüpfung mit der fehlenden Differenz zwischen der weltlichen Da-Seins-Quelle und dem weltlichen Ich besagt das: Ein reduktionistisch vorgehendes Ich wird seine Würde dann realisiert sehen, wenn es sich besagte Freiräume geschaffen hat. Dieserart sieht es die Aufgabe, sich als Ich gerecht zu werden, als erfolgreich bewältigt an. Ein nicht unwesentlicher Aspekt hiervon besteht darin, dass sich ein solches Ich die erfolgreiche Bewältigung der Aufgabe alleine sich selbst zuschrieben wird, da sämtliche Hilfestellungen, derer es sich zunächst noch bedient hat, als frei von jeglichem Bemüht-sein um das Ich begriffen werden.

- XIX. -

Bisher ist nur das Ich betrachtet worden, wie es für sich im Vollzug des Heraustretens aus dem Alltagserleben bzw. dem Alltagswissen ist. Belassen kann es hierbei freilich nicht bleiben, da zum Alltagswissen auch gehört, sich nicht als das einzige Ich verstehen zu können. Somit erhebt sich die Frage, wie aus der im Sinne der Fokussierung auf das Ich eingenommenen Ich-Betrachtung über das Ich hinaus zu den anderen Ichs – Mitmenschen – gefunden werden kann. Anders gefragt: Wie ist der Satz „Ich bin Hinterfragen /Bedenken." zu entfalten, sodass auf begründete Weise die Mitmenschen thematisiert werden können?

Die Arbeit hieran ist mit der Betrachtung der weltlichen Ichs zu beginnen. Für jedes weltliche Ich gilt, dass es ein Begrenztes ist. Die weltlichen Ichs sind also gegeneinander abgegrenzt, was mittels dem geläufigen Begriff „atomistisches Menschenbild" zum Ausdruck gebracht wird. Soweit es jedes weltliche Ich, wie es in der Wahrnehmung auftritt, anbelangt, ist diese gegenseitige Abgegrenztheit uneingeschränkt. Trotzdem liegt keine reine gegenseitige Abgegrenztheit vor, da die Menschen über die Eltern-Kind-Beziehung zu einer Einheit verknüpft sind. Der (vielleicht etwas abgenutzte) Begriff „Menschheitsfamilie" bringt das zum Ausdruck. Gemäß der Logik des Zweieinheitlichkeits-Argumentes muss, was hiermit ausgesagt ist, als Repräsentation von etwas auf der Ebene des personalen Ichs verstanden werden, da das weltliche Ich andernfalls etwas Anderes wäre als das personale Ich.

Das besagt: Das personale Ich, wie es im Satz „Ich bin Bedenken / Hinterfragen." zum Ausdruck kommt, bezeichnet zweifellos ein Eines, eine Ganzheit. Aber diese Situation ist zu entfalten, da aus dem Umstand der Begrenztheit der weltlichen Ichs folgt, dass das Eines „personales Ich" über sich hinausweist, konkret im dem Sinne, dass es nicht frei von Begrenztheit sein kann, da es in diesem Fall eben Anderes als das weltliche Ich wäre. Die Begrenztheit der weltlichen Ichs muss sich als Repräsentation von Begrenztheit in Rücksicht auf das personale Ich erweisen.

Einmal schon ist das Über-sich-hinausweisen des personalen Ichs angetroffen worden, in Hinsicht darauf, dass es auf seine Da-Seins-Quelle verweist. Hiervon muss sich das nun interessierende Über-sich-hinausweisen insofern unterscheiden, als es in der Ebene der Personalität verbleibt. Das ergibt sich daraus, dass auch die weltlichen Ichs einheitlich einer Ebene – der weltlichen Ebene - angehören. Es muss also gleichsam etwas „neben" dem (eigenen) personalen Ich geben. Sogleich ist einsichtig, dass, wovon hiermit die Rede ist, nicht ebenfalls im weltlichen Sinn gegeneinander abgegrenzt sein kann. Zudem ist einsichtig, dass die Beachtung dessen, das sich aus dem Über-sich-Hinausweisen des (eigenen) personalen Ichs ergibt, das Eines-Sein des (eigenen) personalen Ichs nicht unterwandert. Dieses Eines-Sein bezeichnet das Ich gemäß dem fundierenden Satz, der in seiner Entfaltung nicht aufgegeben werden kann.

Aufgrund der besonderen Bedeutung, die den sich hieraus ergebenden Ausführungen für die ideologische Argumentation in dem vorliegenden Buch zukommt, ist die hiermit bezeichnete Situation genauer zu betrachten. Zuvor ist gezeigt worden, dass das personale Ich in zweieinheitlicher Differenz zur Da-Seins-Quelle zu verstehen ist. Das inkludiert, dass das Eines-sein, wie es dem Ich zukommt, in Rücksicht auf die Da-Seins-Quelle betrachtet Repräsentation sein muss. Anders gewendet: Das personale Ich kann nicht Eines an und für sich sein; es muss in Differenz hierzu ein Eines sein. Dass die Da-Seins-Quelle Eines sein muss, ergibt sich daraus, dass sie an und für sich In-sich-ruhen ist. Hiervon ist zu sprechen, da sie in Differenz zu jeglicher Form von Dynamik bedeutender Begrenzung ist (vgl. oben), woraus sich unmittelbar ergibt, dass es an und für sich notwendig Eines sein muss. Als das Nicht-an-und-für-sich hierzu erweist sich das personale Ich; also das Ich, wie es ein Eines ist.

Aber hiermit alleine kann der Beachtung der Differenz zwischen der Da-Seins-Quelle und dem personalen Ich nicht schon hinreichend Rechnung getragen sein. Würde es bei der Aussage belassen, dass die Da-Seins-Quelle nicht an und für sich ein personales Ich ist, würde insofern nicht vollständig in Differenz getreten worden sein, als der einen Da-Seins-Quelle ein personales Ich zugeordnet worden ist. Das aber ist wider die Logik der Zweieinheitlichkeits-Argumentation. Daher kann die Da-Seins-Quelle, wie sie nicht an und für sich ist, nicht ein personales Ich sein, sie muss personale Ichs (Plural) sein.

Hieran ist insbesondere von Interesse, was hiermit nicht ausgesagt ist: Es ist nicht ausgesagt, dass die Da-Seins-Quelle, wie sie nicht an und für sich ist, eine Vielzahl von personalen Ichs ist, die atomistisch gegeneinander abgegrenzt werden können. Hiervon kann nicht die Rede sein, da atomistische Vielheit nicht in Differenz zu Eines ist, sondern ein Anderes als dieses. Hieraus ergibt sich, was mit „personale Ichs (Plural!)“ bezeichnet ist, als ein Eines verstehen zu müssen. Zunächst soll dieses Eines „Wir“ genannt werden. Natürlich umfasst das Wir die personalen Ichs, wie sie zuvor, jedes für sich, als ein Eines bezeichnet worden sind. Eben diese Ichs zeigen sich nun aber nicht gemäß ihrem Ein-Eines-Sein, sondern als Individuationen von Wir; als Individuationen des Eines „Wir“.

Somit gilt: Das personale Ich ist zugleich ein Eines - insofern ist es alleine auf sich ausgerichtet – und Individuation von Wir – insofern ist es Element eines seiner Individualität übergeordneten Eines.

Hieran ist zu beachten, dass sich der Satz „Wir ist." aus der Entfaltung des Satzes „Ich bin." ergeben hat. Daher kann jener Satz nicht als der eigentlich fundierende Satz verstanden werden, „Ich bin." in dieser Funktion ablösend. Hieraus ergibt sich, dass das im vorigen Absatz verwendete „übergeordnet" keinesfalls bedeuten kann: Das Wir ist zwischen der Da-Seins-Quelle und dem personalen Ich einzuordnen. Die Differenz im Sinne des Zweieinheitlichkeits-Argumentes zwischen der Da-Seins-Quelle und dem personalen Ich erfährt durch Wir keine Änderung. Anders gewendet: Das Bemüht-sein um sich als Ausdruck des Umgangs mit der fundamentalen Aufgabe ist ausschließlich in Beziehung auf die Da-Seins-Quelle zu verstehen.

Trotzdem ist die Beachtung von Wir und Individuation von Wir höchst bedeutungsvoll für das Verstehen davon, was mit Bemüht-sein um sich in Rücksicht auf das Ich als ein Eines gemeint ist. Für das Ich als Eines ist dieses Bemüht-sein tatsächlich und uneingeschränkt Bemüht-sein um sich. Für das Ich als Individuation von Wir kann hiervon aber nicht ebenfalls die Rede sein. Da es gegenüber den anderen Individuationen nicht abgegrenzt ist, kann sein Bemüht-sein um sich nicht bei sich als Individuation die Grenze finden. Es muss sich auf das gesamte Eines „Wir" erstrecken.

Das ist gleichbedeutend mit der Aussage: In Beziehung auf das Ich als Eines hat sich als Ziel des Umgangs mit der fundamentalen Aufgabe gezeigt, die eigene Personalität aus der Potenzialität in die Realität überzuführen. Eben hiervon muss somit auch im Zusammenhang mit Wir und Individuation von Wir die Rede sein, da sich diese in der Entfaltung von Ich gezeigt haben. Angesichts hiervon ist folgende Formel aufzustellen:

Das Bemüht-sein um mich kann nur gelingen, wenn es das Bemüht-sein um Wir umfasst.[6]

Hierin liegt, dass aus dem Sein von Wir Vorgaben für das Bemüht-sein von jedem Ich erwachsen, die es beachten muss. Aber die hiermit angesprochene Übergeordnetheit von Wir, um diesen Begriff wieder aufzunehmen, ist vollständig aus der Personalität eines jeden Ichs herzuleiten. In anderen Worten: Die Beachtung von Wir ist als eigenständiges Thema für das Bemüht-sein um sich zu verstehen, das in Beziehung auf das Ich als ein Eines nicht auftritt. Aber aus der Beachtung von Wir ergibt sich nichts, das derart im Wir verankert ist, dass es nicht auf das fundamentale Thema „Personalität“ zurückzuführen ist.

Angesichts hiervon ist aufzugreifen: In Rücksicht auf das Ich als ein Eines besteht der Kern der fundamentalen Aufgabe darin, (1.) sich als Person zu vergegenwärtigen und somit (2.) der eigenen Würde gerecht zu werden. Diese Themen müssen somit auch in Beziehung auf das Ich als Individuation von Wir von zentraler Bedeutung sein. Bezüglich dem ersten Punkt besagt das: Im Umgang mit der fundamentalen Aufgabe ist dazu vorzudringen, die Mitmenschen ebenso als Personen wahrzunehmen, wie sich selbst. Das impliziert, zur vollumfänglichen Vergegenwärtigung von Wir vordingen zu sollen. Bezüglich dem zweiten Punkt liegt vor, dass das Ich zur Beachtung der Gleichwürdigkeit aller Menschen vordringen soll. Von dieser ist zu sprechen, da alle Menschen einheitlich Individuationen von Wir sind.

---

[6] Es gibt keine vernünftige Möglichkeit, die Eltern-Kind-Beziehung der weltlichen Ebene auf die Menschheit einzugrenzen. Die Evolutionslehre berichtet hiervon. Wovon die gebrachte Formel berichtet, das kann somit nicht sinnvoll auf die Menschheit eingegrenzt werden.

Angesichts hiervon ist die getroffene Aussage, das Wir aus der Potenzialität in die Aktualität überführen zu sollen, zu konkretisieren. Diese Konkretisierung ist mit folgender terminologischen Festsetzung zu beginnen: der Begriff Wir ist durch Gemeinschaft zu ersetzen, wobei die weltliche Repräsentation von Gemeinschaft als Gesellschaft bezeichnet werden soll. Somit bedeutet der Satz, gemäß dem das Wir aus der Potenzialität in die Aktualität überzuführen ist: Zunächst nimmt ein Ich sich und die Mitmenschen als Gesellschaft wahr, so wie es sich zunächst als weltliches Ich wahrnimmt, wiewohl ohne, was es dieserart wahrnimmt, bereits als Ausdruck des mittelbaren Zugangs zur Welt zu verstehen. Im Heraustreten aus dem Alltagswissen, also im Rahmen des Umgangs mit der fundamentalen Aufgabe, soll es Einsicht in eben diesen Umstand erlangen. Das ist gleichbedeutend damit, die Inhalte des unmittelbaren Zugangs zum Sein thematisch zu machen und jene des mittelbaren Zugangs als eben solche einzusehen. Hierin liegt, die Gemeinschaft aus der Potenzialität in die Aktualität übergeführt zu haben, da das Bemüht-sein um sich gemäß der Beachtung der Gleichwürdigkeit aller Personen gestaltet wird. Bleibt dieser Schritt aus, wird also die Thematisierung von Gemeinschaft verfehlt, wird alleine auf die Gesellschaft fokussiert und hieraus ein reduktionistisches Zerrbild von Gemeinschaft entworfen.

- XX. -

Es gilt nun darzustellen, was konkret mit „reduktionistisches Zerrbild von Gemeinschaft" gemeint ist. Der hierin zum Ausdruck gebrachte Reduktionismus ist ganz allgemein der Reduktionismus der falschen Lösung der fundamentalen

Aufgabe. Er beginnt mit der Ausblendung des personalen Ichs, was zur Folge haben muss, dass die Entfaltung dieses Ichs in ein Eines und Individuation von Wir bzw. Gemeinschaft unterbleibt. In anderen Worten: Das Bemüht-sein um sich kann nicht jene Entfaltung erfahren, die zeigt, dass es das Bemüht-sein um die Gemeinschaft umfasst. Das Bemüht-sein um sich wird tatsächlich nur auf das eigene Ich bezogen, im Sinne davon, dass dieses mit dem atomistisch verstandenen weltlichen Ich gleichgesetzt wird.

Hieraus muss sich ableiten lassen, was mit „reduktionistisches Zerrbild von Gemeinschaft" gemeint ist. Die Suche hiernach muss aber noch einen zweiten Aspekt beachten. Wie dargelegt, muss sich das Ich frei bzw. willentlich für eine der beiden möglichen Lösungen der fundamentalen Aufgaben entscheiden. Hiervon kann aber nur die Rede sein, wenn beide Lösungen in Aussicht stellen, dass sich das Ich gerecht werden kann, wenn es sie wählt. Somit muss auch von der reduktionistischen Lösung eine Attraktivität ausgehen, deren irreführender Charakter erst bei konsequenter Beachtung der gebotenen Hilfestellungen erkannt wird (vgl. oben). Die Darstellung der genauen Bedeutung von „reduktionistisches Zerrbild von Gemeinschaft" muss somit auch angeben können, was es mit dieser Attraktivität auf sich hat.

Angesichts hiervon ist zunächst daran zu erinnern, dass ein weltliches Ich gemäß seiner differenziellen Eigenständigkeit um sich bemüht sein muss; es muss Bedürfnisse befriedigen, die es hat. Zumindest die basalen Bedürfnisse – z. B. den Hunger zu stillen – kommen allen weltlichen Ichs einheitlich zu. Das trägt in sich, dass die weltlichen Ichs dazu schreiten können, miteinander zu kooperieren, um willen der effizienteren Gestaltung der Bedürfnisbefriedigung. Das trägt aber auch in sich, dass sich die weltlichen Ichs einander als Konkurrenten gegenüberstehen können, z. B. in

Beziehung auf knappe Güter, derer zur Bedürfnisbefriedigung bedurft wird.

In beiden Situationen wird sich das weltliche Ich gegenüber dem Wohl der anderen Ichs indifferent verhalten; weder ist es um dieses bemüht, noch sieht es darin einen Gewinn, diesen Schaden zuzufügen. Dieserart kann es also Kooperationen mit anderen weltlichen Ichs eingehen, wenn es sich hiervon einen Gewinn für sich verspricht. Aus demselben Grund wird es versuchen, in einer Konkurrenzsituation die stärkere Position einnehmen zu können.

Wovon hiermit die Rede ist, das bezeichnet die Situation der weltlichen Ichs in ihrer differenziellen Eigenständigkeit. Aber gerade deshalb kann, was soeben ausgeführt worden ist, deren Situation nicht vollständig erfassen. Wie bereits ausgeführt worden ist, muss das weltliche Ich zugleich derart sein, dass es über sich hinaus verweist. Im weltlichen Ich –konkreter: im personalen Ich, wie es sich zunächst im Alltagswissen als weltliches Ich erfährt - muss also bereits als Problem erfahren werden, ob man sich als Ich tatsächlich vollständig auf die weltliche Regelhaftigkeit reduzieren darf. Was hierbei „vollständig" bedeuten soll und was es sein soll, das in der Emanzipation von der weltlichen Regelhaftigkeit zu erzielen ist, das bleibt dem Alltagswissen unbekannt. Es ist eben dieses Bestreben, gemäß dem das Heraustreten aus dem Alltagswissen unternommen wird, und entweder im Sinne der zutreffenden oder der reduktionistischen Lösung der fundamentalen Aufgabe gestaltet wird.

Somit erhebt sich die Frage, was unter diesem Bestreben konkret zu verstehen ist, explizit in Rücksicht auf das Ich als Individuation von Wir. In Vorbereitung auf die Beantwortung dieser Frage ist zunächst an folgende Aussage zu erinnern: Bei alleiniger Betrachtung des weltlichen Ichs und der Gesellschaft kann das Ich zu keiner tatsächlichen Befriedigung seines fundamentalen Bedürfnisses finden. Dieses stellt sich erst mit der Thematisierung des personalen Ichs und der Gemeinschaft ein, da hiermit die fundamentale Aufgabe tatsächlich gelöst ist. Über diese Befriedigung kann das Ich nicht hinausgelangen: es ruht in sich, wobei die Dynamik des Hinterfragens insofern invariant gegeben bleibt, als dieser Zustand fortgesetzt aufrecht erhalten werden muss.

Da die Ableitung zugleich die Konkretisierung von „reduktionistisches Zerrbild von Gemeinschaft" ergeben soll, ist zu zeigen, wie sich, was soeben festgehalten worden ist, im Falle der reduktionistischen Lösung der fundamentalen Aufgabe darstellt. Ein Ziel muss auch von dieser Lösung angegeben werden können, da sie anders nicht Alternative zur zutreffenden Lösung wäre. Etwas also, das suggeriert, dass sich das Ich gerecht wird, wenn es dieses Ziel erreicht etwas also, das es anscheinend zur Ruhe kommen lässt. Dieses Ziel kann aber nicht halten, was es verspricht, da nur die Thematisierung der Personalität und somit der Gemeinschaft hierzu fähig ist. Anders gewendet: Das in Aussicht gestellte In-sich-ruhen kann nicht erreicht worden sein. Daher muss das Bestreben, das Ziel zu erreichen, unausgesetzt am Werke sein. Was es auch ist, um das es um willen der Sättigung, also der eingetretenen Ruhe, bemüht ist, von dem kann es nicht so viel bekommen, dass sich die Sättigung bzw. Ruhe einstellt. Kurz gesagt: *Das dieserart vorgehende Ich muss immer mehr wollen.*

In diesem Sinne ist also das Erreichen des Zieles bei fortgesetztem Bemühen, diesen Zustand zu erhalten, wie es im Falle der zutreffenden Lösung der fundamentalen Aufgabe auftritt, verzerrt worden zu einem Immer-mehr-wollen. Verstanden kann diese Aussage aber erst sein, wenn Einsicht in den Umstand herrscht, wie es möglich ist, dass die reduktionistische Lösung den Anschein erwecken kann, dass ein erreichbares Ziel vorliegt. Hiermit hängt unmittelbar zusammen, es nicht bei der Formulierung „was es auch immer sein soll“ belassen zu können.

Im Sinne hiervon ist zu beachten: Natürlich hält das reduktionistische Denken die weltlichen Hilfen für die Etablierung einer wohlgeordneten Gesellschaft in Händen. Das gilt für jegliches anfängliche Denken, also für jegliches Denken, das im Heraustreten aus dem Alltagswissen um die Lösung der fundamentalen Aufgabe bemüht sein soll. Aber es blendet aus, aus eben diesem Grund diese Hilfen nicht sogleich verstanden haben zu können. Es nimmt nur wahr, dass mittels dieser Hilfen die weltliche Gesellschaft in einen geordneten Zustand gebracht werden kann. Dass sich diese Geordnetheit nur auf die Befriedigung der Bedürfnisse der weltlichen Ichs bezieht, wird bereits ausgeblendet. Anders gewendet: Es wird unterstellt, dass sich die weltlichen Ichs auf ihre Bedürfnisse reduzieren lassen, besagtes Bestreben, das den weltlichen Ichs ebenfalls zuzuordnen ist, zumindest insoweit ignorierend, als es als weiteres rein weltliches Phänomen dargestellt wird, das problemlos der Ausrichtung auf besagte Hilfen untergeordnet werden kann. Kurz gesagt: Es liegt eine mangelhafte Vorstellung von „wohlgeordnet“ vor; also eine solche, de nur einen Aspekt der weltlichen Ichs und von Gesellschaft beachtet.

Die hieraus erwachsende Konsequenz zeigt sich, wenn zugleich beachtet wird: Das reduktionistische Denken kann das fundamentale, personale Bedürfnis nicht angeben, eben da es die personale Ebene ausblendet. Es kann also jenes Bedürfnis nicht angeben, das in Differenz zu den weltlichen Bedürfnissen ist. Da es, wovon hiermit die Rede ist, aber nicht ersatzlos streichen kann, sondern reduktionistisch verzerren muss, muss es das In-Differenz-treten innerhalb der weltlichen Ebene zur Wirkung kommen lassen. Das kann nur die Vorstellung bedeuten, sich von der

Abhängigkeit von den weltlichen Regelhaftigkeiten und Gesetzen zu emanzipieren zu sollen. sich also dieserart über die weltliche Ebene zu erheben, ohne sie verlassen zu müssen.

Das ist von entscheidender Bedeutung, da das zu dieser Vorstellung findende reduktionistische Denken geprägt ist von dem atomistischen Menschenbild, dem gemäß ein Ich alleine auf sich ausgerichtet ist, in den Mitmenschen lediglich Mittel zum Zweck sehen könnend: Als Mittel zum Zweck dafür, sich über die Gesetzlichkeit der weltlichen Ebene erheben zu können, also auch über die gesellschaftlichen Gesetzlichkeiten! Das impliziert: Als Mittel zum Zweck dafür, sich auch über die Mitmenschen erheben zu können, denn diese sind ihm um nichts weniger Teil der weltlichen Ebene als sonst etwas hiervon. Wovon hier die Rede ist, das lässt sich auch in folgende Worte kleiden: Das Sich-absetzen von der Gesetzlichkeit der weltlichen Ebene bedeutet auch, die Mitmenschen hinter (unter) sich zu lassen, sie in ihrem selbigen Bestreben zu behindern.

Anders gewendet: Dass sich ein dieserart vorgehender Mensch selbst auch als Teil der weltlichen Ebene verstehen muss, führt zu keiner Solidarität mit den Mitmenschen, gemeinsam den Weg über diese Ebene hinaus zu beschreiten. Dem steht das atomistische Menschenbild bzw. das Fehlen der Anerkennung von Individuation von Wir entgegen. Zwar ist der Mensch der Potenzialität nach immer schon Individuation von Wir, aber er ist es derart, dass die somit uranfänglich gegebene Bezogenheit aufeinander erst aufgrund der Wahl der zutreffenden Lösung der fundamentalen Aufgabe in die Realität übergeführt wird. Genau das unterbleibt im Falle der Wahl der reduktionistischen Lösung der fundamentalen Aufgabe.

Am Beginn dieses Abschnittes ist eingefordert worden, angeben zu können, was den falschen Weg attraktiv erscheinen lässt. Angesichts der soeben gebrachten Ausführungen ist die Antwort hierauf wie folgt zu geben: Der falsche Weg suggeriert, das anfängliche Fehlen der Gemeinschaft in der Realität – zunächst ist diese nur der Potenzialität nach im Dasein! – dahingehend interpretieren zu sollen, dass diese grundsätzlich nicht gegeben ist, dass von ihr zu Reden bedeutet, sich einer Illusion hinzugeben. Hiermit wird die Fokussierung auf das eigene Ich legitimiert. Hiermit wird konkret das Mehr-sein-wollen als die anderen Menschen legitimiert, also als legitimes Ziel des Bemüht-seins um sich ausgegeben. Der Mensch soll und kann eine soziale Machtposition aufbauen, die ihn über die Mitmenschen erhebt. Hierin findet er seine Befriedigung als Mensch.

Die Legitimität, von der hier die Rede ist, wird somit explizit daraus abgeleitet, dass die Darstellung des zu erreichenden Zieles mit der Beachtung der da-seienden Hilfen in Form der Regelhaftigkeiten und Gesetzlichkeiten der Welt ihren Anfang nimmt. Das trifft tatsächlich zu, legitimiert aber gerade nicht, was legitimiert werden soll. Dieserart den Anfang zu nehmen ist mehr trickreich als geistreich. Es wird suggeriert, aufbauend auf der dargelegten mangelhaften Vorstellung von „wohlgeordnete Gesellschaft“, dass im Sinne der Eigenverantwortung der rein weltlich verstandenen Menschen am Beginn ihres Bestrebens der Fleiß steht, mit dem man innerhalb der Gesellschaft um sich bemüht ist, was aufgrund der gesellschaftlichen Gesetzlichkeiten und Regelhaftigkeiten gleichsam als Nebeneffekt (invisible hand) das Allgemeinwohl unterstützt.

Vollständig ausgeblendet wird hierbei, dass das Bestreben „mehr sein wollen als die anderen Menschen“ hiermit verschwiegen worden ist. Dieses Bestreben, das nur auf das eigene Ich ausgerichtet ist, also nicht auf die Realisierung der wohlgeordneten Gesellschaft, kann die weltlichen Hilfen tatsächlich nicht ignorieren, aber es kann sie instrumentalisieren. Das meint: Da diese Hilfen das weltliche Ich und die Gesellschaft nur insoweit bezeichnen, als diese nicht die personale Ebene sind, müssen sie aus der Beachtung der personalen Ebene heraus erst ausgeformt werden, ohne hierbei ihre differenzielle Eigenständigkeit zu verlieren. Im reduktionistischen Denken erfolgt diese Ausformung aus der reduktionistischen *+-Verzerrung des Ziels der Beachtung der personalen Ebene, also aus dem „mehr sein wollen als die anderen Menschen“. Auch diesem Denken bzw. der hiermit bezeichneten Ausformulierung müssen die Hilfestellung zu Dienste sein. Also einem Denken, das gar nicht auf die wohlgeordnete Gesellschaft abzielt bzw. dem Fleiß, mit dem der Realisierung hiervon nachgegangen wird. Kurz gesagt: Das fleißige Bemühen um die wohlgeordnete Gesellschaft ist nicht die Quelle der gesellschaftlichen Macht, die ein Mensch anstrebt, wenn er sich für die falsche Lösung der fundamentalen Aufgabe entscheidet. Aber ein dieserart vorgehender Mensch kann den Eindruck erwecken, als wäre genau dies der Fall, sein Vorgehen legitimierend.

- XXI. -

Wovon im vorangegangenen Abschnitt die Rede ist, das muss in konkrete gesellschaftliche Strukturen gegossen sein. Das Fundament hiervon - Wirtschaft und Politik - soll nun interessieren. Am Beginn der Darstellung hiervon soll die Beantwortung einer Frage stehen, die insbesondere in Rücksicht auf den Sozialismus von herausragender Bedeutung ist: Ist die Marktwirtschaft grundsätzlich abzulehnen?

Zunächst ist zu beachten, dass bei Anerkennung der falschen Lösung der fundamentalen Aufgabe die Menschen alleine als weltliche Ichs verstanden werden und die Gesellschaft als aus eben diesen Ichs bestehend begriffen wird. Daher fokussiert dieses Denken auf die weltlichen Bedürfnisse der Menschen. „Zunächst muss man die Bedingungen schaffen, um leben zu können, also Nahrung, Wohnmöglichkeiten, Energie usw. bereitstellen." lautet das Credo dieses Denkens. All dies zu beschaffen, so wird konkretisiert, bedeutet, es zu erwirtschaften, womit die Produktion und Verteilung besagter Güter gemeint ist. Somit soll der Wirtschaft bzw. dem richtigen Verständnis von Wirtschaft die fundamentale Bedeutung innerhalb der Konzeption der Gesellschaft zukommen.

Das Ideal der Wirtschaft wird hierbei in der Marktwirtschaft gesehen. Der Grund hierfür liegt nicht zuletzt in der Säkularisierung, die mit der Ausbildung der modernen Gesellschaft einhergegangen ist: Die Menschen sollen die Gesellschaft dahingehend einrichten, dass weltliche Hilfsangebote genutzt werden, eben die Mechanismen der Marktwirtschaft, wobei der Umgang mit diesen die Eigenverantwortung des Menschen zum Ausdruck bringen soll. Er kann nicht länger als Marionette eines von überweltlichen Kräften gestrickten Schicksals verstanden werden. Das bedeutet freilich nicht, so wird sogleich hinzugefügt, dass sich der Mensch die Freiheit anmaßen darf, regulierend in die Marktmechanismen eingreifen zu dürfen. Diese können ihre Kraft nur entfalten, wenn sie b e f o l g t werden. In diesem Sinne ist vom omnipotenten Markt die Rede.

Hierin liegt auch: Die Anerkennung der Marktwirtschaft inkludiert die Ablehnung der Planwirtschaft. Wer sich einbildet, auf das Hilfsmittel „Marktmechanismen“ verzichten zu können, da er die wirtschaftliche Grundlage der wohlgeordneten Gesellschaft planen kann, der unterliegt einem Irrtum. Der landet zwangsläufig bei einer säkularisierten – anstatt überwundenen - Religion, da ihm der Mensch ein auf die Erde herabgestiegener Gott sein muss, dem die Zukunft in die Gegenwart eingefaltet ist, als Bedingung dafür, planend vorgehen zu können.

Was ist hiervon aus der Perspektive der zutreffenden Lösung der fundamentalen Aufgabe zu halten?

Dass es Hilfsangebote in Gestalt von Marktmechanismen geben muss, ist aufgrund der differenziellen Eigenständigkeit der gesellschaftlichen Ebene zweifellos anzuerkennen. Es gibt tatsächlich kein Argument, das die Vorstellung von der in die Gegenwart eingefalteten Zukunft rechtfertigt. Dass Hilfen nicht unterwandert werden sollen, soll ihre Bedeutung nicht unterwandert werden, kann man zunächst auch anerkennen. Die entscheidende Frage ist aber: Rechtfertigen diese Annahmen die Vorstellung vom omnipotenten Markt?

Diese Frage lässt sich nur beantworten, wenn die Vorstellungen des reduktionistischen Denkens von dem Hilfsangebot „Marktmechanismen“ betrachtet werden. Der Schlüssel hierfür liegt in dem bereits angeführten Umstand, dass die Vorstellung der Protagonisten des reduktionistischen Denkens von der wohlgeordneten Gesellschaft auf einer unvollständigen Thematisierung der weltlichen Ichs basiert. Diese Thematisierung bezieht sich unmittelbar „nur“ auf die Befriedigung der weltlichen Bedürfnisse der eine Gesellschaft bildenden Ichs, keinesfalls aber auf die Bestrebungen dieser Ichs in Beziehung darauf, sich von der weltlichen Ebene emanzipieren zu sollen. Gerade diese Bestrebungen sind aber die Quelle der Unterwanderung der Ausbildung der tatsächlich wohlgeordneten Gesellschaft im Sinne der zutreffenden Lösung der fundamentalen Aufgabe. Somit erheben sich die Fragen: Was ergibt sich aus dieser verkürzten Darstellung der weltlichen Ichs für das Verständnis vom Unternehmertum? Ist die reduktionistisch verkürzte Darstellung der weltlichen Ichs notwendige Bedingung dafür, die Aussage von der Omnipotenz des Marktes als gerechtfertigt darstellen zu können?

Um einsehen zu können, was hiermit angesprochen ist, ist zunächst zu beachten, wie sich die Gesellschaft am Beginn des Umgangs mit der fundamentalen Aufgabe zeigt, also im Lichte es Alltagswissens. In dieser Situation zeigt sich eine aus weltlichen Ichs bestehende Gesellschaft, die, insofern zu „Individuation von Wir" und „Gemeinschaft" vorzudringen ist, atomistisch verstanden werden, zugleich aber, da sie nicht Anderes als die personalen Ichs sind, als aufeinander bezogen (Repräsentation von Individuation) und als miteinander kooperierend (z. B. Arbeitsteiligkeit). In Beziehung eben hierauf ist das Hilfsangebot zu verstehen, das die Marktmechanismen bedeuten. Es ist also zunächst auf die Situation bezogen, aus der heraus die Entscheidung *erst zu treffen ist*, ob die Personalität der Menschen und somit Gemeinschaft anerkannt wird oder nicht. Daher gilt: Von der Omnipotenz des Marktes kann in dieser Situation noch nicht die Rede sein. Anders gewendet: Wie das Hilfsangebot zu verstehen ist, ob es also im Sinne des omnipotenten Marktes zu verstehen ist, das kann sich erst aus besagter Entscheidung ergeben, so wie sie insgesamt erst die inhaltliche Vorstellung von Gesellschaft erbringen muss.

Entscheidet sich ein Ich für die zutreffende Lösung der fundamentalen Aufgabe so erkennt es, dass die freie Marktwirtschaft und daher das Unternehmertum tatsächlich anzuerkennen sind, aber ausschließlich in Rücksicht auf die Befriedigung der Bedürfnisse der weltlichen Ichs. Somit wird eingesehen, dass das Hilfsgebot „freier Markt" auszuformulieren ist. Diese Ausformulierung geschieht aus der Anerkennung von Personalität und Gemeinschaft, die zum Regulativ für die Anwendung des Hilfsangebots wird, ohne dass diese hierdurch unterwandert würde. Daher kommt die Vorstellung von der Omnipotenz des Marktes kommt nicht zur Ausbildung.

Dergleichen ist dem reduktionistischen Denken fremd, da es das weltliche Hilfsangebot „freier Markt“ nicht im Sinne des Zweieinheitlichkeits-Argumentes als weltliche Repräsentation des personalen Hilfsangebotes begreifen kann und will. Hierin liegt, dass das weltliche Hilfsangebot einerseits in seiner Bedeutung verabsolutiert wird: Die Mechanismen des freien Marktes sind strikt zu beachten da jegliche Regulation zur Unterwanderung der Bedeutung dieser Mechanismen führen muss. Im Lichte hiervon ist aufzugreifen, dass dieses Denken das Bestreben, sich über die weltliche Ebene zu erheben, von außen an das Bild vom strikt zu beachtenden Markt herantragen muss. Anders als im zutreffenden Denken verweist dieses Bestreben nicht auf das Ich an und für sich (personales Ich), sodass sich aus dessen Beachtung analytisch besagte regulative Bedeutung in Rücksicht auf den Markt ergeben kann. Statt regulativer Bedeutung ergibt sich aus dieser Äußerlichkeit „freie Verfügbarkeit“; es soll sich ja über diese Mechanismen erhoben werden.

Hierin liegt, was insbesondere zu beachten ist, dass der Verweis darauf, die Mechanismen des Marktes strikt beachten zu müssen, zu einem sich selbst unterwandernden Instrument für das Mehr-sein-wollen als Mitmenschen werden kann. Da das Hilfsmittel „freier Markt“ für sich genommen noch nicht ausformuliert ist und lediglich die Befriedigung der rein weltlichen Bedürfnisse betrifft, kann dieses Hilfsmittel im reduktionistischen Denken dahingehend „ausformuliert“ werden, dass, obschon dem Anschein nach auf die wohlgeordnete Gesellschaft abgezielt wird, tatsächlich vorliegt: Die rein formal tatsächlich gegebene Ausrichtung auf die wohlgeordnete Gesellschaft (Hilfsmittel!) ist derart gestaltet („ausformuliert"), dass sie der Befriedigung des reduktionistischen Bestrebens dient, mehr zu sein als andere Menschen. Die Ausrichtung auf die wohlgeordnete Gesellschaft bzw. Gemeinschaft ist hiermit natürlich ad absurdum geführt. Die Aussage von der Omnipotenz des Marktes erweist sich daher als Instrument im Dienste der Ambitionen der Eliten einer hiervon geprägten Gesellschaft.

Angesichts hiervon ist explizit festzustellen: *Nicht die Marktwirtschaft ist das Problem, sondern die Instrumentalisierung der Marktwirtschaft durch das reduktionistische Denken.*

Angesichts hiervon ist wieder die Frage aufzugreifen, ob das Unternehmertum notwendig ist. Hiermit ist folgende Frage unmittelbar verknüpft: Sollen die Produktionsmittel in privater Hand sein oder in öffentlicher Hand?

In einer von der zutreffenden Lösung der fundamentalen Aufgabe geprägten Gesellschaft bzw. Gemeinschaft verlieren diese Fragen letztlich ihre Bedeutung. Zunächst ist zu beachten, dass das Hilfsmittel „Marktmechanismen" nur genutzt werden kann, wenn es verstanden wird, was aufgrund der differenziellen Eigenständigkeit der gesellschaftlichen Ebene ein Fachwissen voraussetzt, sowie die Fähigkeit, dieses anwenden zu können. Versteht man die hierüber verfügende Gruppe von Menschen innerhalb der Gesellschaft als das Unternehmertum repräsentierend, so muss es dieses freilich geben. Ob es sich hierbei um Privatpersonen oder (z. B.) staatliche Einrichtungen handelt und ob die Produktionsmittel in privater oder öffentlicher Hand sind, ist hierbei von sekundärer Bedeutung. Beide, das staatliche und das private Unternehmertum, werden sich übereinstimmend gemäß ihrer Anerkennung davon verhalten, sich als Individuation von Wir bzw. Gemeinschaft verstehen zu sollen und demgemäß die Gleichwürdigkeit der Menschen beachten. Damit ist nicht ausgeschlossen, dass spezielle gesellschaftliche Situationen entweder das Auftreten privater oder staatlicher Unternehmer favorisieren können.

Die Protagonisten der kapitalistischen Marktwirtschaft wollen hiervon freilich nichts wissen und werden nicht müde, Argumente zu ersinnen, die die Überlegenheit der Privatwirtschaft zeigen sollen. Ein Beispiel hierfür ist: Die Überlegenheit und segenbringende Natur der kapitalistischen Marktwirtschaft wird nicht zuletzt darauf zurückgeführt, dass die Konkurrenz zwischen den einzelnen Privatunternehmen als „goldener Boden" für das unvergleichliche Innovationspotenzial dieser Wirtschaftsform zu verstehen ist. Somit erhebt sich die Frage: Kann die Marktwirtschaft im Sinne der zutreffenden Lösung der fundamentalen Aufgabe mit einem vergleichbaren Innovationspotenzial aufwarten? Diese Frage ist zweifellos zu bejahen. Der Grund hierfür liegt darin, dass der Mensch Hinterfragender ist. Es ist sein So-Sein, neue Erkenntnisse zu erlangen, nicht zuletzt in Verknüpfung mit der Befriedigung der weltlichen Bedürfnisse.

Es wäre lediglich ermüdend, alle derartigen Argumente abzuarbeiten. Der Abschnitt soll daher damit abgerundet werden, dass das Problem „kapitalistisches Unternehmertum" in seinem Kern nochmals hervorgehoben wird. Hierzu soll aus einem Buch zitiert werden, das erstmals 1958 veröffentlicht worden ist, was aber nicht stören braucht, da sich der Kern kapitalistischen Denkens invariant erhalten hat. Bei diesem Buch handelt es sich um Ludwig von Mises' *Die Wurzeln des Antikapitalismus*[7]:

[7] Mises, L. v. 1979²: *Die Wurzeln des Antikapitalismus* – Frankfurt a. M.

„Ein charakteristisches Merkmal der Marktwirtschaft ist die Tatsache, daß sie den größten Teil der Verbesserungen, die den Bemühungen der drei fortschrittlichen Gruppen zuzuschreiben sind – derjenigen, die sparen; derjenigen, die die Kapitalgüter investieren; und derjenigen die neue Methoden für die Anwendung der Kapitalgüter ausarbeiten -, der nichtfortschrittlichen Majorität der Menschheit zugute kommen läßt. Kapitalansammlung, die das Wachstum der Bevölkerung übersteigt, hebt einerseits die Grenzproduktivität der Arbeit und verbilligt andererseits die Produkte. Durch den Prozeß der Marktwirtschaft erhält der gewöhnliche Mensch die Möglichkeit, die Früchte der Errungenschaften anderer Völker zu genießen. Er zwingt die drei fortschrittlichen Gruppen, der nicht fortschrittlichen Majorität in der bestmöglichen Weise zu dienen." (S.49f.)

Diese Textstelle ist ein geradezu beklemmend offenherziges Dokument des Mehr-sein-wollens der kapitalistischen Eliten. Diese werden explizit der „nichtfortschrittlichen Majorität" bzw. den „gewöhnlichen Menschen" gegenübergestellt. Diese verdanken ihren Wohlstand ausschließlich den Eliten bzw. sind nur diese es, die diesen Wohlstand ermöglichen können. Der eigentliche Witz hieran besteht darin, dass es Mises gelingt, diese Eliten zugleich als Diener der rückständigen Majorität darzustellen: „in der bestmöglichen Weise zu dienen". Hier ist also keine Rede davon, dass die Eliten gesellschaftliche Machtpositionen aufbauen, die sie nichts weniger als „Diener" sein lassen. Diese Verdrehung der Realität muss einem erst einmal einfallen[8].

---

[8] Es soll nicht unerwähnt bleiben, dass Mises hierbei auch nicht vor unfreiwilliger Komik zurückscheut: „Der Erbe eines reichen Mannes genießt einen gewissen Vorteil, da er unter günstigeren Bedingungen anfängt als andere. Aber seine Aufgabe im Wettstreit des Marktes ist nicht einfacher, sondern oft mühsamer und weniger lohnend als diejenige eines unbemittelten Anfängers. Er

- XXII. -

Das reduktionistische Denken weist also der Marktwirtschaft Omnipotenz zu. Zugleich müssen die Protagonisten dieses Denkens aber zur Kenntnis nehmen: Sie können zwar der kapitalistischen Marktwirtschaft Omnipotenz attestieren, aber sie können sie der Gesellschaft nicht verordnen.

Der Grund hierfür ist, dass die Anerkennung der kapitalistischen Marktwirtschaft das Ergebnis einer Wahlentscheidung ist; der Entscheidung für die reduktionistische Lösung der fundamentalen Aufgabe und gegen die zutreffende Lösung dieser Aufgabe. Somit müssen die Protagonisten der kapitalistischen Marktwirtschaft mittels einer gesellschaftlichen Struktur außerhalb der Wirtschaft um die Anerkennung ihres Gesellschaftsbildes werben, um sie gesellschaftstragend werden lassen zu können. Hierbei müssen sie aber Fingerspitzengefühl beweisen, eben da sie somit eine Struktur a u ß e r h a l b der Wirtschaft in Anspruch nehmen, was die Gefahr in sich birgt, durch die Anerkennung dieser Struktur die Vorstellung von der Omnipotenz des Marktes zu unterlaufen. Das gilt umso mehr, als sich selbiger Struktur auch Menschen bedienen werden, die keinesfalls von der Omnipotenz des Marktes und dem segenbringenden Charakter der kapitalistischen Marktwirtschaft überzeugt sind.

Die gesellschaftliche Struktur, derer sie sich hierbei bedienen, ist die Demokratie und somit die Politik. Um verstehen zu können, wovon hiermit die Rede ist, ist zunächst zu

---

hat seine Erbschaft umzugestalten, um sie den Veränderungen der Marktbedingungen anzupassen.“ (S.49)

beachten: Das Aufkommen der Marktwirtschaft ist innig mit jenem der Aufklärung verbunden, deren Fokussierung auf den innerweltlichen Blick wiederum unmittelbar mit technischen Revolutionen in Beziehung steht. Im Zentrum dieser Revolutionen steht die Ermöglichung industrieller Massenproduktion. Eine ausschließlich Luxusprodukte handhabende Marktwirtschaft ist eine Unmöglichkeit. Insofern wendet sich die Marktwirtschaft an die gesamte Gesellschaft, anders als die vorausgegangene feudale Wirtschaft, die explizit auf das Dasein von Eliten und Nichteliten abgestimmt ist.

Wendet sich die Marktwirtschaft aber an die gesamte Bevölkerung, so muss sie diese auch in ihrer Gesamtheit als insgesamt eingebunden in die Lösung der gesellschaftlichen Probleme akzeptieren. Das gilt also explizit aufgrund der Auflösung der feudalen Strukturierung der Gesellschaft bzw. der insofern gegebenen Ausrichtung auf die Gleichheit der Menschen. Insoweit besitzt die Marktwirtschaft Affinität zur Demokratie. Hiermit stimmt überein, dass die marktwirtschaftlichen Mechanismen tatsächlich als Hilfestellungen zu verstehen sind, die sich auf die gesamte Gesellschaft beziehen.

Die Crux hieran liegt darin, dass besagte technische Revolutionen eine Säkularisation der Gesellschaft erbracht haben, die das Problem der vorausgegangenen Einteilung der Gesellschaft in Eliten und Nichteliten nicht an ihrer Wurzel erfasst hat. Das ist keinem Denken möglich, das auf den innerweltlichen Blick fokussiert, da es notwendig die personale Ebene ausblendet. In anderen Worten: Die technischen Revolutionen haben zweifellos zur Ausbildung davon geführt, die Gesellschaft in einem vorher nicht gekannten Ausmaß mit nützlichen Gegenständen zu versorgen. Aber diese Tatsache ist nicht dem Umstand geschuldet, dass das Bemüht-sein-umeinander im gemeinschaftlichen Sinn ausgebildet worden ist. Daher konnten die technischen Revolutionen zu einem Werkzeug sich neu bildender Eliten werden, die aus Gründen der der Marktwirtschaft einwohnenden Logik (Massenproduktion) den Eindruck der Auflösung des Klassendenkens erwecken mussten.

Daher mussten die neuen Eliten darauf bedacht sein, die Demokratie so zu gestalten, dass die Affinität der Marktwirtschaft zur Demokratie fortgesetzt in Anspruch genommen werden konnte, obschon die kapitalistische Marktwirtschaft aufgrund ihrer Idolisierung von „mehr sein wollen als die anderen Menschen" keine derartige Affinität aufweist. Das Ideal hiervon ist bekannt: Der schlanke Staat, der primär dafür sorgt, dass die Omnipotenz der kapitalistischen Marktwirtschaft in der Gesellschaft anerkannt wird. Sind die Protagonisten diesbezüglich erfolgreich, so haben sie ihr Ziel erreicht: Sie können sich als um das Allgemeinwohl bemüht darstellen, ohne es zu sein. Anders gewendet: Die Protagonisten der kapitalistischen Marktwirtschaft setzen sich die Maske „Bemühtsein um das Allgemeinwohl" auf.

Aus der Perspektive der Protagonisten der kapitalistischen Marktwirtschaft besteht die Bedeutung der Demokratie somit primär darin, diese Maske erfolgreich tragen zu können. Das garantiert freilich nicht, dass dem „mehr sein wollen als die anderen Menschen" jederzeit die gleichen Möglichkeiten geboten werden. Die Eliten der kapitalistischen Marktgesellschaft können auch in die Defensive geraten, was sie, reagieren sie einsichtsvoll, zu empörungsprophylaktischen Maßnahmen greifen lassen wird. Dergleichen Maßnahmen haben nichts gemeinsam mit Maßnahmen im Sinne der Anerkennung davon, zur Gemeinschaft vordringen zu sollen, also zur Anerkennung der Gleichwürdigkeit der Menschen.

In diesem Sinne müssen die Protagonisten der kapitalistischen Marktwirtschaft um eine Politik bemüht sein, die ihre Aufgabe primär darin sieht, Schutzschild zu sein für die Aufrechterhaltung jener Mechanismen, die es den Eliten erlauben, sich von den Nicht-Eliten abheben zu können. Hierzu gehört, dass die Demokratie für diese Protagonisten auch deshalb von Bedeutung ist, da den demokratisch gewählten Volksrepräsentanten die gesetzgebende Gewalt zukommt. Sind die Protagonisten der kapitalistischen Marktwirtschaft in der Situation, die Gesetzgebung in ihrem Sinn zu gestalten bzw. gestalten zu lassen, so legitimieren sie ihre Anliegen, was nicht nur Prestige bringt, sondern auch Möglichkeiten, abweichenden ideologischen Ambitionen Hindernisse in den Weg zu legen.

- XXIII -

Angesichts der Darstellung der Ideologie im Sinne der reduktionistischen Lösung des fundamentalen Problems erhebt sich die Frage, wie die Ideologie im Sinne der zutreffenden Lösung aussieht.

Zur Beantwortung dieser Frage ist zunächst zu beachten: Die reduktionistische Ideologie ist von der Missachtung der personalen Ebene geprägt, was der Ausblendung der Philosophie gleichkommt. Konkreter: Es liegt eine reduktionistische Verzerrung der Philosophie vor, die ihrer Ausblendung gleichkommt. Demgegenüber muss die zutreffende Ideologie, eben da sie von der Beachtung der personalen Ebene geprägt ist, in der Philosophie begründet sein. Hierin kommt zum Ausdruck, dass im den unmittelbaren Zugang zum Sein thematisierenden Heraustreten aus dem Alltagswissen zur

Philosophie vorgedrungen wird (vgl. oben). Die Begrifflichkeit des unmittelbaren Zugangs zum Sein ist philosophische Begrifflichkeit. Diese Begrifflichkeit berichtet auch vom mittelbaren Zugang zum Sein, aber ohne dieser zu sein. Gemäß der Logik der Zweieinheitlichkeits-Argumentation muss die Begrifflichkeit des mittelbaren Zugangs zum sein differenziell eigenständig sein, kann also die philosophische Begrifflichkeit nicht auch diese bilden bzw. darin auftreten. Sehr wohl aber muss sie gemäß diese Logik hierin repräsentiert sein.

Das führt zu der Frage: Worin besteht diese Repräsentation? In erster Nährung ergibt sich die Antwort auf diese Frage aus den im XXI. Abschnitt gebrachten Ausführungen: Die Repräsentation muss unmittelbar mit der Wirtschaft zusammenhängen, da diese es ist, mit der im reduktionistischen Denken die fundamentale Hilfestellung für die Ausbildung der wohlgeordneten Gesellschaft verknüpft wird, die aus philosophischer Sicht in der Thematisierung der Begrifflichkeit des unmittelbaren Zugangs zum Sein besteht. Ist also die Marktwirtschaft jenes, auf dem im reduktionistischen Denken der Reduktionismus aufgebaut wird, so muss sie im zutreffenden Denken jenes sein, das Gemeinschaft repräsentiert. Sie muss also jenes sein, das die Realisierung von Gemeinschaft repräsentiert, und eben deshalb im reduktionistischen Denken jene zentrale Position einnimmt, die im zutreffenden Denken der Philosophie zukommt.

Wovon hiermit die Rede ist, das ist aber im Lichte des im vorigen Abschnitt aufgestellten Satzes zu verstehen, dass sich die kapitalistische Marktwirtschaft nicht selbst der Gesellschaft verordnen kann. Sie muss sich der Politik bedienen, entweder unmittelbar oder mittelbar durch Einflussnahme auf politische Institutionen. Sie muss sich also als Ideologie präsentieren. Hiervon muss somit auch in Rücksicht auf die zutreffende Lösung der fundamentalen

Aufgabe die Rede sein. Die Antwort auf die gestellte Frage lautet somit: Die Repräsentation der Philosophie auf gesellschaftlicher Ebene ist (primär) Politik und Wirtschaft.

Hieran ist sogleich zu beachten, dass sich die Philosophie ebenso wie die kapitalistische Marktwirtschaft nicht selbst der Gesellschaft verordnen kann. Sie muss sich ebenfalls als Ideologie präsentieren. Was sie in diesem Sinne präsentiert, das ist als strikter Gegenentwurf zur Ideologie gemäß der kapitalistischen Marktwirtschaft zu verstehen. Als jener Entwurf, der sich aus der Anerkennung der Personalität ergibt und somit im Sinne der Thematisierung von Ich als Individuation von Wir auf die Realisierung der Gemeinschaft abzielt. Dem es daher gelingt, die Marktwirtschaft anzuerkennen, aber entsprechend der differenziellen Eigenständigkeit der gesellschaftlichen Ebene auf diese zu beschränken und somit in Differenz zur Konzeption der Gemeinschaft zu halten. Daher weist diese Ideologie die Vorstellung von der Omnipotenz des Marktes kategorisch zurück, darauf insistierend, dass der Markt der Regulierung bedarf, um sein Potenzial entwickeln zu können. Aber diese Regulation geschieht nicht aus der gesellschaftlichen Ebene heraus, sondern aus der Anerkennung der Gleichwürdigkeit der Menschen, wie sie in der personalen Ebene aufleuchtet. Das meint: Die Maßnahmen auf gesellschaftlicher Ebene müssen derart gestaltet sein, dass sie der Beachtung der Gleichwürdigkeit der Menschen im Sinne von Bemüht-sein umeinander gerecht werden lassen. Die Quintessenz hiervon ist: Diese Ideologie steht im Dienste davon, die Gemeinschaft aus der Potenzialität in die Aktualität überführen zu können, worin sich eigentlich das Bemüht-sein der personalen Ichs erfüllt.

In dem vorliegenden Buch soll gezeigt werden, dass die Ideologie im Sinne der zutreffenden Lösung der fundamentalen Aufgabe der Sozialismus ist. Das muss zunächst überraschen, da der Sozialismus in seiner bisherigen Ausgestaltung nichts weniger als Affinität zu der hier dargelegten Philosophie aufweist. Lediglich in seinen Anfängen ist er, wie zu zeigen sein wird, mit dieser Philosophie in unmittelbare Berührung gekommen, konkret wie sie bei Hegel geboten wird, wiewohl ohne ihre Bedeutung einsehen zu können. Aus eben diesem Grund wird in dem Buch eine Reformation des Sozialismus vorgeschlagen, aus dem Bemühen heraus, diesen zur Entfaltung bringen zu können.

3 Liberale, republikanische und deliberative Demokratie sensu Jürgen Habermas – eine Kritik

In diesem Kapitel soll die Demokratie, wie sie in von der kapitalistischen Marktwirtschaft geprägten Gesellschaften - Marktgesellschaften - geboten wird, im Sinne der soeben gebrachten philosophischen Überlegungen eigens kritisch beleuchtet werden, wofür der Grund die substanzielle Bedeutung ist, die der Demokratie und den Formen ihrer Instrumentalisierung durch das reduktionistische Denken zukommt. Im Zentrum hiervon soll aber nicht stehen, mit welchen Mitteln die Protagonisten besagter Gesellschaften ein Zerrbild von Demokratie zur eigenen Legitimation nutzen. Im Zentrum soll stehen, dass auch Kritiker dieser Gesellschaften ein Bild von Demokratie verwenden, das auf dem Fundament dieses Zerrbildes aufgebaut ist. Somit soll also ein konkretes Beispiel dafür geboten werden, wieso aus dem Dilemma „aufgeklärte Moderne“ nur auf dem Wege einer philosophischen Betrachtungsweise herauszufinden ist, die sich von dem Fundament dieses Dilemmas fernzuhalten versteht. Die gebrachten philosophischen Überlegungen sind als ein Beispiel hierfür zu verstehen.

Als Beispiel für eine unzureichende kritische Distanzierung von dem herrschenden Demokratieverständnis ist Jürgen Habermas’ Position ausgewählt worden, konkret wie er sie in *Die Einbeziehung des Anderen*[9] bietet.

---

[9] Habermas, J. 2019[4]: *Die Einbeziehung des Anderen* – Frankfurt a. M.

- I. -

Im fünften Teil - *Was heißt «deliberative Politik»?* – seines Buches stellt Habermas die liberale, republikanische und deliberative Politik bzw. Demokratie einander gegenüber, wobei letztere seine eigene Position bezeichnet.

Zunächst interessieren Habermas' Vorstellungen zur liberalen Politik bzw. Demokratie:

„Nach «liberaler» Auffassung erfüllt dieser [der demokratische Prozess] die Aufgabe, den Staat im Interesse der Gesellschaft zu programmieren, wobei der Staat als Apparat der öffentlichen Verwaltung, die Gesellschaft als System des marktwirtschaftlich strukturierten Verkehrs der Privatpersonen und ihrer gesellschaftlichen Arbeit vorgestellt werden. Dabei hat die Politik (im Sinne der politischen Willensbildung der Bürger) die Funktion der Bündelung und Durchsetzung gesellschaftlicher Privatinteressen gegenüber einem Staatsapparat, der auf die administrative Verwendung politischer Macht für kollektive Ziele spezialisiert ist." (S.277)

Diese Beurteilung stimmt mit jener in dem vorliegenden Buch grundsätzlich überein. Daher lässt sich folgende Übersetzung von Habermas' Ausführungen geben, wobei zunächst offen bleiben muss, ob er mit dieser einverstanden wäre: Das liberale Denken fokussiert auf das atomistisch verstandene Ich – seine „Privatinteressen" – und sieht daher im Staat primär einen administrativen Machtapparat, der um willen der Befriedigung kollektiver Ziele regulierend in die Befriedigung der Privatinteressen eingreift.

Angesichts hiervon ist zu beachten, was Habermas zu den subjektiven Rechten der Bürger, wie sie das liberale Denken versteht, festhält:

„Nach liberaler Auffassung bestimmt sich der Status der Bürger nach Maßgabe der subjektiven Rechte, die sie gegenüber Staat und anderen Bürgern haben. Als Träger subjektiver Rechte genießen diese den Schutz des Staates, solange sie ihre privaten Interessen innerhalb der durch die Gesetze gezogenen Grenzen verfolgen - auch den Schutz gegen staatliche Interventionen, die über den gesetzlichen Eingriffsvorbehalt hinausgehen. Subjektive Rechte sind negative Rechte, die einen Optionsspielraum gewähren, innerhalb dessen die Rechtspersonen von äußeren Zwängen freigesetzt sind." (S.278f.)

Das liberale Denken zielt also auf „negative Rechte" ab: Jeder Bürger ist im Besitz der Freiheit, sein Leben nach eigenem Gutdünken zu gestalten, solange er hierdurch nicht die Freiheit seiner Mitmenschen beeinträchtigt. Auf Rechte und Freiheiten im Sinne der Beachtung von Gemeinschaft ist hiermit gerade nicht abgezielt, was aber von einem auf den atomistisch verstandenen Menschen abzielenden Denken auch nicht zu erwarten gewesen ist. Habermas wird auf diesen Umstand noch zu sprechen kommen!

Die Vorstellungen des liberalen Denkens zu den politischen Rechte, so Habermas, erweitern lediglich, was zu den subjektiven Rechten festzuhalten gewesen ist:

„Politische Rechte haben die gleiche Struktur: Sie geben den Staatsbürgen die Möglichkeit, ihre privaten Interessen so zur Geltung zu bringen, daß diese sich am Ende über Stimmabgabe, Zusammensetzung parlamentarischer Körperschaften und Regierungsbildung mit anderen Privatinteressen zu einem auf die Administration einwirkenden politischen Willen aggregieren können. Auf diese Weise können die Bürger in ihrer Rolle als Staatsbürger kontrollieren, ob die Staatsgewalt im Interesse der Gesellschaftsbürger ausgeübt wird." (S.279)

Ein zentrales Element der Politik – wenn nicht d a s zentrale Element der Politik – ist somit, den Staatsbürgern die Möglichkeit zu geben, den Administrationsapparat *Staat* „schlank" zu halten. Die Bedeutung besagter „Kontrollfunktion" liegt hierbei darin, dass der Politik inhäriert, zum

Kampfplatz um Positionen zu verkommen, die „Verfügung über administrative Macht einräumen." (S.282)

Bemerkenswert ist hieran, dass das liberale Denken den demokratischen Prozess der Meinungsbildung nur im Sinne des Vorgehens von um Erfolg bemühten Marktteilnehmern verstehen kann:

„Der politische Meinungs- und Willensbildungsprozeß in Öffentlichkeit und Parlament ist durch die Konkurrenz strategisch handelnder kollektiver Aktoren um den Erhalt oder den Erwerb von Machtpositionen bestimmt. Der Erfolg bemißt sich an der nach Wählerstimmen quantifizierten Zustimmung der Bürger zu Personen und Programmen. In ihrem Votum bringen die Wähler ihre Präferenzen Ausdruck. Ihre Wahlentscheidungen haben dieselbe Struktur wie Wahlakte erfolgsorientierter Marktteilnehmer. Sie lizenzieren den Zugriff auf Machtpositionen, um die sich die politischen Parteien in der gleichen erfolgsorientierten Einstellung streiten." (S.282)

Das folgende Zitat bringt diesen Umstand noch deutlicher zum Ausdruck:

„Die Stoßrichtung der liberalen Argumentation zielt gegen das Störpotential einer Staatsmacht, die den autonomen gesellschaftlichen Verkehr der Privatpersonen behindert. Nicht die demokratische Selbstbestimmung deliberierender Bürger ist der Angelpunkt des liberalen Modells, sondern die rechtsstaatliche Normierung einer Wirtschaftsgesellschaft, die über die Befriedigung der privaten Glückserwartungen produktiv tätiger Bürger ein unpolitisch verstandenes Gemeinwohl gewährleisten soll." (S.287)

Wiederum übersetzt in die Sprache der vorangegangenen philosophischen Überlegungen besagt das: Das liberale Denken reduziert die Menschen auf Marktteilnehmer, die sich den omnipotent verstandenen Marktmechanismen überantworten sollen, zudem darum bedacht, dem administrativen Apparat keine den Markt regulierende Macht zukommen zu lassen. Dieserart wird die Gesellschaft letztlich als „unpolitische“ Gesellschaft verstanden, da man zusätzlich zur Omnipotenz des Marktes nicht auch noch einer politischen Ebene bedürfen soll. Die „private Glückerwartung“ ergibt sich aus den „produktiv“ am Markt erarbeiteten Möglichkeiten und werden im – atomistisch verstandenen – „Privatbereich“ befriedigt.

Diese Übersetzung könnte sich Habermas gefallen lassen, genauso wie den Zusatz: Die Ausblendung des „politischen Gemeinwohls“ öffnet dem „Kampf um Machtpositionen“ im Sinne der Verwandlung des Konkurrenzkapitalismus in den Monopolkapitalismus Tür und Tor. Aber die gebrachte Übersetzung trägt noch eine weitere Dimension in sich: Das liberale Denken reduziert die Menschen auf Marktteilnehmer, da es auf reduktionistische Weise alleine das weltliche Ich anerkennt, das personale Ich ausblendend. Wie sich zeigen wird, kann Habermas dieser Ebene einer derartigen Übersetzung n i c h t s a b g e w i n n e n.

Angesichts hiervon kann nun zu Habermas’ Betrachtung der republikanischen Politik / Demokratie übergegangen werden. Wie dargelegt, reduziert das liberale Denken die Bedeutung der Politik auf die „Bündelung und Durchsetzung gesellschaftlicher Privatinteressen gegenüber dem Staatsapparat“. Hiervon, so Habermas, will das republikanische Denken nichts wissen:

„Politik wird als Reflexionsform eines sittlichen Lebenszusammenhangs begriffen. Sie bildet das Medium, in dem sich die Angehörigen naturwüchsiger Solidargemeinschaften ihrer Angewiesenheit aufeinander innewerden und als Staatsbürger die vorgefundenen Verhältnisse reziproker Anerkennung mit Willen und Bewußtsein zu einer Assoziation freier und gleicher Rechtsgenossen fortbilden und ausgestalten.“ (S.277f.)

Hiermit ist sogleich der Kern des Unterschiedes zwischen liberaler und republikanischer Vorstellung zum Ausdruck gebracht. Jene anerkennt alleine den atomistisch verstandenen Menschen und die ordnende Instanz „Markt“; diese meint hierin einen Reduktionismus erkennen zu müssen, da dieserart der sittliche Lebenszusammenhang ausgeblendet wird, in dem die Menschen stehen. = Da sie Mitglieder einer „naturwüchsigen Solidargemeinschaft“ sind, dürfen sie nicht auf Marktteilnehmer reduziert werden. Das liberale Denken, so der republikanische Vorwurf, blendet also die Solidarität aus, die es aber neben dem Markt und dem Staat zu beachten gilt.

Die hervorragende Bedeutung, die im republikanischen Denken der Solidarität zuerkannt wird, kommt in folgendem Zitat zum Ausdruck:

„In der republikanischen Konzeption gewinnen die politische Öffentlichkeit und, als deren Unterbau, die Zivilgesellschaft eine strategische Bedeutung. Beide sollen der Verständigungspraxis der Staatsbürger ihre Integrationskraft und Autonomie sichern. Der Entkoppelung der politischen Kommunikation von der Wirtschaftsgesellschaft entspricht eine Rückkoppelung der administrativen Macht mit der aus der politischen Meinungs- und Willensbildung hervorgehenden kommunikativen Macht.“ (S.278)

Insbesondere ist hieran die Aussage von der Verständigungspraxis hervorzuheben, die eine Emanzipation von dem ausschließlichen „Hören“ auf die omnipotenten Marktgesetze mit sich bringt. Es wird also ein Dialog eingefordert, wie er mit dem atomistischen Menschenbild des liberalen Denkens nicht vereinbar sein kann. Hiermit hängt unmittelbar zusammen, dass das republikanische Denken, anders als das liberale Denken, primär nicht auf negative Freiheitsrechte abzielt:

„Die Staatsbürgerrechte, in erster Linie die politischen Teilnahme- und Kommunikationsrechte, sind vielmehr positive Freiheiten. Sie garantieren nicht die Freiheit von äußerem Zwang, sondern Beteiligung an einer gemeinsamen Praxis, durch deren Ausübung die Bürger sich erst zu dem machen können, was sie sein wollen – zu politisch verantwortlichen Subjekten einer Gemeinschaft von Freien und Gleichen.“ (S.279)

Für die Bedeutung des Staates folgt hieraus:

„Die Existenzberechtigung des Staates liegt primär nicht im Schutz gleicher subjektiver Rechte, sondern in der Gewährleistung eines inklusiven Meinungs- und Willensbildungsprozesses, in dem sich freie und gleiche Bürger darüber verständigen, welche Ziele und Normen im gemeinsamen Interesse aller liegen. Damit wird dem republikanischen Staatsbürger mehr zugemutet als die Orientierung am jeweils eigenen Interesse.“ (S.280)

Der entscheidende Unterschied zwischen dem liberalen und dem republikanischen Denken besteht somit darin, dass dieses für die politische Willensbildung einen Diskurs fordert, der sich nicht auf das Hören der Marktgesetze reduzieren lässt. Das folgende Zitat bringt das noch einmal zum Ausdruck:

„Nach republikanischer Auffassung gehorcht die politische Meinungs- und Willensbildung in Öffentlichkeit und Parlament nicht den Strukturen von Marktprozessen, sondern den eigensinnigen Strukturen einer verständigungsorientierten öffentlichen Kommunikation. Für Politik im Sinne einer Praxis staatsbürgerlicher Selbstbestimmung ist das Paradigma nicht der Markt, sondern das Gespräch.“ (S.282)

Versucht man, was Habermas zum republikanischen Denken ausführt, in die Sprache des vorliegenden Buches zu übersetzen, so ergibt sich: Das Charakteristikum des republikanischen Denkens besteht in der Annahme einer politischen Diskursebene, die eine Emanzipation von der Ausrichtung auf die Marktgesetzlichkeit bedeutet, zumindest soweit sie für die Erzielung des gesellschaftlichen Wohles verantwortlich sein soll. Diese Diskursebene bringt eine Dimension menschlicher Interaktion ein, an die Solidarität im Sinne der Auflösung des atomistischen Menschenbildes gebunden ist. Hieran würde Habermas wohl zumindest keine grundsätzliche Kritik üben.

Die eigentlich interessante Frage ist aber: Würde Habermas auch folgende Übersetzung seiner Ausführungen annehmen? Das republikanische Modell verweist – zumindest implizit! - auf die Notwendigkeit, die alleinige Betrachtung des weltlichen Ichs, wie sie das liberale Denken pflegt, aufgeben zu müssen. Mit der Thematisierung der Gesprächsebene abseits des Marktes und der hiermit zusammenhängenden Beachtung der Solidarität ist zum Ausdruck gebracht, dass sich das Ich nicht nur als Individuum verstehen darf, sondern auch als Individuation von Wir. Das lässt sich aber nur unter Anerkennung davon gehaltvoll bewerkstelligen, dass das personale Ich anerkannt wird[10].

Um Habermas' Umgang mit dem Umstand verstehen zu können, dass zwei alternative Modelle zu konstatieren sind, ist zunächst in die Sprache der philosophischen Überlegungen zu übersetzen, was es hiermit auf sich hat. Die Situation ist offensichtlich die, dass die eine Alternative eine vollständige Reduktion des Menschen auf sein weltliches Ich betreibt und hierbei dahingehend konsequent ist, dass sie ihn umfassend im Sinne eines Marktteilnehmers versteht. Die hiermit konkurrierende Alternative distanziert sich hiervon, sieht hierin einen Reduktionismus, darauf insistierend, dass es eine Dialogebene gibt, die nicht auf die Bemühungen am Markt reduziert werden kann. Dieserart ist ihr die

[10] Der Frage, inwieweit die republikanischen Positionen, die Habermas – wie auch die liberale Position - „idealtypisch zugespitzt" (S.277) vorstellt, das ihnen einwohnende Potenzial aufgreifen, braucht hier nicht zu interessieren. Von Interesse ist alleine Habermas' Position.

Gesellschaft eine politische Gesellschaft und Demokratie demgemäß von Bedeutung, ebenso wie Solidarität usw.

Das lässt folgende Interpretation zu: Die Gesamtheit aus beiden Alternativen repräsentiert zumindest insoweit den Umgang mit der fundamentalen Aufgabe, als einerseits die Möglichkeit eines reduktionistischen Umgangs mit dieser Aufgabe auftritt und andererseits das Bemühen um Vermeidung dieses Reduktionismus. Somit erhebt sich die Frage: Ist Habermas tatsächlich bereit, diese Situation gemäß der Thematisierung der fundamentalen Aufgabe zu verstehen? Hierher gehört: Die hiermit bezeichnete Thematik ist auch in folgendem Lichte zu verstehen: Das Bemühen mag zwar vorhanden sein, aber ihm muss nicht notwendig gerecht getan werden können, da es an der nötigen Einsicht in die Bedeutung des konsequenten Umgangs mit dem logischen Induktionsproblem fehlen kann.

Um angesichts hiervon darstellen zu können, worauf Habermas konkret abzielt, ist zunächst zu beachten:

„Das republikanische Modell hat Vorzüge und Nachteile. Den Vorzug sehe ich darin, daß es am radikaldemokratischen Sinn einer Selbstorganisation der Gesellschaft durch die kommunikativ vereinigten Bürger festhält und kollektive Ziele nicht nur auf einen «deal» zwischen entgegengesetzten Privatinteressen zurückführt. Den Nachteil sehe ich darin, daß es zu idealistisch ist und den demokratischen Prozeß von den Tugenden gemeinwohlorientierter Staatsbürger abhängig macht. Denn die Politik besteht nicht nur, und nicht einmal in erster Linie, aus Fragen der ethischen Selbstverständigung. Der Fehler besteht in einer ethischen Engführung politischer Diskurse." (S.283)

Hier wird also die Übereinstimung zwischen dem republikanischen und dem deliberativen Denken zum Ausdruck gebracht, wie sie sich aus der gemeinsamen Annahme „kommunikativ vereinigter Bürger" ergibt. Aber das republikanische Denken, so Habermas, greift auf eine falsche – da „zu idealistischen“ - Fundierung hiervon zu, was in der Inanspruchnahme von „Tugenden gemeinwohlorientierter Staatsbürger“ in Verknüpfung mit „ethischer Selbstverständigung“ zum Ausdruck kommen soll. Insbesondere in modernen, von einem „kulturellen und gesellschaftlichen Pluralismus“ (S.284) geprägten Gesellschaften soll dergleichen nicht in Anspruch genommen werden können:

„Diese Interessen und Wertorientierungen, die innerhalb desselben Gemeinwesens ohne Aussicht auf Konsens miteinander in Konflikt liegen, bedürfen eines Ausgleichs, der durch ethische Diskurse nicht zu erreichen ist – […]“ (S.284)

Der Ausweg aus dieser Situation, der Habermas’ Vorstellung von „kommunikativ vereinigte Bürger“ zum Ausdruck bringt, wird zunächst wie folgt angedeutet:

„Anders als ethische Fragen sind Gerechtigkeitsfragen nicht von Haus aus auf ein bestimmtes Kollektiv bezogen. Das politisch gesatzte Recht muß, wenn es legitim sein soll, mindestens in Einklang stehen mit moralischen Grundsätzen, die über eine konkrete Rechtsgemeinschaft hinaus allgemeine Geltung beanspruchen.“ (S.284)

Die Quintessenz hiervon lässt sich wie folgt angeben: Die modernen Gesellschaften sind auf eine Weise komplex, dass mit auf die Ethik abzielenden Tugenden nicht das Auskommen zu finden ist. Diese garantieren nicht, dass innerhalb einer Gesellschaft alle ethischen Kollektive gleich gewürdigt werden. Hierzu gilt es aber um willen der Beachtung des Gesamtkollektivs zu finden. Daher gilt es, zu den ethischen Tugenden in Differenz zu treten bzw. sich von all jenem zu emanzipieren, das die Menschen und ihr Bemühtsein nicht an und für sich bezeichnet, freilich ohne in „idealistische“ Bilder abzugleiten. In diesem Sinne verlässt Habermas also den Bereich der Ethik und wendet sich jenem der Gerechtigkeitsfragen zu, die „zumindest im Einklang mit moralischen Grundsätzen" stehen sollen.

Aus der Perspektive der gebrachten philosophischen Überlegungen besitzt diese Vorgehensweise zunächst insofern Charme, als sie darauf abzielt, die Menschen in ihrer Gleichwürdigkeit aufzugreifen. Wiederum scheint sich die Möglichkeit anzubieten, was Habermas festhält, in die Sprache der philosophischen Überlegungen übersetzen zu können, dahingehend, dass die Betrachtung der ethischen Ebene der weltlichen Ebene von Ich bzw. Gesellschaft zugeordnet wird, zu der in Differenz getreten wird, da in dieser Ebene die Gleichheit der Menschen nicht an und für sich auftritt.

Tatsächlich ist dieser Übersetzungsmöglichkeit mit Vorsicht zu begegnen, da Habermas' Argumentation keine Bereitschaft signalisiert, das Ich an und für sich, also das personale Ich, wie es in Differenz zum weltlichen Ich ist, zu beachten. Nicht hierauf fokussiert Habermas, sondern auf Gerechtigkeit, wie sie mit Moral kompatibel sein soll. Wie aber, so fordern die philosophischen Überlegungen sogleich zu fragen auf, soll sich gehaltvollvoll von Gerechtigkeit sprechen lassen, wenn nicht zuvor das So-Sein von Ich und somit von Gemeinschaft eruiert worden ist, was bei Habermas nicht zu finden ist? Was somit zunächst Charme besessen hat, kann daher suspekt werden, da es an die Vorgehensweise des liberalen Denkens erinnert, nicht aus dem Verstehen von Ich und Gemeinschaft heraus die Marktwirtschaft zu verstehen, sondern umgekehrt, aus der Marktwirtschaft und ihren Mechanismen heraus festzulegen, wie die Menschen und die Gesellschaft zu verstehen sind. Auch dieserart lässt sich zu einer Vorstellung von der alle Menschen inkludierenden Gesellschaft finden, allerdings ein reduktionistisches Zerrbild dessen, was tatsächlich auszusagen ist, ergebend.

Somit ist genauer zu fragen: Begreift das deliberative Denken die Gleichheit bzw. Gleichwürdigkeit der Menschen in Übereinstimung mit der dialektischen Tradition in Rücksicht auf die Thematisierung des personalen Ichs, das in zweieinheitlicher Differenz zum weltlichen Ich ist? Zumindest die bisher von Habermas betrachteten Aussagen weisen gerade nicht in diese Richtung!

In diesem Kontext ist bedeutungsvoll, in Habermas' Werk wiederholt auf Sätze wie die folgenden treffen zu können (sämtliche Hervorhebungen hinzugefügt):

„Wir sind von der genealogischen Frage ausgegangen, ob sich der kognitive Gehalt einer Moral der gleichen Achtung und solidarischen Verantwortung für jedermann n a c h d e r E n t w e r t u n g i h r e r r e l i g i ö s e n G e l t u n g s g r u n d l a g e noch rechtfertigen läßt." (S.49)

„Wenn sich aber der moralische Realismus n i c h t l ä n g e r m i t B e r u f u n g a u f S c h ö p f u n g s m e t a p h y s i k und Naturrecht (oder deren Surrogate) v e r t e i d i g e n l ä s s t, [...]." (S.52)

„Die Diskurstheorie rechtfertigt den Gehalt einer Moral der gleichen Achtung und solidarischen Verantwortung für jedermann. Das leistet sie freilich zunächst auf dem Wege der vernünftigen Rekonstruktion der Gehalte einer i n i h r e r r e l i g i ö s e n G e l t u n g s g r u n d l a g e e r s c h ü t t e r t e n m o r a l i s c h e n Ü b e r l i e f e r u n g." (S.56)

Die Art und Weise, wie Habermas die in diesen Zitaten zum Ausdruck kommende Entwertung der metaphysischen, religiösen, idealistischen usw. Betrachtungsweise verwendet muss irritieren. Zunächst: Nirgendwo zeigt Habermas, dass diese Entwertung zu Recht stattgefunden hat, in dem Sinne, dass die alleinige Fokussierung auf die weltliche Ebene aufgrund der Lösung des logischen Induktionsproblems gerechtfertigt worden ist. Sodann (aber hiermit zusammenhängend): Habermas sieht sich vollständig der Aufgabe entbunden, nachzusehen, ob besagte Entwertung eine Fehlentwicklung ist; ob sie also einem reduktionistischen Denken Tür und Tor öffnet (geöffnet hat) – im Namen der Protegierung der Eliten von Marktgesellschaften. Für Habermas existiert der hiermit bezeichnete Problemkomplex einfach nicht; ein Umstand der sich noch als höchst bedeutungsvoll erweisen wird.

Das nährt den Verdacht, dass Habermas' Position, seine Vorstellung von den „kommunikativ verbundenen Bürgern", ganz im Sinne der aufgeklärten Moderne alleine aus der Beachtung der weltlichen Ichs und der Gesellschaft heraus konzipiert ist, personales Ich und Gemeinschaft ausklammernd. Trifft diese Einschätzung zu, so bedeutet seine Position einen weiteren Versuch, den übernommenen Reduktionismus zu maskieren. Zugleich kann ihr aber ein gewisses Maß an Kritik am Status quo der aufgeklärten Moderne nicht abgesprochen werden, da das liberale Denken nicht an sich übernommen wird. Lässt sich der gebrachte Verdacht begründen, so reiht sich Habermas' Position in die Gruppe der Kritiken der Moderne ein, die unreflektiert das Fundament der kritisierten Position übernehmen. Lässt sich dieser Verdacht begründen?

Zur Beantwortung dieser Frage ist zunächst zu beachten: Habermas zielt auf ein demokratisches Verfahren ab, das einen „internen Zusammenhang zwischen Verhandlungen, Selbstverständigungs- und Gerechtigkeitsdiskursen" (S.285) begründet, als der Basis für „faire Ergebnisse".

„Damit zieht sich die praktische Vernunft aus den universalen Menschenrechten oder aus der konkreten Sittlichkeit einer bestimmten Gemeinschaft in jene Diskursregeln und Argumen-tationsformen zurück die ihren normativen Gehalt der

Geltungsbasis verständigungsorientierten Handelns letztlich der Struktur sprachlicher Kommunikation entlehnen.“ (S.286)

Um also das Fundament für die demokratischen Verfahren angeben zu können, wird zu allem, was mittelbar oder unmittelbar Bedingtheit signalisiert, in Differenz getreten. Wozu hierbei gefunden wird, wozu also nicht in Differenz getreten wird, ist die „Struktur sprachlicher Kommunikation“. Das wird aber den Anforderungen, wie sie sich aus den philosophischen Überlegungen ergeben, nicht gerecht: Im Sinne der völlig unkritischen Anerkennung der Säkularisierung der Gesellschaft bzw. des Überkommens der Metaphysik kann „sprachliche Kommunikation“ nur auf die weltlichen Ichs bezogen sein. Zu diesen kann also nicht gemäß dem Zweieinheitlichkeitsargument in Differenz getreten worden sein, Sprache als „Ich bin Hinterfragen“ verstehend, das personale Ich und seine fundamentale Aufgabe beachtend. Das entspricht der zuvor angemerkten Kritik, dass Habermas keinen Grund dafür sieht, aus der Betrachtung von Ich heraus zu argumentieren, also aus der Betrachtung hiervon heraus die Inhalte von „Gerechtigkeit“ und „Kommunikation“ festlegen zu müssen.

Anders gewendet: Was Habermas findet, indem er auf seine Weise zur Ebene des Bedingten in Differenz tritt, das begreift er als „anspruchsvolle Kommunikationsvoraussetzungen des demokratischen Verfahrens“ (S.287). Diese Voraussetzungen werden aber nicht aus dem So-Sein von Ich abgeleitet, hierauf wird nicht einmal abgezielt, und können daher nur – vielleicht wider die Intention - in einem technischen Sinn verstanden sein. Das entspricht vollständig dem Reduktionismus, wie er von marktgesellschaftlichem Denken gezeigt wird. Die Verbundenheit mit diesem bringt auch folgendes Zitat zum Ausdruck:

„Mit diesen Strukturbeschreibungen des demokratischen Prozesses werden die Weichen gestellt für eine normative Konzeptualisierung von Staat und Gesellschaft. Vorausgesetzt wird lediglich eine öffentliche Administration von der Art, wie sie sich in der frühen Neuzeit mit dem europäischen Staatensystem herausgebildet und in funktionaler Verschränkung mit einem kapitalistischen Wirtschaftssystem entwickelt hat.“ (S.286)

Der demokratische Prozess als Grundlage für die „normative Konzeptualisierung von Staat und Gesellschaft“. Wovon hiermit die Rede ist, das wird unmittelbar mit dem kapitalistischen Wirtschaftssystem in Verbindung gesetzt. Das ist genauer zu betrachten: Auch die gebrachten philosophischen Überlegungen wenden sich keinesfalls an und für sich gegen die Marktwirtschaft. Das gilt aber im Sinne davon, zwischen Konkurrenzwirtschaft und „aufgeklärtem“ Konkurrenzkapitalismus unterscheiden zu müssen. Dieserart wird die Konkurrenzwirtschaft explizit als Element der gesellschaftlichen, also weltlichen Ebene verstanden, zu der im Sinne des Zweieinheitlichkeits-Argumentes in Differenz zu treten ist, Gemeinschaft thematisierend. Erst hierdurch kann das Potenzial des Marktes, zu einer wohlgeordneten Gesellschaft beizutragen, genutzt werden, da er aus der Ebene des personalen Ichs / Gemeinschaft heraus begriffen und reguliert wird. Dieserart also kann er tatsächlich in die Beachtung der Gleichwürdigkeit der Menschen eingespannt werden und gehaltvoll mit demokratischen Meinungsbildungsprozessen in Beziehung gesetzt werden. All das lässt Habermas unbeachtet, wie sich aus seiner unkritischen Anerkennung der Säkularisierung der Gesellschaft ergibt.

Das impliziert, dass er die Konkurrenzwirtschaft nur im Sinne von „aufgeklärter Konkurrenzkapitalismus“ verstehen kann, der sich gerade nicht mit der Beachtung der Gleichwürdigkeit der Menschen und der Solidarität zwischen den Menschen vereinbaren lässt. Habermas muss daher der Meinung sein, in einer Argumentation vom Typ der philosophischen Überlegungen einen Fehler finden zu können, der es ihm erlaubt, den „aufgeklärten Konkurrenzkapitalismus“ im Geiste der Moderne soweit als regulierbar darstellen zu können, dass Demokratie und Solidarität doch zu ihrem Recht kommen können.

Besagten Fehler bringt folgendes Zitat zum Ausdruck, das konkret eine Kritik am republikanischen Denken anführt:

„Sie [die deliberative Diskurstheorie] operiert nicht länger mit dem Begriff eines im Staat zentrierten gesellschaftlichen Ganzen, das als zielorientiert handelndes Subjekt im großen vorgestellt wird. Ebensowenig lokalisiert sie das Ganze in einem System von Verfassungsnormen, die den Macht- und Interessenausgleich nach dem Modell des Marktverkehrs bewußtlos regeln. Sie verabschiedet überhaupt die bewußtseinsphilosophischen Denkfiguren, die es nahelegen, die Selbstbestimmungspraxis der Bürger einem gesamtgesellschaftlichen Subjekt zuzuschreiben oder die anonyme Herrschaft der Gesetze auf konkurrierende Einzelsubjekte zu beziehen.“ (S.287f.)

Die Beachtung der Solidarität (bzw. die Überwindung des atomistischen Menschenbildes) darf also nicht auf bewusstseinsphilosophischen Denkfiguren gründen, die implizieren, den Staat gleichsam als ein dem Ich übergeordnetes Wesen betrachten zu sollen. Hierzu ist aus der Perspektive der philosophischen Überlegungen festzuhalten: Der Staat, oder sonst ein dem Ich übergeordnetes Wir, darf nicht so verstanden werden, dass hierdurch die (differenzielle) Eigenständigkeit der personalen Ichs aufgehoben wird. Hiermit ist das personale Ich aber erst im Sinne seiner Individualität bezeichnet, womit nicht das Auskommen zu finden ist, da das Ich zugleich als Individuation von Wir zu verstehen ist. Hiermit ist auf jeden Fall darauf verwiesen, dass das Ich jenem untergeordnet ist, wovon es Individuation ist. Dieser übergeordneten Instanz kommt nicht zu, ein – wenn man so sagen darf – „Eigenleben“ zu führen, das die Eigenständigkeit des individuellen Menschen unterwandert. Aber sie bringt zum Ausdruck, dass das Bemüht-sein-um-sich das Bemüht-sein-um-Wir, also die Gemeinschaft, inkludiert. Das umfasst, dass sich aus Individuation-Sein-von-Wir Ansprüche ergeben, die das Wir (Gemeinschaft) stellt, konkret in dem Sinn, dass es aus der Potenzialität in die Aktualität übergeführt werden soll.

Diese Ansprüche können somit nur eingesehen werden, wenn das Individuation-sein-von-Wir thematisiert wird. Das ist im Falle der reduktionistischen Lösung der fundamentalen Aufgabe nicht gegeben und Habermas’ Argumentation signalisiert nicht, zumindest soweit bisher betrachtet, sich von dieser zu unterscheiden. Wenn er daher zurückweist, den Staat als „zentriertes gesellschaftliches Ganzes“ verstehen zu dürfen, das gleich einem „zielorientiert handelnden Subjekt“ zu verstehen ist, so stimmt hieran, dass auf gesellschaftlicher Ebene dergleichen tatsächlich nicht gefunden werden kann, da in dieser Individuation-von-Wir nicht gegeben sondern repräsentiert ist. Aber aufgrund eben dieser Repräsentation muss der Staat, wenn auch nicht als „handelndes Subjekt“, so doch als eine Instanz verstanden werden können, in der sich manifestiert, dass die weltlichen Ichs nicht dahingehend Repräsentation der personalen Ichs sind, dass sie ausschließlich atomistisch verstanden werden können. Das würde der Logik der Zweieinheitlichkeits-Argumentation widersprechen: Die Gesellschaft wäre in diesem Fall nicht in Differenz zu Gemeinschaft sondern einfach etwas Anderes, da die weltlichen Ichs, die sie bilden, rein atomistisch verstanden werden müssten.

All das wird von Habermas geradezu im Vorübergehen ausgeblendet, mit dem Hinweis, dass „bewusstseinsphilosophische Denkfiguren zu verabschieden“ sind. Seine Zurückweisung davon, den Staat als ein dem Ich übergeordnetes

Wesen verstehen zu können, was also zu Recht zurückgewiesen wird, umfasst somit weitaus mehr, als Habermas explizit zum Ausdruck bringt. Sie umfasst, die Da-Seins-Quelle des Menschen abseits der Anerkennung der Personalität des Menschen – also seiner Würde! – verstehen zu sollen. Gerade hierauf zielt aber die dialektische Tradition in ihrer hier gegebenen Form ab und schafft hierdurch erst die Möglichkeit, gehaltvoll von der Solidarität mit allen Menschen sprechen zu können! Habermas ignoriert also all das, so wie er die gesamte logische Induktionsproblematik ignoriert. Diese Ignoranz ist die Ignoranz der aufgeklärten Moderne.

Trotzdem tritt Habermas mit dem Anspruch auf, mit der Verabschiedung der bewusstseinsphilosophischen Denkfiguren keineswegs das liberale Denken und dessen atomistisches Menschenbild zu protegieren. Unvermindert sieht er in der diskurstheoretischen Vorstellung von den Kommunikationsvoraussetzungen der Demokratie jenes, das abseits der Verwendung von Fiktionen den „aufgeklärten" Konkurrenzkapitalismus im Sinne der Beachtung von Demokratie und Solidarität regulieren lässt:

„Demgegenüber rechnet die Diskurstheorie mit der *höherstufigen Intersubjektivität* von Verständigungsprozessen, die sich einerseits in der institutionalisierten Form von Beratungen in parlamentarischen Körperschaften sowie andererseits im Kommunikationsnetz politischer Öffentlichkeiten vollziehen. Diese subjektlosen Kommunikationen, innerhalb und außerhalb der politischen, auf Beschlußfassung programmierten Körperschaften, bilden Arenen, in denen eine mehr oder weniger rationale Meinungs- und Willensbildung über gesamtgesellschaftlich relevante Themen und regelungsbedürftige Materien stattfinden kann." (S.288)

Versucht man, sich den Sinn hiervon zu verdeutlichen, muss man folgende Inhalte hervorheben: „höherstufige

Intersubjektivität von Verständigungsprozessen", „subjektlose Kommunikation" und „auf Beschlussfassung programmierte Körperschaften". Betrachtet man diese Begriffe im Lichte davon, dass Habermas um die Schaffung einer überindividuellen Ebene bemüht ist, die sich fernab von „bewusstseinsphilosophischen Denkfiguren" befindet, so muss man gratulieren: Das ist zweifellos gelungen. So sehr, dass man sich die Frage kaum zu stellen getraut, wie, wovon hier die Rede ist, mit menschlichen Gesellschaften noch zu verbinden sein soll. Die „bewusstseinsphilosophischen" Inhalte sind in der angeführten Aussage nämlich so gründlich eliminiert worden, dass man eine rein technische Darstellung in Händen hält, die zwar als Modell menschlicher Interaktionen überlegenswert sein mag, von der aber nicht ersichtlich ist, wie begründet gezeigt werden können soll, wie die Kluft, die zwischen dem Modell und dem, was es modelliert, zu überwinden ist. Um nur ein Beispiel hervorzuheben: Wer hat die Körperschaften „programmiert"? Wieso konnte diese Programmierung dermaßen steril ausfallen, dass keine Bewusstseinsinhalte Bedeutung erlangt haben?

Angesichts hiervon wir evident, welches grundsätzliche Problem Habermas' diskurstheoretische Konstruktion provoziert: Gesteht man Habermas das Bemühen zu, in Differenz zur gesellschaftlichen Ebene treten zu wollen, wie sie sich in den ethischen Ausrichtungen zeigt, so kann seine Modell-Konstruktion als Ausdruck davon genommen werden, zum Um-sich-bemüht-sein der weltlichen Ichs in Differenz zu treten, also eine Ebene anführen zu können, in der die ethische Perspektive nicht wieder auftritt. Aber das erlaubt gerade nicht, so zeigen die philosophischen Überlegungen, im Vollzug hiervon zum Ich in Differenz zu treten bzw. dieses eliminieren zu dürfen („subjektlose Kommunikation"). Im Gegenteil: Der Vollzug hiervon muss das personale Ich und hierauf folgend Gemeinschaft thematisieren.

Mit Modell-Vorstellungen ist nichts gewonnen! Sie sind auch nicht nötig, wie sich zeigt, wenn man sich zunächst der Arbeit unterzieht, das logische Induktionsproblem konsequent zu beachten. Diese Arbeit lässt einsichtig werden, dass, indem zur Ebene der weltlichen Ichs und Gesellschaft in Differenz getreten wird, zum personalen Ich und seinem Umgang mit der fundamentalen Aufgabe gelangt wird („Ich bin Hinterragen."). Was hiermit angetroffen wird, das lässt sich weder „programmieren", noch hat es irgendetwas zu schaffen mit „subjektloser Kommunikation" „höherstufiger Intersubjektivität" usw.

Hieran ist weiters zu beachten: So weit entfernt auch Habermas' Modell-Denken von den philosophischen Überlegungen ist, so nahe ist es dem Denken der marktgesellschaftlichen Rationalität. Auch dieses findet, „bewusstseinsphilosophische Inhalte" im Vorübergehen beiseite legend, zu einem Modell der menschlichen Gesellschaft, das den Menschen abverlangt, sich „subjektlosen" Mechanismen anzuvertrauen, eben jenen des „aufgeklärt" missverstandenen Marktes. Das Modell, von dem nun die Rede ist, ist jenes des homo oeconomicus. Dieses Modell zielt genauso wie das Modell Habermas' auf die Ausblendung der personalen Ichs und der Gemeinschaft ab. Was hieran auffallen muss: Jenes Modell ist das Modell des liberalen Denkens, zumindest in seiner orthodoxen Form, und Habermas nimmt für sich in Anspruch, die Defizite dieses Denkens vermeiden zu können, um willen der Beachtung der Solidarität im Geiste einer funktionierenden Demokratie.

Habermas gibt ja unzweideutig zu verstehen, dass er gerade hierum bemüht ist, konkret abseits unfruchtbar bleiben müssender metaphysischer, idealistischer usw. Spielereien:

„Die informelle Meinungsbildung [der höherstufigen Intersubjektivität] mündet in institutionalisierte Wahlentscheidungen und legislative Beschlüsse, durch die die kommunikativ erzeugte Macht in administrativ verwendbare Macht transformiert wird. Wie im liberalen Modell wird die Grenze zwischen Staat und Gesellschaft respektiert; aber hier unterscheidet sich die Zivilgesellschaft, als die soziale Grundlage autonomer Öffentlichkeiten, ebensosehr vom ökonomischen Handlungssystem wie von der öffentlichen Administration.“ (S.288)

Der entscheidende Begriff hieran ist „Zivilgesellschaft“. Mittels dieser soll, so Habermas, in Differenz zum liberalen Modell getreten werden können, da das ökonomische Handlungssystem nicht mehr das Fundament der Gesellschaft bedeutet. Unmittelbar einsichtig ist, dass Habermas dessen bedarf, was er mit Zivilgesellschaft anführt, da er anders gar nicht in Differenz zum liberalen Denken treten kann. Jedoch: Was Habermas dieserart in Anspruch nimmt, dessen Nennung hat er gerade nicht vorbereitet, ganz im Gegenteil. Weder führt ein begründbarer Weg von dem zuvor betrachteten technischen Modell Habermas' zur Zivilgesellschaft, noch leistet deren Nennung, was zuvor bereits in Rücksicht auf das Modell unterbleiben musste: Die Nennung der personalen Ichs und ihrer fundamentalen Aufgabe, nicht zuletzt in Beziehung auf die Thematisierung von Gemeinschaft. Anders gewendet: Die Nennung von Zivilgesellschaft entspricht einer deus ex machina-Konstruktion, die angeführt wird, da sie gebraucht wird; nicht aber, da sie argumentativ hergeleitet werden konnte.

Für das Verstehen von Solidarität folgt hieraus:

„Aus diesem Demokratieverständnis ergibt sich normativ die Forderung nach einer Gewichtverschiebung im Verhältnis jener drei Ressourcen Geld, administrative Macht und Solidarität, aus denen moderne Gesellschaften ihren Integrations- und Steuerungsbedarf befriedigen. Die normativen Implikationen liegen auf der Hand: die sozialintegrative Gewalt der Solidarität, die nicht mehr allein aus Quellen des kommunikativen Handelns geschöpft werden kann, soll sich über weit ausgefächerte autonome

Öffentlichkeiten und rechtsstaatlich institutionalisierte Verfahren der demokratischen Meinungs- und Willensbildung entfalten und gegen die beiden anderen Gewalten, Geld und administrative Macht, behaupten können.“ (S.288f.)

Die Botschaft ist eindeutig: Die Solidarität soll sich gegen Geld (ökonomische Handlungssysteme) und administrative Gewalt behaupten können; die Basis hierfür soll durch das deliberative Demokratieverständnis geschaffen sein. Aber das trifft nicht zu. Im Zentrum des Zitates steht, dass sich die „sozialintegrative Solidarität“ „entfalten“ soll über „weit ausgefächerte autonome Öffentlichkeiten“ und Verfahren der „demokratischen Meinungs- und Willensbildung“. Das mag in einer technischen Modellierung einer Gesellschaft aus rationalen Wesen bedeutungsvoll sein, führt zugleich aber zu der Frage: Worin soll die Bedeutung einer derartigen Modellierung bestehen, wenn sich zeigen lässt, dass die daseiende Gesellschaft gerade nicht aus Wesen besteht, wie sie im Modell angenommen werden.

- II. -

Wovon hiermit die Rede ist, das gilt es zu konkretisieren, um den Kern des Problems mit Habermas’ Position hervorstreichen zu können. Hierzu soll Habermas’ Interpretation und Nutzung von Kants kategorischem Imperativ analysiert werden. Die Erfüllung dieser Aufgabe ist wie folgt vorzubereiten.

„Wertorientierungen, auch das an Werten orientierte Selbstverständnis von Personen oder Gruppen, beurteilen wir unter dem ethischen, Pflichten, Normen, Gebote unter dem moralischen Gesichtspunkt.“ (S.40)

Knapp hierauf folgt:

„Gewiß, auch unter dem ethischen Gesichtspunkt mag man der semantischen Differenz zwischen Wertbindung und moralischer Verpflichtung mit einer gewissen Priorität von Fragen der Gerechtigkeit gegenüber Fragen des guten Lebens Rechnung tragen: [...] Aber solange Verpflichtungen *allein* unter dem ethischen Gesichtspunkt betrachtet werden, läßt sich ein *absoluter* Vorrang des Gerechten vor dem Guten, der erst den kategorischen Geltungssinn moralischer Pflichten ausdrücken würde, nicht begründen: [...].“ (S.41)

Grundsätzlich ist bereits angetroffen worden, worauf Habermas hiermit aufmerksam machen will: Die alleinige Betrachtung der Ethik führt zu Wertungen im Sinne eines Selbstverständnisses, das in Differenz zur Beachtung der Gleichheit a l l e r Menschen ist; die Beachtung dieser Gleichheit ist aber nötig, um das Gute („gutes Leben“), das man subjektiv für sich gewählt hat, gegenüber den Mitmenschen gerecht gestalten zu können. Hieraus müssen sich, so Habermas weiter, vor allem in pluralistischen Gesellschaften Probleme ergeben:

„Individuen und Gruppen mit je eigenen Identitäten könnte dann nämlich Gleichberechtigung nur nach Maßstäben garantiert werden, die ihrerseits Bestandteil einer gemeinsamen, von allen gleichmäßig anerkannten Konzeption des Guten sind.“ (S.42)

Die Lösung dieses Problems scheint zunächst leicht auffindbar: Man muss sich auf die Suche nach von a l l e n Menschen geteilten Vorstellungen vom „guten“ Leben machen. Aber diese Lösung begegnet einem Dilemma:

„[...]; eine substanzlose, von allem lokalen Kontexten abgehobene Konzeption muß den Begriff des Guten zerstören. [...] Die abstrakte Frage, was im gleichmäßigen Interesse aller liegt, *übersteigt* die kontextgebundene ethische Frage, was das Beste für uns ist.“ (S.42f.)

Das meint: Um das Gute im Sinne ethischer Bindungen an eine alle Menschen umfassende Gerechtigkeit heranführen zu können, muss offenbar das Gute aller Inhalte entledigt werden, womit es gerade nicht an Gerechtigkeit herangeführt sein kann, da diese aufgelöst worden ist. Das ändert aber nichts daran, dass eine Emanzipation von den ethischen Inhalten erzielt werden muss:

„Die Intuition, daß Fragen der Gerechtigkeit aus einer idealisierenden Erweiterung der ethischen Fragestellung hervorgehen, behält dennoch einen guten Sinn.“ (S.43)

Die Darstellung dieses „guten Sinns“ sieht wie folgt aus:

„Wenn wir Gerechtigkeit als das für alle gleichermaßen Gute interpretieren, bildet das in Moral aufgehobene «Gute» eine Brücke zwischen Gerechtigkeit und Solidarität. Auch die universalistisch verstandene Gerechtigkeit verlangt nämlich, daß einer für den anderen einsteht – daß nun allerdings ein jeder auch für einen Fremden einsteht, der seine Identität in ganz anderen Lebenszusammenhängen ausgebildet hat und sich im Lichte von Traditionen versteht, die nicht die eigenen sind. Das Gute im Gerechten erinnert daran, daß das moralische Bewußtsein auf ein bestimmtes Selbstverständnis moralischer Personen angewiesen ist: diese wissen sich der moralischen Gemeinschaft *zugehörig*. Dieser Gemeinschaft gehören alle an, die in einer - irgendeiner – kommunikativen Lebensform sozialisiert worden sind.“ (S.43)

„Gerechtigkeit ist das für alle Menschen gleichermaßen Gute“. Die Frage lautet somit: Was ist der Inhalt dieses „gleichermaßen“ Guten? Um einen kontingenten Inhalt im Sinne der Ethik kann es sich hierbei nicht (wieder) handeln. Habermas ist sich dieses Umstandes sehr wohl bewusst und zielt daher auf eine Fähigkeit ab, die dem moralisch Guten zukommt: Diesem soll nämlich die Fähigkeit zukommen, die Menschen daran zu „erinnern“, auf das Selbstverständnis „angewiesen“ zu sein, moralische Personen zu sein. Hieran knüpft Habermas, dass die Menschen „wissen“, der moralischen Gemeinschaft anzugehören.

Das ist zweifellos eine interessante Interpretation davon, zu den ethischen Inhalten in Differenz treten zu sollen und erfüllt ebenso zweifellos die Aufgabe, alle Menschen zu umfassen. Zugleich irritiert diese Interpretation aber. Sie irritiert, da sie keinesfalls aus einem Fundament hergeleitet worden ist. Wiederum wird gleichsam eine technisch saubere Lösung geboten, von der man aber nicht weiß bzw. erfährt, wieso sie auf das Ich anzuwenden sein soll; was es konkret heißen soll, dass das Ich an etwas „erinnert“ werden muss, das es „weiß“ usw.

Umso interessanter ist, was Habermas nachliefert, um den an sich unbegründet aufgewendet bleibenden Erinnerungsprozess in seiner Verknüpfung mit den Menschen doch plausibel zu machen:

„Vergesellschaftete Individuen sind, weil sie ihre Identität nur in Verhältnissen reziproker Anerkennung stabilisieren können, in ihrer Integrität auf besondere Weise verletzbar und daher auf einen spezifischen Schutz angewiesen. Sie müssen an eine Instanz jenseits der eigenen Gemeinschaft appellieren können. [...]. Aristotelisch ausgedrückt, ist in jeder konkreten Gemeinschaft, sozusagen als ihr «besseres Selbst», die moralische Gemeinschaft angelegt. Als Mitglieder dieser Gemeinschaft erwarten die Individuen voneinander eine Gleichbehandlung, die davon ausgeht, daß jede Person jede andere als «eine von uns» behandelt.“ (S.43f.)

Die entscheidende Aussage hieran ist „Schutzbedürftigkeit“, deren Befriedigung aus „reziproker Anerkennung“ erfolgen soll. Hierzu ist es notwendig, dass an eine Instanz „jenseits“ der eigenen „Gemeinschaft“ appelliert wird, an eine solche also, die unmittelbar auf Gerechtigkeit abzielt; an das „bessere Selbst“. Der Sinn hiervon: Die

Befriedigung der Schutzbedürftigkeit kann nur erzielt werden, wenn jeder Mensch jeden Mitmenschen als „einen von uns" begreift und diese Beachtung der Gleichwertigkeit, als Basis für das Abwenden von Übergriffen, zum Maßstab für sein spezifisches, ethisch begründetes Verständnis eines zu verwirklichenden „guten" Lebens nimmt. Hieran, so wird man mit Habermas sagen dürfen, soll sich der Mensch also im Namen des moralisch Guten „erinnern".

Diese Argumentation Habermas' nimmt sich intuitiv durchaus plausibel aus. Aber Intuition ist kein Maßstab. Ganz unabhängig davon, dass der Verweis auf Schutzbedürftigkeit keine Rechtfertigung ergibt, ist zu beachten, dass sich dieserart auch nicht die von Habermas eingeorderte Distanzierung vom liberalen Denken erbringen lässt. Das Argument von der Befriedigung der Schutzbedürftigkeit kann das liberale Denken problemlos in seinem Sinne aufgreifen: Die Ausrichtung auf die Marktmechanismen ist der wirkungsvollste Schutz, da diesen die Beachtung der Gleichheit der Menschen inhäriert. Übergriffe, also die Missachtung des „besseren Selbst", treten nur auf, wenn versucht wird, diese Mechanismen zu regulieren, da dies dem Bemühen gleich kommt, sich auf Kosten von Mitmenschen Vorteile zu verschaffen. Das liberale Denken kann also gleich Habermas die Schutzbedürftigkeit als Wert im Sinne der Gleichheit der Menschen – „einer von uns" - anführen. Dass sie lediglich ein reduktionistisches Zerbild hiervon anbietet, das ergibt sich erst aus der Thematisierung der personalen Ebene und somit von Gemeinschaft bzw. Bemüht-sein-um-Wir, also aus einer um Rechtfertigung bemühten Darstellung des moralisch Guten.

Aber hierauf zielt Habermas nicht ab, sodass er sich folgende Fragen gefallen lassen muss: Leiden die Eliten einer obrigkeitlichen, monopolkapitalistischen Gesellschaft, also jene, die sich willentlich für die reduktionistische Lösung der fundamentalen Aufgabe entscheiden, denen „einer von uns“, Solidarität usw. nichts weniger als fremd ist, Mangel an Schutzbedürfnis – bzw. Mangel an „Wissen“, an das sie sich „erinnern“ können -, sodass sie sich mit einem liberalen Zerrbild, Trugbild hiervon bescheiden können? Ist es geradezu eine Laune des Schicksals, dass sie aufgrund ihres Erfolges in ihrem Mangel noch bestätigt werden, was sie nicht zur Einsicht kommen lässt, ihr „besseres Selbst“ anrufen zu sollen, sich von diesem daran „erinnern“ zu lassen, worauf es eigentlich ankommt[11]?

In das Dilemma, das diese Fragen aufzeigen, ist Habermas geraten, da er nicht bereit ist, die Differenz zwischen Moral und Ethik im Sinne des dialektischen Zweieinheitlichkeits-Argumentes aufzugreifen; das logische Induktionsproblem ist ihm bedeutungslos und er begnügt sich mit das Ich ausblendenden Modellen („subjektlose Kommunikation“), um zur ethischen Ebene in Differenz treten zu können. Anders gewendet: Er sieht keine Notwendigkeit dafür, das Credo der aufgeklärten Moderne zu hinterfragen. Anstatt hierauf abzuzielen, sucht er nach einer Möglichkeit, seine Positionierung, inklusive seinem Anspruch, sich von dem liberalen Denken abheben zu können, doch behaupten zu können.

Es soll nun gezeigt werden, dass sich Habermas des von ich provozierten Rechtfertigungs-Problems durchaus bewusst ist und es zu entschärfen versucht, wenn auch auf eigentümliche Weise. Im Zentrum hiervon steht seine Bezugnahe auf Kants Philosophie.

---

[11] Hegel hat den Begriff „List der Vernunft“ geprägt. Überspitzt formuliert lässt sich hier davon sprechen, dass Habermas die „List der Unvernunft“ in Anspruch nimmt.

Zunächst ist zu dieser kursorisch festzuhalten[12]. Kants Philosophie ist dahingehend zu verstehen, dass er metaphysische aber auch idealistische Ansprüche mit dem aufkommenden Empirismus versöhnen will. Den Skeptizismus Humes hat er – zu Recht – zurückgewiesen bzw. nur als „Weckruf“ gewürdigt. Einen naiven Empirismus, der sich mit den skeptizistischen Einschränkungen nicht abfinden will, hat er ebenso zurückgewiesen – wiederum zu Recht. Dergleichen Konstruktionen hat er seine Vorstellung vom Ding an sich, dem intelligiblen Ich, der Differenzierung in Verstand und Vernunft usw. entgegengehalten, wie sie sich aus seinem Bemühen um einen konsequenten Umgang mit dem logischen Induktionsproblem ergeben haben. Hegel hat Kant attestiert, den Kontakt zum Idealismus gehalten zu haben, obschon sein Versuch, diesen mit den aufkommenden empiristischen Denkweisen zu versöhnen, dessen Unterwanderung herbeigeführt hat. Das immer selbstbewusster werdende empiristische Denken hat seinerseits Kritik an Kant geübt, freilich in genau entgegengesetzter Richtung: Kant habe sich nicht vollständig von seinen metaphysischen, idealistischen Wurzeln emanzipieren können und sich daher in einem unnötigen Versöhnungsversuch verfangen.

Bemerkenswert ist nun, dass die selbstbewusst gewordene Moderne zugleich erkannt hat, Kants Philosophie in ihrem Sinn nutzen / instrumentalisieren zu können. Hierzu ist zunächst zu beachten, dass Kant keinesfalls abgesprochen werden kann, um eine grundsätzliche Rechtfertigung seiner Aussagen bemüht zu sein. Das gilt nicht zuletzt aufgrund der metaphysischen und idealistischen Anschauungen, die er aufbietet. Gerade hierauf greift die Moderne auf ihre Weise zu: Indem sie sich auf Kant beruft, partizipiert

[12] Die folgenden Ausführungen zu Kants Philosophie sind umfangreicher dargestellt in *Freiheit – Verlorene Freiheit* (in Endarbeitung).

sie an Kants Rechtfertigungsbemühungen, gewinnt also, was sie selbst gar nicht erbringen kann, und formt nun, was sie dieserart in die Hände bekommen hat, dahingehend um, dass, indem die „Fehler" Kants eliminiert werden, ein durch und durch empiristisches Denken gerechtfertigt erscheinen soll. Dass hierfür ein sehr freier Umgang mit Kants Philosophie nötig ist, ist unmittelbar einsichtig, stört aber die Protagonisten dieser Denkweise nicht.

Angesichts hiervon ist darzulegen, wie Habermas die Position Kants charakterisiert:

„Dieser Zusammenhang von Solidarität und Gerechtigkeit hat Kant dazu inspiriert, den Gesichtspunkt, unter dem Fragen der Gerechtigkeit unparteilich beurteilt werden können, anhand des Rousseauschen Models der Selbstgesetzgebung zu erläutern: «Demnach muß ein jedes vernünftiges Wesen so handeln, als ob es durch seine Maximen jederzeit ein gesetzgebendes Glied im allgemeinen Reich der Zwecke wäre.»[13] Von einem «Reich der Zwecke» spricht Kant, weil jedes seiner Glieder sich selbst und alle anderen niemals bloß als Mittel, sondern jederzeit zugleich als «Zweck an sich selbst» betrachtet." (S.45)

An dieser Darstellung ist sogleich hervorzuheben, dass sie eine eigentümliche Verkürzung bietet. Zweifellos ist Kant auch von Rousseau „inspiriert" worden. Aber für die hier entscheidenden Begriffe „vernünftige Wesen", „Reich der Zwecke" und „Zweck an sich selbst" ist nicht Rousseau die Inspirationsquelle sondern Kants transzendentalphilosophische Ausrichtung. Im Sinne hiervon bringt er mit den angeführten Begriffen zum Ausdruck, dass mit einer naiv empiristischen Betrachtung der weltlichen Ichs nicht das Auskommen zu finden ist, da dem logischen Induktionsproblem nicht entsprochen sein kann. Nur wenn dieses Problem hinreichend Beachtung findet, kann zu einem tragfähigen

[13] Kant, *Grundlagen zur Metaphysik der Sitten*, Werke (Weischedel), Bd. IV, S.72

Verständnis des Zusammenhangs von Solidarität und Gerechtigkeit gefunden werden. Der Grund hierfür ist: Erst indem in Differenz zum weltlichen Ich getreten wird, kann der Mensch als Vernunftwesen und somit als „Zweck an sich selbst“ begriffen werden. Hierin wiederum liegt, die Mitmenschen ebenso als „Zweck an sich selbst“ verstehen zu sollen, was ausschließt, sie reduktionistisch als „Mittel zum (eigenen) Zweck“ zu missbrauchen. Kristallisationspunkt hiervon ist Kants kategorischer Imperativ: „Demnach muß ein jedes vernünftige Wesen so handeln, als ob es durch seine Maxime jederzeit ein gesetzgebendes Glied im allgemeinen Reich der Zwecke wäre.“

Ein wesentliches Element dieses Imperativs ist die Selbstgesetzgebung: „Die moralisch freie Person muß sich zugleich als Autor der sittlichen Gebote verstehen können, denen sie als Adressat untersteht.“ (Habermas; S.46) In diesem Kontext sieht sich Habermas zu folgender Aussage berechtigt:

„Als gesetzgebend ist niemand einem fremden Willen untertan; aber zugleich ist jeder den Gesetzen, die er sich selber gibt, wie alle anderen unterworfen. Indem Kant die privatrechtliche Figur des Vertrages durch die öffentlich-rechtliche der republikanischen Gesetzgebung ersetzt, kann er für die Moral die beiden im Recht getrennten Rollen – des an der Gesetzgebung beteiligten Staatsbürgers und des den Gesetzen unterworfenen Privatmannes – in ein und derselben Person zusammenziehen.“ (S.45f.)

Habermas hebt hier also hervor, dass es Kant gelungen ist, die Rolle des Staatsbürgers und jene des Privatmannes in „ein und derselben Person zu vereinen“. Es ist ihm also gelungen, die alleinige Beachtung von sich als Privatperson, wie sie gemäß den gerbachten philosophischen Überlegungen das weltliche Ich zeigt, mit der Beachtung des Gemeinwohls (Gerechtigkeit, Solidarität) zu verknüpfen. Ausschlaggebend hierfür soll sein, dass das Bemühen um das

Gemeinwohl nicht gemäß privatrechtlichen Konstruktionen besorgt wird. Diese Aussage ist entschieden als gegen das liberale Politik- und Demokratieverständnis gewendet zu verstehen.

Sehr genau ist hieran zu beachten: Kants Position bietet ein Übersteigen der privatrechtlichen Konstruktionen im Sinne davon, dass hierzu in Differenz getreten wird. In diesem Zusammenhang wird zum weltlichen Ich in Differenz getreten, das intelligible Ich thematisierend. Kants Thematisierung *dieses* Ichs, die die Thematisierung des personalen Ichs in der entfalteten dialektischen Tradition bedeutet, muss aber *problembeladen* sein, da der Beachtung der weltlichen Ebene nicht die Bedeutung eines mittelbaren Zugangs zum Sein zuerkannt wird; hierin kommt zum Ausdruck, dass Kants Philosophie im angemerkten Sinn einen „Versöhnungsversuch“ darstellt. Zwar ist er darum bemüht, die Brücken zur Metaphysik und dem Idealismus nicht abzubrechen, aber die Bereitschaft, alleine im Sinne des Idealismus das Fundament zu gestalten, fehlt. Hieraus müssen sich Probe ergeben und diese müssen Auswirkungen auf die Stringenz der Ausführungen Kants haben, nicht zuletzt in Rücksicht auf sein Verständnis von Selbstgesetzgebung.

Habermas’ Interpretation der Problembeladenheit der Philosophie Kants zielt aber umgekehrt darauf ab, Kants Brücken zur Metaphysik usw. als die Ursache der auftretenden Probleme auszumachen: Die Verflechtung von Staatsbürger und Privatperson soll, diese Probleme auflösend, *alleine* im Sinne der empiristischen Moderne vorgenommen werden. Der zuvor zitierte Satz „Als gesetzgebend ist niemand einem fremden Willen untertan.“ ebnet hierfür den Weg. Betrachtet man diesen Satz alleine in Rücksicht auf das Zusammenleben der Menschen, so ist er unmittelbar nachvollziehbar: Niemand soll Untertan eines Mitmenschen sein. Aber so einfach erhält sich die Sache nicht, was einsichtig wir, wenn beachtet wird, in welchem Kontext Habermas diesen Satz aufgreift. Dieser Kontext ist von dem ebenfalls bereits angeführten Satz geprägt: „Die moralisch freie Person muß sich zugleich als Autor der sittlichen Gebote verstehen können, denen sie als Adressat untersteht." Aus der Perspektive des kritischen Idealisten Kant ist der Mensch nicht schlechthin Autor. Gemäß der im zweiten Kapitel gebotenen Terminologie vertritt Kant folgende Vorstellung von „Autor": Der Mensch ist als Autor differenziell eigenständig, wobei von Eigenständigkeit an und für sich nicht zu sprechen ist, da er sich an den Vorgaben einer „höheren Vernunft" orientieren soll. Zum „Untertan" eines „fremden Willens" wird der Mensch hierbei nicht, da er nicht an und für sich Anderes als dieser „höhere Wille" ist. Anders gewendet: Kants Ausführung lässt sich als Thematisierung davon verstehen, dass das Ich „Autor" ist, insofern es im Umgang mit der fundamentalen Aufgabe zur Vergegenwärtigung der personalen Ebene vordringen soll, womit es sich und der Gemeinschaft moralisch gerecht wird. Was Kant dieserart thematisiert, das verzerrt er aber teilweise, da er darum bemüht ist, es mit der aufkommenden Empirie zu versöhnen.

Habermas - und mit ihm die gesamte aufgeklärte Moderne – wollen von einer derartigen Interpretation des in Diskussion stehenden Satzes nichts wissen. Seine empiristische Vorausentschiedenheit verleitet ihn zu einer konsequenten Auflösung der empiristisch nicht greifbaren „bewusstseinsphilosophischen" Inhalte. Entscheidend ist nun, dass Habermas tatsächlich nur besagte Inhalte streicht, ansonst aber am Begriff „Selbstgesetzgebung" festhält. Das ist insofern widersinnig, als somit all jenes gestrichen ist, das bei Kant Selbstgesetzgebung in Verflechtung mit dem moralisch Guten bedeutungsvoll sein lässt. Es ist ja jenes gestrichen worden, das die Selbstgesetzgebung nicht an ein atomistisch verstandenes (weltliches) Ich bindet. Zugleich ist hiermit jenes gestrichen worden, das Kant aufbietet, um Selbstgesetzgebung rechtfertigungstheoretisch absichern zu können – soweit es ihm möglich ist. Diese Absicherung basiert eben auf der Einsicht, selbige bei alleiniger Betrachtung der weltlichen Ichs nicht erzielen zu können. Somit hält Habermas nur einen Torso von dem Begriff „Selbstgesetzgebung" in Händen, da er seines begründungstheoretischen Fundaments, das Kant mitgeliefert hat, beraubt worden ist. Innerhalb der empiristisch ausgerichteten Sprechergemeinschaft braucht Habermas diesen Vorwurf, lediglich einen Begriffstorso in Händen zu halten, freilich nicht zu fürchten.

Angesichts hiervon lässt sich konkret angeben, weshalb Kant für Habermas bedeutungsvoll ist: Soweit abseits der dialektischen Tradition möglich, bietet Kant eine argumentative Ableitung seiner Position, an der Habermas hier insbesondere wichtig sein muss, dass es Kant möglich ist, den Staatsbürger und die Privatperson in einem Ich zu vereinen, derart dass dieses als selbstbestimmter Gesetzeber (und zugleich Adressat der bestimmten Gesetze) auftritt. Hinzu kommt, dass Kants Ableitung als problembeladen dargelegt werden kann, was dazu aufruft, sie dessen zu entledigen, was die Probleme verursacht. Das hat auch die dialektische Tradition gemacht. Und Habermas arbeitet ebenfalls hieran, wiewohl Namen der reduktionistischen Lösung der fundamentalen Aufgabe: Daher ist seine Arbeit davon geprägt, sämtliche Brücken zum metaphysischen und idealistischen Denken, die Kant bewusst hat stehen lassen, abzubauen, dem modernen, empiristischen Denken zur alleinigen Herrschaft verhelfend. Kurz gesagt: Habermas greift auf Kants Philosophie zu, da sie einerseits eine begründungstheoretische Basis aufweist und andererseits zur Umformung „einlädt". Anders gewendet: Habermas meint, trotz des

Abbaus besagter Brücken den begründungstheoretischen Gehalt der Argumentation Kants weiter in Händen halten zu können. Wäre das möglich, es wäre zweifellos ein enormer Gewinn für eine Position, die aus sich heraus nur scheinbar zu einem Fundament vordringen kann bzw. aus sich heraus lediglich zu einem Modell-Denken findet.

Natürlich kann es Habermas nicht einfach dabei belassen, besagte Brücken in Kants Philosophie abzubauen. Er muss dessen Philosophie einem umfangreicheren Umbau unterziehen. Die Arbeit hieran beginnt er wie folgt:

„Weil eine Gesetzgebungspraxis nur gemeinsam ausgeübt werden kann, genügt dafür jene monologisch vorgenommene egozentrische Handhabung des Verallgemeinerungstests, die der Goldenen Regel entspricht, nicht.“ (S.46f.)

Hiermit ist sogleich angegeben, worauf Habermas' Kritik an Kant hinauslaufen wird und was im Rahen des zu vollbringenden Umbaus zu erreichen ist: Kants Position, seine Bezugnahme auf die Goldene Regel in Gestalt des Kategorischen Imperativs, soll eine monologische Konstruktion darstellen, die aus der egozentrischen Perspektive nicht herausfinden lässt. Kants Verallgemeinerungstest kann daher nicht erbringen, was von ihm verlangt wird. Der Monolog muss zum Dialog erweitert werden; so der Diskurstheoretiker Habermas.

Zudem nennt Habermas, was Kant in die Irre geführt hat:

„Kant schreibt aufgrund seiner transzendentalen Hintergrundannahmen den freien Willen einem im Reich der Zwecke angesiedelten intelligiblen Ich zu. Deshalb legt er die Selbstgesetzgebung, die nach ihrem ursprünglich politischen Sinn ein kooperatives Unternehmen ist, an dem das Individuum nur «Anteil» (Kant) hat, doch wieder in die alleinige Kompetenz des Einzelnen.“ (S.48)

Das irritiert. Schon der Umstand, den transzendentalphilosophischen Gehalt von Kants Argumentation als „Hintergrundannahme“ zu bagatellisieren, muss befremden. So vorzugehen kann nur bedeuten, nicht ernsthaft um das Verständnis von Kant bemüht zu sein. Das intelligible Ich, auf das Habermas lediglich im Vorübergehen zu sprechen kommt, wird geradezu als atomistisches Ich (Monolog!) vorgestellt, also als weltliches Ich. Das hat mit Kant nichts zu tun. Gerade indem Kant mittels der Nennung von „intelligibles Ich“ in transzendentalphilosophische Differenz zum weltlichen Ich tritt, bezeugt er sein Bemühen, aus der atomistischen Egozentrik eines die weltliche Ebene nicht übersteigen wollenden Denkens herauszufinden. Somit kann er auch keine monologische Philosophie anbieten, wie sich aus den philosophischen Überlegungen ergibt, da das intelligible Ich sein Bemühen immer auch als ein Bemühen um die Gemeinschaft begreift.

Habermas, nur sehr bedingt an den Inhalten der Philosophie Kants interessiert, unterstellt diesem also, aus der atomistischen Betrachtung der Menschen (Monolog) grundsätzlich nicht herausfinden zu können, was eben die Umformung nötig machen soll. Wovon dieser Umbau getragen ist, das ergibt sich aus dem Monolog-Vorwurf gleichsam von selbst: Kants monologische Betrachtung des Menschen wird entgrenzt in eine dialogische Betrachtung. Diese neue Betrachtungsweise soll garantieren, den Menschen von vornherein in seiner Bezogenheit auf die Mitmenschen aufzugreifen, womit die atomistische Betrachtungsweise tatsächlich entgrenzt ist.

Aus der Perspektive der dialektischen Tradition und Kants ist diese Entgrenzung zwar nicht interessant, da auf etwas der weltlichen Ebene zugegriffen wird, sodass dieserart zu dieser nicht in Differenz getreten werden kann, aber aus der Perspektive Habermas’ muss sie bedeutungsvoll erscheinen, da sich eine weitere Möglichkeit zur Entgrenzung weit und breit nicht zeigt. Habermas greift hierauf wie folgt zu:

„Tatsächlich verlangt aber die reflexive Anwendung des Verallgemeinerungstests eine Beratungssituation, in der jeder genötigt ist, die Perspektive aller anderen einzunehmen, um zu prüfen, ob eine Norm *aus der Sicht eines jeden* von allen gewollt werden könnte. Das ist die Situation eines auf Verständigung abzielenden *rationalen Diskurses*, an dem alle Betroffenen beteiligt sind." (S.48)

Das hierin liegende Problem ist schnell ausgemacht: Da Habermas Kants intelligibles Ich „erledigt" hat und das personale Ich der dialektischen Tradition nicht für beachtenswert hält, kann sich seine „Beratungssituation" lediglich auf die weltlichen Ichs beziehen. In deren gesellschaftliches Miteinander muss hineinprojiziert sein, was sich eigentlich daraus ergeben sollte, dass eben hierzu in Differenz getreten worden ist. Anders gewendet: Habermas greift aus der Philosophie Kants heraus, die privatrechtliche (Privatperson) und die öffentlich rechtliche Ebene (Staatsbürger) in einem Ich vereinigen zu können, was den liberalen Reduktionismus abwehren soll. Wie aber soll hiervon begründet die Rede sein können, wenn in völliger Übereinstimung mit dem Liberalismus zum weltlichen Ich nicht in Differenz getreten wird? Woher soll es kommen, dass die weltlichen Ichs einen „rationalen Diskurs" pflegen können, der die moralische Gleichwertigkeit beachtet, lediglich da von den Inhalten zur Marktwirtschaft abgesehen wird? Woher sollen die Menschen jene Inhalte nehmen, die sie ihren rationalen Überlegungen zur „öffentlich rechtlichen Ebene" zugrundelegen?

Mit der Entgrenzung der monologischen Betrachtung zur dialogischen Betrachtung können diese Fragen nicht schon beantwortet sein, da hiermit noch gar nichts über die Inhalte zum moralisch Guten ausgesagt ist. Habermas' Bereitschaft, hierin zumindest nicht sogleich ein Problem zu sehen, kann aber als gegeben vorausgesetzt werden, wie sich sogleich aus seiner Affinität zu Modell-Vorstellungen ergibt. Im Lichte hiervon ist zu beachten, dass sich diese Fragen gleichsam von selbst erledigen, wenn man den Fall setzt, dass, werden die Menschen nicht durch die Ausrichtung auf Inhalte zur Marktwirtschaft abgelenkt (Habermas' Kritik am Liberalismus!), sie gleichsam automatisch zu den entsprechenden „staatsbürgerlich" wichtigen Inhalten geleitet werden, jenen also, die nicht sogleich mit der Ausrichtung auf die dialogische Konstruktion genannt sind.

Heran scheint Habermas tatsächlich zu denken, wie sich aus seiner Vorstellung ergibt, dass der Moral gleichsam eine Erinnerungsfunktion zukommt: sie „erinnert" an „bekanntes" Wissen. Die Unhaltbarkeit hiervon hat sich aber bereits gezeigt: Gemäß den philosophischen Überlegungen zeichnet sich das Hinterfragen der Ichs nicht dadurch aus, dass sie an etwas erinnert werden, sondern dadurch, dass sie gemäß ihrer differenziellen Eigenständigkeit zur richtigen Lösung der fundamentalen Aufgabe vordringen, also zu jenem Wissen, das ihnen uranfänglich unthematisch gegeben ist. = Das personale Ich bedarf aufgrund seiner differenziellen Eigenständigkeit keiner Erinnerungsinstanz. Im Zentrum dieser Aussage steht also gerade nicht das weltliche Ich, sondern das personale Ich, das im Umgang mit der fundamentalen Aufgabe nicht zuletzt Einsicht in den Umstand erlangen soll, das weltliche Ich nicht zum Fundament seiner Betrachtungen werden zu lassen.

Gemäß seiner Überzeugung, dass hiervon nicht die Rede sein darf, lässt Habermas die aufgeworfenen Fragen beiseite. Da er lediglich den Diskurs zur Verfügung hat, der als „rational" dargestellt wird, was soviel bedeutet wie: „unbeeindruckt von ethischen und marktwirtschaftlichen

Vorlieben“, ist er primär darum bemüht, seine Instrumentalisierung der Philosophie Kants abzurunden. Die Pointe hiervon liegt darin, dass Habermas nun zeigt, dass Kant lediglich aufgrund historischer Bedingtheiten, die dieser nicht als solche erkannt hat, nicht hat erkennen können, zu einer übertriebenen Differenzierung zwischen Privatperson und Staatsbürger gefunden hat, was den Blick auf das weltliche Ich getrübt hat:

„Wer Fragen der ethischen Selbstverständigung ernst nimmt, stößt auf den interpretationsbedürftigen kulturellen Eigensinn des historisch variablen Selbst- und Weltverständnisses von Individuen und Gruppen. Kant, der als Sohn des 18. Jahrhunderts noch unhistorisch dachte, überspringt diese Schicht von Traditionen, in denen sich Identitäten ausbilden. Er geht stillschweigend davon aus, daß sich bei der moralischen Urteilsbildung jeder kraft eigener Phantasie hinreichend in die Lage eines jeden anderen versetzen kann. Wenn sich aber die Beteiligten nicht mehr auf eine transzendentale Vorverständigung über mehr oder weniger homogene Lebensumstände und Interessenslagen verlassen dürfen, kann sich der moralische Gesichtspunkt nur noch unter Kommunikationsbedingungen realisieren, die sicherstellen, daß jeder, auch aus der Sicht seines eigenen Selbst- und Weltverständnisses, die Akzeptabilität einer zur allgemeinen Praxis erhobenen Norm prüft. Der kategorische Imperativ erhält damit eine diskurstheoretische Lesart. An seine Stelle tritt das Diskursprinzip «D», wonach nur die Normen Geltung beanspruchen dürfen, die die Zustimmung aller Betroffenen als Teilnehmer eines praktischen Diskurses finden können.“ (S.49)

Die Notwendigkeit einer diskurstheoretischen Lesart von Kants Kategorischem Imperativ soll sich also daraus ergeben, dass sich in der Moderne die „mehr oder weniger homogenen Lebensumstände und Interessenslagen“ aufgelöst haben: Kant konnte hiervon als „Sohn des 18. Jahrhunderts“ noch nichts wissen. Er musste noch in dem Irrtum befangen sein, dass der Universalisierungstest, wie er mit dem Kategorischen Imperativ geboten wird, eine monologische - also nicht-dialogische – Basis hat. In der Moderne ist das aber nicht mehr möglich, so rundet Habermas seine Argumentation ab, weshalb der Universalisierungstest im Sinne des Diskursprinzips («D») gestaltet werden muss.

Anders gewendet: Die Verabschiedung des intelligiblen Ichs soll weiter nichts bedeuten als die Elimination eines in Kants Philosophie aufgetreten Fehlers; eines Fehlers, der sich den historischen Umständen verdankt, die Kant noch nicht in ihrer Bedingtheit erkennen konnte. Daher soll es nur legitim sein, wenn sich Habermas auf Kant beruft; wenn er Kants Philosophie entnimmt, was er bedarf, da die Änderungen, die zugleich an Kants Philosophie vorgenommen werden, lediglich eine nötige Korrektur bedeuten.

Diese Argumentation basiert auf einem substanziellen Kurzschluss: Wie komplex die modernen, pluralistischen Gesellschaften auch immer sein mögen, der Grad, den sie hierin erreicht haben, lässt sie nicht grundsätzlich von den ihnen vorausgegangenen Gesellschaftsausprägungen abheben. Was sie von jenen abhebt, sind primär qualitative Unterschiede, die zwar zu Neuem führen können, aber alleine in dem Sinne, dass sich weltliche Merkmale ändern bzw. hinzutreten. An und für sich bleibt die Gesellschaft was sie invariant ist: Repräsentation von Gemeinschaft im Sinne der Zweieinheitlichkeits-Argumentation. Die Gemeinschaft ihrerseits kann von den Änderungen auf der Ebene der Gesellschaft nicht betroffen sein, eben da sie in Differenz hierzu ist. Hieraus folgt: Moral, als Ausdruck davon, im Sinne der Anerkennung der Solidarität die Gemeinschaft aus der Potenzialität in die Aktualität überzuführen, bleibt von den Änderungen auf gesellschaftlicher Ebene unbeeinflusst. Somit kann Kants Vorstellung von dem Universalisierungstest nicht im Sinne Habermas' defizitär sein, da Kant eine bestimmte Ausprägung von Gesellschaft unbekannt gewesen ist.

Das lässt den Schluss zu: Habermas' „Lesart" des Kategorischen Imperativs bedeutet einen Rückschritt. Die Motivation zu diesem Rückschritt ergibt sich aus Habermas' Bemühen, im Sinne der aufgeklärten Moderne alleine die weltliche Ebene anerkennen zu wollen. Dieses Bemühen muss scheitern, da somit nichts angeboten werden kann, was zur ethischen Ebene gehaltvoll in Differenz treten lässt. Gerade das fordert Habermas aber, wie dargelegt, vehement ein – zu Recht. Somit kann die Diskurstheorie nicht erbringen, was von ihr verlangt wird. Aber es kann der Schein erweckt werden, als würden all die hiermit bezeichneten Probleme nicht existieren, als wäre die Diskurstheorie erfolgreich. Die Voraussetzung hierfür ist eindeutig: Die vollständige Maskierung davon, dass das antimetaphysische, antiidealistische Programm „aufgeklärte Moderne" ein grundsätzlich reduktionistisches Programm ist. Ein probates Mittel dafür, diese Maskierung nicht zu thematisieren, gegeben, dass bei den Adressaten der Diskurstheorie eine grundsätzliche Affinität zur aufgeklärten Moderne vorausgesetzt werden kann, ist in diesem Abschnitt vorgestellt worden.

- III. -

In diesem Abschnitt soll skizziert werden, wie sich die soeben angesprochenen Probleme in Habermas' Position äußern, konkret in Rücksicht darauf, aus der reduktionistischen Vorstellung von Solidarität, wie sie das liberale Denken bietet, herauszufinden. Prinzipiell ergeben sich diese Probleme, so hat sich gezeigt, aus Habermas' Fokussierung auf das weltliche Ich, zu dem nicht gehaltvoll in Differenz getreten wird. Jedoch: Aus seiner Sicht bietet er keine

Nivellierung der Differenz, da innerhalb der weltlichen Ebene verblieben wird, sondern deren zutreffende Ausgestaltung, eben da nicht über diese Ebene hinausgegriffen wird. In diesem Sinne unterscheidet seine Diskurstheorie zwischen der moralischen Ebene, sie betrifft den Normenbegründungsdiskurs, und der ethischen Ebene, sie betrifft den Selbstverständnisdiskurs (S.50).

Habermas ist sich des Umstandes bewusst, dass er beide hiermit bezeichneten Ebenen im weltlichen Ich verorten muss, was der Anerkennung davon, eine Differenz-Konstruktion zu bieten, nicht unbedingt förderlich ist. Aber sogleich ist er darum bemüht, einer hierauf abzielenden Kritik den Boden zu entziehen: Eigentümlich kann seine Konstruktion nur jenen erscheinen, die sich nicht von vormodernen Denkweisen zu befreien wissen. Diese Menschen suchen fortgesetzt nach einer Differenz, die das weltliche Ich übersteigt, Moral mit persönlichen Heilserwartungen in Beziehung setzend. Aber, so Habermas, „es [gibt] keinen profanen Ersatz für die persönliche Heilserwartung“ (S.51): „das stärkste Motiv für die Beachtung moralischer Gebote ist entfallen“ (S.51).

Das Grabgeläut für die Moral soll hiermit aber nicht gegeben sein. Lediglich ihre metaphysisch-religiöse Verklärung soll ad acta gelegt sein. Angesichts hiervon lohnt es, sich in Erinnerung zu rufen, dass Habermas die Moral auch als Stimme versteht, die den Menschen in „Erinnerung ruft“, worauf es ankommt. Diese Vorstellung provoziert sogleich zwei Fragen: Wieso bedarf es dieser Stimme und was im Menschen hört diese Stimme? Habermas ist um die Antworten auf diese Fragen nicht verlegen: Der Stimme bedarf es aufgrund der „Willensschwäche“ (S.51) der Menschen und es ist das „Gewissen“, das die Stimme (S.51) hört. Daher soll gelten: Aufgrund unserer Willensschwäche können wir wider besseres Wissen handeln, obschon uns hierbei das „schlechte Gewissen schlägt“ (S.51).

Zunächst kann man geneigt sein, dieses Gewissen als *wenig potente* „Stimme der Moral“ aufzufassen, was aber aus der Sicht Habermas’ nicht überraschen darf, da man sich damit abfinden muss, alleine das weltliche Ich in seiner Abgetrenntheit von „persönlichen Heilserwartungen“ zu haben. Aber gerade wenn man versucht, sich hierauf einzulassen, wird man auf folgende Fragen stoßen: Was hat es dann grundsätzlich mit „Gewissen“ auf sich; was im Ich soll hiermit bezeichnet sein? Verwendet Habermas nicht seinerseits, indem er diesen Begriff in Anspruch nimmt, ohne es zu erwähnen, eine vormoderne Konstruktion, die in der modernen Konstruktion „Diskurstheorie“ lediglich gleich einem deus ex machina geboten werden kann, da anders zischen ethischer und moralischer Ebene nicht unterschieden werden kann?

Tatsächlich greift Habermas diese naheliegenden Fragen nicht auf, sodass anzunehmen ist: Obschon nicht davon auszugehen ist, dass er sich hier explizit einer vormodernen Konstruktion bedient, so doch einer der Alltäglichkeit entnommenen Konstruktion; einer Konstruktion, deren Unverdächtigkeit daraus erwächst, dass sie vertraut klingt. Hierin liegt gleichsam der Ersatz für Rechtfertigung. Die Vorstellung vom „Gewissen“ wird also *unkritisch* aufgewendet, einfach da man ihrer bedarf. Es muss ja vermieden werden, dass „kein profaner Ersatz“ der Argumentation jeglichen Boden unter den Füßen entzieht. Somit ist zwar nachvollziehbar, wieso Habermas vom Gewissen zu spricht, aber gerechtfertigt kann seine Vorgehensweise keinesfalls sein. *Keine Vorgehensweise ist gerechtfertigt, die im Bedarfsfall unkritisch auf die Alltäglichkeit zugreift.*

Indem er dieserart Boden unter den Füßen gefunden hat, sieht er sich sogleich dazu berechtigt, diesen mittels diskurstheoretischer Überlegungen zu festigen:

„Eine andere Konnotation verdankt sich dem Wechsel der Perspektive von Gott zum Menschen. «Gültigkeit» bedeutet jetzt, daß moralische Normen die Zustimmung aller Betroffenen finden könnten, sofern diese nur in praktischen Diskursen gemeinsam prüfen, ob eine entsprechende Praxis im gleichmäßigen Interesse aller liegt. In dieser Zustimmung drückt sich beides aus: die fallible Vernunft der beratenden Subjekte, die sich gegenseitig von der Anerkennungswürdigkeit einer hypothetisch eingeführten Norm überzeugen, und die Freiheit der gesetzgebenden Subjekte, die sich zugleich als Urheber der Normen verstehen, denen sie sich als Adressaten unterwerfen. Im Geltungssinn moralischer Normen hinterlassen sowohl die Fallibilität des entdeckenden wie die Konstruktivität des entwerfenden menschlichen Geistes ihre Spuren." (S.51f.)

Hier wird also wieder auf den Universalisierungstest im Sinne der Diskurstheorie abgezielt. Dieser ist, so erfährt man nun, davon geprägt, dass die ihn praktizierenden Menschen „prüfen, ob eine entsprechende Praxis im gleichmäßigen Interesse aller ist". Das muss insofern überraschen, als Habermas zuvor noch von der „Willensschwäche" der Menschen gesprochen hat, die Schläge, die das „schlechte Gewissen" austeilt, unbeachtet bleiben lässt. Hiervon ist nun keine Rede mehr: Der Diskurs, wie er nun dargestellt wird, zeigt alleine umeinander besorgte Menschen; Menschen, die sich im Bewusstsein ihrer „Freiheit als gesetzgebende Subjekte" gegenseitig von „der Anerkennungswürdigkeit einer hypothetisch eingeführten Norm" überzeugen wollen.

Aus der Perspektive der philosophischen Überlegungen ist das zwingend als Märchenwelt aufzufassen. Die Richtigkeit hiervon einsehen zu können bedarf nur folgender Überlegung: Die Ausblendung der personalen Ichs und der ihnen uranfänglich gestellten fundamentalen Aufgabe hat die Missachtung davon zur Folge, dass die sich zum Test zusammenfindenden Ichs keinesfalls umeinander besorgt sein müssen. Ihr Denken kann von der Idolisierung der Hybris geprägt sein, was sie immer noch zu Habermas' Diskurs zusammenfinden lassen wird, da sie klären müssen, wie weit jedes Ich in seiner Idolisierung gehen kann, ohne bei den anderen Ichs eine Empörung gegen sich auszulösen. Das kann aber nur bedeuten, dass der Boden, den Habermas gewonnen hat, ein trügerischer Boden ist bzw. eine Märchenwelt vorliegt.

Angesichts hiervon ist folgende Frage aufzuwerfen: Wieso, so kann daher gefragt werden, sollten die Vertreter des liberalen Denkens, denen die Privatperson alles ist, an der Argumentation Habermas' Kritik anmelden? „Wir erfüllen alle Vorgaben, die Habermas mit seiner Diskurstheorie einfordert.“ werden sie sagen: „Wir bemühen uns, im demokratischen Dialog (Diskus) die allgemeine Anerkennungswürdigkeit unserer Normen nachvollziehbar zu machen, gerade da auch wir die Freiheit des Menschen als Gesetzgeber achten. Die Spuren des menschlichen Geistes wird hierin jeder sehen, der nur sehen will, denn dieser ist, wie Habermas zu Recht sagt, der Geist eines rationalen Wesens, das erkennt, sein schönes Leben nur realisieren zu können, wenn es auf seinen Nutzen achtet, was kein Egoismus ist. Unser Rat an Herrn Habermas lautet daher, sich eingehender mit der Marktwirtschaft auseinander zu setzen, um deren Bedeutung einsehen zu können, die ihr in Rücksicht darauf zukommt, dass der Mensch als «freier Gesetzgeber» ein Fundament braucht, an dem er sich orientiert. Wenn Herr Habermas dann immer noch meint, eigens von Solidarität sprechen zu müssen, so bleibt ihm das unbenommen, auch wenn wir nicht erkennen können, was hiermit gewonnen sein soll.“ Kann Habermas dieser Vereinnahmung seiner Position durch das liberale Denken etwas entgegenhalten, das signalisiert, dass er substanziell von Solidarität spricht, sich tatsächlich vom liberalen Denken abhebend?

Zur Beantwortung dieser Frage soll eine Argumentation Habermas' kritisch betrachtet werden, die mit dem bereits bekannten Verweis darauf beginnt, dass es sich von der Tradition zu emanzipieren gilt:

> „Die Diskurstheorie rechtfertigt den Gehalt einer Moral der gleichen Achtung und solidarischen Verantwortung für jedermann. Das leistet sie freilich zunächst auf dem Wege der vernünftigen Rekonstruktion der Gehalte einer in ihrer religiösen Geltungsgrundlage erschütterten moralischen Überlieferung." (S.56)

Dieser „Weg" hat Habermas zuvor zu der dargelegten neuen Lesart des Kategorischen Imperativs von Kant geführt. Der Gewinn dieser Lesart in einer modernen, pluralistischen Gesellschaft ergibt sich daraus, so Habermas, dass in dieser der „substantielle Hintergrundkonsens über die zugrundeliegenden moralischen Normen zerbrochen ist." (S.56) Das gilt es, so Habermas, in aller Konsequenz zu beachten:

> „Sie sind – global und innergesellschaftlich – in regelungsbedürftige Handlungskonflikte verwickelt, die sie, obwohl das gemeinsame Ethos zerfallen ist, nach wie vor als moralische, also begründet lösbare Konflikte verstehen." (S.56)

Es wird also fortgesetzt so getan, so die Kritik Habermas, als würden immer noch Inhalte im Sinne eines Hintergrundkonsenses in Händen gehalten, was aber nicht der Fall ist. Worauf Habermas hiermit abzielt, das ist grundsätzlich bereits bekannt. Wohin der von Habermas vorgeschlagene – eingeforderte? – Weg führt, das ist in seinen Grundsätzen bereits in den Abschnitten I. und II. dargelegt worden: Zur Ausblendung der Beachtung der Ichs, konkret der personalen Ichs. Begriffe wie „subjektlose Kommunikation" sind unmittelbarer Ausdruck hiervon. Zu Beginn von III. ist daran erinnert worden, dass dieserart die Ausblendung der fundamentalen Aufgabe betrieben wird, was Habermas' Diskurs in eine Märchenwelt versetzt; in eine Märchenwelt, die den Diskurs primär als ein technisches Unterfangen begreift. Die in dem vorangegangenen Zitat auftretende Formulierung „regelungsbedürftige Handlungskonflikte" legt ebenfalls diese Interpretation nahe, „regelungsbedürftig" im Sinne von „regeltechnisch" begreifend.

Angesichts hiervon soll nun interessieren, wozu Habermas findet, wenn er, was er dieserart vorbereitet hat, genauer darlegt:

> „Das folgende Szenario bildet keinen Urzustand ab, sondern einen idealtypisch stilisierten Verlauf, wie er unter realen Bedingungen hätte stattfinden können."

Das ist eine gewagte Konstruktion, da nicht evident sein kann, wie die Verknüpfung von „idealtypisch stilisiert" und „real" zu verstehen ist. Immerhin klärt Habermas darüber auf, was „idealtypisch stilisiert" bedeuten soll:

> „Ich gehe davon aus, dass die Beteiligten ihre Konflikte nicht durch Gewalt oder Kompromißbildung, sondern durch Verständigung beilegen wollen." (S.56)

Das hat, wie sich bereits gezeigt hat, mit „idealtypisch idealisiert" nichts zu tun: Diese Annahme ist reine Fiktion, die nichts „idealisiert". Zu dieser (Idealisierung sein sollenden) Fiktion findet Habermas aufgrund seiner Ausblendung der personalen Ichs und ihres Umgangs mit der fundamentalen Aufgabe. Alleine in diesem Sinne lässt er die „Akteure" (der Begriff ist von Habermas übernommen) s o g l e i c h um Verständigung bemüht sein, abseits von „Gewalt und Kompromißbildung". Das suggeriert, dass Egozentrik und Idolisierung der Hybris am Beginn keine Rolle spielen. Vollständig ignorieren kann Habermas die Möglichkeit hierfür freilich auch nicht. Es ist interessant zu beobachten, wie er diesen Umstand, mittels „Willensschwäche" usw. hat er ihn ja bereits angesprochen, in seine Theorie einbaut, ohne hierbei seine „idealtypische Idealisierung" zu unterwandern.

Zunächst lässt er die Akteure den Versuch unternehmen, ein „gemeinsames ethisches Selbstverständnis zu entwickeln" (S.56). Aber dieser Versuch muss zumindest in einer pluralistischen Gesellschaft scheitern, da die von den einzelnen Akteuren mitgebrachten und „in der Praxis bewährten Wertungen zu konkurrierenden Konzeptionen des Guten" (S.56) führen.

Hieran muss sogleich überraschen, dass die Menschen einerseits als um eine allgemeine Verständigung bemüht verstanden werden und andererseits als nicht in der Lage seiend, die Bedeutung ihrer jeweiligen ethischen Ideale entsprechend relativieren zu können. Ungeachtet dieser Eigenwilligkeit lässt Habermas seine Akteure fortgesetzt an ihrer „Verständigungsabsicht festhalten, [darauf insistierend, dass sie] das gefährdete moralische Zusammenleben auch weiterhin nicht durch einen bloßen modus vivendi ersetzen wollen." (S.56)

Was den Akteuren in Rücksicht auf ihre ethischen Ausrichtungen nicht gelungen ist, also die Eindämmung des Konkurrenzdenkens(!), das versuchen sie nun, so Habermas, auf anderem Wege zu erreichen. Hierzu müssen sie zu etwas finden, worauf das Konkurrenzdenken keinen Einfluss haben kann, einfach da, worauf nun geblickt wird, allen Akteuren gleicherweise zukommt, also einen „neutralen Umstand" (S.57) darstellt. Worauf hiermit abgezielt wird, das ist bereits bekannt: Die Akteure vergegenwärtigen sich, dass sie auf jeden Fall eine „kommunikative, durch sprachliche Verständigung strukturierte Lebensform" (S.57) teilen, da sie anders nicht einmal in Rücksicht auf die ethischen Ausrichtungen in Streit hätten geraten können.

„Da solche Verständigungsprozesse und Lebensformen gewisse strukturelle Aspekte gemeinsam haben, könnten die Beteiligten sich fragen, ob in diesen normative Gehalte stecken, die die Grundlage für gemeinsame Orientierung bieten.“ (S.57)

Eigentümlich mutet hieran an, dass die Akteure, die gerade noch bedacht darauf gewesen sind, ihrer jeweiligen ethischen Ausrichtung im Konkurrenzkampf zum Sieg zu verhelfen, hiervon plötzlich nichts mehr wissen wollen. Wie aber soll es sein, dass sie nach etwas suchen – und in Gestalt des „Gemeinsamen: Kommunikation“ finden -, das sich mit ihrem anfänglichen Verhalten gar nicht verträgt? In dieser Situation findet Habermas zu einer bemerkenswerten Argumentation:

„Die in der Tradition von Hegel, Humboldt und G.H. Mead stehenden Theorien haben diese Spur aufgenommen und gezeigt, daß kommunikative Handlungen mit reziproken Unterstellungen und kommunikative Lebensformen mit reziproken Anerkennungsbeziehungen verwoben sind und insofern einen normativen Gehalt haben. Aus diesen Analysen geht hervor, daß die Moral aus der Form und der Perspektivenstruktur der unversehrten intersubjektiven Vergesellschaftung einen genuinen, vom individuellen Guten unabhängigen Sinn bezieht.“ (S.57)

Das hört sich inhaltsreich an, besagt aber nur: Ergibt sich aus meinen Handlungen, dass ich jene von Mitmenschen beeinflusse, so muss ich beachten, wie diese meine Beeinflussung ihrer Bemühungen aufnehmen. Da zugleich umgekehrt gilt, dass ich meinerseits die Bemühungen meiner Mitmenschen beurteile, soweit sie mich betreffen, ergibt sich insgesamt die von Habermas betonte „reziproke“ Situation. Das ist eine Trivialität, weiter nichts. Aus der Perspektive der philosophischen Überlegungen ist, wovon hiermit die Rede ist, freilich nicht zu missachten, aber gehaltvoll erst aufgreifbar, wenn es aus der Perspektive der personalen Ichs und deren Umgang mit der fundamentalen Aufgabe begriffen wird. Habermas, der hiervon nichts wissen will, greift hingegen unmittelbar auf besagte Inhalte zu, was ihre Thematisierung zur Trivialität werden lässt, unterstellend, dass diese bereits „Anerkennungsstrukturen“ zum Ausdruck bringt und daher einen „normativen Gehalt“ haben, was nicht gezeigt worden ist. Sie verbleiben also in einem Konkurrenzdenken, das von Immer-mehr-wollen und Mehr-sein-wollen-als-die-anderen nicht abgegrenzt sein kann.

Das meint: Von „Anerkennung der Mitmenschen“ darf Habermas nicht reden, da er lediglich dargelegt hat, dass die Menschen darauf achten, wie die Mitmenschen ihr Vorgehen auffassen. Was sich hieraus ergibt, kann von höchster Missachtung der Mitmenschen geprägt sein, wobei die hieraus erwachsenden „normativen“ Inhalte alleine den „Sinn“ haben, was hiermit bezeichnet ist, gesellschaftstragend werden zu lassen. Anders gewendet: Die Menschen verbleiben in ihrem von Konkurrenzdenken geprägtem Welt- und Gesellschaftsbild.

Wenn daher Habermas von Analysen spricht, aus denen „hervorgehen“ soll, was er hier darlegt, so ist das mehr trickreich als gehaltvoll. Natürlich kann es „Analysen“ geben, die Habermas’ Argumentation untermauern, aber das ist der Fall, da auch die reduktionistische Lösung der fundamentalen Aufgabe zu einer in sich stimmigen Lösung findet. Wenn Habermas zudem Hegel in einem Atemzug mit Mead anführt, so muss das doch erstaunen, da Hegels Dialektik genau nicht zu jenem Ergebnis führt, das Habermas wünscht.

Hierbei ist nicht uninteressant, dass in der weiteren Argumentation Habermas’ Spuren Hegelscher Dialektik aufzutreten scheinen:

„Aus der Tatsache, daß Personen einzig auf dem Wege der Vergesellschaftung individuiert werden, ergibt sich, daß die moralische Rücksichtnahme ebenso dem unvertretbar Einzelnen wie dem Angehörigen gilt, also Gerechtigkeit mit Solidarität verbindet." (S.57)

Hier wird tatsächlich aufgegriffen, was in den philosophischen Überlegungen – im Anschluss an Hegel – ausgesagt worden ist, den Umstand bezeichnend, dass ein personales Ich zugleich Individuum und Individuation von Wir ist. In den Überlegungen wird diese Aussage aber konkret auf die personalen Ichs bezogen und kann sich nur auf diese beziehen. In Rücksicht auf die weltlichen Ichs ergibt diese Aussage *keinen* Sinn. Daher ist es falsch, festzuhalten, dass ein Ich „einzig durch die Vergesellschaftung individuiert" wird. Zutreffend ist, dass der Mensch uranfänglich Individuation von Wir ist, worin konkret die Bedingung dafür liegt, den Menschen als potenziell um das Wir bemüht verstehen zu können. Hierin liegt ja, dass der Mensch über jene moralischen Normen verfügt, die ihn die Gleichwürdigkeit aller Menschen thematisieren lasen, wiewohl freilich in dem Sinne, dass er sich hierfür gemäß der Lösung der fundamentalen Aufgabe *entscheiden* soll (vs. Habermas' „Erinnerungskultur"; siehe oben).

All das blendet Habermas aus, verhält sich zugleich aber so, als würde er nur jenes hieran ausblenden, das den wahren Kern dieser Argumentation überlagert und nicht zur Geltung kommen lässt (das entspricht Habermas' Umgang mit der Philosophie Kants; siehe II.). Tatsächlich wird hiermit nur der reduktionistische Kern von Habermas' Vorstellung maskiert, dessen Problembeladenheit auch folgende Aussage zum Ausdruck bringt:

„Die Gleichbehandlung ist eine von Ungleichen, die sich ihrer Zusammengehörigkeit gleichwohl bewußt sind. Der Aspekt, daß Personen als solche mit allen übrigen Personen gleich sind, darf nicht auf Kosten des anderen Aspekts, daß sie als Individuen von allen anderen zugleich absolut verschieden sind, zur Geltung gebracht werden. Der reziprok gleichmäßige Respekt für jeden, den der differenzempfindliche Universalismus verlangt, ist von der Art einer nicht-nivellierenden und nicht beschlagnahmenden Einbeziehung des Anderen in seiner Andersheit." (S.57f.)

Habermas nimmt hier also in Anspruch, begründet von „Respekt", also einer von Respekt geprägten „Zusammengehörigkeit", sprechen zu können, eine „nicht beschlagnahmende Einbeziehung des Anderen" ergebend. Das trifft nicht zu: Tatsächlich hat Habermas immer noch nur jene im Konkurrenzdenken gemäß Mehr-sein-wollen-als-die-anderen verhafteten Individuen, deren „Einbeziehung des Anderen" nur darauf abzielt, deren Vorgehen als Konkurrenten mit einzukalkulieren. Anders gewendet: Habermas hält nicht Respekt in den Händen, er hält Empörungsprophylaxe in den Händen.

Im Lichte hiervon erweist sich auch seine Ausführung bemerkenswert, wonach die Beachtung der Gleichheit der Personen „nicht auf Kosten" davon gehen darf, die Menschen in ihrer Individualität verstehen zu können. Das Problem hiermit ergibt sich daraus, dass Habermas nur dem Schein nach Individuation von Wir und daher Bemüht-sein-um-Wir aussagen kann, sodass sich sein Appell, die Individualität der einzelnen Menschen nicht übersehen zu dürfen, von dem entsprechenden Appell des liberalen Denkens, des liberalen Politik- und Demokratieverständnisses nicht substanziell unterscheiden kann. Tatsächlich erhebt er aber den Anspruch, genau das erzielen zu können.

Habermas maskiert dieses Problem, indem er seine Vorstellungen explizit auf moderne, pluralistische Gesellschaften bezieht, den Eindruck erweckend, dass er einer tatsächlichen Fundierung seiner Ausführungen enthoben ist, da er lediglich zeigen muss, was sich daraus ergibt, dass der religiöse, metaphysische Rückhalt vorangegangener Gesellschaftsformen verloren gegangen ist. Daher stellt er die Frage:

„Aber wie ist der Übergang zu einer posttraditionalen Moral überhaupt zu rechtfertigen?“ (S.58)

Diese Frage umfasst nicht, wie bereits angemerkt worden ist, ob das Auftreten der posttraditionalen Moral bzw. Gesellschaft rechtfertigbar ist, also als Ausdruck der Wahl der reduktionistischen Lösung der fundamentalen Aufgabe zu verstehen ist! Im Lichte hiervon bringt Habermas folgenden Umstand in Erinnerung:

„In den pragmatischen Voraussetzungen von rationalen Diskursen oder Beratungen ist nämlich der normative Gehalt der im kommunikativen Handeln vorgenommenen Unterstellungen verallgemeinert, abstrahiert und entschränkt, d. h. auf eine inklusive Gemeinschaft ausgedehnt, die im Prinzip kein sprach- und handlungsfähiges Subjekt, sofern es relevante Beiträge liefern könnte, ausschließt.“ (S.58)

Hierin sieht Habermas jenen „Ausweg“ (S.58), der eine Gesellschaft, die sich des religiösen, metaphysischen (scheinbaren) Rückhalts entledigt hat, nicht ohne moralische Normen sein lässt. Die Pointe hiervon liegt darin, dass sich die Menschen nun, da sie sich besagten (scheinbaren) Rückhalts entledigt haben, selbigen nun „aus sich selbst schöpfen müssen“ (S.58) – und können. Das ist aber nur insoweit logisch, als, hat man sich des „transzendenten Guten“ entledigt und fortgesetzt von dem Guten die Rede sein soll, dieses nur „immanent“ gegeben sein kann. Sehr genau ist hieran zu beachten, dass diese Logik den zuvor angemerkten Umstand, ob die Ausrichtung auf die Immanenz – also die alleinige Beachtung der weltlichen Ebene! – rechtfertigbar ist, unbeachtet lässt.

Auf die Thematisierung hiervon legt es Habermas nicht nur nicht an, er verwischt sogleich die Spuren, die sie in das

Zentrum des Interesses gelangen lassen könnten. Der folgende Satz Habermas' belegt das eindrucksvoll:

> „Das fehlende «transzendente Gute» kann nur noch «immanent», aufgrund einer der Beratungspraxis innewohnenden Beschaffenheit kompensiert werden." (S.59)

Sogleich wird sich also auf die Beratungssituation bezogen, ohne diesen Schritt gerechtfertigt zu haben. Zwar hat Habermas die gesamte hier interessierende Argumentation damit begonnen, dass die Menschen – in „idealtypischer Stilisierung" – um Konfliktbeilegung bemüht sind, hat sodann davon gesprochen, dass sich die Menschen ihrer Zusammengehörigkeit bewusst sind und daher respektvoll miteinander umgehen wollen, aber all das hat sich als Maske erwiesen, da, was Habermas tatsächlich aussagt, über ein Konkurrenzdenken liberalen Zuschnitts nicht hinausfindet. Eben diese Maske, die sich fortgesetzt deus ex machina-Konstruktionen bedient, kommt nun wieder zu Ehren, konkret in Form des Begriffs „Beratungssituation". Die Menschen, von denen Habermas berichtet, befinden sich nicht in einer Beratungssituation, wenn mit diesem Begriff gemeint sein soll, dass „beraten" wird, was das „immanente" Gute sein soll. Wie sollen sich Menschen hierüber beraten können, wenn zugleich dahingehend von der Beachtung ihrer Individualität die Rede ist, dass die Beachtung von Bemüht-sein-um-Wir ausgehöhlt ist? Worüber sich die Menschen bei Habermas beraten, das muss fortgesetzt von dem Konkurrenzdenken bestimmt sein, das sie anfänglich in Rücksicht auf ihre ethischen Vorstellungen gezeigt haben. Im Anschluss an diesen Anfang hat Habermas zu weiter nichts gefunden als der Gemeinsamkeit „Kommunikation". Das ist keine Gemeinsamkeit, die Inhalte zum moralisch Guten transportiert.

Dass sich Habermas fortgesetzt besagter Maske bedient, erhellt auch seine folgende Ausführung:

„Wenn die Beratungspraxis selbst als einzige mögliche Ressource für einen Gesichtspunkt der unparteilichen Beurteilung moralischer Fragen in Betracht kommt, muß die Bezugnahme auf moralische Inhalte durch die selbstreferentielle Bezugnahme auf die Form dieser Praxis ersetzt werden. Genau dieses Verständnis der Situation bringt «D» auf den Begriff: nur die Normen dürfen Gültigkeit beanspruchen, die in praktischen Diskursen die Zustimmung aller Betroffenen finden könnten. Dabei bedeutet die «Zustimmung», die unter Diskursbedingungen herbeigeführt wird, ein durch epistemische Gründe motiviertes Einverständnis; sie darf nicht als eine aus der egozentrischen Sicht eines jeden rational motivierte Vereinbarung verstanden werden.“ (S.59)

Hiermit wird man über das Wesen der „Beratungspraxis“ zunächst dahingehend informiert, dass die Bezugnahme auf moralische Inhalte zu ersetzen ist durch eine solche auf „die Form dieser Praxis“. Damit steht zwar sogleich wieder der Verdacht im Raum, dass Habermas eine lediglich technisch konzipierte Lösung bietet, das Fehlen von Inhalten zum moralisch Guten bagatellisierend. Aber hiervon lässt sich Habermas nicht beirren. Er ist der Überzeugung, tatsächlich von den Menschen zu sprechen. In diesem Sinne bietet er an, dass „in praktischen Diskursen die Zustimmung aller Betroffenen“ aufzufinden ist und aufgefunden werden kann. Seine Konkretisierung von „Zustimmung“ ist insbesondere beachtenswert: Sie soll nicht das Ergebnis „egozentrisch“ motivierter „rationaler Vereinbarungen“ sein, sondern ein „Einverständnis“ bedeuten, zu dem „durch epistemische Gründe“ „von allen Betroffenen“ gefunden worden ist.

Hiermit tritt Habermas’ Argumentation auf der Stelle. Worin nämlich soll der Unterschied liegen zwischen „rationale Vereinbarung“ und „Einverständnis durch epistemische Gründe“? Diese Frage ist explizit im

Lichte davon aufzugreifen, dass Habermas lediglich die weltliche Ebene und deren Betrachtung anerkennt! Seine Unterscheidung muss daher herbeiargumentiert sein, wie zuvor schon (u. a.) seine Verwendung von „Beratungssituation". Anstatt die Erklärung voranzutreiben, wird also die Maskierung ausgebaut – also „auf der Stelle getreten".

Hierher gehört auch, dass Habermas nirgendwo aus seinem Bild vom Menschen als Konkurrenzwesen herausgefunden hat. Was er mit dem Anspruch angeführt hat, aus diesem Bild herauszufinden, hat sich als nicht tragfähig erwiesen. Das gilt ebenso für das nun angetroffene „alle Betroffenen einigen sich". Aus der Perspektive der philosophischen Überlegungen ist unmittelbar einsichtig, dass sich „alle Betroffenen" auch auf die reduktionistische Lösung der fundamentalen Aufgabe einigen können, was bedeutet, dass die Thematisierung von Gemeinschaft ausgeblendet wird, also das Bemüht-sein-um-Wir. Das geschieht aber nicht, indem eine offen zur Schau getragene Egozentrik die Herrschaft übernimmt, sondern „rationalen, epistemischen Gründen" gefolgt wird, konkret jenen der Marktgesellschaft. Dass Habermas deren Bedeutung ausblendet, bedeutet nicht schon, dass sie nicht vorliegt.

Aber diese Thematik gibt es für Habermas nicht; es kann sie für ihn auch nicht geben, da er alle seine Überlegungen auf der völlig unkritischen Anerkennung der Zurückweisung von Metaphysik, Idealismus und Religion aufbaut. Aus seiner Perspektive findet man zum zutreffenden Verständnis, wenn deren Inhalte eliminiert werden, da man hierdurch nicht vor dem Nichts stehen kann, sondern jenes rein in Händen hält, was von diesen Inhalten überwuchert worden ist. Zugleich lehnt Habermas ab, die metaphysischen usw. Inhalte durch marktwirtschaftliche Inhalte zu ersetzen, da hiermit das Problem nur verschoben wäre.

Wie sich gezeigt hat, bedeutet das eine Einengung des Blickes auf ein rein formales, technisches Verständnis, wofür Habermas aber keine Sensibilität entwickelt; im Gegenteil:

„Im Hinblick auf die universelle Verbreitung und Alternativlosigkeit der Argumentationspraxis dürfte es schwierig sein, die Neutralität des Diskursprinzips zu bestreiten." (S.61)

Diese Neutralität ist nicht der entscheidende Punkt bzw. bedeutet der Verweis auf diese, dass wiederum besagte Maske aufgesetzt wird: Natürlich muss, um zur Moral finden zu können, eine Position bezogen werden können, die frei ist von speziellen – weltlichen – Ausrichtungen. Das bedeutet aber gerade n i c h t, dass „Neutralität" irgendwie von Bedeutung sein kann, wenn sich diese aus der Verabschiedung der Thematisierung von Ich (personales Ich) ergibt, was genau geboten wird.

Angesichts hiervon ist zu betrachten, was Habermas' Diskurstheorie – „der Form nach" - konkret anbietet:

„Mit der Argumentationspraxis wird ein kooperativer Wettbewerb um bessere Argumente eingerichtet, wobei die Orientierung am Ziel der Verständigung die Teilnehmer a limine verbindet. Die Vermutung, daß der Wettbewerb zu «rational akzeptablen», eben «überzeugenden» Ergebnissen führen kann, gründet sich auf die Überzeugungskraft der Argumente." (S.61)

Damit ist unmissverständlich ausgesagt, d a s s a u s d e m „k o o p e r a t i v e n W e t t b e w e r b" n i c h t h e r a u s g e f u n d e n w o r d e n i s t. Umso mehr erstaunt, dass dieser Wettbewerb nun positiv konnotiert ist – „kooperativ" -, im Unterschied zum Wettbewerb zwischen den ethischen Ausrichtungen. Der somit überraschend in Anspruch genommene Unterschied zwischen beiden Konkurrenz-Situationen soll sich aus der „Überzeugungskraft" der nun verwendeten Argumente ergeben, denen offenbar attestiert wird, auf „Kooperation" einstimmen zu können. Die Crux hieran: D i e s e

Überzeugungskraft ist nirgendwo begründet worden.

Habermas ist sich zumindest des Umstands bewusst, dass „zur Diskussion gestellt werden kann“, was „als gutes oder schlechtes Argument zählt“ (S.61f.). Andernfalls wäre schlicht und einfach auch nicht einsichtig, worauf sich „Konkurrenz“ beziehen soll. Tatsächlich erfährt man nun, was es konkret sein soll, das „gut“ und „schlecht“ unterscheiden lässt. Wie nicht anders zu erwarten, sieht Habermas die Bedingung der Möglichkeit hierfür in „bestimmten Eigenschaften des Argumentationsprozesses“ (S.62). Die „vier wichtigsten“ Eigenschaften sind:

> „(a) niemand, der einen relevanten Beitrag machen könnte, darf von der Teilnahme ausgeschlossen werden; (b) allen wird die gleiche Chance gegeben, Beiträge zu leisten; (c) die Teilnehmer müssen meinen, was sie sagen; (d) die Kommunikation muß derart von äußeren und inneren Zwängen frei sein, daß die Ja/Nein-Stellungnahmen zu kritisierbaren Geltungsansprüchen allein durch die Überzeugungskraft besserer Gründe motiviert wird.“ (S.62)

Das ist naiv. Natürlich wird man Habermas zustimmen, dass, wovon er spricht, verwirklicht sein sollte. Aber, und daher ist seine Ausführung naiv, nirgendwo erfährt man, wie dieser Zustand verwirklicht werden soll. Lediglich im Lichte der aus der Luft gegriffenen Voraussetzung, dass die Menschen „naturwüchsig“ umeinander bemüht sind, sich in einer Beratungssituation befinden usw. – man weiß nicht, wieso sie zugleich in Rücksicht auf ethische Fragen in Streit miteinander geraten konnten –, kann man derartiges als Fundament vorschlagen.

Das eigentliche Problem hieran zeigt sich konkret in (d): Obschon Habermas’ Ableitung hiermit an ihr Ende gekommen ist, kann sie immer noch nicht angeben, was „bessere Gründe“ sind. Nirgendwo wird erklärt – oder auch nur auf den Versuch einer Erklärung abgezielt -, was es mit der „Überzeugungskraft“ der besseren Argumente auf sich haben soll. Dieser Begriff tritt erneut aus dem Nichts auf (deus ex machina). Unternimmt man den Versuch, ihn aus der vorangegangenen Argumentation Habermas' herzuleiten, so kann man zu folgendem Ergebnis gelangen: Aus der Überzeugung heraus, Moral zu nichts werden lassen zu dürfen, das die rein innerweltliche Betrachtung unterwandert, und der Einsicht, sämtliche kontingente Inhalte von der Moral (soweit hiervon noch geredet werden kann) fernhalten zu müssen, entscheidet sich Habermas für die Verwendung technischer Konstruktionen – „der Form nach“. Diese technische Betrachtung soll aber nicht bedeuten, die Menschen insgesamt rein technisch verstehen zu müssen. Sie soll also nur Werkzeug sein, um jenem zur Anerkennung zu verhelfen, das an und für sich nicht technisch verstanden werden braucht. Dieses „mehr als reine Technik“ manifestiert sich in besagter Überzeugungskraft, die in einem technisch korrekt geführten Diskurs zu ihrem Recht kommt. So - oder so ähnlich - mag sich Habermas die Situation vorstellen. Die Haltlosigkeit dieser Vorstellung wird unmittelbar einsichtig, wenn beachtet wird, was er auf die soeben zitierte Aussage folgen lässt:

„Wenn nun jeder, der sich auf eine Argumentation e i n l ä ß t, mindestens diese pragmatischen Voraussetzungen machen muß, können in praktischen Diskursen, (a) wegen der Öffentlichkeit und Inklusion aller Betroffenen und (b) wegen der kommunikativen Gleichberechtigung der Teilnehmer, nur Gründe zum Zug kommen die die Interessen und Wertorientierungen eines jeden gleichmäßig berücksichtigen; und wegen der Abwesenheit von (c) Täuschung und (d) Zwang können nur Gründe für die Zustimmung zu einer strittigen Norm den Ausschlag geben.“ (S.62; Hervorhebung hinzugefügt)

Wer sich auf diese „Argumentation e i n l ä s s t“! Das ist entscheidend: Habermas lässt vollständig unberücksichtigt, wieso jemand hierzu bereit sein soll; die sich aus der „Schutzbedürftigkeit“ der Menschen ergeben sollende Motivationsquelle hat sich bereits als unzureichend erwiesen. Hierüber hinaus gibt es dieses Problem für Habermas einfach nicht. Konkreter: Wieso sollen sich Menschen, denen zunächst attestiert wird, dass ihnen der Konkurrenzkampf der ethischen Ansichten alleine zu Streitigkeiten Anlass ist, sich auf einen hierzu in Differenz sein sollenden Konkurrenzkampf einlassen, der ihnen verspricht, anscheinend wider ihr Naturell, Streitigkeiten beilegen zu können, obgleich hierzu weiter nichts als technische Regeln geboten werden können? Das ergibt keinen Sinn.

Angesichts hiervon ist die eingangs zu diesem Abschnitt aufgeworfene Frage wieder aufzugreifen, da sie nun beantwortet werden kann. Die Frage lautet: Was kann Habermas den Vertretern des liberalen Denkens anbieten, um ihnen den reduktionistischen Charakter ihrer Position vor Augen führen zu können? Die Antwort ist ernüchternd: Habermas kann nichts anbieten. Im Gegenteil: Das liberale Denken kann Habermas’ Position assimilieren, mit dem Zusatz, dieser Position über die technischen Anregungen hinaus Inhalt zu verleihen. Wieso auch sollte sich das liberale Denken gegen die Idolisierung des Konkurrenzkampfes wenden[14]? Wieso sollte es sich dagegen wenden, dass sich alle Gesellschaftsteilnehmer im Sinne Habermas’ hieran

---

[14] An dieser Stelle ist daran zu erinnern, dass die philosophischen Überlegungen ohne das Konkurrenzdenken auskommen: Das Vordringen zur Thematisierung der moralischen Inhalte geschieht aus einer freien, personalen Entscheidung heraus. Soweit sich die personalen Ichs hierüber kommunikativ verständigen, treten sie tatsächlich in die von Habermas verfehlte beratende und unterstützende Diskurssituation ein. Sie unterstützen sich in der Entfaltung dessen, was grundsätzlich thematisiert und anerkannt wird.

gleichermaßen beteiligen? Zudem kann es Habermas daran erinnern, dass er seinerseits davon spricht, dass die Individualität der Menschen über der Beachtung ihrer Gleichheit nicht in Vergessenheit geraten darf.

Zudem wird das liberale Denken darauf insistieren, dass es eine Unterstellung ist, anzunehmen, es würde das Bemüht-sein-um-Wir ignorieren: Das Gegenteil sei der Fall, was sich aber erst zeigt, wenn man beachtet, es nicht bei der Nennung welcher diskurstechnischen Vorgaben auch immer belassen zu dürfen. Zudem und vor allem bedarf es der Beachtung der Marktwirtschaft. Hierin liegt jene inhaltliche Ausrichtung, die bei Habermas schmerzlich vermisst wird. Orientiert man sich an der Marktwirtschaft, so bedarf man auch keiner herbeiargumentierten Begriffe – z. B. Überzeugungskraft – mehr. Die Überzeugungskraft ergibt sich aus der Marktwirtschaft, selbst in ihrer monopolkapitalistischen Ausprägung, die lediglich Sozialromantikern als zwingend gegen die Beachtung der Gleichheit und Gleichwertigkeit der Menschen gerichtet erscheint.

- IV. -

In diesem Abschnitt soll das Fazit aus den Ausführungen in den Abschnitten I. bis III. gezogen werden. Es soll also verdeutlicht werden, dass ein Denken, das sich vornimmt, die liberale Politik bzw. Demokratie und hiermit zusammenhängend die Vorstellung vom Primat der Marktwirtschaft als reduktionistisch zu erweisen, scheitern muss, wenn es zugleich die dialektische Tradition missachtet.

Die Arbeit hieran soll mit der Erinnerung an Habermas' Feststellung begonnen werden, wonach das liberale Denken auf unpolitische Staatsbürger abzielt. Dieser Feststellung ist aus der Perspektive der hier zu führenden Argumentation beizupflichten: Der unpolitische Staatsbürger als Garant für die Realisierung der wohlgeordneten Gesellschaft ist eine reduktionistische Verzerrung. Was wird verzerrt? In Anlehnung an Habermas ist hierauf zu antworten, dass der Dialog reduktionistisch verzerrt wird, in dem sich die Staatsbürger um willen der Etablierung der wohlgeordneten Gesellschaft befinden. Das liberale Denken verseht diesen Dialog als geprägt von der Sprache der Marktwirtschaft, auf die es zu hören gilt bzw. nach der sich zu richten ist. Diese Art von Dialog hat sich als irreführen erwiesen. Sie ist dies lediglich für die Eliten von Klassengesellschaften nicht, aber diese treten in einer wohlgeordneten Gesellschaft nicht auf.

Somit erhebt sich die Frage: Welche Art von Dialog tritt auf, wenn die liberale Verzerrung abgetragen wird? Die Antwort hierauf kann nur lauten: der politische Dialog. Worum handelt es sich hierbei? Einen ersten Hinweis auf die Antwort hierauf ergibt sich aus der Zurückhaltung, den das liberale Denken diesem Dialog gegenüber pflegt. Sie sieht in ihm vor allem etwas, das das Primat der Wirtschaft im Sinne der dieser zugeordneten Omnipotenz unterwandert. Die Bedeutung der Politik wird vor allem darin gesehen, die gesellschaftliche Anerkennung dieses Primats zu fördern („schlanker Staat"). Ist aber das liberale Denken ein reduktionistisch verzerrendes Denken, so muss dieser Umstand gerade hierin zum Ausdruck kommen: Die Menschen werden auf Rädchen des Marktmechanismus reduziert. Die Auflösung de liberalen Reduktionismus muss somit davon getragen sein, diese Vorstellung aufzulösen. Das ist gleichbedeutend damit, dass die Vorstellung vom Primat der Wirtschaft aufgelöst wird.

Für die Vorstellung vom politischen Dialog folgt hieraus: Dieser muss davon geprägt sein, dass die Menschen nicht auf „Rädchen des Marktmechanismus“ reduziert werden dürfen explizit um willen der Erzielung der wohlgeordneten Gesellschaft. Erst indem aufgegriffen wird, dass die Menschen mehr sind als derartige „Rädchen“, kann ihnen entsprochen werden. Was ist es aber, das „Rächen in einem Mechanismus“ auf jeden Fall abgeht: das moralische Bemühen umeinander. „Rächen in einem Mechanismus“ funktionieren einfach, oder sollen funktionieren. Mit Moral hat das nichts zu schaffen und zur wohlgeordneten Gesellschaft führt es auch nicht, wie sich gezeigt hat. Es führt zu einer Klassengesellschaft mit Eliten und Nichteliten.

Angesichts hiervon ist zum politischen Dialog festzuhalten: Er ist jene Dialogebene, in der das Mehr-sein der Menschen als „Rädchen in einem Mechanismus“ zum Ausdruck kommt, in dem Moral Bedeutung erlangt. Somit muss ihm im Umgang der Menschen miteinander das Primat zugeordnet werden. Anders gewendet: Der politische Dialog ist jene Dialogebene, in der um willen der Erzielung der wohlgeordneten Gesellschaft die Regulation des Marktes diskutiert wird. Hieran ist zu beachten: Diese Diskussion darf die differenzielle Eigenständigkeit des Marktes nicht unterwandern, was im Sinne der Anerkennung des im zweiten Kapitel gebrachten Zweieinheitlichkeits-Argumentes zu verstehen ist.

Wird die Bedeutung dieser Anerkennung unterwandert, wird notwendig die differenzielle Eigenständigkeit der weltlichen / gesellschaftlichen Ebene unterwandert und somit nicht zum zutreffenden Menschen- und Gesellschaftsbild gefunden. Selbiges gilt, wenn „differenzielle Eigenständigkeit“ verkürzt wird zu „Eigenständigkeit“. Hiermit wird darauf abgezielt, das Primat der Wirtschaft zuzuordnen, die Politik zu deren Magd herabwürdigend.

Zudem ist zu beachten: Der politische Dialog gehört der gesellschaftlichen Ebene an. Ob er im Sinne der Anerkennung der Personalität der Ichs und von Gemeinschaft gestaltet wird, die moralischen Inhalte zur Regulation des Marktes vergegenwärtigend, oder nicht, ergibt sich aus dem Umgang der personalen Ichs mit der fundamentalen Aufgabe. Aber gemäß der differenziellen Eigenständigkeit der weltlichen / gesellschaftlichen Ebene ist, was hiermit bezeichnet ist, in dieser repräsentiert. Es ist also das Ringen um das Vordringen zur richtigen Lösung in Rücksicht auf das Ich an und für sich und als Individuation von Wir repräsentiert. Dieses trägt sich somit im politischen Diskurs zu, auch in Rücksicht darauf, ob er sich das Primat gegenüber der Wirtschaft zuordnet.

Was folgt hieraus konkret für die Demokratie? Diese Frage soll zunächst in Hinsicht auf das liberale Denken interessieren, von dem sich Habermas nicht hinreichend distanzieren kann. Wie dargelegt, ist das Ideal dieses Denkens eine unpolitische Gesellschaft, die dem Markt uneingeschränkt das Primat zuordnet. Zugleich wird ein „schlanker Staat" eingefordert, dessen Aufgabe primär darin besteht, darauf zu achten, dass diese Situation beibehalten wird, also – kurz gesagt – von Sozialromantikern nicht unterwandert wird.

Dieses liberale Staatsideal ist wohl in keinem demokratischen Land verwirklicht. Es muss sich, um sein Ziel zu erreichen, des politischen Dialogs bedienen, konkret demokratischer Mittel. Es muss sich also dessen bedienen, was es zugleich unterwandern muss, um sein Ziel erreichen zu können. Kurz gesagt: Es muss sich eine demokratische Maske aufsetzen. Das ist offensichtlich möglich: Demokratie kann vom klassengesellschaftlichen, reduktionistischen Denken instrumentalisiert werden.

Ganser gibt in seinem einmal bereits genutzten Buch *Imperium USA* eine anschauliche Darstellung davon, dass die USA gegenwärtig auf dem Wege zur Realisierung des liberalen Ideals weit vorangeschritten sind; die Demokratie ist in einem beklemmenden Ausmaß in eine Oligarchie verwandelt worden. Die Geburtsstunde der hiermit bezeichneten Entwicklung mit der Unterzeichnung des Tax Reform Acts am 22. Oktober 1986 anzugeben, bedeutet zumindest keine unangemessene Vereinfachung. Diese Unterzeichnung ist Ausdruck einer politischen Willensäußerung, aber nicht im Sinne des Primats der Politik, die hiermit gerade unterwandert worden ist. Die Funktion des Primats ist in die Hände der Wirtschaft gelegt worden, konkret in die Hände der Eliten der Wirtschaft.

Was hat es angesichts hiervon mit der republikanischen und der deliberativen Demokratie auf sich, von denen Habermas nebst der liberalen Demokratie spricht? Gemäß den Ausführungen Habermas' ist die republikanische Position sehr wohl um eine politische Gesellschaft bemüht, wobei sie, um ihr Ziel erreichen zu können, zur Ebene, in der die Menschen als Marktteilnehmer agieren, in Differenz tritt. Keine der Angaben Habermas' zu dieser Position legt aber auch nur nahe, dass das republikanische Denken hierbei im Sinne der dialektischen Tradition um die Thematisierung der personalen Ichs bemüht ist. Daher soll sie weiters nicht betrachtet werden, da es genügt, was diese Position anerkennen will, im Lichte der dialektischen Tradition aufgegriffen zu haben.

Somit bleibt Habermas' deliberative Demokratie. Auch diese Vorstellung von Demokratie, ebenso wie die republikanische Vorstellung, basiert auf der Anerkennung des Differenz-Argumentes. Hierbei geht Habermas ausgesprochen konsequent vor: Um zu jener Ebene gelangen zu können, in der die Gleichwertigkeit tatsächlich aller Menschen zum Ausdruck kommt, sieht er von allen Inhalten ab, denen insgesamt kontingente Gültigkeit attestiert wird, womit sie auf der hierzu in Differenz seienden ethischen Ebene zu verorten sind.

Zugleich führt ihn seine Konsequenz aber in eine Sackgasse: Aus dem Bemühen heraus, der aufgeklärten Moderne gerecht zu werden, also nur die weltliche Ebene zu akzeptieren, kann er mit „Mensch“, „Ich“ usw. keine Inhalte mehr verbinden, da ihm alle kontingent gültig sind. Aber Habermas sieht hierin kein Problem, da er, wenn schon keinen Inhalt, so doch die Kommunikation bzw. Diskurs an sich hat, was er meint, als Fundament jener Ebene ansehen zu dürfen, die in Differenz zur ethischen Ebene ist.

Aber das Dilemma, tatsächlich in eine Sackgasse geraten zu sein, zeigt sich sogleich: Mag auch Kommunikation bzw. Diskurs alle Menschen umgreifen, und wer will hieran zweifeln, was soll hiermit gewonnen sein, wenn das Fundament hiermit noch bar jeglichen Inhalts ist? Aber Habermas weiß sich zu helfen: Diese Inhalte sollen sich z. B. aus der Schutzbedürftigkeit ergeben, die gleichfalls alle Menschen auszeichnet. Aber, so hat sich gezeigt, derartige Versuche helfen nicht weiter. Sie können nicht weiterhelfen, da Habermas nicht nur konsequent darum bemüht ist, keine kontingenten Inhalte in besagtes Fundament einfließen zu lassen, sondern auch darum, im Sinne der aufgeklärten Moderne nur den innerweltlichen Blick anzuerkennen. Gerade hierin wurzelt aber das Auftreten der Sackgasse.

Tatsächlich besitzt Habermas' Vorstellung von der deliberativen Demokratie aus der Perspektive der dialektischen Tradition zunächst Charme. Der Grund hierfür ist, dass auch diese Tradition (in ihrer entfalteten Form) auf Kommunikation abzielt, konkret in Gestalt davon, den Menschen als (um sich bemühtes) Hinterfragen zu verstehen, sowie als Individuation von Wir, worin Kommunikation enthalten ist. Aber dieser Charme verflüchtigt sich alsbald, zumal zur Kenntnis zu nehmen ist, dass Habermas nur an die Kommunikation auf der Ebene der weltlichen Ichs denkt. Tatsächlich entscheidend ist die Kommunikation auf der Ebene der personalen Ichs, also die Verwendung der thematisierten Begriffe des unmittelbaren Zugangs zum Sein. Hierbei handelt es sich um jene Begriffe des Fundaments des Hinterfragens in Differenz zur gesellschaftlichen, ethischen Ebene, um deren Formulierung Habermas vergeblich bemüht ist.

So sehr Habermas also auch in Beziehung auf seine Konsequenz beizupflichten ist, das in Differenz zur ethischen Ebene seiende Fundament von kontingenten Inhalten frei zu halten, so sehr ist seine Konsequenz zurückzuweisen, hierbei unter alleiniger Anerkennung des innerweltlichen Blicks vorzugehen. Das gilt auch, da Habermas dieserart sein eigenes Ziel vollständig aus den Augen verliert – verlieren muss -, das liberale Denken, die liberale Demokratie als reduktionistisches Denken aufweisen und zurückweisen zu können. Seine deliberative Demokratie ist keine substanzielle Alternative zur liberalen Demokratie; sie bringt an dieser lediglich kosmetische Änderungen an, was keinesfalls ausreicht.

Anders gewendet: Die deliberative Demokratie ist nicht in der Lage, die liberale Vorstellung vom Primat der Wirtschaft zu brechen und eine dementsprechend politische Gesellschaft zu begründen. Seine Vorstellung von Differenz reicht hierzu nicht aus. Sie kann hierfür nicht ausreichend sein, da sie nicht beachten lässt, die Demokratie als zentrales Werkzeug des politischen Dialogs aufzugreifen, wie er der gesellschaftlichen Ebene zuzuordnen ist. Somit wird missachtet, dass der politische Dialog aus dem personalen Umgang der Ichs (Menschen) mit der fundamentalen Aufgabe zu verstehen ist; dass also die wohlgeordnete Gesellschaft nur erzielt werden kann, wenn die hiermit bezeichneten moralischen Inhalte – mit denen Habermas so große Probleme hat - tatsächlich beachtet werden.

Die Quintessenz hiervon ist, dass Habermas nicht nur Probleme mit der hinreichenden Abgrenzung vom liberalen Denken hat, er kann auch die Demokratie nicht daraus herausführen, im Namen eines klassengesellschaftlichen Denkens instrumentalisiert zu werden. Das gilt, wie zu zeigen versucht worden ist, für jedes Denken, das sich gegenüber der dialektischen Argumentation verschließt.

4 Der geschichtliche Ursprung des Dilemmas des Sozialismus und das Abgleiten in die Sozialdemokratie

4.1 Bemerkungen zu Hegels Dialektik

Wieso die Beschäftigung mit Hegel? Zunächst kann hierauf geantwortet werden, dass sie wesentlichen Vertretern der Anfänge des Sozialismus Thema gewesen ist: Engels und Marx haben ihre Position nicht zuletzt in Auseinandersetzung mit Hegels Dialektik entwickelt, von der sie freilich meinten, sie erst vom Kopf auf die Füße stellen zu müssen. Bernstein wiederum sah das Scheitern Engels' und Marxens in der fehlenden völligen Distanzierung beider von Hegel begründet. Was aber ist es, was Engels und Marx meinten, Hegels Philosophie entnehmen zu müssen, und von dem Bernstein meinte, sie hätten sich hierauf, anstatt es auf die Füße zu stellen, erst gar nicht einlassen sollen? Im Zentrum hiervon steht die Hegelsche Überlegung, wonach die weltliche Ebene in Differenz zum absoluten Geist an und für sich ist. Dieser Differenz gemäß ist also die Welt nicht Anderes als der absolute Geist, aber eben auch nicht dieser an und für sich. Freilich dachten Engels und Marx keinen Moment daran, Hegels Vorstellung vom absoluten Geist zu übernehmen. Seine Vorstellung von Differenz und – hiermit unmittelbar zusammenhängend – Dialektik meinten sie aber, aus Hegels Philosophie herauspräparieren und (auf ihre Weise) verwenden zu müssen.

Worum handelt es sich hierbei konkret? Die Antwort hierauf liegt darin, dass sich gemäß Hegels Dialektik zur wohlgeordneten Gesellschaft nicht aus der Betrachtung der weltlichen Gesellschaft finden lässt, sondern alleine aus der Betrachtung dessen, das hierzu in Differenz ist. Engels und Marx haben diesen Satz dahingehend aufgenommen – und ihrer Meinung nach „auf die Füße" gestellt -, dass zu jenem vorzudringen ist, das in Differenz zur gegenwärtigen kapitalistischen Gesellschaft ist. „Gegenwärtig" ist hierbei von ausschlaggebender Bedeutung: Gemäß ihrem Materialismus haben Marx und Engels den Kapitalismus als rein geschichtliches – zeitliches – Phänomen begriffen, dem vorübergehend sogar Bedeutung zugekommen ist. Zu dem nun aber - „gegenwärtig" - in Differenz zu treten ist. Dieses In-Differenz-treten wird somit ebenfalls rein zeitlich verstanden: innerhalb der zeitlichen Ebene wird in Differenz getreten. Das hat mit Hegels Dialektik insofern nichts zu tun, als diese nicht zulässt, aus der Betrachtung der weltlichen Ebene heraus eingesetzt werden zu können. Das entspricht der Zurückweisung davon, alleine den innerweltlichen Blick anerkennen zu dürfen, was im vorigen Kapitel dargelegt worden ist. Insofern bleibt an Übereinstimmung zwischen Hegel einerseits und Marx und Engels andererseits nur das Differenz-Argument.

Trifft nun Hegels Position zu, so verwenden Marx und Engels dieses Argument ohne der nötigen Rechtfertigung, was es zwangsläufig dubios erscheinen lassen kann. Das muss nicht bedeuten, dass unumgänglich daran Kritik zu üben ist, dass zum Kapitalismus in Differenz zu treten ist, wohl aber daran, zugleich zu jenem in Differenz treten zu müssen, worauf dieser aufbaut: der Marktwirtschaft. Dieser kann sehr wohl zukommen, übernommen werden zu müssen, auch wenn zum Kapitalismus in Differenz getreten worden ist. Das setzt freilich voraus, dass die kapitalistische Gesellschaft flexibel genug ist, um den Wandel in eine Gesellschaft zuzulassen, in der die Marktwirtschaft im Geiste der wohlgeordneten Gesellschaft betrieben werden kann. In letzter Konsequenz erübrigt diese Flexibilitäts-Überlegung, überhaupt von Differenz sprechen zu müssen. Eduard

Bernstein hat diese Überlegungen angestellt. Seiner Meinung ist die kapitalistische, liberale Gesellschaftsordnung flexibel genug, um in die wohlgeordnete Gesellschaft hinüberwachsen zu können. Die Vorstellung von der Differenz ist also ersetzt worden von der Vorstellung vom Hinüberwachsen.

Wie stellt sich dieses Ringen um die Bedeutung der Dialektik aus der Perspektive Hegels dar? Im Rahmen des vorliegenden Buches kann Hegels Philosophie nur skizziert werden, da eine umfassendere Darstellung aus Raumgründen schnell zum Fremdkörper innerhalb des Buches würde.

Der Zugang zu Hegels Philosophie soll anhand einer Stellungnahme Hegels zur Philosophie Kants gewonnen werden, die das Problem, dem sich Hegel gegenüber stehend versteht, verdeutlicht. Sie ist dem Werk *Vorlesungen über die Ästhetik*[15] entnommen:

„Überhaupt machte Kant, für die Intelligenz wie für den Willen, die sich auf sich beziehende Vernünftigkeit, die Freiheit, das sich in sich unendlich findende und wissende Selbstbewußtsein zur Grundlage; und diese Erkenntnis der Absolutheit in sich selbst, welche den Wendepunkt der Philosophie in der neueren Zeit herbeigeführt hat, dieser absolute Ausgangspunkt, mag man auch die Kantische Philosophie für ungenügend erklären, ist anzuerkennen und an ihr nicht zu widerlegen. Indem aber Kant in den festen Gegensatz von subjektivem Denken und objektiven Gegenständen, von abstrakter Allgemeinheit und sinnlicher Einzelheit des Willens wieder zurückfiel, ward er es vornehmlich, welcher den vorhin berührten Gegensatz der Moralität als das Höchste hervortrieb, da er außerdem die praktische Seite de Geistes über die theoretische hinaushob. Weiter drang Kant freilich noch vorwärts, insofern er die geforderte Einheit in dem wiederfand, was er den intuitiven Verstand nannte; aber auch hier blieb er wieder beim

---

[15] Hegel, G.W.F. 2019[15]: *Vorlesungen über die Ästhetik I* – Frankfurt a.M.

Gegensatz des Subjektiven und der Objektivität stehen, so daß er wohl die abstrakte Auflösung des Gegensatzes von Begriff und Realität, Allgemeinheit und Besonderheit, Verstand und Sinnlichkeit und somit die Idee angibt, aber diese Auflösung und Versöhnung selber wiederum zu einer nur subjektiven macht, nicht zu einer an und für sich wahren und wirklichen." (S.84f.)

Was also lobt Hegel an der Philosophie Kants und was an ihr weist er zurück? Es ist Kants Thematisierung des „sich in sich unendlich findenden und wissenden Selbstbewußtseins" als „absoluter Ausgangspunkt" bzw. der „intuitive Verstand", was Hegel lobt. Aber Kants Hinwendung („Wendepunkt") hierzu bleibt inkonsequent. Ausdruck hiervon ist, so Hegel, dass Kant „fester Gegensätze" bedarf, zwischen „subjektivem Denken und objektiven Gegenständen", „Begriff und Realität" usw. Die Auflösung dieser Gegensätze in der „Idee" geschieht nämlich derart, dass im Subjektiven verblieben wird, Gegensätzlichkeit somit gerade nicht aufgelöst und das „an und für sich wahre und wirkliche" nicht bezeichnet wird; Kants Vorstellungen zum Selbstbewusstsein müssen somit defizitär sein.

Auf welches Problem zielt Hegel hiermit ab? Bei unkritischer Betrachtung steht sich, was in den Gegensätzen jeweils in Beziehung gesetzt wird, tatsächlich äußerlich einander gegenüber; z. B. das subjektive Denken, das gerade nicht die objektiven Gegenstände ist; die Begriffe, die sich zwar auf die Realität beziehen, aber diese nicht an sich sind usw. Ist aber, was in den Gegensätzen zusammengestellt wird, sich tatsächlich rein äußerlich, so fehlt jede Bezogenheit aufeinander, die aber doch durch die Entgegensetzung ausgedrückt sein soll. Ist also mein subjektives Denken den objektiven Gegenständen rein äußerlich, wie soll es zu verstehen sein, dass es sich überhaupt auf diese bezieht bzw. beziehen kann? Kant ist sich dieses Problems natürlich bewusst, aber was er zu seiner Lösung anbietet, die Ideen, das erbringt nicht, was zu einer gehaltvollen Lösung nötig ist. Tatsächlich bietet Kant mit seiner Ideenlehre und allgemeiner mit seiner Lehre von der Vernunft und Urteilskraft etwas auf, das nicht Darstellung des Seins an und für sich sein soll, sondern seine Legitimität daraus erhält, dass es jenes sein soll, das die Aufgabe formal erfüllen lässt, unüberprüfbar, ob die gefundene Lösung tatsächlich aus Sein und seiendes Ich zutrifft oder nicht.

Zur Darstellung hiervon soll zunächst bedacht werden, was es mit Kants *Ding an sich* auf sich hat. Das Denken bezieht seine Inhalte aus der Ebene der Sinneswahrnehmungen, aber dieser kann das Fundament des Denkens n i c h t e n t n o m m e n w e r d e n, da diese Ebene ausschließlich Veränderliches und somit zu Hinterfragendes bietet. Zugleich sieht Kant keine Möglichkeit, der Seins-Ebene, wie sie in den Sinneswahrnehmungen thematisch wird, eine zweite, dieser gleichsam übergeordnete Seins-Ebene beizufügen, die das Fundament bietet. Hier nun entfaltet die bekannte *Kopernikanische Wende* Kants ihre Bedeutung: Der Mensch verfügt von Anbeginn an – a priori! – über jene Inhalte, die dem unmittelbaren Umgang mit den weltlichen Dingen das nötige Fundament sind. Hierher gehören (u. a.) die Ideen. Da diese somit unmöglich etwas sein können, das ebenfalls sinnlich wahrnehmbar ist, lediglich derartiges aber als tatsächlich Seiendes zu verstehen sein soll, muss, wovon nun die Rede ist, einerseits vor allem formal verstanden werden; es ist derart, dass es der Aufgabe nachkommen lässt. Andererseits erkennt Kant, dass er in Verknüpfung hiermit keinesfalls davon reden kann, die weltlichen Dinge ihrem Ansich nach als wahrnehmbar aussagen zu können. Eben dieses Ansich – das Ding an sich – zeigt sich in den Sinneswahrnehmungen gerade nicht, und braucht sich auch nicht zu zeigen, aufgrund der diesen Wahrnehmungen beigestellten Ideen, Vernunft und Urteilskraft.

Hegels Reaktion hierauf: Somit ist bei Kant das Sein gar nicht zum Ausdruck gebracht. Woher soll ich dann aber wissen, dass, was Kant insgesamt bietet, eine Darstellung dessen ist, was ist? Das ist nicht möglich. Konkret schreibt Hegel, wie zitiert: „[…] aber diese Auflösung und Versöhnung selber wiederum zu einer nur subjektiven macht, nicht zu einer an und für sich wahren und wirklichen."

Hierzu muss also erst gefunden werden. Kant weist sehr wohl, so Hegel, den Weg hierzu, zumindest insofern er auf das Selbstbewusstsein abzielt. Dessen Heranziehung muss aber so gestaltet sein, über Kant hinaus, dass es zu einer *Versöhnung* der Gegensätze wird, also ohne in pragmatisch plausiblen Annahmen zu versanden. Es gilt nun, das Denken Hegels, wie es über Kant hinausgeht, in ganz groben Strichen zu skizzieren, wobei freilich eine Darstellung seines Systems außer aller Reichweite ist. Begonnen werden soll mit folgendem Satz Hegels in seiner *Wissenschaft der Logik*[16]:

> „Der Satz, daß das Endliche ideell ist, macht den Idealismus aus. Der Idealismus der Philosophie besteht in nichts anderem als darin, das Endliche nicht als ein wahrhaft Seiendes anzuerkennen." (S.172)

Wer mit Hegels Philosophie gar nicht vertraut ist, dem kann dieser Satz durchaus abstoßend erscheinen. Wird hier nicht behauptet, dass das Endliche Nicht-Seiendes ist, also, kurz gesagt, nicht *ist*. Verwundert es daher, wenn der Idealismus ad acta gelegt worden ist? Tatsächlich liegt die Sache aber so, dass diese Interpretation des Zitats gar nichts mit Hegels Denken zu schaffen hat. Die folgenden Ausführungen sollen diesen Umstand näher bringen, da er für die Einsicht in die Bedeutung Hegels unerlässlich ist.

---

[16] Hegel, G.W.F. 2014[10]: *Wissenschaft der Logik I* – Frankfurt a.M.

Hierzu soll der Anfang des Werkes *Logik der Wissenschaft* betrachtet werden, dem alle folgenden Zitate entnommen sind.

„In jener Abhandlung [*Phänomenologie des Geistes*] ist das unmittelbare Bewußtsein auch das in der Wissenschaft Erste und Unmittelbare, somit die Voraussetzung; in der Logik aber ist dasjenige die Voraussetzung, was aus jener Betrachtung sich als das Resultat erwiesen hatte, – die Idee als reines Wissen. Die *Logik ist die reine Wissenschaft*, d.i. das reine Wissen in dem ganzen Umfange seiner Entwicklung. Diese Idee aber hat sich in jenem Resultate dahin bestimmt, die zur Wahrheit gewordene Gewißheit zu sein, die Gewißheit, die nach der einen Seite dem Gegenstande nicht mehr gegenüber ist, sondern ihn innerlich gemacht hat, ihn als sich selbst weiß, - und die auf der anderen Seite das Wissen von sich als von einem, das dem Gegenständlichen gegenüber und nur dessen Vernichtung sei, aufgegeben [hat], dieser Subjektivität entäußert und Einheit mit seiner Entäußerung ist." (S.67f.)

In der Logik ist also die „Idee als reines Wissen" Voraussetzung, somit jenes, das sich als Resultat der Betrachtung des unmittelbaren Bewußtseins ergeben hat. In diesem Resultat erweist sich diese Idee als „zur Wahrheit gewordene Gewißheit". Hieran interessiert an der vorliegenden Stelle nur ein Aspekt, nämlich die V e r s ö h n u n g z w e i e r E n t g e g e n g e s e t z t e r. In der Idee ist ja die Gegenständlichkeit dem Bewußtsein nicht mehr äußerlich, sie ist „innerlich gemacht". Das meint, dass die Gegenständlichkeit als E n t ä u ß e r u n g des Bewußtseins zu verstehen ist. Sehr konkret führt Hegel nun aus, dass das Entäußernde „Einheit mit seiner Entäußerung ist". Nur hierauf soll es hier ankommen: Hegel bietet explizit eine Ausführung an, die aus der Versöhnung der Gegensätze heraus argumentiert. Das ist nicht mehr Kants Apriori in Verknüpfung mit dem Ding an sich.

Zielführend kann Hegels Vorgehensweise aber nur sein, wenn sie nicht selbiges Defizit wie Kants Philosophie aufweist, nämlich ein rein formal befriedigendes Konstrukt anzubieten. Hegel entgeht dieser Gefahr wie folgt:

> „Das reine Wissen, als in diese Einheit zusammengegangen, hat alle Beziehung auf ein Anderes und auf Vermittlung aufgehoben; es ist das Unterschiedslose; dieses Unterschiedslose hört somit selbst auf, Wissen zu sein; es ist nur einfache Unmittelbarkeit, vorhanden. | Die einfache Unmittelbarkeit ist selbst ein Reflexionsausdruck und bezieht sich auf den Unterschied von dem Vermittelten. In ihrem wahren Ausdrucke ist daher diese einfache Unmittelbarkeit das reine Sein." (S.68)

Das reine Wissen ist also einfache Unmittelbarkeit und als solche vorhanden. In diesem „vorhanden" kündigt sich bereits die Thematisierung von Sein an. Die Darstellung hiervon hebt damit an, auch Unmittelbarkeit als Ausdruck der Reflexion und somit als Begrenztes verstehen zu müssen. Somit kann mit ihrer Thematisierung aus der Betrachtung der Entgegensetzung noch nicht herausgetreten worden sein; es soll aber die Versöhnung der Entgegengesetzten schlechthin thematisiert werden. Angesichts hiervon greift Hegel „Vorhanden" auf, festhaltend, dass der „wahre Ausdruck der Unmittelbarkeit das reine Sein" ist.

Bevor Hegels hieran anschließende Argumentation betrachtet werden soll, gilt es die Frage aufzuwerfen, ob das gebrachte Zitat eine Abstraktion enthält, was regelmäßig unterstellt wird (vgl. unten). Eine Abstraktion liegt vor, wenn ich von einem Objekt im Gedanken Eigenschaften abziehe, z. B. da ich sie für zufällige Ausprägungen halte, die mir den Blick auf das Wesen des Objekts trüben. In letzter Konsequenz kann ich von dem Objekt alle an ihm feststellbaren Eigenschaften abziehen (abstrahieren), bis tatsächlich nichts mehr gegeben ist. Hiervon kann bei Hegel aber gerade nicht die Rede sein: Das „Unterschiedslose", von dem er spricht und auf das er in seiner angeblichen Abstraktion getroffen ist, wird explizit als in Differenz zum Wissen ausgewiesen; es ist die Bedingung, um von Wissen sprechen zu können. Indem Hegel hier in aller Konsequenz vorgeht, also auch noch Unmittelbarkeit in seiner Begrenztheit und in Differenz zum Unterschiedslosen fasst, kommt er zum „reinen Sein". Dieses ist zunächst nur insofern gerechtfertigt, als von Vorhandenem ausgegangen worden ist und klargestellt worden ist, dass der Formalismus Kants zu überkommen ist. Auf jeden Fall ist in dem Begriff „reines Sein" alle Begrenzung entgrenzt, als Bedingung dafür, die Quelle alles Begrenzten sein zu können, ohne seinerseits einer Quelle zu bedürfen. Somit steht man am Ende des Hegelschen Arguments gerade nicht mit leeren Händen da, wie im Falle der Abstraktion. – Selbstverständlich erschwert Hegel den Zugang zu seinem Denken dadurch, dass er selbst, wie sich sogleich zeigen wird, „abstraktiv" verwendet. Aber er verwendet „abstraktiv" im Sinne von „absolut", also auf völlig andere Weise.

Angesichts hiervon sei wieder Hegels Argumentationsfaden aufgenommen:

> „So muß der Anfang *absoluter* oder, was hier gleichbedeutend ist abstrakter Anfang sein; er darf so *nichts voraussetzen*, muß durch nichts vermittelt sein noch einen Grund haben; er soll vielmehr selbst Grund der ganzen Wissenschaft sein. Er muß daher schlechthin *ein* Unmittelbares sein oder vielmehr nur *das Unmittelbare* selbst. Wie er nicht gegen Anderes eine Bestimmung haben kann, so kann er auch keine in sich, keinen Inhalt enthalten, denn dergleichen wäre Unterscheidung und Beziehung von Verschiedenem aufeinander, somit eine Vermittlung. Der Anfang ist also das *reine Sein*." (S.68f.)

Der Anfang muss also „schlechthin Unmittelbares sein" und kann daher, so Hegel, nur „das reine Sein" sein. Zunächst ist hieran hervorzuheben: Diese Ausrichtung auf das Sein steht in fundamentalem Gegensatz zu Kant; sie ist notwendig einzufordern, da sich nur dieserart aus der formalen Argumentation Kants herausfinden lässt. Bemerkenswert ist, dass hierbei die Wendung, die Kant herbeigeführt hat, nicht an und für sich aufgegeben werden musste, da das reine Sein aus dem Selbstbewußtsein und der reinen Idee geschöpft worden ist.

Weiters ist folgender Umstand hervorzuheben: Kann sich Hegel mit seinem Zugriff auf Sein gerecht werden? Ist mit diesem das zuvor zitierte „Unterschiedslose" bezeichnet? Müßte *Sein* nicht auch – wie zuvor *Unmittelbarkeit* - als Ausdruck der Reflexion verstanden werden, da es als Begrenztes zu begreifen ist? Kurz gesagt: Ist nicht Sein gegenüber Nicht-Sein begrenzt? Tatsächlich greift Hegel sogar explizit auf Nichts zu, konkret um Sein – reines Sein – verständlich werden zu lassen. Aber, und das ist der alles entscheidende Punkt: Das geschieht unter Aufwendung der Dialektik, der alleine es zukommt, verständlich werden zu lassen, wieso *Unterschiedslosigkeit* nicht nur keine Umschreibung für *Nichts* ist, wie es auf abstraktivem Weg erreicht wird, sondern Sein bezeichnet:

„*Sein; reines Sein*, - ohne alle weitere Bestimmung. In seiner unbestimmten Unmittelbarkeit ist es nur sich selbst gleich und auch nicht ungleich gegen Anderes, hat keine Verschiedenheit innerhalb seiner noch nach außen. [...] Es ist die reine Unbestimmtheit und Leere. – [...] Das Sein, das unbestimmte Unmittelbare ist in der Tat *Nichts* und nicht mehr noch weniger als Nichts." (S.82f.)

„Nichts, das reine Nichts; es ist einfache Gleichheit mit ich selbst, vollkommene Leerheit, Bestimmungs- und Inhaltslosigkeit; Ununterschiedenheit in ihm selbst. [...] Nichts Anschauen oder Denken hat also eine Bedeutung; beide werden unterschieden, so ist (existiert) Nichts in unserem Anschauen oder Denken; oder vielmehr ist es das leere Anschauen und Denken selbst und dasselbe leere Anschauen als das reine Sein. – Nichts ist somit dieselbe Bestimmung oder vielmehr Bestimmungslosigkeit und damit überhaupt dasselbe, was das reine Sein ist." (S.83)

Hier ist also dazu gefunden, dass das reine Sein und das reine Nichts dasselbe sind – und zugleich zu unterscheiden sind; es wird ja von Nichts *und* Sein gesprochen. Es wird also hiervon gesprochen, obschon sich gezeigt hat, dass sie ineinander übergegangen sind. Hieraus ergibt sich:

„Ihre Wahrheit ist also diese *Bewegung* des unmittelbaren Verschwindens des einen in dem anderen: *das Werden*; eine Bewegung, worin beide unterschieden sind, aber durch einen Unterschied, der sich ebenso unmittelbar aufgelöst hat.“ (S.83)

Damit ist, wovon hier die Rede ist, keinesfalls bereits hinreichend zum Ausdruck gebracht. Hegel weist daher darauf hin, dass der Satz „Sein und Nichts ist ein und dasselbe.“ anscheinend primär die Identität beider zum Ausdruck bringt, also den Unterschied bestreitet. Damit aber würde sich dieser Satz selbst auflösen, da er ja bestreitet, was er, indem er Sein und Nichts anführt, aussagt. Angesichts hiervon verweist Hegel auf folgenden Umstand:

„Halten wir dies näher fest, so ist also hier ein Satz gesetzt, der, näher betrachtet, die Bewegung hat, durch sich selbst zu verschwinden. Damit aber geschieht an ihm selbst das, was seinen eigentlichen Inhalt ausmachen soll, nämlich das *Werden*.“ (S.93)

Diese Fokussierung auf das *Werden* ist das „wahre Resultat“ der gebrachten Überlegung. In diesem Resultat tritt der Unterschied freilich noch auf, aber als „gemeinter“:

„Man *meint*, das Sein sei vielmehr das schlechthin Andere, als das Nichts ist, und es ist nichts klarer als ihr absoluter Unterschied, und es scheint nichts leichter, als ihn angeben zu können. Es ist aber ebenso leicht, sich zu überzeugen, daß dies unmöglich, daß er *unsagbar* ist. *Die, welche auf dem Unterschiede von Sein und Nichts beharren wollen, mögen sich auffordern, anzugeben, worin er besteht.*“ (S.95)

Der Unterschied ist also unsagbar, konkret da das unbestimmte Sein und das unbestimmte Nichts ausgesagt wird, nicht aber bestimmtes Sein und bestimmte Nichts. Der Unterschied kann somit nur im Meinen thematisiert werden, besteht also alleine in dem Dritten „Meinen".

„Aber das Meinen ist eine Form des Subjektiven, das nicht in diese Reihe der Darstellung gehört. Das Dritte aber, worin Sein und Nichts ihr Bestehen haben, muß auch hier vorkommen; und es ist auch hier vorgekommen, es ist das *Werden*. In ihm sind sie als Unterschiedene; Werden ist nur, insofern sie unterschieden sind." (S.95)

Das *Dritte*, von dem Hegel hier spricht, ist freilich jenes, das für den absoluten Idealismus bzw. die Dialektik von substanzieller Bedeutung ist, jenes, das Kant zumindest nicht hinreichend zur Darstellung gebracht hat. Zunächst hält Hegel zum Dritten fest:

„Dies Dritte ist ein Anderes als sie; - sie bestehen nur in einem Anderen, dies heißt gleichfalls, sie bestehen nicht für sich. Das Werden ist das Bestehen des Seins sosehr als des Nichtsseins; oder ihr Bestehen ist nur ihr Sein in *Einem*; gerade dies ihr Bestehen ist es, was ihren Unterschied ebensosehr aufhebt." (S.95)

Eine vollständige Durchdringung des interessierenden Inhalts kann hiermit noch nicht gegeben sein, da die Anführung von „Anderes" nicht davon reden lässt, dass die Einheit, in der unbestimmtes Nichts und unbestimmtes Sein zu verstehen sind, bereits uneingeschränkt dargelegt ist. „Anderes" muss also positiv im Lichte dieser Einheit (Eines) dargestellt werden. Hegel stellt dies wie folgt dar:

„Das Werden, Entstehen und Vergehen, ist die Ungetrenntheit des Seins und Nichts; nicht die Einheit, welche vom Sein und Nichts abstrahiert, sondern als Einheit des Seins und Nichts ist es diese bestimmte Einheit oder [die] in welcher sowohl Sein als Nichts *ist*. Aber indem Sein und Nichts jedes ungetrennt von seinem Anderen ist, *ist es nicht*. Sie sind also in dieser Einheit, aber als Verschwindende, nur als Aufgehobene. Sie sinken von ihrer zunächst vorgestellten Selbständigkeit zu Momenten herab, noch unterschiedenen aber zugleich aufgehobenen.“ (S.112)

Das Werden – Entstehen und Vergehen – ist also die Einheit. Entscheidend ist hieran, dass es sich hierbei um keine abstraktiv gewonnene Einheit handelt, sondern jene Einheit, in der Sein *ist* und Nichts *ist*. In der Vereinigung sinken sie, ihre Eigenständigkeit verlierend, zu „Momenten“ herab, sind sie *nicht* für sich. Der Begriff „Momente“ ist hierbei wesentlich. Was besagt er? Sogleich ist offensichtlich, dass Hegel diesen Begriff nicht verwendet haben würde, wenn das Werden die Einheit von zwei trivial gegeneinander abgrenzbaren Einheiten sein soll: Wenn also Sein in Nichts übergeht bzw. vergeht, und Nichts in Sein übergeht bzw. hervorgeht; wenn also dieserart die Bewegung zwischen den beiden Gegensätzen verstanden werden soll. Tatsächlich gilt:

> „Nichts geht in Sein über, aber Sein hebt eben sosehr sich selbst auf und ist vielmehr das Übergehen in Nichts, ist Vergehen. – Sie heben sich nicht gegenseitig, nicht das eine äußerlich das andere auf, sondern jedes hebt sich an sich selbst auf und ist an ihm selbst das Gegenteil seiner.“ (S.112)

Das ist entscheidend: Jedes *Moment* ist das Gegenteil *seiner*. Das heißt, dass das Werden, als das Andere zu Sein und Nichts, zwar an und für sich ist, aber derart, dass es, als Anderes zu Sein und Nichts zugleich diese Momente ist. Als Eines hält sich das Werden auf der Ebene seiner Momente durch, da es diese in seiner *Entfaltung* zeigen. Jeder Moment ist das Ganze als Eines, aber derart, dass er, eben aufgrund von Entfaltung, zugleich sein jeweiliges Gegenteil *in sich* hat: *Die zuvor angemerkte triviale Zweiheit ist überwunden*. Anders formuliert: Das Werden als Anderes ist unmittelbare Einheit, aber da dieses Anderes-Sein nicht abstraktiv zu verstehen ist, ist es nicht reines Anderes-Sein, sondern zugleich in *Einheit* mit besagten

Momenten, zu denen es herabsinkt, in die es sich entäußert. – An dieser Stelle ist einzufügen: Dieses Herabsinken ist von zahlreichen Hegel-Interpreten als Herabwürdigung der von ihnen nicht verstandenen Momente aufgenommen worden und zum Anlass genommen worden, Hegels Philosophie Geringschätzung der materiellen Ebene, der Welt zu unterstellen. Dass hiervon nicht die Rede sein kann, sollte sich aus den gebrachten Ausführungen ergeben haben.

Das Werden ist also in dialektischer Differenz die Mitte zu den dialektischen Extremen „Sein" und „Nichts". Kann hiermit aber die dialektische Mitte schon hinreichend bezeichnet sein? Dem ist nicht so. Wie es bisher bestimmt ist, ist es an und für sich eine Statik, der das Werden – Dynamik – geradezu äußerlich anmutet. Freilich: Die Auflösung hiervon darf keine unendliche, das Fundament auflösende Dynamik provozieren. Daher beginnt Hegel den darauf folgenden Abschnitt *Aufheben des Werdens* mit folgenden Sätzen:

„Das Gleichgewicht, worein sich Entstehen und Vergehen setzen, ist zunächst das Werden selbst. Aber dieses geht ebenso in *ruhige Einheit* zusammen. Sein und Nichts sind in ihm nur als Verschwindende; aber das Werden als solches ist nur durch die Unterschiedenheit derselben. Ihr Verschwinden ist daher das Verschwinden des Werdens oder Verschwinden des Verschwindens selbst. Das Werden ist eine haltungslose Unruhe, die in ein ruhiges Resultat zusammenwirkt." (S.113)

Das Sein und das Nichts sind im Werden als Verschwindende. Verschwinden sie aber, so auch das Werden selbst. In das Nichts können sie nicht verschwinden, da sich dieses auch aufgehoben hat. Somit müssen Sein und Nichts mit dem Verschwinden des Werden doch auf Sein bezogen werden können, wiewohl nicht in der soeben bezeichneten Weise. Das Sein, wie es nun in das Blickfeld geraten ist, kann nicht mehr Moment sein, da es das Sein in seiner

Momenthaftigkeit, also in seiner Verknüpfung mit Nichts und Werden aufnimmt. Aufnehmen bedeutet aber nicht, dass ein Etwas ein anderes Etwas aufnimmt: Beide mal ist hiermit ja vom Sein die Rede. Somit muss das „aufnehmende" Sein (verkürzt formuliert) Sein an und für sich sein, das Fundament seiende Sein. Dieses Sein ist derart, dass es zugleich als Moment seiendes Sein ist, was besagt: Es ist Fundament – Einheit –, insofern es nicht an und für sich Bewegung ist. In diesem Sinne stellt sich jenes Fundament ein, das zuvor gefordert worden ist, in Gestalt von ruhige Einheit.

An dieser Stelle ist explizit zu betonen: Der Gehalt dieser Argumentation ergibt sich aus der Einsicht Hegels in den Umstand, die Vereinigung der Gegensätzlichkeiten auf unvoreingenommene Weise und konsequent, also über Kant hinaus, gestalten zu müssen. Wer dies, aus welchen Gründen auch immer, ausblendet, dem verschließt sich die Bedeutung der Hegelschen Argumentation, der Philosophie, der muss sich mit einem Reduktionismus arrangieren.

Hegel verdeutlicht sein Argument wie folgt:

„Dies könnte auch so ausgedrückt werden: Das Werden ist das Verschwinden von Sein in Nichts und von Nichts in Sein und das Verschwinden von Sein und Nichts überhaupt; aber es beruht zugleich auf dem Unterschiede derselben. Es widerspricht sich also in sich selbst, weil es solches in sich vereint, das sich entgegengesetzt ist; eine solche Vereinigung aber zerstört sich. | Dies Resultat ist das Verschwundensein, aber nicht als *Nichts*; so wäre es nur ein Rückfall in die eine der schon aufgehobenen Bestimmungen, nicht Resultat des Nichts *und des Seins*. Es ist die zur ruhigen Einfachheit gewordene Einheit des Seins und Nichts. Die ruhige Einfachheit aber ist *Sein*, jedoch ebenso nicht mehr für sich, sondern als Bestimmung des Ganzen. | Das Werden so [als]

Übergehen in die Einheit des Seins und Nichts, welche als *seiend* ist der die Gestalt der einseitigen *unmittelbaren* Einheit dieser Moment hat, ist das *Dasein*." (S.113)

Insbesondere der Schluss des Zitates führt das vorangegangene Zitat weiter aus. Das Verschwinden, von dem in diesem die Rede ist, kann nicht nur kein solches in das Nichts sein, es kann auch kein solches in das Sein darstellen, wie es in Komplementarität zu Nichts festzuhalten ist, da in diesem Falle die Einheit in eines ihrer Momente eingehen müsste, was keinen Sinn ergibt, und das, obschon die *ruhige Einheit* Sein bezeichnet.

Hieraus folgt, dass Sein, wie es nun bezeichnet ist, das zuvor bezeichnete Sein nicht an und für sich thematisiert, sondern selbst die Thematisierung von Sein an und für sich ist. Als solches ist es jenes, in was das Werden als seine Einheit eingeht – ohne sich hierin aufzulösen! In diesem Sinne ist es als Moment von Werden da-seiend: Dasein. Das ist explizit im Lichte der vorangegangenen Ausführungen zum Fundament aufzugreifen: Das Sein an und für sich, also im Sinne von ruhige Einheit, ist in Differenz zu diesem seinem An-und-für-sich Werden, das, da es eben nicht mehr Einheit an und für sich ist, in die Momente Nichts und Sein im Sinne von Dasein entfaltet ist.

Weder zwischen dem Sein im Sinne von „ruhige Einheit" und dem Werden tritt somit Äußerlichkeit auf, noch zwischen den Entfaltung der Einheit an sich bedeutenden Momenten von Werden!

Um abrunden zu können, wovon Hegel hier spricht, sei endlich folgendes Zitat gegeben:

„Weil es [das reine Sein] unbestimmt ist, ist es qualitätsloses Sein; aber an sich kommt ihm der Charakter der Unbestimmtheit nur im Gegensatze gegen das Bestimmte oder Qualitative zu. Dem Sein überhaupt tritt aber das bestimmte Sein als solches gegenüber;

damit aber macht seine Unbestimmtheit selbst seine Qualität aus. Es wird sich daher zeigen, daß das erste Sein an sich bestimmtes [ist], und hiermit zweitens, daß es in das Dasein übergeht, Dasein ist; daß aber dieses als endliches Sein sich aufhebt und in die unendliche Beziehung des Seins an sich selbst, drittens in das Fürsichsein übergeht." (S.82)

Zunächst ist davon die Rede, dass das reine Sein „qualitätsloses Sein" ist, wobei die hiermit bezeichnete Unbestimmtheit im „Gegensatz gegen das Bestimmte oder Qualitative" ist. Hiermit ist eindeutig eine Differenz ausgesagt, eben jene Differenz, deren Bedeutung zuvor hervorgehoben worden ist. Dieser Umstand ist genauer zu betrachten, d a e r d e n K e r n d e r D i a l e k t i k b e t r i f f t, d e n K e r n d e r P h i l o s o p h i e. Das Fundament – „ruhige Einheit" - ist derart, dass es in „Differenz" – „Entäußerung" - zu seinem An-und-für-sich entfaltete Einheit ist, das Werden. Diese ist also jenem n i c h t äußerlich!

Dieses Werden ist aber nicht irgendein Werden: Das Sein in Rücksicht auf Werden, also das Dasein, hebt sich als endliches Sein auf, worin zum Ausdruck kommt: Es ist nicht das Fundament. Da es aber auch nicht Anderes als dieses ist, kann sein Verlöschen kein Untergang ins Nichts sein, sondern bedeutet, dass sich hierin die reine Einheit behauptet: Das Sein kommt im Für-sich-Sein gemäß eben diesem Nicht-Anderes-Sein als Einheit zu sich. Wovon hier die Rede ist, das lässt sich auch mit Hegel in die Worte der Negation und Negation der Negation fassen: Jene bedeutet die Aufhebung des Daseins und diese das Auftreten des Für-sich-Seins.

Wer sich nicht lange mit Hegels Philosophie beschäftigen will und ein/e Freund/in kurzer Formeln ist, dem wird sich in dieser Negations-Formel die ganze Welt der Dialektik erschließen, lässt sich doch das hiermit gesagte in die Worte von der These, Anti- und Synthese kleiden. Das vereinfacht die Angelegenheit freilich enorm, hat aber mit der Dialektik und Philosophie Hegels nichts mehr zu tun. Hiermit ist vollständig ausgeblendet, dass Hegel hierzu aufgrund eines umfassenden Problembewusstseins gefunden hat; dass die Dialektik also nicht an jeden beliebigen Anfang angelegt werden kann. Der Dreischritt These, Anti- und Synthese für sich betrachtet, ungeachtet des Kontextes, in dem er bei Hegel auftritt, kann an jeden beliebigen Anfang angelegt werden, eben da er nichts aussagt.

In Rücksicht auf die zu führende sozialistische Reaktion auf Hegel ist hiermit insbesondere folgender Umstand thematisiert: Hegels Zugriff auf die Dialektik – nicht trivial im Sinne einer Methode! – erfolgt nicht zufällig im Rahmen einer idealistischen Philosophie. Sie kann nur in diesem Rahmen gehaltvoll (und notwendig) auftreten, da dieserart jeglicher Versuch abgeschnitten ist, auf materialistische, empiristische, transzendentalphilosophische usw. Weise die Sinneswahrnehmungen als Ausdruck des unmittelbaren Zugangs zum Sein ausgeben zu können.

Tatsächlich erhebt sich aber folgende Frage: Bietet Hegel die idealistische Dialektik in voll entfalteter Gestalt? Diese Frage wird hier nicht beiläufig gestellt. Die Antwort hierauf wird sich als wesentlich dafür erweisen, die substanzielle Bedeutung der Philosophie Hegels für das sozialistische Denken darstellen zu können bzw. zeigen zu können, wieso der Abfall von Hegel zu einem substanziellen Problem für den Sozialismus geworden ist.

Der Beantwortung der aufgeworfenen Frage ist voranzustellen: Zur Beantwortung sind Argumente Hegels zum absoluten Geist und seiner Beziehung zum endlichen Geist (inkl. Mensch) heranzuziehen. Die bisherige Betrachtung der Ableitung Hegels ist aber nur bis zum Für-sich-sein vorgedrungen, reicht also nicht bis zur Thematisierung von *absoluter Geist*. Die gesamte Ableitung Hegels zu geben, die gegebene Lücke also zu schließen, kann aber nicht im Sinne des vorliegenden Buches sein (vgl. oben: Raummangel). Die Konfrontation mit den nun zu betrachtenden Hegelschen Ausführungen geschieht somit unter der Voraussetzung, mit der Dialektik Hegels hinreichend vertraut gemacht zu haben, sodass, was folgt, nachvollzogen werden kann.

Die nun also interessieren sollenden Überlegungen Hegels zum absoluten Geist und seiner Beziehung zum endlichen Geist sind seinen *Vorlesungen zur Ästhetik*[17] entnommen:

„Wenn wir, was die *absolute Idee* in ihrer wahrhaftigen Wirklichkeit sei, kurz bezeichnen wollen, so müssen wir sagen, sie sei *Geist*, und zwar nicht etwa der Geist in seiner endlichen Befangenheit und Beschränktheit, sondern der allgemeine unendliche und *absolute* Geist, der aus sich selber bestimmt, was wahrhaft das Wahre ist.“ (S.128)

In den folgenden Absätzen wird der absolute Geist in seinem Verhältnis zur Natur erörtert. Hierbei wird insbesondere hervorgehoben, dass der Geist der Natur nicht gegenübersteht. Dieses Einander-Gegenüberstehen gilt alleine für den endlichen Geist. In Rücksicht auf den absoluten Geist ist die Natur weder „von gleichem Werte noch als Grenze gegenüber“; sie ist vom absoluten Geist „gesetzt“. Das ist wie folgt zu verstehen:

„Zugleich ist der absolute Geist nur als absolute Tätigkeit und damit als absolute Unterscheidung seiner in sich selbst zu fassen. Dies Andere nun, als das er sich von sich unterscheidet, ist einerseits eben die Natur, und der Geist [ist] die Güte, diesem Anderen seiner selbst die ganze Fülle seines eigenen Wesens zu geben. Die Natur haben wir deshalb selber als die absolute Idee in sich tragend zu begreifen, aber sie ist die Idee in der Form, durch den absoluten Geist als das Andere des Geistes gesetzt zu sein. Wir nennen sie insofern ein Geschaffenes.“ (S.128)

[17] Siehe Fußnote 15

Wovon hier die Rede ist, das ist grundsätzlich bereits aus den vorausgegangenen Ausführ-ungen zu Hegels Philosophie bekannt: Herabsinken, Entäußerung, Entfaltung, dialektische Differenz usw. Gerade deshalb ist „dies Andere", das der Geist als Natur setzt, nicht als etwas in Getrenntheit zu dem absoluten Geist zu verstehen. Die Bewegung „Setzung der Natur" umfasst daher:

„Als Subjektivität nun aber ist der Geist zunächst nur erst an sich die Wahrheit der Natur, indem er seinen wahren Begriff noch nicht für sich selber gemacht hat. Die Natur steht ihm somit nicht als das durch ihn gesetzte Andere, in welchem er zu sich selbst zurückkehrt, gegenüber, sondern als unüberwundenes, beschränkendes Anderssein, auf welches, als auf ein vorgefundenes Objekt, der Geist als das Subjektive in seiner Existenz des Wissens und Wollens bezogen bleibt und nur die andere Seite zur Natur zu bilden vermag." (S.129)

Der Geist muss in dem vorliegenden Kontext also zunächst als Subjektivität verstanden werden, was sogleich signalisiert, dass die interessierende Bewegung, jene also, von der die Setzung der Natur Teil ist, mit dem Heraustreten aus der Subjektivität zu schaffen haben muss. Konkret: Das Setzen der Natur ist Element der Ausbildung des „wahren Begriffs" des Geistes von sich („für sich selber"). Daher auch kann der absolute Geist nicht in der Natur zu sich finden, also zur Ausbildung des „wahren Begriffs": „Er kann nur die andere Seite zur Natur bilden".

Im Lichte hiervon kommt Hegel auf den endlichen Geist zu sprechen:

„In dieser Sphäre fällt die Endlichkeit des theoretischen sowohl als des praktischen Geistes, die Beschränktheit im Erkennen und das bloße Sollen im Realisieren des Guten. Auch hier wie in der Natur ist die Erscheinung ihrem wahrhaften Wesen ungleich, […]" (S.129)

Hierzu gehört, dass in dieser Sphäre die dem „endlichen, zeitlichen, widersprechenden und dadurch vergänglichen [...] Geist“ (S.129) mögliche Befriedigung „beschränkt und verkümmert, relativ und vereinzelt“ ist. Daher ist „der Blick, das Bewußtsein, Wollen und Denken“ über diese Sphäre gerichtet, die wahre Allgemeinheit, Einheit und Befriedigung im „Unendlichen und Wahren“ findend:

„Der Geist erfaßt die Endlichkeit selber als das Negative seiner und erringt sich dadurch seine Unendlichkeit. Diese Wahrheit des endlichen Geistes ist der absolute Geist.“ (S.130)

Das beinhaltet, dass der Geist, indem er die Endlichkeit in sich setzt und wieder aufhebt, sich selbst zum Gegenstand seines Wissens und Wollens macht:

„Das Absolute selber wird *Objekt* des Geistes, indem der Geist auf die Stufe des *Bewußtseins* tritt und sich in sich als *Wissendes* und diesem gegenüber als absoluter *Gegenstand* des Wissens *unterscheidet*.“ (S.130)

Mit der Erringung des Bewußtseins gelangt der Geist also dazu, sich in sich als Wissenden und absoluten Gegenstand des Wissens in-eins zu haben; für das „gegenüber“ in dem Zitat gilt, was oben für die Gegenüberstellbarkeit der Momente „Nichts“ und „Sein“ auszusagen gewesen ist.

Hegel verdeutlicht dies wie folgt:

„Von dem früheren Standpunkt der Endlichkeit des Geistes aus ist der Geist, der von dem Absoluten als *Gegenüberstehendem* unendlichen Objekte weiß, dadurch als das davon unterschiedene *Endliche* bestimmt. In der höheren spekulativen Betrachtung aber ist es der *absolute Geist* selber, der, um für sich das Wissen seiner selbst zu sein, sich *in sich* unterscheidet und dadurch die Endlichkeit des Geistes setzt, innerhalb welcher er sich absoluter Gegenstand des Wissens seiner selber wird. So ist er absoluter Geist in seiner Gemeinde, das als Geist und Wissen seiner wirkliche Absolute.“ (S.130)

Zunächst also weiß der endliche Geist das Absolute als ihm gegenüberstehendes (unendliches) Objekt und vergegenwärtigt hierin seine eigene Endlichkeit. Der endliche Geist ist aber nicht an und für sich, sondern Gesetztes und insofern Element der Aufhebung der Setzung. Anders formuliert: Element davon, dass diese Setzung nicht um willen der Ausbildung der Endlichkeit geschieht, sondern diese Element davon ist, dass in der Aufhebung hiervon der absolute Geist sich seiner bewußt wird. Das besagt keinesfalls, dass der absolute Geist zunächst unvollkommen gewesen wäre, sondern besagt, dass dieses Sich-Bewusst-Werden die Wahrheit des absoluten Geistes ist.

Es ist reine Peinlichkeit, an diese Argumentation Hegels die Fragen anzulegen, wann sich der absolute Geist zur Setzung entschlossen habe, wann sich die Ausbildung des Bewußtseins zugetragen habe usf. Tatsächlich kann man derartige Fragen aber immer wieder in der Literatur finden. Es wird also tatsächlich gefragt, wann in der Zeit sich der absolute Geist zur Setzung entschlossen hat, obschon einsichtig sein müsste, dass mit der Setzung Zeit erst auftritt.

Angesichts hiervon gilt es darzustellen, worauf es hier insbesondere in Rücksicht auf Hegels Ausführungen zum absoluten Geist und dessen Verhältnis zum endlichen Geist ankommen soll. Grundsätzlich ist dieses Verhältnis im Sinne von Differenz, Entäußerung zu verstehen, gemäß der Dialektik Hegels: Der absolute Geist ist „in Einheit mit seiner Entäußerung“ (S.68; siehe oben). Wiederum gemäß seiner Dialektik spricht Hegel zudem davon, dass der absolute Geist in der Entäußerung sein Sich-Vergegenwärtigen erzielt. = Er wird in der Negation der Setzung des endlichen Geistes auf höherem – einsichtig gewordenen – Niveau, sich gewahr, wird sich also dessen gewahr, was er uranfänglich und invariant *ist*. Konkret geschieht dies im Menschen als (einem) endlichen Geist.

Diese Sätze gilt es nun an die Ausführungen im zweiten Kapitel anzulegen. In diesem ist nicht die Rede vom absoluten Geist. Sehr wohl aber ist davon die Rede, dass das Ich – konkret das personale Ich – nur verstanden werden kann, wenn es als das Nicht-an-und-für-sich seiner Daseins-Quelle – *das* Eines – begriffen wird, wenn es also in dialektischer Differenz zu dieser verstanden wird. Anders gewendet: Wenn das *das* Eines als sich Entäußerndes verstanden wird, dahingehend, dass es „in Einheit mit seiner Entäußerung“ ist.

Das bedeutet auf jeden Fall, dass die in dem vorliegenden Buch gebotene Position grundsätzlich als eine solche im Sinne der Philosophie Hegels zu verstehen ist. Zugleich muss sie aber eine Modifikation der Philosophie Hegels beinhalten, die sich zunächst in dem Unterschied zwischen *absoluter Geist* und *das* Eines zeigt. Diesen gilt es zumindest dem Grundsatz nach zu verstehen. Es ist auch nicht schwer, diesen Unterschied zu fassen: Was Hegel in Rücksicht auf Zu-sich-kommen mit dem absoluten Geist verbindet, das wird in der Modifikation mit dem personalen Ich verbunden. Wovon hiermit die Rede ist, das habe Ich habe an anderem Ort als „Fokussierung auf das Ich“ bezeichnet, um die die bisherige dialektische Tradition zu bereichern bzw. zu entfalten ist[18].

Was aber ist es, das insbesondere vom absoluten Geist auf das personale Ich (das Ich an und für sich) übertragen worden ist? Die Beantwortung hiervon soll damit begonnen werden, folgende Frage aufzuwerfen: Was ist die

[18] Vg. z. B. Senz, W. 2012: *Die Bedeutung der Wirtschaft* – Frankfurt a.M. et al.

Quintessenz der Vorstellungen Hegels zum absoluten Geist? Nährungsweise lässt sich diese Frage wie folgt beantworten: Das Im-Vollzug-sein des dialektisch (und somit nicht zeitlich!) verstandenen Aus-sich-Heraustretens (gemäß der dialektischen Differenz!) und in dem hiermit bezeichneten „Mensch" zu sich zurückzufinden: auf „höherem Niveau", womit das Sich-Vergegenwärtigen bezeichnet ist. Ruft man sich die Ausführungen im zweiten Kapitel in Erinnerung, so wird ersichtlich, dass diese eben hiervon in Rücksicht auf das personale Ich berichten. Das Alltagserleben bezeichnet hierbei den zuvor erwähnten Ausgangspunkt. Dieser ist davon geprägt, dass keine Einsicht vorliegt. Aber dieser Ausgangspunkt bezeichnet keine Stasis. Alltagserleben zu sein beinhaltet, im Vollzug des Heraustretens aus diesem zu sein. Dieses Heraustreten umfasst, dass sich das personale Ich als weltliches Ich erfährt, als sein Nicht-an-und-für-sich-sein. Personales Ich und weltliches Ich sind einander aber nicht Gegensätze, die, wie Hegel zeigt (vgl. oben), der Dialektik unangemessen sind. Dass her kein Gegensatz vorliegt, zeigt sich auch daran, dass das weltliche Ich seinerseits im Alltagserleben fundiert ist. Dass das personale Ich in es heraustritt besagt vielmehr: Das weltliche Ich ist jenes, von dem aus im Sinne der fundamentalen Aufgabe das personale Ich zu seinem An-und-für-sich zurückfinden soll, auf „höherem Niveau", da es dieses nun vergegenwärtigt. Somit ist die dialektische Bewegung Hegels gegeben, angelegt auf das personale Ich.

Diese Entfaltung der Philosophie Hegels muss natürlich im Detail zu mannigfachen Nachjustierungen führen, auf die hier aus Raumgründen leider nicht eingegangen werden kann. Zumindest ein Unterschied darf aber zumindest nicht übergangen werden. Die dialektische Bewegung in Rücksicht auf das personale Ich ist substanziell als der Umgang mit einer Aufgabe zu verstehen. An einer Aufgabe muss prinzipiell auch gescheitert werden können. Das personale Ich muss also scheitern können. Es gibt keine teleologisch verstehbare Garantie dafür, dass es erfolgreich ist. Hegels absoluter Geist kann aber nicht scheitern. Das besagt freilich nicht, dass Hegels Philosophie ein triviales teleologisches Element enthält, eben da sich die dialektische Dynamik nicht als in der Zeit zutragend verstehen lässt. Daher ist der Hinweis darauf angebracht, dass in der hier gebrachten Entfaltung der Dialektik Hegels die Da-Seins-Quelle des personalen Ichs, also das *das* Eines, in Differenz zum Scheitern ist, ebenso wie der absolute Geist bei Hegel. – Der hier gebrachte Hinweis auf das Auftreten teleologischer Prinzipien wird sich noch als wichtig erweisen!

Angesichts hiervon erhebt sich die Frage: Was hat die Entfaltung („Fokussierung auf das Ich") von Hegels Philosophie notwendig gemacht? Die Antwort auf diese Frage ergibt sich daraus, dass das Hinterfragen innerhalb der differenziell eigenständigen Ebene „mittelbarer Zugang zum Sein" im unmittelbaren Anschluss an das Wirken Hegels endgültig ein Niveau erreicht hat, das diese Ebene als an und für sich eigenständig missverstehen lässt. Insbesondere entscheidend ist hieran: Zu Erklärung von – salopp formuliert - Blitz und Donner bedurfte es keiner Götter mehr, die Naturkräfte konnten von den Menschen umfangreich zur Befriedigung ihrer Bedürfnisse genutzt werden. „Umfangreich" bedeutet konkret: in industriellem Maßstab. Die naturwissenschaftlichen Errungenschaften sind in diesem Zusammenhang nur von zweitrangiger Bedeutung. Tatsächlich bedeutungsvoll sind die gesellschaftlichen Implikationen der hiermit bezeichneten Dynamik. Die Strahlkraft, die von den neuen technischen Möglichkeiten ausgegangen sind, haben eine Fokussierung auf die weltliche Ebene mit sich gebracht (= der mittelbare Zugang zum Sein als an und für sich eigenständiger Zugang), die in Rücksicht auf die gesellschaftlichen Belange zur Idolisierung des atomistischen Menschenbildes führen musste.

Auch das ist eine Form der Fokussierung auf das Ich! Aber es ist keine Fokussierung auf das personale Ich, das ja ausgeblendet wird, sondern auf das Ich, wie es als Teil der industrialisierten Marktgesellschaft verstanden wird, mit dem Ideal „Unternehmer“. Worauf diese Fokussierung auf das Ich somit abzielt, das ist die Anerkennung von „Mehr-seinwollen“ als dem fundamentalen menschlichen Bedürfnis, abseits der Anerkennung des gemeinschaftlichen Bemühtsein umeinander.

Die Philosophie muss darum bemüht sein, die hiermit bezeichnete Nutzung der neuen technischen, industriellen Möglichkeiten als Irrweg darlegen zu können und den Menschen diesen Umstand vermitteln zu können. Weit enternt davon, diese neuen Möglichkeiten an und für sich schlecht zu reden, muss sie also dazu finden, sie im Sinne der wohlgeordneten Gesellschaft nutzbar werden zu lassen. Hierfür muss sie darlegen können, dass die Interpretation, der mittelbare Zugangs zum Sein ist der unmittelbare Zugang zum Sein bzw. an und für sich eigenständig, falsch ist. Das kann sie aber nur, wenn sie die Fokussierung auf das Ich, wie sie in der Moderne gegeben ist ihrerseits aufgreift. Hegel ist noch nicht vor dieser Aufgabe gestanden, aber im Anschluss an sein Wirken hat sie sich eingestellt. Daher ist seine Philosophie im Sinne der Einbringung der Fokussierung auf das Ich zu entfalten. Es ergibt sich wohl von selbst, dass somit keine Kritik an Hegel vorliegen kann, oder gar die Berichtigung eines Fehler in seiner Philosophie.

4.2 Friedrich Engels und der Wissenschaftliche Sozialismus

Auch wenn es überflüssig sein mag, soll zu Beginn doch belegt werden, dass Engels' Materialismus (im Sinne Marxens) auf der Annahme aufbaut: Alles Wissen kommt aus den Sinneswahrnehmungen, wobei der Praxis, dem praktischen Erfolg, die Rechtfertigung der dieserart gewonnen Einsichten zukommt. In *Die Entwicklung des Sozialismus von der Utopie zur Wissenschaft*[19] präsentiert Engels seine Darstellung hiervon in Auseinandersetzung mit dem Agnostizismus:

„Ebenso gibt unser Agnostiker zu, daß all unser Wissen beruht auf den Mitteilungen, die wir durch unsere Sinne empfangen. Aber setzt er hinzu, woher wissen wir, ob unsere Sinne uns richtige Abbilder der durch sie wahrgenommenen Dinge geben? Und weiters berichtet er uns: Wenn er von Dingen oder ihren Eigenschaften spricht, so meint er in Wirklichkeit nicht diese Dinge und ihre Eigenschaften selbst, von denen er nichts Gewisses wissen kann, sondern nur die Eindrücke, die sie auf seine Sinne gemacht haben.“ (S.401)

Engels' Agnostiker hat also grundsätzlich anerkannt, worauf es Engels primär ankommt, dass nämlich alle Informationen aus den Sinneswahrnehmungen erwachsen. Aber was er anerkennt, demgegenüber hat der Agnostiker Vorbehalte. Vorbehalte, die ihn, wie unschwer erkennbar ist, für Kants Annahme vom Ding an sich empfänglich sein lassen. Engels räumt diese Vorbehalte wie folgt aus dem Weg:

---

[19] Engels, F. 1892/1893: *Die Entwicklung des Sozialismus von der Utopie zur Wissenschaft* – Die Neue Zeit Nr. 1 & 2; zitiert aus: *K. Marx & F. Engels: Ausgewählte Werke* – Moskau 1971; S.395-452; zitiert als: *Entwicklung*

„Das ist allerdings eine Auffassung, der es schwierig scheint, auf dem Wege der bloßen Argumentation beizukommen. Aber ehe die Menschen argumentierten, handelten sie. «Im Anfang war die Tat» [Goethe, *Faust*, 1. Teil (Studierzimmer)] Und menschliche Tat hatte die Schwierigkeit schon gelöst, lange bevor die menschliche Klugtuerei sie erfand [...] In dem Augenblick, wo wir diese Dinge, je nach den Eigenschaften, die wir in ihnen wahrnehmen, zu unserem eignen Gebrauch anenden, in demselben Augenblick unterwerfen wir unsere Sinneswahrnehmungen einer unfehlbaren Probe auf ihre Richtigkeit oder Unrichtigkeit. [...] Erreichen wir aber unsern Zweck, finden wir, daß das Ding unsrer Vorstellung von ihm entspricht, daß es das leistet, wozu wir es anwandten, dann ist dies positiver Beweis dafür, daß innerhalb dieser Grenzen unsere Wahrnehmungen von dem Ding und von seinen Eigenschaften mit der außer uns bestehenden Wirklichkeit stimmen." (S.401f.)

Das ist also das erkenntnistheoretische Problembewusstsein Engels'. Ein eigentümliches Bewusstsein, wenn man beachtet: Das Nachdenken, die „Klugtuerei", „schafft" Probleme, die zuvor schon durch die „menschliche Tat gelöst" worden sind. Die grundsätzliche Unhaltbarkeit hiervon ist bereits dargelegt worden und wird in diesem Abschnitt nochmals zu thematisieren sein. Die gebrachten Zitate sollen nur explizit in Erinnerung rufen, wovon das Denken Enges' – und Marxens – geprägt ist.

Angesichts hiervon kann die eigentliche Auseinandersetzung mit Engels' Position begonnen werden. In *Ludwig Feuerbach und der Ausgang der klassischen deutschen Philosophie*[20] gibt er folgende Skizze der Philosophie Hegels:

---

[20] Engels, F. 1888: *Ludwig Feuerbach und der Ausgang der klassischen deutschen Philosophie* – Die Neue Zeit, Jahrgang 1888; zitiert aus: *K. Marx und F. Engels: Ausgewählte Werke* – Moskau 1971, S. 610-649; zitiert als: *Feuerbach*

„Bei Hegel ist die Dialektik die Selbstentwicklung des Begriffs. Der absolute Begriff ist nicht nur von Ewigkeit her – unbekannt wo? – vorhanden, er ist auch die eigentliche lebende Seele der ganzen bestehenden Welt. Er entwickelt sich zu sich selbst durch alle die Vorstufen, die in der Logik breit abgehandelt sind; dann „entäußert" er sich, indem er sich in die Natur verwandelt, wo er ohne Bewusstsein seiner selbst, verkleidet als Naturnotwendigkeit eine neue Entwicklung durchmacht und zuletzt im Menschen wieder zum Selbstbewusstsein kommt. Bei Hegel ist also die in der Natur und Geschichte zutage tretende dialektische Entwicklung, d.h. der ursächliche Zusammenhang des, durch alle Zickzackbewegungen und momentanen Rückschritte hindurch, sich durchsetzenden Fortschreitens vom Niederen zum Höheren, nur der Abklatsch der von Ewigkeit her, man weiß nicht wo, aber jedenfalls unabhängig von jedem denkenden Menschenhirn vor sich gehenden Selbstbewegung des Begriffs." (S.635f.)

Fasst man diese Ausführungen zusammen, so ergibt sich für Hegels Philosophie: Der absolute Begriff ist von Ewigkeit her, unbekannt wo. Irgendwann hat er sich entäußert, womit er sich in die Natur verwandelt hat. Verkleidet als Naturnotwendigkeit findet sich der Begriff im Menschen wieder, womit sich der absolute Begriff zum Selbstbewußtsein gebracht hat. Die in der Natur und Geschichte sich zutragende dialektische Entwicklung ist nur der Abklatsch dieser, man weiß nicht wo, sich zutragenden Entwicklung. Einsichtig ist nur, dass sie sich unabhängig von den denkenden Menschenhirnen zuträgt.

Das hat mit Hegels Philosophie schlicht und einfach nichts zu tun. In seinen *Vorlesungen über die Ästhetik I* schreibt Hegel: „Freilich ist es in neuerer Zeit keinem Begriff schlechter gegangen als dem Begriffe selber; [...]" (S.127) So gesehen führt Engels fort, was Hegel in diesem Satz kritisiert. Alleine, dass Engels die Frage aufwirft, „wo" sich denn der absolute Begriff von Ewigkeit her befunden haben soll, zeigt, Hegel nicht verstanden zu haben. Schon diese

Frage aufzuwerfen ist, wie bereits ausgeführt, eine Peinlichkeit. Ganz unabhängig davon, ob Engels Hegels Philosophie teilen kann oder nicht, dass diese Frage Hegels Philosophie nicht gerecht wird, hätte ihm, bei genügender Beschäftigung mit ihr, auffallen müssen. Zudem ist Engels' Annahme falsch, Hegel habe von einer „Verwandlung" des Begriffs in die Natur gesprochen. Zudem irritiert, dass Engels den mit Verwandlung zusammenhängenden Begriff „Entäußerung" nicht erklärt, da er seiner Leserschaft zweifellos nicht vertraut gewesen ist. Warum diese Unterlassung? Aus der vorangegangenen Darstellung der Philosophie Hegels erhellt, dass Engels nicht in der Lage ist, die Aussagen Hegels zur Natur in ihrem Verhältnis zum absoluten Begriff bzw. absoluten Geist als getragen von der dialektischen Differenz – „Entäußerung" - zu verstehen, was ihn dazu verleitet hat, von „Verwandlung" sprechen zu dürfen. Hieraus ergibt sich: Engels blendet den eigentlich dialektischen Gehalt in Hegels Argumentation aus, bricht diese also auf eine trivial naturalistische Argumentation – „Verwandlung" - herunter, und offeriert seiner Leserschaft dass diese keinen Sinn ergibt, denn „wo" soll der Begriff gewesen sein. In einer trivial naturalistischen Argumentation ergibt diese Frage tatsächlich Sinn. Aber diese Argumentation insgesamt ergibt keinen Sinn. Damit ist einsichtig, wieso Engels „Entäußerung" nicht erklärt.

Engels' Ausblendung der dialektischen Differenz führt zudem zu folgendem Missverständnis: Er registriert, dass die Natur bei Hegel nicht das Sein an und für sich sein kann (und schon gar nicht der absolute Geist an und für sich), und schließt hieraus sofort, dass sie als „Abklatsch" von dem gedacht sein muss, was sie nicht an und für sich ist. Es ist nicht nachvollziehbar, wie Engels der Meinung sein konnte, Hegel habe den absoluten Geist aus einem *Abklatsch* seiner zu sich finden lassen.

Liest man die Ausführungen Engels', so stellt man sich unweigerlich die Frage: Wie konnte Hegel zu seiner „abwegigen" Philosophie überhaupt gelangen? Die Beantwortung dieser Frage ist mit folgender Aussage in *Entwicklung* zu beginnen:

„Die alten griechischen Philosophen waren alle geborne, naturwüchsige Dialektiker, und der universellste Kopf unter ihnen, Aristoteles, hat auch bereits die wesentlichsten Formen des dialektischen Denkens untersucht." (S.428)

Hieran soll nur Engels' Vorstellung interessieren, dass der Beginn der griechischen Philosophie von „geborenen, naturwüchsigen Dialektikern" geprägt ist. An anderem Ort[21] führt er prägnant aus, was er hierunter versteht:

„Den griechischen Philosophen war die Welt etwas aus dem Chaos Hervorgegangenes, etwas Entwickeltes, etwas Gewordenes." (S.361)

„Dialektik" meint hier also ganz allgemein ein die Veränderlichkeit der Welt beachtendes Denken. Dieser „naturwüchsigen Dialektik" ist aber kein Bestand beschieden gewesen, was Engels in derselben Schrift wie folgt darlegt:

„Was diese [die natürliche Dialektik ablösende] Periode aber besonders charakterisiert, ist die Herausarbeitung einer eigentümliche Gesamtanschauung deren Mittelpunkt die Ansicht *von der absoluten Unveränderlichkeit der Natur* bildet. [...] Den Naturforschern der Periode, die wir behandeln, war sie etwas Verknöcherte, etwas Unwandelbares, den meisten etwas mit einem Schlag Gemachtes. Die Wissenschaft stak noch tief in der Theologie." (S.360f.)

---

[21] Engels, F. 1927: *Dialektik der Natur* – geschrieben 1875 oder 1976; erstmalig veröffentlicht in: Marx-Engels-Archiv Band 2 – zitiert aus: *K. Marx und F. Engels: Augegewählte Werke* – 1971, Moskau, S.357-372 – zitiert als *Dialektik*

Im Zentrum dieser neuen Periode steht, was Engels metaphysisches Denken nennt. Es soll unbeachtet bleiben, ob diese Bezeichnung zutreffend ist. Zu diesem Denken erfährt man:

„Für den Metaphysiker sind die Dinge und ihre Gedankenabbilder, die Begriffe, vereinzelte, eins nach dem andern und ohne das andre zu betrachtende, feste, starre, ein für allemal gegebne Gegenstände der Untersuchung. Er denkt in lauter unvermittelten Gegensätzen; seine Rede ist ja, ja, nein, nein [Verweis auf das Mathäusevangelium 5,37], was darüber ist, das ist vom Übel. [...] Diese Denkweise erscheint uns auf den ersten Blick deswegen äußerst einleuchtend, weil sie diejenige des gesunden Menschenverstands ist." (S.430)

Aber der „erste Blick" im Sinne des „gesunden Menschenverstandes" führt zumindest in dem vorliegenden Fall in die Irre. Das metaphysische Denken erwies sich als unhaltbar. Abgelöst worden ist es von einem wiedererstarkten dialektischen Denken, das nun aber nicht mehr Resultat einer „genialen Intuition" (S.365) ist, wie noch im Falle der antiken Griechen. Die neue Dialektik basiert auf wissenschaftlichen Einsichten, die zwischenzeitlich gewonnen worden sind.

Eine dieser Errungenschaften stellt Engels wie folgt vor:

„Erst Lyell brachte Verstand in die Geologie, indem er die plötzlichen, durch die Launen des Schöpfers hervorgerufenen Revolutionen ersetzte durch die allmählichen Wirkungen einer langsamen Umgestaltung der Erde." (S.363)

Das Fazit hiervon ist:

„Die Zufälligkeiten des Bestehens von soundso viel physikalischen Kräften war aus der Wissenschaft beseitigt, indem ihre Zusammenhänge und Übergänge nachgewiesen. Die Physik war, wie schon die Astronomie, bei einem Resultat angekommen, das mit Notwendigkeit auf den ewigen Kreislauf der sich bewegenden Matere als Letztes hinwies. [...] Die neue Naturanschauung war in ihren Grundzügen fertig: Alles Starre war aufgelöst, alles

Fixierte verflüchtigt, alles für ewig gehaltene Besondere vergänglich geworden, die ganze Natur als in ewigem Fuß und Kreislauf sich bewegend nachgewiesen." (S.364f.)

Das ist also die Dialektik sensu Engels in ihrem neuen Gewand. Mehr als der Rohschnitt von dem neuen Kleid kann aber hiermit noch nicht geboten sein, einfach da völlig undifferenziert von Veränderung die Rede ist. Engels ist sich dessen sehr wohl bewusst und konkretisiert in *Entwicklung* wie folgt:

„Auch finden wir bei genaurer Betrachtung, daß die beiden Pole eines Gegensatzes, wie positiv und negativ, ebenso untrennbar voneinander wie entgegengesetzt sind, und dass sie trotz *aller* Gegensätzlichkeit sich gegenseitig durchdringen; ebenso, daß Ursache und Wirkung Vorstellungen sind, die nur in der Anwendung auf den einzelnen Fall als solche Gültigkeit haben, daß sie aber, sowie wir den einzelnen Fall in seinem allgemeinen Zusammenhang mit dem Weltganzen betrachten, zusammengehen, sich auflösen in der Anschauung der universellen Wechselwirkung, wo Ursachen und Wirkungen fortwährend ihre Stelle wechseln, das, was jetzt oder hier Wirkung, dort oder dann Ursache wird und umgekehrt." (S.430f.)

Wovon Engels hier berichtet, das scheint aufgrund der Nennung von „die beiden Pole eines Gegensatzes" sehr wohl an Hegels Dialektik anzuknüpfen. Aber der Schein trügt, so wie zuvor der „gesunder Menschenverstand". Worauf hiermit abgezielt sein soll, das lässt sich auch in folgende Fragen gießen, von denen anzunehmen – zu hoffen - ist, dass Engels sie sich vorgelegt hat: Wieso belässt es Hegel nicht dabei, die Dialektik in der Natur zu verorten, insbesondere da er mit den Naturwissenschaften vertraut gewesen ist? Wieso betrachtet er die Natur als „Abklatsch", nach dem tatsächlichen Agens der Dialektik suchend? Wieso nimmt er die immense Anstrengung auf sich, der Natur einen absoluten Geist vorzusetzen, von dem er doch selbst nicht wissen kann, „wo“ dieser sein soll? Wieso also diese Komplikationen?

Gesetzt, Engels hat sich diese (oder ähnliche) Fragen tatsächlich vorgelegt, so ist keinesfalls daran zu denken, dass seine Überlegungen von einer umfassenden Zurückweisung des Hegelschen Denkens getragen gewesen sein können:

„Ihren Abschluß fand diese neuere deutsche Philosophie im Hegelschen System, worin zum erstenmal – und das ist sein großes Verdienst – die ganze natürliche, geschichtliche und geistige Welt als ein Prozeß, d.h. als in steter Bewegung, Veränderung, Umbildung und Entwicklung begriffen, dargestellt und der Versuch gemacht wurde, den inneren Zusammenhang in dieser Bewegung und Entwicklung nachzuweisen.“ (S.431f.)

Aber Hegel hat sich sein Verdienst substanziell geschmälert:

„Hegel war Idealist, d.h. ihm galten die Gedanken seines Kopfs nicht als die mehr oder weniger abstrakten Abbilder der wirklichen Dinge und Vorgänge, sondern umgekehrt galten ihm die Dinge und ihre Entwicklung nur als die verwirklichten Abbilder der irgendwie schon vor der Welt existierenden «Idee»“. Damit war alles auf den Kopf gestellt und der wirkliche Zusammenhang der Welt vollständig umgekehrt.“ (S.432)

Hierin liegt die Antwort, die sich Engels auf die oben aufgeworfenen Fragen gegeben hat: Hegel ist Idealist und selbst die Erfolge der modernen Wissenschaften – so er sie bereits im gleichen Umfang wie Engels kennen konnte – ließen ihn nicht von seinem hierin liegenden Vorurteil Abstand nehmen. Anstatt seine idealistische Position angesichts der wissenschaftliche Erfolge zu hinterfragen, hat er diese sogleich im Sinne seiner Position interpretiert.

Tatsächlich verhält es sich aber gerade umgekehrt. Hegel ist nicht aus reiner Freude an komplexen Vorstellungen dazu gekommen, die Dialektik nicht in der Naturbetrachtung zu verankern. Er ist hierzu aus der Einsicht gekommen, dass die Natur bzw. die Vorstellung von Natur (mittelbarer Zugang zum Sein!), gerade aufgrund ihrer Veränderlichkeit, nicht das Sein an und für sich (dieser Begriff im Sinne des zweiten Kapitels genommen) bezeichnen kann. Hegel konnte also, um diesen Umstand hervorzuheben, seine Vorgehensweise rechtfertigen. Keine denkbare naturwissenschaftliche Aussage kann diese Rechtfertigung in Zweifel ziehen, da sie auf jeden Fall dem mittelbaren Zugang zum Sein zuzuordnen ist. Somit ist es nicht Hegel, der aufgrund eines Vorurteils eine bestimmte Position eingenommen hat, sondern Engels augrund seines materialistischen Vorurteils. Nirgendwo thematisiert und diskutiert er – oder Marx – die entsprechenden Ausführungen Hegels! Auf eine Diskussion hiervon lässt sich Engels nicht ein.

Könnte Engels hierauf antworten, er würde zweifellos darauf insistieren, ungerecht behandelt worden zu sein: „Natürlich habe ich erbracht, was von mir eingefordert worden ist: durch meine Darstellung der Bedeutung der Praxis und Industrie.“ Die Crux hieran ist bereits im zweiten Kapitel dargelegt worden: Diese Darstellung setzt bereits voraus, was sie darzustellen vorgibt, nämlich die Richtigkeit davon, es beim innerweltlichen Blick belassen zu können. Das ist nun genauer zu betrachten:

„Daneben gibt es aber noch eine Reihe andrer Philosophen, die die Möglichkeit einer Erkenntnis der Welt oder doch einer erschöpfenden Erkenntnis bestreiten. Zu ihnen gehören unter den neueren Hume und Kant, und sie haben eine sehr bedeutende Rolle in der philosophischen Entwicklung gespielt. Das Entscheidende zur Widerlegung dieser Ansicht ist bereits von Hegel gesagt, soweit dies vom idealistischen Standpunkt möglich war; [...]. Die schlagendste Widerlegung dieser wie aller andern philosophischen Schrullen ist die Praxis, nämlich das Experiment und die Industrie. Wenn wir die Richtigkeit unsrer Auffassung eines Naturvorgangs beweisen können, indem wir ihn selbst machen, ihn aus seinen Bedingungen erzeugen, ihn obendrein unsern Zwecken dienstbar werden lassen, so ist es mit dem Kantschen unfassbaren «Ding an sich» zu Ende.“ (S.621f.)

Der Skeptizismus Humes’ und die Transzendentalphilosophie (kritischer Idealismus) Kants bedeuten also dem Materialisten Engels die Verwendung von „Schrullen“. Damit ist freilich sogleich in den Raum gestellt, dass man sich mit ihren Ansichten erst gar nicht gehaltvoll auseinandersetzen braucht; Engels unterlässt diese Auseinandersetzung tatsächlich. Dass er sich hierbei zumindest ansatzweise auf Hegel beruft, ändert hieran nichts. Was nämlich ist das zentrale Argument, das die „Schrullen“ sogleich ad acta legen lässt? Die Erfolge in Industrie und Praxis. Das hat mit Hegel nichts zu schaffen. Mehr noch: Gemäß den Ausführungen im zweiten Kapitel ist sogleich einsichtig, dass die Menschheit von einem Erfolge zum anderen in Praxis und Industrie eilen kann, obschon ihr Denken von einem reduktionistischen Welt- und Gesellschaftsbild geprägt ist. Industrie und Praxis bewegen sich ja ausschließlich auf der weltlichen Ebene und besagen nichts darüber, inwieweit die personale Ebene thematisiert ist. Hiermit ist auch das am Beginn dieses Abschnittes gebrachte Argument Engels’ erledigt, wonach die Tat immer schon abgeklärt at, was hernach im Bedenken zum Problem erhoben werden kann. Die Tat von der Engels spricht, bezieht sich nur auf das weltliche Ich![22]

---

[22] Die Haltlosigkeit dieser Erkenntnistheorie führt Lenin - Lenin, W.I. 1973 (1909): *Materialismus und Empiriokritizismus – Kritische Bemerkungen über eine reaktionäre Philosophie* - Berlin - auf geradezu paradigmatische Weise vor. Zunächst ist folgendes Argument hervorzuheben: „Die Existenz der Natur in der nach Millionen Jahren zu messenden Zeit vor dem Erscheinen des Menschen und der menschlichen Erfahrung beweist die Absurdität dieser idealistischen Theorie [Ernst Machs].“ (S.174) Dieses

Argument wendet sich natürlich gegen jegliche idealistische Position und ist innerhalb des Materialismus nicht nur von Lenin angeführt worden. So sehr es zunächst auch gehaltvoll zu sein scheint, zeigt es lediglich, dass der mittelbare Zugang zum Sein die Aussage von der Zeit vor der Menschheit umfasst. An dieser ist nicht zu zweifeln, aber sie muss als Aussage des mittelbaren Zugangs zum Sein verstanden werden. Sie muss also als etwas verstanden werden, das im Rahmen der Emanzipation von der Betrachtung der weltlichen Ebene anzuerkennen ist. Potenzial, die dialektische Betrachtungsweise im Sinne Hegels aufgeben zu müssen, kann ihr nicht beigeordnet werden, da sie das Sein nicht an und für sich ausspricht, wie jede andere Aussage des mittelbaren Zugangs zum Sein. Anders gewendet: Lenin erscheint sein Argument nur deshalb stichhaltig, da er es ohne jegliches erkenntnistheoretisches Problembewusstsein aufwendet.
Diesen Umstand verdeutlichen seine darauf folgenden Ausführungen im Sinne Engels' und Marxens eindrucksvoll: „Die Entwicklung des Bewußtseins bei jedem einzelnen menschlichen Individuum und die Entwicklung des kollektiven Wissens der gesamten Menschheit zeigen uns auf Schritt und Tritt die Verwandlung des nicht erkannten Dings an sich in ein erkanntes Ding für uns, die Verwandlung der blinden, nicht erkannten Notwendigkeit, der «Notwendigkeit an sich», in eine «erkannte Notwendigkeit für uns»." (S.186) Das lässt die Frage aufwerfen: Was zeigt sich konkret? Lenin ist um die Antwort nicht verlegen: „Wir kennen die Naturnotwendigkeit in den Witterungserscheinungen nicht, und insofern sind wir unvermeidlich Sklaven des Wetters. Aber wenngleich wir diese Notwendigkeit nicht kennen, so wissen wir doch, daß sie existiert. Woher wissen wir das? Aus derselben Quelle, aus der wir wissen, daß die Dinge außerhalb unseres Bewußtseins und unabhängig von ihm existieren, nämlich aus der Entwicklung unserer Kenntnisse, die jedem Menschen millionenfach zeigt, daß auf Nichtwissen Wissen folgt, wenn der Gegenstand auf unsere Sinnesorgane einwirkt, und daß umgekehrt Wissen zu Nichtwissen wird, wenn die Möglichkeit solcher Einwirkung aufgehoben wird." (S.186f.) Die Crux hieran: „Die Entwicklung unserer Kenntnisse" ist gerade *nicht* analysiert

Hierüber hinaus sieht Engels in der Praxis und Industrie jenes, das die Philosophen nicht verstanden haben, was sie auf

---

worden. Verwendet wird ein naives Alltagsverständnis hiervon, das sich darin erschöpft, dass „auf Nichtwissen Wissen folgt". Gerade was hiermit gemeint ist, müsste zuallererst erklärt werden, ganz unabhängig davon, dass mit reinem Nichtwissen nicht begonnen werden kann. Hier hilft auch Engels' „Tat" als Ausgangspunkt nicht weiter, wie bereits angemerkt worden ist.
Lenin lässt sich hiervon nicht beirren, was ihn zu folgender Aussage bringt:
„Bei Engels bricht die ganze lebendige menschliche Praxis in die Erkenntnistheorie selbst ein, wobei sie das objektive Kriterium der Wahrheit gibt: […]" (S.187)
Ob dieser „Einbruch" gerechtfertigt ist, das kann somit nicht dargelegt worden sein, einfach da diese Frage nirgendwo aufgeworfen worden ist. Die Pointe der Argumentation Lenins – aufbauend auf Engels und Marx – ist dementsprechend enttäuschend:
„[…] solange wir das Naturgesetz nicht kennen, das neben unserem Bewusstein, außerhalb unseres Bewußtseins existiert und wirkt, macht es uns zu Sklaven der blinden Notwendigkeit. Sobald wir aber dieses Gesetz, das (wie Marx tausendmal wiederholte) unabhängig von unserem Willen und unserem Bewußtsein wirkt, erkannt haben, sind wir die Herren der Natur. Die Herrschaft über die Natur, die sich in der Praxis der Menschen äußert, ist das Resultat der objektiv richtigen Widerspiegelung der Erscheinungen und Vorgänge der Natur im Kopf der Menschen, ist der Beweis dafür, daß diese Widerspiegelung (in den Grenzen dessen, was uns die Praxis zeigt) objektive, absolute, ewige Wahrheit ist! (S.188).
Lenin sieht also in dem Umstand, dass die Menschen nicht länger „Sklaven der Naturgesetz" sind, sondern deren „Herren" das Fundament der Erkenntnistheorie, da hierin zum Ausdruck kommen soll, dass sich die Naturgesetze im Denken „objektiv richtig wiederspiegeln" als „objektive, absolute, ewige Wahrheit". Hiermit ist es Lenin gelungen, sämtliche erkenntnistheoretische Probleme zu umgehen bzw. Erkenntnistheorie zum „Befreiungskampf" (vom „Sklaven" zum „Herrn") herabzubrechen.

skeptizistische bis hin zu idealistischen Abwege geraten ließ:

„Die Philosophen wurden aber in dieser langen Periode von Descartes bis Hegel und von Hobbes bis Feuerbach keineswegs, wie sie glaubten, allein durch die Kraft des reinen Gedankens vorangetrieben. Im Gegenteil. Was sie in Wahrheit vorantrieb, das war namentlich der gewaltige und immer schneller voranstürmende Fortschritt der Naturwissenschaft und der Industrie. [...]; so dass schließlich das Hegelsche System nur einen nach Methode und Inhalt idealistisch auf den Kopf gestellten Materialismus repräsentiert." (S.622)

In der Terminologie des zweiten Kapitels ist hierzu auszuführen: Indem Engels die „Kraft des Gedankens" bestreitet, bestreitet er das personale Ich. Dieses ist gemäß „Ich bin Bedenken / Hinterfragen" zu verstehen, wobei Bedenken und Hinterfragen eben jene Fokussierung auf den „Gedanken" bezeichnen, die Engels als unmaßgebend streicht. Was als maßgebend ausgegeben wird, das gehört der weltlichen Ebene an: die Fortschritte in den Naturwissenschaften und der Industrie. Am Ende des zweiten Kapitels ist darauf hingewiesen worden, dass diese Fortschritte aus philosophischer Sicht sehr wohl zu beachten sind. Aber was hiermit beachtet wird, das ist an und für sich nur für die weltliche Ebene, die weltlichen Ichs bedeutungsvoll. Die Philosophie hat sich hierum „nur" insofern zu kümmern, als sie aus dargelegtem Grund die Menschen derart ansprechen muss, dass hierin ihre weltliche Aktualität zum Ausdruck kommt. Daher die ausgeführte Notwendigkeit der Entfaltung der Philosophie, die Fokussierung auf das Ich ergebend.

Somit ist folgendes Fazit zu ziehen: Engels' Ansicht, Hegels Dialektik ist eine „auf den Kopf gestellte Dialektik" verkehrt die Verhältnisse. Tatsächlich hat Engels Hegels Dialektik „auf den Kopf gestellt", aus der unbegründet gebliebenen – und bleiben müssenden – Ansicht, es beim innerweltlichen Blick belassen zu dürfen bzw. dabei, den mittelbaren Zugang zum Sein als unmittelbaren Zugang zum Sein verstehen zu müssen.

Damit ist ein Umstand noch gar nicht beleuchtet, der aber verstanden werden muss, um Engels' Vorgehen nachvollziehen zu können: Wieso lehnt Engels Hegel nicht einfach rundweg ab? Wieso ist er trotz allem um eine gewisse Nähe zu Hegel bemüht? Unüberlegt ist das sicherlich nicht geschehen. Irgendetwas muss er in der Philosophie Hegels gefunden haben, von dem er überzeugt gewesen sein muss, es aus keiner anderen Quelle schöpfen zu können.

Begibt man sich auf die Suche hiernach, so lohnt ein Blick in Engels' Schrift *Herrn Eugen Dührings Umwälzung der Wissenschaft*[23]:

„Die antike Philosophie war ursprünglicher, naturwüchsiger Materialismus. Als solcher war sie unfähig, mit dem Verhältnis des Denkens zur Materie ins reine zu kommen. […] Der alte Materialismus wurde also negiert durch den Idealismus. Aber in der weitern Entwicklung der Philosophie wurde auch der Idealismus unhaltbar und negiert durch den modernen Materialismus. […] Es [= dieser Materialismus] ist überhaupt keine Philosophie mehr, sondern eine einfache Weltanschauung, […]. Die Philosophie ist hier also «aufgehoben», das heißt «sowohl überwunden als aufbewahrt»; überwunden, ihrer Form, aufbewahrt, ihrem wirklichen Inhalt nach." (S.169f.)

Dass Engels hier die antike Philosophie mit „naturwüchsigem Materialismus" beginnen lässt, widerspricht durchaus nicht seiner zuvor zitierten Feststellung, wonach sie mit

[23] Engels, F. 1946: *Herrn Eugen Dührings Umwälzung der Wissenschaft* – Moskau; zitiert als: *Dühring*

dialektischem Denken anhebt[24], vorausgesetzt man begreift Dialektik im Sinne Engels'[25]. Gerade deshalb muss aber Engels Verwendung von „Negation" auffallen. „Negation" und „Negation der Negation" bezeichnet durchaus keine naturwissenschaftliche Begrifflichkeit. Engels hat sie bei dem Idealisten Hegel gefunden und musste sie in seine materialistische Vorstellung von Dialektik importieren.

Sogleich ist evident, dass Engels diesen Import nicht als eklektizistische Maßnahme versteht. Er ist überzeugt davon, mit diesem Schritt zu „bewahren", was an der Philosophie Hegels dem „wirklichen Inhalt" nach gegeben ist, zugleich aber nur zur Geltung gebracht werden kann, wenn es aus der Philosophie herauspräpariert wird, diese „überwindend", im Rahmen der Etablierung der „einfachen Weltanschauung" moderner Materialismus.

Zunächst ist zu beachten, dass mit der Thematisierung von „Negation" die Suche nach jenem, das Engels nur bei Hegel finden zu können meinte, einen Ausgangspunkt gewonnen hat. Mehr aber nicht, denn wieso Negation eine derartige Strahlkraft auf Engels ausüben konnte, ist damit noch gar nicht dargelegt. Hierzu ist auch zu beachten, dass Engels zuvor Hegels Begriff der dialektischen Differenz ignoriert hat, selbiger aber substanziell mit Negation verbunden ist. Insofern ist die „Bewahrung" von „Negation" durchaus ein gewaltsames Vorgehen, da es diese enge Verbindung einfach zerreißt.

---

[24] Der nun verwendete Dreischritt: alter Materialismus – Idealismus – neuer Materialismus entspricht aber nur bedingt dem zuvor angetroffenen Dreischritt: antike, intuitive Dialektik – Metaphysik – moderne, wissenschaftliche Dialektik, da der Idealismus nicht als Metaphysik sensu Engels verstanden werden kann.

[25] Erklärt werden müsste allerdings, wie die Orphik, Parmenides, Heraklit usw. usf. dem Materialismus zugeordnet werden können.

Ein Argument Engels' in *Feuerbach* hilft, die Suche vorantreiben zu können:

„Damit aber wurde die Begriffsdialektik selbst nur der bewusste Reflex der dialektischen Bewegung der wirklichen Welt, und damit wurde die Hegelsche Dialektik auf den Kopf, oder vielmehr vom Kopf, auf dem sie stand, wieder auf die Füße gestellt. Hiermit aber war die revolutionäre Seite der Hegelschen Philosophie wieder aufgenommen und gleichzeitig von den idealistischen Verbrämungen befreit, die bei Hegel ihre konsequente Durchführung verhindert hatten." (S.638)

Engels spricht hier also explizit von der „revolutionären Seite" Hegels! Worauf Engels hiermit anspielt, das ist unmittelbar einsichtig: „Revolutionär" bedeutet, die sozialdemokratische Vorstellung vom Hinüberwachsen in die wohlgeordnete Gesellschaft als falsch zurückweisen zu können. Was aber sollte das Hinüberwachsen aus dem Zustand A in den Zustand B besser zum Ausdruck bringen als die Negation von A. Indem daher Engels das Negations-Argument Hegels übernimmt, erfüllt er aus seiner Sicht nur, wovon er zuvor gesprochen hat: „Die Philosophie ist hier also «aufgehoben», das heißt «sowohl überwunden als aufbewahrt»; überwunden, ihrer Form, aufbewahrt, ihrem wirklichen Inhalt nach."

Das lässt den Zugriff auf die Dialektik Hegels plausibel erscheinen bzw. die gewaltsame Trennung von „dialektische Differenz" und „Negation" (vgl. oben) als rechtfertigbar, aber eine Erklärung ist es noch nicht. Dem steht fortgesetzt entgegen, dass gemäß Engels die Philosophie dem Überbau zuzurechnen ist. Engels bringt das in dem folgenden Zitat wie folgt zum Ausdruck:

„Hiernach sind die letzten Ursachen aller gesellschaftlichen Veränderungen und politischen Umwälzungen zu suchen nicht in den Köpfen der Menschen, in ihrer zunehmenden Einsicht in die ewige Wahrheit und Gerechtigkeit, sondern in Veränderungen der

Produktions- und Austauschweise; sie sind zu suchen nicht in der *Philosophie*, sondern in der *Ökonomie* der betreffenden Epoche.“ (*Dühring* S.329)

Wieso also wird mit dem Negations-Argument, einem wesentlichen Argument der Dialektik Hegels, ein Argument aus dem Überbau „Philosophie“ genommen, die Basis „Ökonomie“ verlassend? Diese Frage ist insbesondere in Rücksicht auf Marx von Bedeutung, der Hegel weitaus reservierter gegenübersteht als Engels. Das folgende Zitat verdeutlicht diesen Umstand[26]:

„Wenn der Engländer die Menschen in Hüte verwandelt, so verwandelt der Deutsche die Hüte in Ideen. Der Engländer ist [David] Ricardo, der reiche Bankier und ausgezeichnete Ökonom. Der Deutsche ist Hegel, ein simpler Professor der Philosophie an der Universität zu Berlin.“ (S.104)

Anders gefragt: Hätte Marx nicht mit seinen Analyen der Basis, also der Ökonomie, das Auslangen finden können? Das folgende Zitat aus *Zur Kritik der politischen Ökonomie*[27] verdeutlicht, wovon hiermit die Rede sein soll:

„Die Produktionsweise des materiellen Lebens bedingt den sozialen, politischen und geistigen Lebensprozeß überhaupt. Es ist nicht das Bewußtsein der Menschen, das ihr Sein, sondern umgekehrt ihr gesellschaftliches Sein, das ihr Bewußtsein bestimmt. Auf einer gewissen Stufe ihrer Entwicklung geraten die materiellen Produktivkräfte der Gesellschaft in Widerspruch mit den vorhandenen Produktionsverhältnissen oder, was nur ein juristischer Ausdruck dafür ist, mit den Eigentumsverhältnissen, innerhalb deren sie sich bisher bewegt hatten. Aus Entwicklungsformen der Produktivkräfte schlagen diese Verhältnisse in Fesseln derselben um. Es tritt dann eine Epoche sozialer Revolution ein.“ (S.4f.)

---

[26] Marx, K. 1973[7]: *Das Elend der Philosophie* - Berlin

[27] Marx, K. 2017[3]: *Zur Kritik der politischen Ökonomie* - Berlin

Angesichts hiervon könnte man sich erwarten, Marx hätte aus dieser Feststellung zum Auftreten von Revolutionen innerhalb der Basis „Ökonomie“ all das ableiten können müssen, was eingekleidet in das Negations-Argument geboten wird. Das gilt auch für das Argument von der Negation der Negation, das Marx (z. B.) in *Das Kapital*[28] zur Anwendung bringt:

> „Die kapitalistische Produktions- und Aneignungsweise, daher das kapitalistische Privateigentum, ist die erste Verneinung [= Negation] des individuellen, auf eigne Arbeit gegründeten Privateigentums. Die Verneinung der kapitalistischen Produktion wird durch sie selbst, mit der Notwendigkeit eines Naturvorgangs produziert. Es ist Verneinung der Verneinung [= Negation der Negation]“ (S.706)

Bemerkenswert ist, dass Engels, wovon Marx hier berichtet, im *Dühring* auf eine durchaus abweichende Weise wiedergibt:

> „Indem Marx also den Vorgang als Negation der Negation bezeichnet, denkt er nicht daran, ihn dadurch beweisen zu wollen als einen geschichtlich notwendigen. Im Gegenteil: Nachdem er geschichtlich bewiesen hat, daß der Vorgang in der Tat teils sich ereignet hat, teils sich noch ereignen muß, bezeichnet er ihn zudem als einen Vorgang, der sich nach einem bestimmten dialektischen Gesetz vollzieht.“ (Dühring S.164)

Liest man nur Marxens Ausführung, so kann kein Zweifel daran bestehen, dass der interessierende Vorgang als „notwendig“ verstanden wird, folgt er doch „der Notwendigkeit eines Naturprozesses“. Engels argumentiert deutlich zurückhaltender als Marx bzw. dahingehend abweichend von Marx, dass die Frage erlaubt sein muss, ob er die Fokussierung auf die Basis „Ökonomie“ im Ausmaß Marxens

[28] Marx, K. 2018: *Das Kapital* – Köln (nach der zweiten Auflage von 1872)

beibehält. Das folgende Zitat aus selbiger Schrift verdeutlicht diesen Umstand.

„Alle Kulturvölker fangen an mit dem Gemeineigentum am Boden. Bei allen Völkern, die über eine gewisse ursprüngliche Stufe hinausgehn, wird dies Gemeineigentum im Lauf der Entwicklung des Ackerbaus eine Fessel für die Produktion. Es wird aufgehoben, negiert, nach kürzern oder längern Zwischenstufen in Privateigentum verwandelt. Aber auf höherer, durch das Privateigentum am Boden selbst herbeigeführter Entwicklungsstufe des Ackerbaus wird umgekehrt das Privateigentum eine Fessel für die Produktion – [...]. Die Forderung, es ebenfalls zu negieren, es wieder in Gemeingut zu verwandeln, tritt mit Notwendigkeit hervor. Aber diese Forderung bedeutet nicht die Wiederherstellung des altursprünglichen Gemeineigentums, sondern die Herstellung einer weit höhern, entwickeltern Form von Gemeinbesitz, die, weit entfernt der Produktion eine Schranke zu werden, sie vielmehr erst entfesselt und ihr die volle Ausnutzung der modernen chemischen Entdeckungen und mechanischen Erfindungen gestatten wird." (S.169)

Engels greift hier unverkennbar auf ein substanzielles Element der Hegelschen Dialektik zu, wenn er davon spricht, dass die dialektische Dynamik den Ausgang wieder emergent werden lässt, aber in „weit höherer, entwickelterer Form". Engels verwendet hier also eine Überbaukonstruktion Hegels! Tatsächlich erhebt sich die Frage, ob, was also mit der philosophischen Überbbaukonstruktion erzielt worden ist, mit einer ökonomischen Basiskonstruktion erreicht hätte werden können. Mag es auch sein, dass das „Privateigentum zur Fessel für die Produktion" wird, so folgt hieraus noch nicht, dass diese Fesseln abgestreift werden müssen. Genauso lässt sich davon sprechen, dass die Gesellschaft – notgedrungen - lernt, mit dieser Situation umzugehen, wie auch davon, dass die Gesellschaft hieran zugrunde geht. Anders gewendet: Die Aussage vom Auftreten von Fesseln, was eine zutreffende ökonomische Aussage sein mag, trägt gerade nicht in sich, über den betrachteten Zustand hinauszuweisen. Aber gerade das unterstellt Marx mittels seiner rein der ökonomischen Basis zugeordneten Dialektik. Insoweit Engels hiervon abweicht, implizit eine Überbaukonstruktion aufbietend, ohne grundsätzlich in Distanz hierzu zu treten, erweist er sich als tiefer blickend.

Engels forciert diesen Umstand sogar, wiewohl ohne hierüber Zweifel an seiner unerschütterlichen Verankerung im Materialismus aufkommen zu lassen. Das folgende Zitat aus *Feuerbach* verdeutlicht wovon hiermit die Rede ist:

„Die Geschichtsphilosophie dagegen, wie sie namentlich durch Hegel vertreten wird, erkennt an, daß die ostensiblen und auch die wirklich tätigen Beweggründe der geschichtlich handelnden Menschen keineswegs die letzten Ursachen der geschichtlichen Ereignisse sind, daß hinter diesen Beweggründen andre bewegende Mächte stehn, die es zu erforschen gilt; aber sie sucht diese Mächte nicht in der Geschichte selbst auf, sie importiert sie vielmehr von außen, aus der philosophischen Ideologie, in die Geschichte hinein." (S.641)

Engels spricht hier also von „bewegenden Mächten", denen die geschichtlich handelnden Menschen unterliegen. Hiermit hält er in Händen, was Marx aufgrund seiner rein ökonomischen Betrachtung nur unterstellen kann, dass nämlich die Aussage von dem Fesseln darstellenden Privateigentum über sich hinausweist. Hierzu musste Hegel tatsächlich auf eine philosophische Überbaukonstruktion – Hegels Dialektik – zugreifen, da sie sich in den ökonomische Basiskonstruktionen einfach nicht finden lässt, auch nicht in der von Marx immer wieder wohlwollend angemerkten Ökonomie David Ricardos (vgl. oben). Natürlich formt er, was er dieserart in sein Gesellschaftsbild importiert hat, materialistisch um, was ihm aber aufgrund seines materialistisch verkürzten Blicks lediglich „Aufhebung" des Überbaus ist. In diesem Zusammenhang ist auch zu beachten: Wohl um sich die Sache zu erleichtern, attestiert er Hegel eine „revolutionäre Seite“, die gleichsam mit besagter „Aufhabung“ zu ihrem Recht kommt.

Hiermit kann aber die Frage, wieso sich Engels Hegel zugewendet hat, noch nicht hinreichend beantwortet sein. Es ist ja erstgezeigt worden, wodurch sich Engels die Möglichkeit geschaffen hat, das Über-sich-hinausweisen der Aussage von der Fessel „Privateigentum“ aussagen zu können, ohne dass die inhaltliche Ausgestaltung hiervon bereit thematisiert worden ist. Die Betrachtung hiervon wir explizit zeigen, woran er Versuchs Engels' scheitert.

Im Zentrum der nun interessierenden Inhalte müssen jene „Mächte“ stehen, die Engels bei Hegel gefunden hat, freilich noch idealistisch verzerrt, und der Geschichte eben jene Dynamik zuteil werden lassen, die zu Recht von besagtem Über-sich-hinaus-weisen sprechen lassen sollen. Wovon ist hiermit die Rede? Zur Beantwortung dieser Frage ist zunächst folgende Passage in *Dialektik* aufzugreifen:

> „Darwin wußte nicht, welch bittre Satire er auf die Menschen und besonders auf seine Landsleute schrieb, als er nachwies, daß die freie Konkurrenz, der Kampf um das Dasein, den die Ökonomen als höchste geschichtliche Errungenschaft feiern, der Normalzustand des *Tierreichs* ist.“ (S.369)

Das ist eine bemerkenswerte Aussage, da sie behauptet, dass die Menschheit, zumindest im eigentlichen Sinn des Wortes, noch gar nicht in der Geschichte aufgetreten ist. Was gegenwärtig die Menschheit repräsentiert, das befindet sich noch – mehr oder wenig – im Tierreich. In grelleren Tönen lässt sich der Unterschied zur Ansicht der Protagonisten des Kapitalismus, der Marktgesellschaft usw. nicht malen, zumal diese im freien und als omnipotent verstandnen Markt eben jenes sehen, in dem die Menschheit zu sich kommt und über das hinaus es nicht geben kann.

Auf jeden Fall sieht Engels somit im Kapitalismus das letzte Stadium der Menschheit insofern sie noch nicht zu sich gekommen ist bzw. noch im Tierreich beheimatet ist. Zu dieser Situation führt Engels in *Dühring* aus:

„Aber die Warenproduktion, wie jede andre Produktionsform, hat ihre eigentümlichen, inhärenten, von ihr untrennbaren Gesetze; und diese Gesetze setzen sich durch, trotz der Anarchie, in ihr, durch sie. Sie kommen zum Vorschein in der einzigen fortbestehenden Form des gesellschaftlichen Zusammenhags, im Austausch, und machen sich geltend gegenüber den einzelnen Produzenten als Zwangsgesetze der Konkurrenz. Sie sind diesen Produzenten also anfangs selbst unbekannt und müssen erst durch lange Erfahrung nach und nach von ihnen entdeckt werden. Sie setzen sich also durch ohne die Produzenten und gegen die Produzenten, als blindwirkende Naturgesetze ihrer Produktionsform. Das Produkt beherrscht die Produzenten.“ (S.335)

Die kapitalistische Gesellschaft ist also geprägt von den „Zwanggesetzen der Konkurrenz“. Hierbei handelt es sich um ein „blindwirkendes Naturgesetze“, von denen die Produzenten beherrscht werden. Diese mussten das Gesetz also nicht schaffen, was auch ein Widerspruch in sich wäre, wohl aber „entdecken“. In Verknüpfung hiermit fordert Engels ein, dass nicht nur dieses Gesetz an sich zu entdecken gewesen ist, sondern hierüber hieraus seine Eingebundenheit in „höhere Mächte“, wie sie sich in der dialektischen Dynamik der Gesellschaft präsentieren. Es galt also zu entdecken – und der Wissenschaftliche Sozialismus hat diese Entdeckung vollbracht -, dass das „Zwangsgesetz der Konkurrenz“ im dargelegten Sinn über sich hinausweist. Die hiermit bezeichnete Funktion des Über-sich-hinausweisens erscheint nun plausibler, da sie mit dem Heraustreten aus dem Tierreich verknüpft ist, was menschlichem Selbstverständnis sicherlich entgegenkommt.

Somit aber muss Engels angeben, was es konkret mit dem Heraustreten aus dem Tierreich auf sich hat, von dem angesichts der Beachtung der „höheren Macht“ Dialektik zu berichten ist. Er erfüllt diese Aufgabe wie folgt:

„Mit der Besitzergreifung der Produktionsmittel durch die Gesellschaft ist die Warenproduktion beseitigt und damit die Herrschaft des Produkts über die Produzenten. Die Anarchie innerhalb der gesellschaftlichen Produktion wird ersetzt durch planmäßige bewußte Organisation. Der Kampf ums Einzeldasein hört auf. Damit erst scheidet der Mensch, in gewissem Sinn, endgültig aus dem Tierreich, tritt aus tierischen Daseinsbedingungen in wirklich menschliche. [...] Es ist der Sprung der Menschheit aus dem Reiche der Notwendigkeit in das Reich der Freiheit.“ (*Dühring* S.351)

Das Heraustreten aus dem Tierreich geschieht also in Gestalt des „Sprungs in die Freiheit“. Diese besteht in der Emanzipation von den Gesetzen der Konkurrenz und dem Kampf ums individuelle Da-Sein. An die Stelle dessen, wovon man sich emanzipiert hat, tritt die „planmäßige bewußte Organisation“.

Das nimmt sich durchaus überlegenswert aus und weist auch Parallelen zu der im zweiten Kapitel gebrachten Argumentation auf. Auch in dieser wird ja Freiheit mit der Emanzipation von den weltlichen Gesetzen assoziiert. Der kardinale Unterschied zur Darstellung Engels’ besteht aber darin, dass diese Emanzipation nicht in der weltlichen Ebene bzw. den weltlichen Ichs verortet ist. Der Grund hierfür liegt in dem Bemühen um eine rechtfertigbare Philosophie, also eine solche, die das logische Induktionsproblem usw. konsequent ernst nimmt. Engels „materialistischer Weltanschauung“ bzw. dem wissenschaftlichen Sozialismus insgesamt fehlt dieses Bemühen, wie sich gezeigt hat. Hieraus ergibt sich an der vorliegenden Stelle: Seine Beibringung der Dialektik entbehrt notwendig der Rechtfertigung. Das bedeutet: Was er inhaltlich beibringt – Schritt aus dem Tierreich, Sprung in die Freiheit usw. – erklärt nicht, das bedarf der Erklärung und Rechtfertigung. Für sich genommen bietet Engels eine teleologische Konstruktion, von der man nicht wissen kann, wieso sie zutreffend sein soll. Aus dem Dilemma, die Über-sich-hinausweisen-Funktion in Rücksicht auf das kapitalistische Gesellschaftsstadium erst begründen zu müssen, ist also nicht herausgefunden worden.

Eigentlich entscheidend ist hieran der Umstand, dass die Menschen im kapitalistischen Gesellschaftsstadium als Marionetten der „blindwirkenden Gesetze" verstanden werden. Das wirft natürlich die Frage auf, wie derartige Marionetten auch nur zum Sprung in die Freiheit ansetzen können. Dass den Menschen in diesem Zusammenhang eine aktive Rolle zukommen muss diese Aussage zunächst völlig vage genommen, ergibt sich explizit aus einer bereits Aussage Engels' in *Feuerbach.* Sie lautet:

> Bei Hegel ist also die in der Natur und Geschichte zutage tretende dialektische Entwicklung, d.h. der ursächliche Zusammenhang des, durch alle Zickzackbewegungen und momentanen Rückschritte hindurch, sich durchsetzenden Fortschreitens vom Niederen zum Höheren, nur der Abklatsch der von Ewigkeit her, man weiß nicht wo, aber jedenfalls unabhängig von jedem denkenden Menschenhirn vor sich gehenden Selbstbewegung des Begriffs." (S.635f.)

Den „Menschenhirnen" wird also Bedeutung beigemessen, obschon sie freilich nicht die Urheber irgendwelcher Gesetze und höherer Mächte sein können. Aber ebenso wie die „Menschenhirne" die Gesetze der Konkurrenz entdecken konnten, müssen sie auch, folgt man Engels, als Entdecker der höheren Gewalt „Dialektik" und somit der Freiheit verstanden werden können.

Somit lautet aber die Frage. Wie soll das Marionetten möglich sein, als die die Menschen des kapitalistischen Gesellschaftsstadiums zu verstehen sein sollen? Es wäre zu erwarten, dass Engels in dieser Situation seine Bereitschaft nutzt,

Überbauüberlegungen aufzugreifen. Aber das Gegenteil ist der Fall, wie folgende Ausführungen in *Dühring* zeigen:

„Überall, wo das Privateigentum sich herausbildet, geschieht dies infolge veränderter Produktions- und Austauschverhältnisse, im Interesse der Steigerung der Produktion und der Förderung des Verkehrs – also aus ökonomischen Ursachen. Die Gewalt spielt dabei gar keine Rolle." (S.197f.)

„Warum aber muß Herr Dühring diese falsche Definition des Reichtums verfertigen, warum den tatsächlichen Zusammenhang, wie er in allen bisherigen Klassengesellschaften galt, zerreißen? Um den Reichtum vom ökonomischen Gebiet aufs moralische hinüberzuzerren." (S.228)

„Sie wie jeder andre gesellschaftliche Fortschritt wird ausführbar nicht durch die gewonnene Einsicht, daß das Dasein der Klassen der Gerechtigkeit, der Gleichheit etc. wiederspricht, nicht durch den bloßen Willen, diese Klassen abzuschaffen, sondern durch gewisse neue ökonomische Bedingungen." (S.348)

Engels stellt in diesen Zitaten unmissverständlich klar, dass er nur zur Beachtung der Basis „Ökonomie" bereit ist, den Überbau „Moral" ignorierend. Dieser soll keine Rolle spielen. Überhaupt sollen „gewonnene Einsichten" keine Rolle spielen. Das provoziert sehr wohl die Frage, wieso Engels an Hegel die (angebliche) Missachtung der „denkenden Menschenhirne" kritisiert. Zudem lässt sich die Frage aufwerfen, worüber die Menschenhirne in der Theorie Engels' eigentlich nachdenken?

Das zentrale Thema, worüber es nachzudenken lohnt, ist freilich genannt: Die Negation des Kapitalismus, der Sprung in die Freiheit. Aber wovon hier die Rede ist, dessen Bedeutung kann lediglich „entdeckt" werden, so wie zuvor die Gesetze der Konkurrenz. Aber eine Entdeckung ist nur dann der Rede wert, wenn sie etwas aussagt, das sich rechtfertigen lässt und genau hierzu dringt Engels nicht vor. Was er – aufbauend auf Marx - anbieten kann, sind Beobachtungen zum

Kapitalismus. Dass diese die Interpretation zulassen, den Kapitalismus als letztes Entwicklungsstadium vor dem Sprung in die Freiheit verstehen zu müssen, das kann er auf gerechtfertigte Weise nicht anbieten.

Das gilt es sehr genau zu beachten, was anhand einiger Passagen aus *Manifest der Kommunistischen Partei* geschehen soll, also einer frühen Schrift in der von Hegel und Dialektik noch nicht die Rede ist:

„Seit Dezennien ist die Geschichte der Industrie und des Handels nur die Geschichte der Empörung der modernen Produktivkräfte gegen die modernen Produktionsverhältnisse, gegen die Eigentumsverhältnisse, welche die Lebensbedingungen der Bourgeoisie und ihrer Herrschaft sind. Es genügt, die Handelskrisen zu nennen, welche in ihrer periodischen Wiederkehr immer drohender die Existenz der ganzen bürgerlichen Gesellschaft in Frage stellen. Die Produktivkräfte, die ihr zur Verfügung stehen, dienen nicht mehr zur Beförderung der bürgerlichen Eigentumsverhältnisse; im Gegenteil, sie sind zu gewaltig für diese Verhältnisse geworden, sie werden von ihnen gehemmt; [...] Die bürgerlichen Verhältnisse sind zu eng geworden, um den von ihnen erzeugten Reichtum zu fassen. – Wodurch überwindet die Bourgeoisie die Krisen? Einerseits durch die erzwungene Vernichtung einer Masse von Produktivkräften; andererseits durch die Eroberung neuer Märkte. Wodurch also? Dadurch, daß sie allseitigere und gewaltigere Krisen vorbereitet und die Mitteln, den Krisen vorzubeugen, vermindert." (S.39f.)

Wovon berichten Marx und Engels hier? Davon, dass die kapitalistische Gesellschaft „periodisch" in „immer drohendere" Krisen gerät; dass die „bürgerlichen Verhältnisse zu eng geworden sind" usw. Dieserart wird der Eindruck einer Dynamik hin zu immer „gewaltigeren Krisen" erweckt. Angenommen, dieser Befund trifft zu. Wovon berichtet er? Er berichtet von einer Gesellschaft, die von blind wirkenden Gesetzen geprägt ist, primär jenem der Konkurrenz und dem Kampf ums eigene Dasein, die (womöglich periodisch) im

Chaos versinkt. Damit verlieren besagte Gesetze aber überhaupt nicht ihre prägende Bedeutung. Sie sind fortgesetzt am Werke, dazu führend, dass aus diesem Chaos wieder herausgefunden wird, bis zum nächsten Zusammenbruch.

Hieran ist wesentlich, dass die Kapitalisten tatsächlich als Marionetten dargestellt werden, geradezu als Lemminge, die blindlings in ihren Untergang laufen. Sie entwickeln keinerlei Strategie, um ihr Schicksal abzuwenden. Daher auch „spielt Gewalt keine Rolle“, wie Engels festgehalten hat (vgl. oben). Anders gewendet: Die Kapitalisten konnten die Gesetze der Konkurrenz entdecken, aber deren Ablaufdatum ist ihnen verborgen geblieben. Aber als Marionetten der „höheren Mächte“ kann ihnen diese Entdeckung auch nicht von Bedeutung gewesen sein, da sie im Hier und Jetzt verhaftet sind.

Das provoziert die Frage: Wieso konnte das Proletariat, folgt man Engels und Marx, zum Sprung in die Freiheit ansetzen, die Fessel „Hier und Jetzt“ sprengend? Wieso dieser substanzielle Unterschied zum Verhalten der Kapitalisten? Um die Antwort hierauf sind Engels und Marx nicht verlegen gewesen. „Sie mussten gar nicht anders sein. Die Regie ist erneut von den höheren Mächten übernommen worden.“ Worauf sie hiermit verweisen, ist die spezielle historische Situation, in dem sich das Proletariat befindet (bzw. sensu Engels und Marx: „befunden hat“):

„Alle früheren Klassen, die sich die Herrschaft eroberten, suchten ihre schon erworbene Lebensstellung zu sichern indem sie die ganze Gesellschaft den Bedingungen ihres Erwerbes unterwarfen. Die Proletarier können sich die gesellschaftlichen Produktivkräfte nur erobern, indem sie ihre eigne bisherige Aneignungsweise und damit die ganze bisherige Aneignungsweise abschaffen. Die Proletarier haben nichts von dem Ihrigen zu sichern, sie haben alle bisherigen Privatsicherheiten und Privatversicherungen zu zerstören.“ (S.44)

Auf den ersten Blick nimmt sich dieses Argument durchaus interessant aus, da es in der Lage zu sein scheint, eine spezielle historische Situation anzugeben, die das Proletariat zu jenem hat werden lassen, an dem die dialektische Dynamik angreifen konnte, an dem die Negation - „zerstören" – der kapitalistischen Entwicklungsstufe Realität werden konnte. Jedoch: Die einzufordernde Rechtfertigung davon, dass der Kapitalismus über sich hinausweist, ist es zweifellos nicht. Das folgende Zitat aus dem *Manifest* verdeutlicht, wovon hiermit die Rede sein soll:

> „Diese Organisation der Proletarier zur Klasse, und damit zur politischen Partei, wird jeden Augenblick wieder gesprengt durch die Konkurrenz unter den Arbeitern selbst. Aber sie entsteht immer wieder, stärker, fester, mächtiger. Sie erzwingt die Anerkennung einzelner Interessen der Arbeiter in Gesetzesform, indem sie die Spaltung der Bourgeoisie unter sich nutzt."

Zunächst ist diesem Zitat zu entnehmen, dass das Proletariat ebenso den Gesetzen der Konkurrenz unterliegt wie das Agieren der Kapitalisten. Sodann muss auffallen, dass Marx und Engels in Rücksicht auf das Proletariat eine Immer-stärker-werden-Funktion annehmen, wie zuvor in Rücksicht auf die Krisen in der kapitalistischen Wirtschaft. Im Falle des Proletariats zeigt sich diese Funktion in der Solidarisierung der Proletarier. Diese immer stärker werdende Solidarisierung wird explizit als Ergebnis eines Lernprozesses verstanden, wohl im Sinne der „Entdeckung" der waltenden „höheren Macht". Das ist für Marx und Engels von zentraler Bedeutung, wie sich folgender Aussage Engels' im Vorwort zur deutschen Ausgabe des *Manifests* von 1890[29] entnehmen lässt:

---

[29] Zitiert aus. *K. Marx und F. Engels: Augegewählte Werke –* 1971, Moskau, S.30-33

„Für den schließlichen Sieg der im «Manifest» aufgestellten Sätze verließ sich Marx einzig und allein auf die intellektuelle Entwicklung der Arbeiterklasse, wie sie aus der vereinigten Aktion und der Diskussion notwendig hervorgehen mußte. Die Ereignisse und Wechselfälle im Kampf gegen das Kapital, die Niederlagen noch mehr als die Erfolge, konnten nicht umhin, den Kämpfenden die Unzulänglichkeit ihrer bisherigen Allerweltsheilmittel klarzulegen und ihre Köpfe empfänglicher zu machen für eine gründliche Einsicht in die wahren Bedingungen der Arbeiteremanzipation." (S. 31f.)

Die genannten „Allerweltsheilmittel" umfassen natürlich nicht zuletzt die sozialdemokratischen „Heilmittel", die, abseits der Beachtung der dialektisch begriffenen Negation des Kapitalismus, vom „Hinüberwachsen" in die wohlgeordnete Gesellschaft schwärmen. Aber wie ist es um das Heilmittel des Wissenschaftlichen Sozialismus bestellt, also die Dialektik im Sinne Engels' und Marxens? Diese Frage kann nun endgültig beantwortet werden.

Hierzu ist zunächst die zuvor angemerkte Immer-stärker-werden-Funktion aufzugreifen, wie sie sich in Rücksicht auf die Krisen in der kapitalistischen Wirtschaft ebenso wie in der Vereinigung der Proletarier zu einer politischen Kraft findet. Diese Funktion erfüllt im Wissenschaftlichen Sozialismus eine substanziell wichtige Aufgabe: Der Grund hierfür liegt darin, dass das mit dieser Funktion bezeichnete Anwachsen nicht grenzenlos ist, sondern einen Umschlagpunkt beinhaltet. Wird dieser Punkt erreicht, so kommt es zu keinem weiteren Anwachsen mehr, sondern die bisherige Gesellschaftsordnung – also die kapitalistische Gesellschaftsordnung – wird negiert. Es wird in ein neues Entwicklungsstadium eingetreten, konkret das finale Stadium der Freiheit der zu sich gekommenen Menschheit.

Es ist eben dieser Punkt des Umschlagens, den Enges und Marx nicht erklären können. Dass auch Hegel hiervon spricht, kann ihnen nicht weiterhelfen, da sie sich hierfür in zu großer Distanz zu seiner Philosophie befinden. Sie müssten eine eigene Erklärung anbieten können, aber das ist ihnen aus folgendem Grund verwehrt: Ihre Dialektik, als Ausdruck der „höheren Mächte", ist eine mechanistische Dialektik, obschon das mechanistische Denken des alten Materialismus überkommen sollend. Dieser dialektische Mechanismus, so Engels und Marx, ist am Werke, ganz unabhängig vom Tun und Wollen der Menschen. Dese sind jenem gegenüber Marionetten. Daher können sie die dialektische Bewegung auch nicht stören. Eine wesentliche Störung würde darin bestehen, dass die Kapitalisten das Erreichen besagten Umschlagpunktes abwenden. Aber das ist Marionetten freilich nicht möglich.

Es ist unmittelbar einsichtig, dass Engels und Marx aufgrund ihres Dialektikverständnisses diese Störung als Unmöglichkeit auffassen mussten. Aus den ihnen zur Verfügung stehenden Daten zur kapitalistischen Wirtschaft mag sich zwar die Annahme immer größer werdender Krisen ableiten lassen, aber das Auftreten des Umschlagpunktes konnten sie nicht zeigen. Diesen mussten sie aus einer anderen Quelle schöpfen – „entdecken" -, eben der Dialektik. Aber diese konnte ihre Bedeutung nur entfalten, wenn sie als etwas geboten wurde, das nicht gestört werden kann. Die Möglichkeit hierfür bot sich Engels und Marx in besagter Annahme, wonach die Menschen vor dem Erreichen des Umschlagpunktes bloß Marionetten sind. Aus ihrer Sicht sind sie hiermit zweifellos kein Wagnis eingegangen, da das Marionetten-Stadium der Menschheit weiter nichts besagt als den Umstand, dass der Mensch noch nicht vollständig aus dem Tierreich herausgetreten ist. Es wird sich also auf die Evolutionslehre berufen, was für Materialisten kein Problem darstellen kann.

Insoweit kann man der Theorie von Engels und Marx durchaus innere Stimmigkeit attestieren, jedoch mit dem notwendigen Zusatz, dass sie auf keinem rechtfertigbaren Fundament aufgebaut ist. Dieses fehlt aufgrund der materialistischen Verengung: Alleinige Anerkennung des innerweltlichen Blicks. Das ist gleichbedeutend mit der Ausblendung der Thematisierung der personalen Ichs. Hiermit wird vor allem ausgeblendet, dass die Menschen im Vollzug des Umgangs mit der fundamentalen Aufgabe sind und somit nichts weniger als Marionetten. Beachtet man diesen Umstand, so erweist sich die kapitalistische Nutzung der Marktwirtschaft als Ausdruck eines von der Hybris geleiteten Veraltens bestimmter Menschen. Es ist also Ausdruck eines Verhaltens, das sich aus einer reduktionistischen Verzerrung von Moral ergibt, dem das Bemüht-sein-um-Wir fremd ist. Aber der Wissenschaftlichen Sozialismus blendet diesen Umstand aus, als eine weitere Überbau-„Schrulle“.

Damit schützt der Wissenschaftliche Sozialismus aber nur seine Vorstellung vom zum Sprung in die Freiheit führenden Umschlagspunkt. Aber was hiermit geschützt wird, das ist eine Fiktion, nicht etwas, da zur Marktwirtschaft nicht in Differenz zu treten ist – hierin irren Engels und Marx gerade nicht -, sondern da diese Differenz nicht in der weltlichen Ebene verortet werden darf, wie bei Engels und Marx der Fall ist. Der Umschlagspunkt ist Fiktion, eben da die Menschen keine Marionetten sind und ein reduktionistisches Welt- und Gesellschaftsbild so weit in sich stimmig geboten werden kann, dass von ihm Strahlkraft ausgehen kann. Diese Strahlkraft wird auf jene Menschen Wirkung ausüben, die entweder nicht in der Lage sind explizit zur zutreffenden Lösung der fundamentalen Aufgabe vorzudringen oder sich explizit für die reduktionistische Lösung entscheiden. Letzteren steht somit offen, eine Klassengesellschaft als Ausdruck der wohlgeordneten Gesellschaft darstellen zu können. Dass hierbei Krisen auftreten können, werden sie nicht negieren können. Sie brauchen hierin aber keine Gefahr für ihre Vorstellungen zu sehen. Die „höheren Mächte", auf die sie sich berufen, sind zwar zu befolgen, einfach da es keine vernünftige Alternative hierzu gibt, aber niemand, so werden sie sagen, hat jemals behauptet, dass sie zu einem naiv verstandenen Paradies auf Erden führen. Zudem stehen diesen Menschen zahlreiche Möglichkeiten der Empörungsprophylaxe zur Verfügung, die die Annahme vom Umschlagspunkt endgültig erledigt. Eine entscheidende Empörungsprophylaxe besteht hierbei darin, die Idolisierung der Hybris und des Mehr-sein-wollens als andere Menschen in das Proletariat – um mit Engels und Marx zu sprechen – hineinzutragen, was die Solidarisierung innerhalb dieser Gruppe unterwandern muss. Hiermit fällt gleichsam der zweite Umschlagspunkt in der Theorie von Engels und Marx: die Etablierung des Proletariats als politische Partei.

In den vorausgegangenen Ausführungen ist vehement Kritik geübt worden am Wissenschaftlichen Sozialismus. A b e r e s i s t k e i n e g r u n d s ä t z l i c h e K r i t i k g e ü b t w o r d e n . Das ist wie folgt zu verstehen: Die zentrale Aussage der im zweiten Kapitel skizzierten philosophischen Position in Rücksicht auf das Verständnis von der Gesellschaft lautet, dass dem Bemüht-sein-um-Wir als integralem Teil von Bemüht-sein-um-mich nu entsprochen werden kann, wenn aus der Thematisierung der personalen Ebene auf die weltliche gesellschaftliche geblickt und diese konzipiert wird. Das hat insbesondere zum Inhalt, dass die Wirtschaft – konkret die Marktwirtschaft - als dieserart zu regulierendes gesellschaftliches Unterfangen zu begreifen ist, fernab davon, ihr Omnipotenz im Sinne reduktionistisch marktgesellschaftlichen Denkens zuordnen zu können. Kurz gesagt: Die Marktwirtschaft ist aus jenem heraus zu begreifen, das zur gesellschaftlichen Ebene in Differenz ist, konkret in dialektischer Differenz.

Diese grundlegende Einsicht prägt auch den Wissenschaftlichen Sozialismus. Unmittelbarer Ausdruck hiervon ist die Ablehnung der (u. a.) sozialdemokratischen Vorstellung vom „Hinüberwachsen" in die wohlgeordnete Gesellschaft. Dergleichen ist in einem der gebrachten Zitate auch als „Allerweltsheilmittel" angesprochen worden. Zudem wendet der Wissenschaftliche Sozialismus die Dialektik auf, um die ihn prägende Einsicht begründen zu können. Er hält also, so ist aus der Perspektive des zweiten Kapitels festzuhalten, jenes in Händen, was das ausgewiesene Ziel erreichen lässt.

Und doch liegt gerade hierin, was den Wissenschaftlichen Sozialismus sein Ziel verfehlen lässt. Was er nämlich in Händen hält, das deformiert er, aus einer materialistischen Vorausentscheidung heraus. Nicht bereit, die personale Ebene anzuerkennen, transportiert er die Dialektik in die alleine anerkannte weltliche Ebene. Aber hiermit verliert sie all ihre Bedeutung, die sie daraus erlangt, diese Ebene als nicht das Sein an und für sich bezeichnend einsehen zu können. Notgedrungen muss daher die Differenz in die weltliche Ebene mit hinein transportiert werden, was zu der verhängnisvollen Vorstellung vom Umschlagpunkt in der Geschichte der Gesellschaft geführt hat. Dieser Punkt ist eine Fiktion. Die Überwindung der kapitalistischen Gesellschaft – Differenz - ist nichts, was sich in der Zeitachse zuträgt, sondern im Umgang der Menschen mit der ihnen auferlegten fundamentalen Aufgabe.

Dieser Punkt ist daher auch in der Geschichte nicht aufgetreten, was einerseits dem Ansehen des Wissenschaftlichen Sozialismus immensen Schaden zufügen musste. Das ist insbesondere in Rücksicht auf das in diesem enthaltene notwendig aufzugreifende Fundament zu verstehen. Andererseits hat es jenen ideologischen Kräften in die Hände gespielt, die von dem Umschlagpunkt nichts wissen wollen, aus ihrem Vertrauen heraus in das Hinüberwachen. Hierin kommt auch zum Ausdruck, dass die Annahme des Umschlagspunktes innig verwoben ist mit einem Missverständnis bezüglich dem Wesen der Marktwirtschaft. Der Wissenschaftliche Sozialismus sieht in der notwendig kapitalistisch geprägten Marktwirtschaft ein Übergangsstadium in der Entwicklung der Menschheit; freilich ein notwendiges Übergangsstadium. Mit dem Erreichen des Umschlagspunktes hat die Marktwirtschaft ausgedient. Entfällt aber der Umschlagspunkt, so auch die zeitliche Grenze der Bedeutung der Marktwirtschaft. So gesehen ist die Ausrichtung auf das Hinüberwachsen-Argument zumindest nachvollziehbar. Seine Rechtfertigung ist hiermit freilich nicht gegeben. Im zweiten Kapitel ist zumindest angedeutet worden, dass von der zeitlichen Grenze der Bedeutung der Marktwirtschaft aus dialektischer Sicht nicht zu sprechen ist. Wozu vorzudringen ist – Differenz aufbauend -, das ist die Einsicht in die personale Ebene und ihre Vorstellung von Bemüht-sein-um-sich/einander, da hiermit jenes thematisiert wird, das die Marktwirtschaft im Sinne der wohlgeordneten Gesellschaft regulieren lässt.

Wenn daher der Wissenschaftliche Sozialismus in diesem Abschnitt kritisiert worden ist, so nicht, um ihn grundsätzlich als falsch zu erweisen, sondern die in ihm liegenden Fehler aufzuzeigen, um willen davon, das zutreffende Fundament freilegen und nutzbar machen zu können.

Angesichts soll dieser Abschnitt mit einer Darstellung davon abgerundet werden, dass bereits Engels gegen Ende seines Wirkens in die Defensive geraten ist, als Folge der im Wissenschaftlichen Sozialismus angelegten Fehler.

Zunächst sollen drei Zitate aus der Frühzeit des Wissenschaftlichen Sozialismus gegeben werden:

„Wie unterscheiden sich die Kommunisten von den Sozialisten? [...] Die dritte Klasse [der Sozialisten] endlich besteht aus demokratischen Sozialisten, welche auf demselben Wege wie die Kommunisten einen Teil der [...] Maßregeln wollen, aber nicht als Übergangsmittel zum Kommunismus, sondern als Maßregeln, welche hinreichend sind, um das Elend aufzuheben, und das Übel der jetzigen Gesellschaft verschwinden zu machen.“ (S.59)[30]

„Was die Arbeiter angeht, so steht vor allem fest, daß sie Lohnarbeiter bleiben sollen wie bisher, nur wünschen die demokratischen Kleinbürger den Arbeitern besseren Lohn und eine gesichertere Existenz und hoffen dies durch teilweise Beschäftigung von seiten des Staates und durch Wohltätigkeitsmaßregeln zu erreichen, kurz, sie hoffen die Arbeiter durch mehr oder minder versteckte Almosen zu bestechen und ihre revolutionäre Kraft durch momentane Erträglichmachung ihrer Lage zu brechen.“ (S.97f.) [31]

„Im gegenwärtigen Augenblicke, wo die demokratischen Kleinbürger überall unterdrückt sind, predigen sie dem Proletariat im allgemeinen Einigung und Versöhnung, sie bieten ihm die Hand und streben nach der Herrschaft einer großen Oppositionspartei, die alle Schattierungen in der demokratischen Partei umfaßt, das heißt, sie streben danach, die Arbeiter in eine Parteiorganisation zu verwickeln, in der die allgemein sozial-demokratischen Phrasen vorherrschend sind, hinter welchen ihre besonderen Interessen sich verstecken, und in der die bestimmten Forderungen des

---

[30] Engels, F. 1847: *Grundsätze des Kommunismus* S.43-69; nach: *Marx, K. & F Engels Historisch-kritische Gesamtausgabe*, 1. Abteilung, Bd. 6, Berlin 1932, S.247-260; zitiert aus Fetscher, I. 2004: *Karl Marx & Friedrich Engels* Studienausgabe Band III – Berlin; S.43-62

[31] Marx, K. & F. Engels 1850: *Ansprache der Zentralbehörde an den Bund vom März 1850*; nach der Veröffentlichung von F. Engels in der Neuausgabe der Schrift *Enthüllungen über den Kommunistenprozeß zu Köln von K. Marx*, Hottingen-Zürich 1885; zitiert aus Fetscher, I. 2004: *Karl Marx & Friedrich Engels* Studienausgabe Band III – Berlin; S.94-104

Proletariats um des lieben Friedens willen nicht vorgebracht werden dürfen. Eine solche Vereinigung würde allein zu ihrem Vorteile und ganz zum Nachteile des Proletariats ausfallen.“ (S.98f.; wie voriges Zitat)

Wovon sind diese Zitate geprägt? Von einer – zu Recht - ausgesprochen selbstbewussten Distanzierung von bourgeoisesozialistischen, sozialdemokratischen Orakeln. Die Klassengesellschaft soll aufgehoben werden, nicht aber einzementiert werden unter dem Deckmantel des Wohlwollens, das sich in Verbesserungen der Lebensbedingungen des Proletariats erschöpft. Einer der bekanntesten Sätze des ebenfalls der Frühzeit des Wissenschaftlichen Sozialismus angehörenden *Manifests der Kommunistischen Partei* (1848) „Proletarier aller Länder, vereinigt euch!“ ist in eben diesem Sinn zu verstehen. Diese Vereinigung soll die Differenz zum Ausdruck bringen, in der sich das Proletariat zu den herrschenden Klassen zu verstehen hat.

Das Selbstbewusstsein, das in den gebrachten Ausführungen zum Ausdruck kommt, kristallisiert sich zudem in einer Kampfrhetorik, deren grundsätzliche Wurzel im Sinne Engels’ und Marxens bereit angeführt worden ist: Das Proletariat konnte sich nur durch Umsturz (Revolution) emanzipieren, eine Novität in der Geschichte. Im *Manifest der Kommunistischen Partei* liest sich dies wie folgt:

„Aber die Bourgeoisie hat nicht nur die Waffen geschmiedet, die ihr den Tod bringen, sie hat auch die Männer gezeugt, die diese Waffen führen werden – die modernen Arbeiter, die Proletarier.“ (S.67)

„Indem wir die allgemeinsten Phasen der Entwicklung des Proletariats zeichneten, verfolgten wir den mehr oder minder versteckten Bürgerkrieg innerhalb der bestehenden Gesellschaft bis zu dem Punkt, wo er in eine offene Revolution ausbricht und durch den gewaltsamen Sturz der Bourgeoisie das Proletariat seine Herrschaft begründet.“ (S.72)

„Wenn das Proletariat im Kampfe gegen die Bourgeoisie sich notwendig zur Klasse vereint, durch eine Revolution sich zur herrschenden Klasse macht und als herrschende Klasse gewaltsam die alten Produktionsverhältnisse aufhebt, […]“ (S.80f.)

In diesen Zitaten kommt zweifellos Kampf-, auch Gewaltbereitschaft zum Ausdruck. Ihre Legitimation wird darin gesehen, dass sie Antwort auf den „versteckten Bürgerkrieg“ in der kapitalistischen Gesellschaft ist. Diesen konnte as Proletariat nur durch „gewaltsamen“ Umsturz der „alten Produktionsverhältnisse“ überwinden.

Wenige Jahrzehnte später, gegen Ende des 19. Jahrhunderts, ist dieses kampfbetonte Selbstbewusstsein verschwunden, wie sich folgenden Ausführungen Engels’[32] aus dem Jahre 1895 entnehmen lässt:

„Man kann sich vorstellen, die alte Gesellschaft könne friedlich in die neue hineinwachsen in Ländern, wo die Volksvertretung alle Macht in sich konzentriert, wo man verfassungsmäßig tun kann, was man will, sobald man die Majorität des Volkes hinter sich hat: […].“ (S.234)

„Die Geschichte hat aber auch uns Unrecht gegeben, hat unsere damalige Ansicht als eine Illusion enthüllt. Sie ist noch weiter gegangen: Sie hat nicht nur unseren damaligen Irrtum zerstört, sie hat auch die Bedingungen total umgewälzt, unter denen das Proletariat zu kämpfen hat. Die Kampfweise von 1848 ist heute in jeder Beziehung veraltet, […].“ (S.243)

Nun spricht Engels selbst von der Möglichkeit „friedliches Hinüberwachsen“, von jenem also, das Mitte des Jahrhunderts noch schroff zurückgewiesen worden ist. Nicht

[32] Engels, F. 1895: *Einleitung* [zu Karl Marx’ *Klassenkämpfe in Frankreich 1848-1950*] – zitiert aus: Fetscher, I. 2004: *Karl Marx & Friedrich Engels* Studienausgabe Band III – Berlin; S.239-257

weniger interessant ist, was man zur neuen „Kampf"weise erfährt:

„Die deutschen Arbeiter hatten aber zudem ihrer Sache noch einen zweiten großen Dienst erwiesen neben dem ersten, der mit ihrer bloßen Existenz als die stärkste, die disziplinierteste, die am raschesten anschwellende sozialistische Partei gegeben war. Sie hatten ihren Genossen aller Länder eine neue, eine der schärfsten Waffen geliefert, indem sie ihnen zeigten, wie man das allgemeine Stimmrecht gebraucht. [...] Als nun Bismarck sich genötigt sah, dies Wahlrecht einzuführen als einziges Mittel, die Volksmassen für seine Pläne zu interessieren, da machten unsere Arbeiter sofort Ernst damit und sandten August Bebel in den ersten konstituierenden Reichstag. Und von dem Tag an haben sie das Wahlrecht benutzt in einer Weise, die sich ihnen tausendfach gelohnt und die den Arbeitern aller Länder als Vorbild gedient hat. Sie haben das Wahlecht, in den Worten des französischen Programms, transformé, de moyen de duperie qu'il a été jusqu'ici, er instrument d'émancipation – es verwandelt aus einem Mittel der Prellerei, was es bisher war, in ein Werkzeug der Befreiung." (S.248f.)

Könnte Engels heute noch schreiben, er müsste erneut eingestehen: „Die Geschichte hat aber auch uns Unrecht gegeben". Zu meinen, dass die Demokratie zum Erfolgsgaranten für die Durchsetzung einer klassenlosen Gesellschaft geworden ist, den Kapitalismus überwinden lassend, kann keinem denkenden Menschen einfallen. Stattdessen stellte sich heraus, dass Bismarck genau wusste, was er an dem Wahlrecht hatte; die Eliten der Marktgesellschaft haben diese „schärfste Waffe" dankbar aufgenommen.

Die marktgesellschaftliche, liberale Demokratie - also nicht die Demokratie an und für sich! - hat sich als eine der „schärfsten Waffen" der Protagonisten der Klassengesellschaft erwiesen bzw. als wesentliches Mittel der Empörungsprophylaxe. Eben jener Empörungsprophylaxe, die Engels und Marx nicht einmal in Betracht ziehen, wie sich gezeigt hat. Es ist geradezu beklemmend, dass diese Empörungsprophylaxe sogar dann noch funktionieren kann, wenn, worauf sie sich stützt, kaum noch mehr als dem Namen nach gegeben ist. Der Historiker Daniele Ganser zitiert in seinem Buch *Imperium USA*[33] folgende Sätze au einer Studie von Gilens und Page:

„Wir Amerikaner zeichnen uns zwar durch viele Merkmale aus, die für ein demokratisches System kennzeichnend sind, darunter regelmäßige Wahlen, Rede- und Versammlungsfreiheit und eine breite Wahlberechtigung. Aber wir glauben, dass, wenn die Politik durch mächtige Wirtschaftsorganisationen und eine kleine Zahl von sehr reichen Amerikanern dominiert wird, auch der Anspruch von Amerika, eine Demokratie zu sein, wirklich in Gefahr ist.»“ (S.57)

Worauf es hier ankommt ist aber alleine, dass Engels gegen Ende seines Wirkens auf einen Weg eingeschwenkt ist, der von dem anfänglichen Selbstbewusstsein nichts mehr erkennen lässt. Zwar wird man den Wechsel, hin zu demokratischen „Kampfmethoden“ begrüßen, zugleich aber schmerzlich vermissen, dass Demokratie nicht verstanden worden ist.

Der Grund hierfür ist die letztlich zu schwach gebliebene Ausrichtung auf den Überbau „Philosophie“. Engels hat nicht erkannt, dass die Demokratie nur dann ein wirkungsvolles „Kampfmittel“ ist, wenn sie aus der Beachtung der personalen Ebene heraus verstanden wird. Wenn sie also dieserart eingesetzt wird, um regulierend im Namen der Erreichung der wohlgeordneten Gesellschaft eingreifen zu können. Hiervon ist Engels ebenso weit entfernt wie Habermas, dessen „marktkritischen“ Überlegungen zur Demokratie kritisch beleuchtet worden sind.

---

[33] Ganser, D. 2022: *Imperium USA* – Frankfurt a. M.

Indem Engels auf die Betrachtung der Demokratie aus der personalen Ebene heraus verzichtet, lässt er die Demokratie zu einem jener „Allerweltsheilmittel“ verkommen, die er selbst zuvor noch angeprangert hat. Angesichts hiervon lässt sich die zuvor gegebene Begründung der hier gegebenen Kritik am Wissenschaftlichen Sozialismus um die Feststellung erweitern: Sie soll helfen, den Sozialismus aus seiner Defensive herauszuführen.

4.3 Grundlegung der sozialdemokratischen Reform

4.3.1 Die Reform Eduard Bernsteins

Was macht die Position Eduard Bernsteins in dem vorliegenden Kontext interessant? Was hat sie in der Geschichte der Sozialdemokratie umfangreich Bedeutung erlangen lassen? Bernstein selbst würde diese Fragen wohl dahingehend beantworten, dass er die bei Engels – und (wenn auch in geringerem Ausmaß) bei Marx – feststellbare Entwicklung hin zur Akzeptanz des Hinüberwachsen-Könnens, hiervon ist zuvor die Rede gewesen, aufgreift und weiter denkt. In seinem Buch *Die Voraussetzungen des Sozialismus und die Aufgaben der Sozialdemokratie*[34] kommt dies wie folgt zum Ausdruck:

„In seinen späteren Arbeiten hat Fr. Engels die bestimmende Kraft der Produktionsverhältnisse noch weiter eingeschränkt. Am meisten in zwei im *Sozialistischen Akademiker* vom Oktober 1895 abgedruckten Briefen, der eine davon im Jahre 1890, der andere im Jahre 1894 verfaßt. Dort werden «Rechtsformen»,

---

[34] Bernstein E. 1984[8]: *Die Voraussetzungen des Sozialismus und die Aufgaben der Sozialdemokratie* – Berlin & Bonn

politische, juristische, philosophische Theorien, religiöse Anschauungen beziehungsweise Dogmen als Einflüsse aufgezählt, die auf den Verlauf der geschichtlichen Kämpfe einwirken und in vielen Fällen «*vorwiegend* deren *Form* bestimmen».“ (S.33)

Hieraus, und weiteren Betrachtungen zu Engels, leitet Bernstein ab:

„Wer heute die materialistische Geschichtstheorie anwendet, ist verpflichtet, sie in ihrer ausgebildetsten und nicht in ihrer ursprünglichen Form anzuwenden, [...]“ (S.33f.)

Die „Anwendung“ darf aber auch nicht bei Engels stehen bleiben; die Theorie ist w e i t e r zu entwickeln. Daher auch hat er seine Position als Reformismus verstanden und bezeichnet. Tatsächlich bekannt geworden ist sie aber unter dem Begriff Revisionismus, den Bernstein nicht explizit zurückgewiesen hat. Hierauf wird sogleich zurückzukommen sein.

Auf jeden Fall muss an dem zweiten Zitat das Wort „ausgebildetste“ auffallen. Soweit bereits erkenntlich, lässt es sich auch lesen als „bisher ausgebildetste“ im Sinne von „noch von Engels erreichter Ausbildungsgrad“. Das impliziert, dass der Reformismus, und Bernstein sieht es tatsächlich so, eine Weiterentwicklung der von Engels begonnenen Dynamik bedeutet. Trifft das zu, so hat Bernstein aber die zuvor für Engels festgehaltenen Probleme übernommen, ohne sie als Probleme erkannt zu haben. Im Sinne hiervon muss er also seine Aufgabe darin sehen, indem er Engels weiter und über ihn hinaus denkt, die Sozialdemokratie vor einer sozialistisch-marxistischen Orthodoxie zu schützen, die immer noch in den Kategorien des *Manifests* usw. verhaftet ist.

Folgendes Zitat aus *Vossische Zeitung* (Berlin) vom 6. Jänner 1925, es ist einem Artikel anlässlich Bernsteins 75. Geburtstag entnommen, skizziert zutreffend, wie die hiermit gegebene Situation zu verstehen ist:

„Wenn Lujo Brentano den Liberalismus mit den sozialen Forderungen der Zeit zu verbinden gesucht hat, so versuchte Eduard Bernstein den Sozialismus mit liberalem Geist zu durchdringen. | Daß diese Männer sich auf demselben Boden trafen, war gewiß kein Zufall. Wenn beide hatten, obwohl Brentano die geordnete Gelehrtenlaufbahn durchmaß, Bernstein Autodidakt war, doch in dem entscheidenden Stadium dieselbe Lehre genossen. Beide waren in England gewesen und hatten dort das Beste in sich aufgenommen, was man von den Engländern lernen kann: den Sinn für die Realität. [...] | Um ihn [Bernstein] scharten sich die gemäßigten Sozialdemokraten, [...] Die Scheidung in Radikale und Gemäßigte, in Orthodoxe und Revisionisten war nicht nur eine Scheidung der Temperamente. Auf beiden Seiten kämpften Männer von Geist, von Feuer und Tatkraft. Aber die Orthodoxen, Marxisten glaubten die Wirklichkeit mit der Idee bezwingen zu können, die Revisionisten unter Bernsteins Führung wollten die Idee an der Wirklichkeit kontrollieren, und diese Kontrolle ergab, daß mancher Stein in dem marxistischen Lehrgebäude bereits morsch und altersschwach geworden war."

Hieran fällt sogleich der „Sinn für Realität" auf, den Bernstein in England gelernt hat: Die Reformisten / Revisionisten wollten „die Idee an der Wirklichkeit kontrollieren", im Gegensatz zu den Orthodoxen des marxistischen Sozialismus. Natürlich lobt der Verfasser hiermit die Abkehr der Reformisten / Revisionisten von der Dialektik Hegels, wie sie insbesondere bei Engels doch Bedeutung hat – lange Zeit gehabt hat -, um die Vorstellung von der Differenz zur Marktwirtschaft begründen und inhaltlich auskleiden zu können. Demgegenüber steht bei den Reformisten / Revisionisten die „Wirklichkeit" unerschütterlich im Zentrum des Interesses, über das bei den Materialisten Engels und Marx gegebene Maß hinaus. Das legt nahe: Trägt der wissenschaftliche Sozialismus das Potenzial in sich, Einfallstor für eine reine Fokussierung auf die weltliche Ebene zu sein, mit all den daraus erwachsenden Problemen für den Sozialismus, so wird dieses Potenzial im Bernsteinschen

Reformismus zur Realität. Mehr noch: Wird über Engels in dem angegebenen Sinn hinausgegangen, so kann hiermit nur eine ausgedehntere Ausrichtung auf die Marktwirtschaft im Sinne eines omnipotenten Unterfangens gemeint sein: In dem Zeitungsartikel wird eben dies als Triumph des „englischen Realitätssinnes“ Bernsteins gefeiert.

Attestiert man Engels, im Umgang mit der fundamentalen Aufgabe n i c h t gescheitert zu sein, dass also besagte Probleme in seiner Position Ausdruck von Irrtümern sind, so stellt sich in Rücksicht auf Bernstein die Frage, ob seine Weiterführung der bei Engels gegebenen Entwicklung ebenfalls Ausdruck von Irrtumsbehaftetheit ist, was wohl die Bezeichnung „Reformismus“ rechtfertigen würde, oder bereits in ein Scheitern hinüberwächst – also die bewusste Anerkennung der falschen Lösung der fundamentalen Aufgabe - , was die Bezeichnung „Revisionismus“ rechtfertigen würde.

Was ergibt sich aus der Betrachtung von Bernsteins Buch für die Lösung des hiermit aufgeworfenen Problems?

Am Beginn der Beantwortung dieser Frage muss eine Auseinandersetzung mit Bernsteins Verständnis von Wissenschaft und der Dialektik Hegels stehen. Soweit es das Wissenschaftsverständnis Bernsteins anbelangt, ist die Aufgabe schnell erledigt, da nichts gehaltvolles geboten wird. Bernsteins Aussagen sind mit folgendem Zitat mehr oder weniger zusammengefasst:

„Das soll besagen, daß während die Sozialdemokratie als kämpfende Partei bestimmte Interessen und Tendenzen vertritt, für *selbstgesetzte Ziele* streitet, sie bei der Bestimmung dieser Ziele in letzter, entscheidender Linie einer Erkenntnis folgt, die eines objektiven, nur auf Erfahrung und Logik als Beweismaterial angewiesenen und mit ihnen übereinstimmenden Beweises fähig ist. Denn was eines solchen Beweises nicht fähig ist, ist nicht mehr

Wissenschaft, sondern beruht auf subjektiven Eingebungen, auf bloßem Wollen oder Meinen." (S.27)

Es ist leicht nachvollziehbar, dass Bernstein dergleichen in England gelernt hat, wie es in dem Zeitungsartikel heißt. Ob sich Bernstein jemals substanziell mit Erkenntnistheorie, Wissenschaftstheorie usw. auseinandergesetzt hat und daher kritisch zu der Feststellung gelangt ist, es bei Empirie und Logik belassen zu können, ist seinem Buch nicht zu entnehmen, glaublich ist es nicht. Aufgrund der bereits gebrachten Ausführungen braucht nicht mehr eigens dargestellt zu werden, dass die alleinige Ausrichtung auf Empirie und Logik, wie sie Bernstein bietet, einen geradezu naiven Reduktionismus bedeutet.

Engels und Marx bieten ihre materialistische Ausrichtung auf die Empirie und Logik, die unbestreitbar auch ihr Denken bestimmen, nicht auf dieserart naive Weise. Hiermit würden sie sich jegliche Möglichkeit nehmen, auf die Dialektik zugreifen zu können. Freilich bieten sie hierbei eine reduktionistische Verzerrung der Dialektik Hegels, aber an entscheidendem Punkt – vgl. oben - nutzen sie die Dialektik in einer Weise, die aus der Perspektive Bernsteins als „bloßes Wollen und Meinen" erscheinen muss. Wie aber verhält sich Bernstein seinerseits zu Hegels Dialektik?

„Es ist indes mit dem «Auf-die-Füße-stellen» der Dialektik keine so einfache Sache. Wie immer sich die Dinge in der Wirklichkeit verhalten, sobald wir den Boden der erfahrungsgemäß feststellbaren Tatsachen verlassen und über sie hinausdenken, geraten wir in die Welt der abgeleiteten Begriffe, und wenn wir dann den Gesetzen der Dialektik folgen, wie Hegel sie aufgestellt hat, so befinden wir uns, ehe wir es gewahr werden, doch wieder in den Schlingen der «Selbstentwicklung des Begriffs». Hier liegt die große wissenschaftliche Gefahr der Hegelschen Widerspruchslogik." (S.47)

„Die logischen Purzelbäume des Hegelianismus schillern radikal und geistreich. Wie das Irrlicht, zeigt er uns in unbestimmten Umrissen jenseitige Prospekte. Sobald wir aber im Vertauen auf ihn unseren Weg wählen, werden wir regelmäßig im Sumpfe landen." (S.62)

Gleich der Beginn des ersten Zitates zielt auf Engels und Marx ab: Deren Auf-die-Füße-stellen der Dialektik Hegels wird als Unmöglichkeit abgetan. Hegel selbst habe den „Boden der erfahrungsmäßig erfassbaren Tatsachen verlassen" und sich in „abgeleiteten Begriffen verloren", was auch immer „abgeleitet" hier bedeuten mag, sodass er nichts bietet, was „auf die Füße gestellt" werden kann. Hegel, seine Widerspruchslogik, bedeutet eine „wissenschaftliche Gefahr", sie lässt uns im „Sumpf landen". Das ist eindeutig. Nicht weniger eindeutig drückt sich Bernstein in Rücksicht darauf aus, dass die elende Emanzipation Marxens von der Dialektik Hegels verantwortlich ist für Marxens Ablehnung des Hinübergleitens in eine wohl geordnete Gesellschaft:

„Diese geschichtliche Selbsttäuschung [= Deutschland würde am Vorabend der Revolution stehen], wie sie der erste beste politische Schwärmer kaum überbieten konnte, würde bei einem Marx, der schon damals ernsthaft Ökonomie getrieben hatte, unbegreiflich sein, wenn man in ihr nicht das Produkt eines Restes Hegelscher Widerspruchsdialektik zu erblicken hätte, das Marx – ebenso wie Engels – sein Lebtag nicht völlig losgeworden zu sein scheint, das aber damals, in einer Zeit allgemeiner Gärung, ihm umso verhängnisvoller werden sollte." (S.48)

Hiermit ist sogleich evident, worin sich Bernstein substanziell von Engels und Marx unterscheidet: In der vollständigen Ablehnung der Dialektik. Das ist nichts weniger als ein Nebenschauplatz. Was Bernstein ablehnt, das hat sich als jenes erwiesen, aus dem heraus die Thematisierung der personalen Ebene möglich ist, als Bedingung davon, gehaltvoll das Differenz-Argument einbringen zu können. Engels und Marx sind nicht zur personalen Ebene vorgedrungen und konnten daher das Differenz-Argument, also die Ablehnung des Hinüberwachsen-Orakels, nur unzureichend begründen. Aber das entsprechende Bemühen kann ihnen nicht abgesprochen werden. Bernstein hat nichts gleichwertiges zu bieten.

Hieran darf nicht unbeachtet bleiben, dass Bernsteins Kritik an Hegel lediglich Allgemeinplätze verwendet, die auf keinen eigenständigen Umgang mit Hegels Philosophie schließen lassen. Seine Vorgehensweise ist auch keinesfalls originell:

„Damit soll der Hegelschen Dialektik nicht jedes Verdienst abgesprochen werden. Vielmehr dürfte, was ihren Einfluß auf die Geschichtsschreibung anbelangt, Fr. A. Lange sie am treffendsten beurteilt haben, als er in seiner *Arbeiterfrage* von ihr schrieb, man könne die Hegelsche Geschichtsphilosophie mit ihren Grundgedanken, der Entwicklung in Gegensätzen und deren Ausgleichung «fast eine anthropologische Entdeckung nennen.» Aber Lange hat auch gleich den Finger in die Wunde «fast» gelegt, […].“ (S.48)

Bernstein spricht Hegel also nicht jegliches Verdienst ab! Das überrascht, wirkt zynisch. Welches Verdienst will er Hegel noch zuordnen? Im Gegensatz zu Marx und Engels bedarf er der Dialektik nicht. Zudem ist der Hinweis auf Lange nicht uninteressant. Dieser hat 1866 seiner seinerzeit viel beachteten *Geschichte des Materialismus*[35] festgehalten:

„Nach dem Erlöschen der titanenhaften Bestrebungen Schellings und Hegels trat die ernsthafte Forschung der positiven Wissenschaften in den Vordergrund.“ (S.513)

Zudem erfährt man:

[35] Zitiert nach: Lange, F. 1974: *Geschichte des Materialismus, 2. Buch* – Frankfurt a.M.

„Der echte Materialist wird stets geneigt sein, seinen Blick auf das große Ganze der äußeren Natur zu richten und den Menschen als eine Welle im Ozean ewiger Stoffbewegung zu betrachten.“ (S.522)

Angesichts derartiger Sätze kann nicht überraschen, dass sich Lange mit Hegels („unernster“) Philosophie nichts anzufangen gewusst hat, dass er die Problematik, die zu lösen Hegel (und nicht erst Hegel) als die vorrangige Aufgabe ansieht, nicht einmal erkennt. Dementsprechend trivial und leer sind Langes gegen Hegel gerichtete Vorwürfe; ganz genau so wie jene Bernsteins[36].

Angesichts hiervon soll nun gelesen werden, womit Bernstein seine Leserschaft schon vor seinen Ausfällen gegen Hegel im Sinne seines Wissenschaftsverständnisses vertraut gemacht hat:

„Wie die physische wird auch die ökonomische Naturmacht in dem Maße von der Herrscherin zur Dienerin der Menschen, als ihr Wesen erkannt ist. Die Gesellschaft steht so der ökonomischen Triebkraft theoretisch freier als je gegenüber, und nur der Gegensatz der Interessen zwischen ihren Elementen – die Macht der Privat- und Gruppeninteressen – verhindert die volle Übersetzung dieser theoretischen in praktische Freiheit. Indes gewinnt auch hier das Allgemeininteresse in wachsendem Maße an Macht gegenüber dem Privatinteresse, und in dem Grade, wie dies der Fall, und auf allen Gebieten, wo dies der Fall, hört das elementarische Walten der ökonomischen Mächte auf.“ (S.36)

Das verblüfft, obschon es tatsächlich an Engels und Marx erinnert (vgl. oben)! Zunächst macht sich der Mensch die ökonomische Naturmacht zur Dienerin, was gelingt, indem

[36] Es soll nicht unerwähnt bleiben, dass Lange in seinem umfangreichen Buch – in der hier verwendeten Ausgabe circa 1.000 Seiten dick - lediglich an einer einzigen Stelle Marx erwähnt und Engels vollständig unberücksichtigt lässt!

er sie zu verstehen lernt. Bernstein versucht dies dadurch zu verdeutlichen, dass er einen Vergleich mit der Beherrschung physischer Naturmächte anstellt. Zunächst ist die Elektrizität in Gestalt von Blitzen die „Herrscherin“ über die Menschheit gewesen. Aber seit die Menschen gelernt haben, was Elektrizität ist, ist sie zur Dienerin der Menschheit geworden. Ebenso soll es sich mit den Naturmächten der Ökonomie verhalten. Eigentlich ist unmittelbar einsichtig, dass dieser Schluss ein Trugschuss ist; es werden Äpfel mit Birnen verglichen. Der Grund hierfür ist: Der Umgang mit der Naturmacht Elektrizität ist ohne jegliche moralische Komponente, aber das Gegenteil trifft für die Ökonomie zu: Sie ist insbesondere jenes, im Zusammenhang mit dem die moralische Thematik im Sinne des Umgangs mit der fundamentalen Aufgabe auftritt. Was es diesbezüglich mit „erlernen“ au ich haben soll, kann also aus dem erklären sollenden Vergleich nicht ersichtlich werden.

Tatsächlich greift Bernstein diesen Unterschied auf. Im Rahmen des Erlernens der Geheimnisse der Naturmacht Ökonomie, so hält er fest, bleibt zumindest zunächst der Gegensatz der Interessen, also eine der fundamentalen Eigenschaften dieser Naturmacht bestehen, was der „Übersetzung der theoretischen in die praktische Freiheit“ hinderlich ist. Anders formuliert: Zunächst bleibt die Naturmacht Ökonomie noch Herrin über die Menschen. Die Menschen sind noch ausgerichtet auf ihre Privatinteressen und die Erhaltung ihres Daseins. Auch diese Vorstellung erinnert sofort an Engels und Marx (vgl. oben). Aber im weiteren Verlauf des Lernens ändert sich die Situation, kann die Ausrichtung auf „die Gegensätze der Interessen“ überwunden werden, womit die Naturmacht Ökonomie zur Dienerin wird: „Indes gewinnt auch hier das Allgemeininteresse in wachsendem Maße an Macht gegenüber dem Privatinteresse.“ Das leibt insofern noch im Bild von Engels und Marx, als hiermit der

Eintritt in das Reich der „Freiheit“ bezeichnet ist. Zugleich wird aber aus dem Bild Engels’ und Marxens herausgetreten, als nicht mehr vom „Sprung“ in die Freiheit die Rede ist, sondern von der „Übersetzung“ in die Freiheit. Das ist, wie man zunächst meinen könnte, keine Marginalie. Das ist von substanzieller Bedeutung, da hiermit das Hinüberwachsen in die wohlgeordnete Gesellschaft bezeichnet ist.

Insbesondere bemerkenswert an der Argumentation Bernsteins ist, dass sie nicht erklärt, wieso mit wachsenden Verständnis für die Naturmacht Ökonomie das „Allgemeininteresse in wachsendem Maße an Macht“ gewinnt. Das ist umso interessanter als an genau der hier gegebenen Stelle die Dialektik bei Engels und Marx Bedeutung entwickelt. Sie soll den „Sprung“ in die Freiheit erklären. Aber von dergleichen „Ideen“ will Bernstein nichts wissen. Offenbar verlässt er sich ganz auf seinen „Wirklichkeitssinn“, den er „in England erlernt“ hat. Das folgende Zitat legt diese Interpretation nahe:

„Die Wissenschaften, die Künste, eine größere Reihe sozialer Beziehungen sind heute viel weniger von der Ökonomie abhängig als zu irgendeiner früheren Zeit. Oder um keiner Mißdeutung Raum zu geben, der heute erreichte Stand ökonomischer Entwicklung läßt den ideologischen und insbesondere den ethischen Faktoren einen größeren Spielraum selbständiger Betätigung, als dies vordem der Fall war.“ (S.36f.)

Angesichts hiervon ist feststellbar, dass Bernstein die Rechtfertigung seiner Aussage von dem immer mehr an Macht gewinnenden Allgemeininteresse den in diesem Zitat zum Ausdruck kommenden Beobachtungen zur gesellschaftlichen Entwicklung entnimmt. Aber hiermit unterläuft ihm ein Fehler. Im Zentrum dieses Fehlers steht die unmittelbare Verknüpfung von „erreichter Stand der ökonomischen Entwicklung“ und „lässt den ethischen Faktoren einen größeren

Spielraum“. Diese Verknüpfung ist wichtig, da sie in unmittelbarem Zusammenhang damit steht, dass „größere Reihe sozialer Beziehungen heute viel weniger abhängig sind von der Ökonomie als zu irgendeiner frühren Zeit.“ Selbstverständlich muss, wovon Bernstein hier berichtet, im Lichte seiner Vorstellung aufgenommen werden, wonach die Menschheit erlernt, sich die Naturkraft Ökonomie zur Dienerin zu machen.

Das lässt nur den Schluss zu, dass mit dem Erlernen auf ökonomischem Gebiet die ethischen Kräfte im Menschen immer mehr zur Geltung kommen konnten bzw. sich entfalten konnten. Das erhellt auch den eher orakelhaft anmutenden Satz, er ist bereits zitiert worden, wonach von der „theoretischen in die praktische Freiheit“ zu gelangen ist. Anscheinend ist mit „theoretisch“ unentfaltet gemeint: Der Mensch könnte anfangs „theoretisch“ in Freiheit sein, aber der Umstand, noch unter der Herrschaft der Naturkraft Ökonomie zu sein, lässt die Freiheit nicht sogleich Realität sein.

Der Fehler hieran beginnt damit, dass uneinsichtig bleibt, woher Bernstein seine Vorstellung von der „theoretischen Freiheit“ nimmt. Er unterstellt sie einfach, was, wie bereits bekannt ist, in die Falle führen muss. Die Falle sieht hier konkret wie folgt aus: Wenn Änderungen im Umgang mit einer Naturkraft dazu führen, dass die Menschheit zur Entfaltung kommt (Eintritt in die praktische Freiheit), so kann dies nur bedeuten, dass diese insgesamt weltlich verstanden wird. Genau das besagt aber einen Reduktionismus, da zwingend zur weltlichen Betrachtung in Differenz zu treten ist. Es ist eben jene Differenz zu dieser aufzubauen, um die Engels trotz allem noch bemüht gewesen ist!

Hierzu ist anzumerken: Wie dargelegt, ist Engels und Marx die Vorstellung einer „theoretischen Freiheit“ fremd. Ganz im Sinne ihres Bildes vom Sprung in die Freiheit sehen sie die Menschen der kapitalistischen Epoche noch als eher dem

Tierreich zugehörend, in Getrenntheit zur Moral. Bernstein hingegen, gewitzt durch seine Beobachtungen zur gesellschaftlichen Dynamik, sieht den Beginn der Menschheit durchaus nicht in Getrenntheit zur Moral bzw. Ethik (von der er wohl nicht ganz zutreffend spricht), sondern ordnet ihr eine latente („theoretische“) Freiheit und somit ethisches Vermögen bei, was den Sprung zum Hinüberwachsen werden lässt.

Völlig undiskutiert lässt Bernstein hierbei, welche Rolle diese latente Ethik im Rahmen des Erlernens der Naturmacht Ökonomie spielt. Eine entscheidende Rolle kann ihr aber nicht zugeordnet werden, da dies bedeuten würde, dass sie sich selbst aus dem Stadium der Latenz herausgeholt hat. Vor allem aber kann sie nichts dazu beigetragen haben, über die weltliche Ebene hinaus zu gelangen, da derartiges von einer weltlichen Kraft schlicht und einfach nicht gelernt werden kann.

Anders gewendet: Bernsteins „englisches“ Denken muss in dem von Lange geprägten Bild (vg. oben) bleiben, wonach die Menschen „Welle[n] im Ozean ewiger Stoffbewegung“ sind. Wieso soll diesen „Wellen“ Ethik und Moral zugeordnet werden können? Bernstein stellt sich diese Frage nicht einmal.

Wie bereits dargelegt, sind derartige Bilder unbrauchbar, da der Mensch, das personale Ich gerade nicht in der weltlichen Ebene zu suchen und aus ihrer Betrachtung heraus verstanden werden kann. So sehr es wichtig ist, die Gesetzlichkeiten der weltlichen Ebene, auch die ökonomischen Gesetzlichkeiten, zu eruieren, so folgt die Ermöglichung des Sprungs in die Freiheit – hier als Thematisierung der eigenen Personalität verstanden -, nicht aus diesem Lernprozess, sondern daraus, dass zunächst erkannt worden ist, sich von der weltlichen Ebene emanzipieren zu sollen; dass hierin die fundamentale Aufgabe besteht, da diese Ebene suggeriert, auf eben diese Emanzipation verzichten zu können. Bernsteins Gewitztheit im Umgang mit der Ethik bedeutet daher nicht mehr, als diese auf bereits verfestigtem reduktionistischen Boden implantieren zu wollen.

Beachtet man daher, dass Engels und Marx daran gescheitert sind, dass sie den Menschen der kapitalistischen Epoche nicht als um Moral bemühtes Wesen verstanden haben, was das Ergebnis eines unzutreffenden Verständnisses der Dialektik Hegels ist, so ändert Bernsteins reformistisch/revisionistische Vorgehens an diesem Scheitern nichts, da sie davon getragen ist, das Fehlen der Moral durch eine „theoretische" Moral zu ersetzen, was keinen Sinn ergibt. Es ist lediglich Ausdruck davon, sich der Dialektik Hegels vollständig entledigen zu können, da diese dafür verantwortlich sein soll, dass die Materialisten Engels und Marx sich nur unzureichend der Wirklichkeit zuwenden konnten, geblendet von den Ideen bei Hegel.

Trotzdem ist einsehbar, wieso Bernstein seine Position als Reformation bzw. Weiterdenken des Sozialismus im Sinne von Marx und Engels versteht. Die Erklärung hiervon soll anhand des folgenden Zitates gegeben werden:

„Die Spekulation ist indes ihrerseits bedingt durch das Verhältnis der wißbaren zu den unwißbaren Umständen. Je stärker die letzteren überwiegen, um so mehr wird sie blühen, je mehr sie von den ersteren zurückgedrängt werden, um so mehr Boden wird ihr entzogen. Daher fallen die wahnsinnigsten Auswüchse kommerzieller Spekulation in die Zeit des Anbruchs der kapitalistischen Ära und feiert die Spekulation in Ländern jüngerer kapitalistischer Entwicklung gewöhnlich die wüstesten Orgien. Auf dem Gebiet der Industrie blüht die Spekulation am üppigsten in neuen Produktionszweigen. Je älter ein Produktionszweig als moderne Industrie ist, um so mehr hört – die Fabrikation von reinen Modeartikeln ausgenommen – das spekulative Moment auf, eine maßgebende Rolle in ihr zu spielen. Es werden die Marktverhältnisse und Marktbewegungen genauer übersehen und mit größerer Sicherheit in Berechnung gezogen." (S.102)

Zweifellos ist diese Argumentation im Sinne des von Bernstein gezeichneten Bildes zu verstehen, dass mit dem Erlernen davon, was es mit der Naturkraft Ökonomie auf sich hat, diese zur Dienerin umgeformt werden kann, die Beachtung des Allgemeinwohls sukzessive zur Geltung kommen lassend. Aus eben diesem Grund kann die Spekulation nur am Beginn – „Ausbruch" - kapitalistischer Verhältnisse „wüsteste Orgien" feiern. Die Marktverhältnisse werden einfach noch nicht besser verstanden. Das ist erneut durchaus noch im Sinne von Marx und Engels, zumindest insofern als auch diese in den Kapitalisten lediglich Marionetten der Zeitumstände sehen. Aber Bernstein tritt aus der hiermit bezeichneten Position substanziell heraus: Indem die Marktmechanismen und Marktgegebenheiten immer besser erlernt werden, wovon auch Marx und Engels sprechen (vgl.), erübrigen sich klassenkämpferische Maßnahmen, also jene Maßnahmen, die zu Beginn durchaus berechtigt gewesen sein mögen, da dieses Erlernen inkludiert, die in den Marktmechanismen liegenden Kräfte im Sinne der Realisierung der Beachtung des Allgemeinwohls frei zu setzen.

Anders gewendet: Die Ausrichtung auf den Klassenkampf, wie er das *Manifest* prägt, ist Ausdruck davon, sich nur an den anfänglich gegebenen Verhältnissen im Kapitalismus orientiert zu haben. Verleitet von Hegels „Idee" von der Negation und Negation der Negation, hat man übersehen, dass der Kapitalismus aus sich heraus aus diesen anfänglichen Verhältnissen herauswachsen kann, sodass es des marxistischen Sprungs in die Freiheit nicht bedarf, da in diese hinübergewachsen werden kann. Bernstein ist der Meinung, dass er zu dieser Einsicht aufgrund seines von „Ideen" nicht getrübten reinen englischen Realitätssinns gefunden hat. Mehr noch: Er kann sogar darauf verweisen, dass auch

Engels am Ende seines Wirkens Gedanken entwickelt hat, die in Richtung seines – Bernsteins – Denken weisen:

„Schon die Tatsache, daß lange Zeit sozialistischerseits eine zunehmende *Verengerung* des industriellen Kreislaufs als die natürliche Folge der zunehmenden Konzentration des Kapitals – eine Entwicklung in Form einer *Spirale* – gefolgert wurde, 1894 aber Friedrich Engels sich zur Frage veranlaßt sah, ob nicht eine *neue Ausdehnung* des Zyklus vorliege, also das gerade Gegenteil der früheren Annahme, warnt vor der abstrakten Folgerung, daß diese Krisen sich in der alten Form wiederholen *müssen*." (S.109)

Auf das Umdenken Engels', da Bernstein hier thematisiert, ist bereits getroffen worden. Hierbei ist es als Ausdruck davon dargestellt worden, dass Engels mit seiner Vorstellung vom Sozialismus in die Defensive geraten ist. Als Grund hierfür hat sich erwiesen, dass er – mit Marx – den Sprung in die Freiheit und die zu diese führende dialektische Dynamik als zeitliches Phänomen verstanden hat, anstatt die dialektische Dynamik in Differenz zur weltlichen / gesellschaftlichen Ebene zu begreifen, den Sprung in die Freiheit im Umgang der personalen Ichs mit der fundamentalen Aufgabe verortend.

Aus der Perspektive kann natürlich gerade nicht die Rede davon sein, dass Engel in die Defensive geraten ist. Im Gegenteil: Engels hat sich von Voreingenommenheiten befreit, die sich aus seiner anfänglichen Affinität zu Hegelschen „Ideen" ergeben haben. Dieser Wandel hat seinen Realitätssinn geschärft, nun sehend, dass von einer „Verengung des industriellen Kreislaufes" nicht die Rede sein kann. Er hat sich also von einer Aussage befreit, die alleine aus der Voreingenommenheit heraus geboren worden ist, zur wohlgeordneten Gesellschaft nur durch die dialektische Negation des Kapitalismus finden zu können. Sein eigenes Vorgehen, auf Interpretationen der Wirtschaft aus der Beachtung von Ideen heraus zu verzichten, versteht er als von „Empirie und

Logik“ geleitetes (vgl. oben) wirklichkeitsnahes Vorgehen. Als ein Vorgehen durchaus im Sinne des späten Engels, aber ohne dem Rucksack an idealistischen Bürden, den sich dieser umgehängt hat.

Das Problem hieran ist, dass sich Bernstein dieserart der alleinigen Anerkennung des innerweltlichen Blicks anvertraut, was zum Scheitern verurteilt sein muss. Was er als Wirklichkeitsnähe versteht, hat mit selbiger nichts zu tun. Das meint: Sein Empirismus bedeutet zuallererst die Ausblendung der personalen Ichs und somit deren Umgang mit der fundamentalen Aufgabe. Somit kann er nicht erkennen, dass Menschen, die an der fundamentalen Aufgabe scheitern, das Ziel ihres Bemüht-seins um sich im Mehr-sein als die Mitmenschen sehen, fernab davon, das Bemüht-sein um die Gemeinschaft als ihrem Bemüht-sein um sich inhärierend zu verstehen.

Die „wüsten Orgien“, die die Spekulation in er Anfangsphase kapitalistischer Gesellschaften feiert, lassen sich problemlos mit diesem Mehr-sein-wollen verknüpfen. Folgt man nun der Logik Bernsteins, so müsste die Eindämmung dieser Orgien das Resultat von Lernerfolgen im Umgang mit den Marktmechanismen sein. Aber das ist, wie bereits festgehalten worden ist, nicht möglich, da die Anerkennung der wohlgeordneten Gesellschaft ein Vorgang auf personaler Ebene ist, die in Differenz zur gesellschaftlichen Ebene und somit den Marktmechanismen ist.

Trotzdem haben sich in der kapitalistischen Gesellschaft offenbar Veränderungen zugetragen, die Bernstein euphorisch im Sinne seiner Wirklichkeitsnähe interpretiert, die also signalisieren, dass die Gesellschaft auf dem Wege zur Anerkennung des Miteinanders ist. Was Bernstein tatsächlich beobachtet und aufgrund seines reduktionistischen Denkens nicht verstanden hat, ist aber folgendes: Zunächst musste in den kapitalistischen Gesellschaften eine allgemeine

Anhebung des Wohlstandes eintreten, da die kapitalistische Gesellschaft auf dem Verkauf von Waren basiert. Ein Unternehmen, das zwar Waren produziert, aber nicht verkauft, kann am Markt nicht bestehen. Aber jene, denen diese Unternehmen gehören – um nur von ihnen zu sprechen – sorgen sich primär nicht um das Allgemeinwohl, sondern um ihre eigenen Möglichkeiten, ihren Anreiz zu befriedigen, mehr zu sein als die Mitmenschen. Die Anhebung des Allgemeinwohls ist hierbei lediglich ein Seiteneffekt, was sich auch daran zeigt, dass die Arbeitsbedingungen, Höhe der Entlohnung der Mitarbeiter im Unternehmen, möglichst knapp bemessen werden. Natürlich können auch diesbezüglich Verbesserungen auftreten, aber wiederum nicht aus fortgesetzten Lernerfolgen im Sinne Bernsteins, sondern aus Gründen der Empörungsprophylaxe, die ihrerseits so knapp wie möglich bemessen wird, z B. aus Grünen der Beachtung der Standortkonkurrenz. Das Klassendenken der Eliten wird hierdurch keineswegs abgebaut. Es existiert unvermindert weiter, zumal der von Bernstein in Anspruch genommene Lerneffekt einfach nicht existiert.

Angesichts hiervon sollen nun Bernsteins Vorstellungen von der Demokratie interessieren. Der Grund hierfür ergibt sich bereits daraus, dass der späte Engels auch auf deren Anerkennung eingeschwenkt ist (vgl. oben). Bei Bernstein ist zur Demokratie zu lesen:

„Viel näher werden wir der Sache kommen, wenn wir uns negativ ausdrücken und Demokratie mit Abwesenheit von Klassenherrschaft übersetzen, als Bezeichnung eines Gesellschaftszustandes wo keiner Klasse ein politisches Privilegium gegenüber der Gesamtheit zusteht. [...] Diese negative Erklärung hat außerdem den Vorteil, daß sie weniger als das Wort Volksherrschaft dem Gedanken der Unterdrückung des Individuums durch die Mehrheit Raum gibt, der dem modernen Bewußtsein unbedingt widerstrebt.“ (S.151f.)

Damit sind wir gleich wieder in Bernsteins Märchenwelt gelandet: Dem modernen Bewusstsein „widerstrebt" die Unterdrückung des Einzelnen durch die Mehrheit – soweit ist also der Lernprozess bereits fortgeschritten. Daher sollte Demokratie als „Abwesenheit von Klassenherrschaft" verstanden werden. Zweifellos ist Bernstein beizupflichten, dass in einer Demokratie keine Klassenherrschaft existieren soll bzw. – hierüber hinaus – gar keine Herrschaft ausgeübt werden soll, konkret im Sinne der Anerkennung der Gleichwürdigkeit der Menschen und dem hieraus sich ergebenden Bemüht-sein-umeinander. Aber an die Beachtung dieser Gleichwürdigkeit kann Bernstein aufgrund seiner alleinigen Anerkennung des innerweltlichen Blicks nicht denken.

In diesem Zusammenhang ist zu beachten, dass für Bernstein gilt, was zuvor in Rücksicht auf Habermas auszuführen gewesen ist: Die Abgrenzung vom liberalen Denken gelingt nicht. Dieses kann sich nämlich auf den Standpunkt stellen: Versteht man unter einer Klassengesellschaft, dass ein Teil (Klasse) der Gesellschaft über einen anderen Teil (Klasse) eine Herrschaft ausübt, derart, dass dieser hieraus ein Schaden entsteht, so ist gerade das liberale, marktgesellschaftliche Denken ein Garant dafür, dass die Klassengesellschaft überwunden wird. Das Gefälle in einer vom liberalen Denken geprägten Gesellschaft ist nämlich nichts weniger als die Herrschaft einer dominierenden Klasse über eine untergeordnete Klasse, sondern gerade zum Wohl der scheinbar „untergeordneten" Klasse. Somit wird also gerade keine Herrschaft ausgeübt, was von Bernstein eingefordert wird. Gerade deshalb, so kann dieses Denken weiter argumentieren, wird auch nicht einsichtig, wieso Bernstein die Demokratie betont, da, was das Liberalismus zu leisten imstande ist, keiner politischen Gesellschaft bedarf. Was soll Bernstein dieser Argumentation im Namen des reformierten Sozialismus entgegenhalten können? Diese Frage ist bereits in

Rücksicht auf Habermas erhoben worden und die Antwort bleibt dieselbe: Nichts.

Angesichts hiervon ist folgende Ausführung Bernsteins zur Demokratie zu betrachten:

> „Die Demokratie ist prinzipiell die Aufhebung der Klassenherrschaft, wenn sie auch noch nicht die faktische Aufhebung der Klassen ist. [...] Bei einer der Zahl und Ausbildung nach unentwickelten Arbeiterklasse kann das allgemeine Wahlrecht lange als das Recht erscheinen, den «Metzger» selbst zu wählen, mit der Zahl und Erkenntnis der Arbeiter wird es jedoch zum Werkzeug, die Volksvertreter aus Herren in wirkliche Diener des Volkes zu verwandeln. [...] | Aber das allgemeine Wahlrecht ist erst ein Stück Demokratie, wenn auch ein Stück, das auf die Dauer die anderen nach sich ziehen muss, wie der Magnet die zerstreuten Eisenteile an sich zieht." (S.155f.)

Gleich die erste Aussage, dass die Demokratie „prinzipiell" die „Aufhebung der Klassenherrschaft" ist, zeigt, dass Bernstein über seine „theoretisch – praktisch"-Vorstellung nicht hinausfindet, wie er sie in Rücksicht auf die Realisierung der Freiheit festgehalten hat. Die mit dieser Vorstellung bezeichnete Dynamik bleibt, wie gezeigt worden ist, völlig uneinsichtig. Offensichtlich meint das nun verwendete „praktisch" das zuvor zur Anwendung gekommene „theoretisch". Das Auftreten der Demokratie ist die „theoretische" Eliminierung der Klassenherrschaft, aber praktisch muss sie erst Realität werden. In Übereinstimmung mit Engels sieht Bernstein das treibende Element der hiermit bezeichneten Dynamik im Lernprozess der Arbeiterklasse (Proletariat).

Aber Bernteins Vorstellungen von diesem Lernprozess sind mehr als eigentümlich: Da er lediglich den innerweltlichen Blick anerkennt, kann sich dieses Lernen nur auf die weltlichen Ichs und Gesellschaft beziehen, womit es an eben jenem Fehler leiden muss, den auch Habermas' Demokratieverständnis aufweist: Demokratie wird abgetrennt von der

Beachtung von Bemüht-sein um Wir (Gemeinschaft) verstanden und dient daher zwingend der Protegierung von Eliten (elitären Klassen). Im Fall Bernsteins tritt dies im Vergleich mit Engels insofern verstärkt au, als er dessen Bezugnahme auf die Dialektik ausblendet. Bernstein würde sich hiervon wohl nicht irritieren lassen, da ihm sein Realitätssinn ja empirisch zeigt, dass sich die Gesellschaft immer mehr zu einer wohlgeordneten Gesellschaft ändert. Die Eigentümlichkeit dieses Realitätssinns ist bereits darzulegen gewesen. In dem Zitat zeigt sie ihre Eigentümlichkeit ungeschminkt auf: Das allgemeine Wahlrecht zieht die anderen Stücke der Demokratie herbei – lässt also die Demokratie vollständig Realität werden -, so wie der Magnet die Eisenspäne. Das ist ein (teleologisches) Orakel, weiter nichts.

Auf jeden Fall können sich die Protagonisten des liberalen Denkens für diesen reformierten sozialistischen Realitätssinn nur bedanken. Was Bernstein hier anbietet, das kann nicht zur wohlgeordneten, da klassenlosen Gesellschaft führen, einfach da es die Bedingung hierfür, nämlich die Thematisierung der personalen und gemeinschaftlichen Ebene ausblendet, genau so wie das liberale Denken.

Diese Aussage findet ihre Bestätigung in folgenden Zitaten:

„Schließlich wäre es auch zu empfehlen, in Kriegserklärungen gegen den «Liberalismus» etwas Maß zu halten. Es ist ja richtig, die große liberale Bewegung der Neuzeit ist zunächst der kapitalistischen Bourgeoisie zugute gekommen, und die Parteien, die sich den Namen liberal zulegten, waren oder wurden im Verlauf reine Schutzgarden des Kapitalismus. Zwischen diesen Parteien und der Sozialdemokratie kann natürlich nur Gegnerschaft herrschen. Was aber den Liberalismus als *weltgeschichtliche* Bewegung anbetrifft, so ist der Sozialismus nicht nur der *Zeitfolge*, sondern auch dem *geistigen Gehalt* nach sein legitimer Erbe, [...]“ (S.158f.)

„Der Feudalismus mit seinen starren, ständischen Einrichtungen mußte fast überall mit Gewalt gesprengt werden. Die liberalen Einrichtungen der modernen Gesellschaft unterscheiden sich gerade darin von jenen, daß sie biegsam, wandlungs- und entwicklungsfähig sind. Sie brauchen nicht gesprengt, sie brauchen nur *fortentwickelt* zu werden.“ (S.169)

Der Liberalismus als *weltgeschichtliche Bewegung* soll also in Anspruch genommen werden können, wenn auch nicht die „große liberale Bewegung der Neuzeit“, da sie „wandlungsfähig“ ist: „fortentwickelt“ werden kann. Wie wandlungsfähig usw. der Liberalismus als weltgeschichtliche Bewegung auch immer sein mag, in seinem Fundament wird er sich treu bleiben. Und dieses Fundament ist die Marktgesellschaft! Tatsächlich braucht nicht bestritten zu werden, dass die liberalen „Schutzgarden des Kapitalismus“ unterschiedlich weit gehen können in der Anhäufung ökonomischer und somit gesellschaftlicher Machtkonzentration in ihren Händen. Zu einer tatsächlichen Anerkennung der personalen Gleichwürdigkeit der Menschen kann dieses Denken aber nicht finden, da es bereits die hierfür nötige philosophische Betrachtungsweise – ganz im Sinne Bernsteins – als „Wollen und Meinen“ zurückweist. Insofern ist dieses Denken um nichts weniger „starr“ als der Feudalismus!

Angesichts hiervon ist endlich folgendes Zitat aus Bernsteins Buch zu betrachten:

„Die Sozialdemokratie will nicht diese Gesellschaft auflösen und ihre Mitglieder allesamt proletarisieren, sie arbeitet vielmehr unablässig daran, den Arbeiter aus der sozialen Stellung eines Proletariers zu der eines Bürgers zu erheben und so das Bürgertum oder Bürgersein zu verallgemeinern. Sie will nicht an die Stelle der bürgerlichen eine proletarische Gesellschaft, sondern sie will an die Stelle der kapitalistischen eine sozialistische Gesellschaft setzen.“ (S.157f.)

Die Sozialdemokratie arbeitet also daran, die Arbeiter aus der Stellung von Proletariern in jene von Bürgern zu „erheben“. Das ist eindeutig. Und ebenso eindeutig kann hiermit nicht das Ziel sozialistischer Bemühungen bezeichnet sein. Wie sich gezeigt hat, versteht Bernstein den Bürger als Teilnehmer einer marktwirtschaftlich geprägten Gesellschaft, die darauf verzichtet, zur Thematisierung dessen vorzudringen, das diese Wirtschaftsform substanziell regulieren lässt. Hiermit ist ein Altar erreichtet, auf dem das Bemüht-sein um die Gemeinschaft ebenso geopfert wird, wie das personale Bemüht-sein jedes Menschen um sich, sich gerecht zu werden. In diesem Sinne ist sein Schlusssatz, wonach die Sozialdemokratie „an die Stelle der kapitalistischen eine sozialistische Gesellschaft setzen [will]“ entweder Ausdruck höchster Naivität oder von Scheinheiligkeit. Auf jeden Fall wird seine Aussage „[mit] Kriegserklärungen gegen den «Liberalismus» etwas Maß zu halten“ geradezu zur Farce, da die Bernsteinsche Sozialdemokratie nicht bloß „aß hält“, sondern in eine Form des Liberalismus verwandelt.

Das ist nichts weniger, als was man sich von einer Reform des Sozialismus erwartet; das ist seine Aushöhlung. Natürlich hat Bernstein auf Inkonsequenzen im Wissenschaftlichen Sozialismus reagiert (allen voran auf die unselige Verortung der Dialektik in der weltlichen Ebene) und ist hierbei zunächst vergleichbar dem späten Engels vorgegangen. Aber es ist seien Entscheidung gewesen, soweit er denn die Situation verstanden hat, jenes, was auch Engels ausgesagt hat, eben da er in die Defensive geraten ist, dahingehend zum Fundament des sozialdemokratischen Sozialismus auszuarbeiten, dass, was Engels nicht mehr erreihen konnte, die Differenz zur Marktwirtschaft, völlig ausgeblendet wird, mit dem Ergebnis: Hinübergewachsen wird nicht in die wohlgeordnete

Gesellschaft, sondern in eine vom liberalen oder doch zumindest marktgesellschaftlichen Denken geprägte Gesellschaft.

Diese Reform des Sozialismus ist somit zurückzuweisen, da sie nicht ansatzweise zum Ziel führt. Diese Reform ist keine Reform sondern Revisionismus. Das ist zu beachten da eine Reform aufgrund besagter innerer Unstimmigkeiten im Wissenschaftlichen Sozialismus tatsächlich nötig ist. Aber zumindest die bisherige Geschichte hat nicht die Reform der Reform gebracht bzw. die tatsächliche Fundierung des Sozialismus, aufbauend auf Engels und Marx, sondern den Siegeszug des sozialdemokratischen Sozialismus, wie er von Bernstein gestiftet worden ist.

Die folgende Ausführung Heimanns zeigt; sie ist seiner Einleitung zu der hier verwendeten Ausgabe von Bernsteins Buch entnommen, soll zunächst skizzieren wovon hiermit die Rede ist:

„Dennoch bleibt Bruno Kreiskys Urteil über das Verhältnis der Weimarer Sozialdemokratie zu Bernstein zutreffend: «Die deutsche Sozialdemokratie wurde reformistisch, sie hat sich so sehr auf den Kurs des Reformsozialisten Eduard Bernstein eingelassen, daß die Welt es gar nicht merkte. Man hatte sogar vergessen, daß Bernstein zu jener Zeit noch lebte. Er ist ganz still gestorben, ohne daß man ihm die Ehre erwiesen hätte, die ihm gebührte. Er war ja in Wirklichkeit der große politische Reformator, nicht Marx.» | Aber erlebte nicht Eduard Bernstein, der schon zu Lebzeiten in der Weimarer Republik vergessen worden war, Jahrzehnte nach seinem Tode einen verspäteten Triumph? Erklärte doch Carlo Schmid auf einer Sitzung der Sozialistischen Internationale im September 1964: «Eduard Bernstein hat auf der ganzen Linie gesiegt.» Im Prinzip zutreffend ist diese Feststellung Carlo Schmids unter folgendem Gesichtspunkt: Im Godesberger Programm von 1959 hatte sich die SPD endgültig vom orthodox-marxistischen Sozialismusbegriff abgewandt und das von Bernstein begründete revisionistisch-reformistische Sozialismuskonzept zur Grundlage ihres theoretisch-programmatischen Selbstverständnisses gemacht." (S.XXI)

Die weiteren Ausführungen werden sich gerade mit der hiermit bezeichneten Entwicklung innerhalb des Revisionismus auseinandersetzen.

4.3.2 Karl Kautsky und das Erfurter Programm (1891)

Das Erfurter Programm bezeichnet die Geburtsstunde des Parteinamens *Sozialdemokratische Partei Deutschlands* (SPD). Das ist für sich genommen wenig spektakulär, aber es wird sich zeigen, dass es lohnt, vorweg hierauf hinzuweisen. Hiermit steht im Zusammenhang, dass dieses Parteiprogramm immer wieder als Triumph des Marxismus verstanden worden ist. Umso überraschender muss daher sein, dass Engels[37] hiervon nichts wissen wollte:

„Die politischen Forderungen des Entwurfs [= die in dem Erfurter Programm erhoben werden] haben einen großen Fehler. Das was eigentlich gesagt werden sollte, steht nicht drin. Wenn alle diese 10 Forderungen bewilligt wären, so hätten wir zwar diverse Mittel mehr, um die politische Hauptsache durchzusetzen, aber keineswegs die Hauptsache selbst. […] | Aus Furcht vor einer Erneuerung des Sozialistengesetzes, […] soll jetzt auf einmal der gegenwärtige gesetzliche Zustand in Deutschland der Partei genügen können, alle ihre Forderungen auf friedlichem Weg

[37] Engels, F. 1891: *Zur Kritik des Sozialdemokratischen Programmentwurfs* – zitiert aus: Fetscher, I. 2004: *Karl Marx & Friedrich Engels* Studienausgabe Band III – Berlin; S.229-238

durchzuführen. Man redet sich und der Partei vor «die heutige Gesellschaft wachse in den Sozialismus hinein».“ (S.233f.)

Dieses Zitat stammt also aus dem Jahre 1891. Somit gehört es einer Schaffenszeit Engels’ an, die von der Revolution mittels Straßenkämpfen usw. nichts mehr wissen will (vgl. oben). Aber unverändert beharrt Engels darauf, sich von der Vorstellung des *Hinüberwachsens* in eine klassenlose Gesellschaft fern halten zu müssen. Auch die Gefahr „Sozialistengesetze“ lässt Engels in diesem Zusammenhang nicht gelten. Worauf Engels hiermit aufmerksam macht ist: „was eigentlich gesagt werden sollte, steht nicht drin.“

Somit erhebt sich die Frage: Wie kann das Erfurter Programm ein Triumph des Marxismus sein, wenn, dessen Zentrum fehlt? Anders gewendet: Haben die Autoren des Erfurter Programms den Marxismus nicht verstanden, oder hat Engels das Erfurter Programm nicht verstanden? Der Autor des theoretischen Teils dieses Programms ist Karl Kautsky. Er hat seinen Beitrag in einem eigenen Buch[38] erläutert.

Schon in der Vorrede zu seinem Werk betont er, wie sehr er dem Marxismus verpflichtet ist:

„Wer z. B. das *Kapital* von Marx, ferner die Schriften von Engels über die *Lage der arbeitenden Klasse in England*, die *Entwicklung des Sozialismus von der Utopie zur Wissenschaft* und über den *Ursprung der Familie, des Privateigenthums und des Staats*, dann Bebel’s *Die Frau und der Sozialismus*, sowie endlich das schon erwähnte *Kommunistische Manifest*, dessen Gedankengang sich wie ein rother Faden durch alle diese Werke zieht, gelesen und begriffen hat, der muß bereits im Stande sein die Gedankenwelt des modernen Sozialismus nach allen Seiten zu erfassen.“ (S.VI)

---

[38] Kautsky, K. 1892^2: *Das Erfurter Programm in seinem grundsätzlichen Theile: eine Erläuterung* - Stuttgart

In den angegebenen Schriften – inklusive dem *Kommunistischen Manifest*! - kommt also der moderne Sozialismus zum Ausdruck. Sein eigenes Werk ist dem dieserart verstandenen Sozialismus bzw. konkret Marxismus uneingeschränkt verpflichtet:

„Eine weitere Auseinandersetzung des Gedankengangs der Lehre von Marx und Engels ist nicht nothwendig, denn das ganze vorliegende Buch fußt auf ihm, ist nichts als eine Darstellung und Ausspinnung desselben." (S.240)

Ist das Werk Kautskys tatsächlich „nichts als eine Ausspinnung" der Lehre Marxens und Engels', muss sie auf die Dialektik zugreifen. Fehlt dieser Zugriff, so liegt ein substanzieller Hinweis dafür vor, dass Engels' Kritik an dem Programm gehaltvoll ist. Wie dargelegt hat Bernstein in Marxens Zugriff auf die Dialektik Hegels die Wurzel der Probleme seiner Lehre gesehen. Tatsächlich erwähnt Kautsky in seinem Buch Hegel an keiner Stelle und auch die Dialektik ist ihm kein Thema.

Trotzdem bietet Kautskys folgende Ausführung:

„Aber damit ist nicht etwa gesagt, daß es jetzt gilt, Todtes lebendig zu machen und die alten Formen des Gemeinbesitzes und genossenschaftlicher Produktion wieder zu erwecken. Diese Formen entsprachen bestimmten Produktionsmitteln; sie waren und sind unvereinbar mit höher entwickelten Produktionsmitteln, darum verschwinden sie überall im Laufe der ökonomischen Entwicklung vor der aufkommenden Waarenproduktion, [...]. Die sozialistische Produktion, die heute nothwendig geworden ist durch den heranrückenden Bankerott der Warenproduktion wird und muß mit den älteren Formen kommunistischer Produktion eine Reihe von Grundzügen gemein haben, insofern jene wie diese Arten derselben genossenschaftlichen Produktion für den Selbstbedarf sind. [...] Nicht an den urwüchsigen Kommunismus wird die kommende sozialistische Produktionsweise anknüpfen, sondern an die kapitalistische Produktion, die selbst die Elemente entwickelt, aus denen ihre Nachfolgerin sich bilden wird." (S.116f.)

Diese Ausführung lässt zumindest überlegen, ob sie als dialektisch motiviert verstanden werden kann: Das Ziel – „kommende sozialistische Produktionsweise" – ist nicht grundsätzlich verschieden von dem Ausgangspunkt – „ältere Formen kommunistischer Produktion" -; es lässt sich vorstellen, dass Kautsky dem Satz „Am Ziel angekommen tritt der Anfang auf höherem Niveau wieder auf." nicht grundsätzlich abgeneigt gewesen sein muss. Das alleine ergibt aber noch keine Dialektik. Hieran ändert der Umstand nichts, dass Kautsky schreibt: Das Ziel knüpft an die kapitalistische Produktion an, insofern diese „selbst die Elemente entwickelt, aus denen ihre Nachfolgerin sich bilden wird". Hiermit sagt Kautsky nicht mehr als einen sich in der Geschichte zutragenden Verdrängungsprozess aufgrund sich ändernder Rahmenbedingungen (Produktionsweisen) aus. Von Negation und Negation der Negation, wie sie von Engels und Marx im Sinne der Dialektik ausgesagt wird, ist hiermit nicht schon die Rede.

Freilich haben sich Engels und Marx aufgrund ihres Dialektik-Verständnisses die dargelegten Probleme bereitet, sodass man Kautskys „ausspinnen" auch dahingehend verstehen kann, dass er stillschweigend über die Quelle dieser Probleme hinweggegangen ist. Trifft dies zu, so hat er aber die Bedeutung der Dialektik bei Engels und Marx nicht hinreichend aufgegriffen: Diese besteht darin, die wohlgeordnete Gesellschaft in Differenz zur aktuellen Gesellschaftsform, deren Warenproduktion „dem heranrückenden Bankerott" entgegengeht, verstehen zu können. Aus eben dieser Differenz leiten Engels und Marx die Unmöglichkeit eines Hinüberwachsens in die wohlgeordnete Gesellschaft ab. Zudem geben sie mit der dialektischen Dynamik den

Motor der zur klassenlosen Gesellschaft führenden Entwicklung an.

Somit erhebt sich die Frage, was Kautsky als Ersatz für die Dialektik anbietet? Der Beginn der Beantwortung dieser Frage ergibt sich aus folgenden Zitaten:

> „Damit soll jedoch nicht behauptet werden, daß nicht auch das Prinzip der Gleichheit (welche nicht nothwendig Gleichförmigkeit sein muß) der Einkommen oder der materiellen Lebensbedingungen in den sozialistischen Gesellschaften eine Rolle spielen wird, jedoch nicht als Ziel einer gewaltsamen Gleichmacherei, die ohne Weiteres unvermittelt erzwungen wird, sondern als Ziel einer natürlichen Entwicklung, als Tendenz." (S.161)

> „Denn der denkende Mensch lebt mehr in der Zukunft als in der Gegenwart; was jene ihm droht oder verspricht, beschäftigt ihn mehr, als der Genuß des Augenblicks. Nicht das Sein, sondern das Werden, nicht Zustände, sondern Tendenzen entscheiden über Glück und Unglück des Einzelnen und ganzer Gesellschaften." (S.165f.)

Dialektik wird also ersetzt durch „natürliche Entwicklung" und „Tendenz". Beide Begriffe verweisen auf „Werden", dem gegenüber dem Da-Sein von „Zuständen" das Primat zugewiesen wird. Das ist sehr wohl Engels, der gerade hierin die Überwindung des „metaphysischen Denkens" sieht. Der Unterschied zu Engels besteht vor allem darin, dass hiervon ohne Beachtung der Dialektik die Rede ist. Aus der Perspektive Kautskys muss das sehr wohl unproblematisch erscheinen, da er somit lediglich von etwas absieht, das bei Engels Schwierigkeiten provoziert hat. Das trägt freilich in sich, dass er die Bedeutung der Dialektik gar nicht erkennt, hierin also hinter Engels zurückfällt.

Angesichts hiervon ist aufzugreifen, wie Kautsky eigentlich auf „Werden" gekommen ist: „Der denkende Mensch lebt mehr in der Zukunft als in der Gegenwart"; der Fokus liegt nicht auf dem „Genuß in der Gegenwart". Eigentlich beklemmend ist hieran: Wovon Kautsky hier spricht, ununtersucht inwieweit es tatsächlich zutrifft, das ist alleine auf der weltlichen Ebene im Sinne von Nutzenkalkulation anzusiedeln. Hieran wäre nichts auszusetzen, würde diese Betrachtung im Lichte der Anerkennung der personalen Ebene geschehen, würde also aus der Thematisierung des moralischen Wesens „Mensch" heraus gedacht werden, die Nutzenkalkulation beinhaltende Ebene explizit als nur differenziell eigenständige Ebene verstehend. Aber gerade das ist nicht der Fall. Aber hiervon kann nicht die Rede sein.

Somit liegt die Situation vor, dass Kautsky dem Denken Engels' dahingehend die Fokussierung auf Werden entnommen hat, dass nicht einsichtig sein kann, wieso essen Dynamik irgendetwas mit dem Erreichen der wohlgeordneten Gesellschaft zu schaffen haben soll. Die diesbezügliche Inhalte zur Dialektik bei Egels sind ja eliminiert worden. An dieser Stelle greift er auf den Begriff „Tendenz" zu: „Tendenzen entscheiden über Glück und Unglück des Einzelnen und ganzer Gesellschaften." Zudem soll gelten, dass das „Prinzip der Gleichheit der Einkommen oder der materiellen Lebensbedingungen in sozialistischen Gesellschaften" nicht durch „gewaltsame Gleichmacherei erzwungen wird", sondern sich als „Ziel einer natürlichen Entwicklung, als Tendenz" einstellen wird. Woher Kautsky von dieser „natürlichen Tendenz" weiß, das erfährt man freilich nicht.

Jedoch: Mit seiner Annahme einer „natürlichen Tendenz" tritt er nicht vollständig aus dem Denken Engels' heraus. Auch dessen Position enthält ein gleichsam teleologisches Element, gemäß dem die wohlgeordnete Gesellschaft erreicht wird. Der Grund hierfür liegt in Engels' Verortung der Dialektik in der weltlichen Ebene, was Negation und Negation der Negation zu geschichtlichen Ereignissen herabbricht. Soll sich also in Kautskys Zugriff auf Werden noch ein Rest der Dialektik Engels' bemerkbar machen, *so im Sinne einer bis an die Grenzen ausgereizten reduktionistischen Verzerrung dieses Dialektik-Verständnisses.*

Angesichts hiervon sollen folgende Aussagen Kautskys interessieren:

> „Die Triebkraft der ökonomischen Entwicklung wird nicht mehr die *Konkurrenz* bilden, welche die rückständigen Betriebe ausmerzt und ihre Besitzer expropriiert, sondern die *Anziehungskraft*, welche die höher entwickelten Betriebe und Betriebsformen auf die Arbeiter der rückständigen Betriebe und Betriebsformen ausüben." (S.152)

> „Was der kapitalistischen Großindustrie binnen einem Jahrhundert nicht gelungen ist, wird der sozialistische Großbetrieb binnen Kurzem erreichen: die Aufsaugung der rückständigen Kleinbetriebe. Er wird es erreichen ohne Expropriation, durch die Anziehungskraft des vortheilhafteren Betriebs." (S.153)

Einer der entscheidenden Schritte hin zur sozialistischen Gesellschaft ist zweifellos das Überkommen des Konkurrenzdenkens in der Wirtschaft. Engels, wohl Marx folgend, weist hierbei der Ausbildung von Trusts und anderen Konstruktionen der sich ausbildenden Monopolisierung innerhalb des Kapitalismus eine wesentliche Bedeutung zu (vgl. oben). Sie bringen die Ausblendung der anarchischen Konkurrenz und das Auftreten von Planung mit sich, ohne deshalb weniger als irgend ein anderes Unternehmen kapitalistisch geprägt zu sein. Ihr Auftreten ändert nichts an der Notwendigkeit – revolutionär – in Differenz zur kapitalistischen Gesellschaft treten zu müssen.

Somit stellt sich die Frage: Lassen sich die soeben gebrachten Zitate als Ausdruck davon verstehen, dass der Marxismus „ausgesponnen" wird? Um diese Frage bejahen zu können, müsste begründet werden können, dass Kautsky zu Recht die marxistische Expropriation ersetzt durch die

Anziehungskraft der sozialistischen Großbetriebe. Lässt sich also hiervon sprechen? Die Beantwortung dieser Frage hat mit dem Hinweis darauf zu beginnen, dass Expropriation auch in sich trägt, in Differenz zum Konkurrenzkapitalismus treten zu sollen. Am Beginn des Wissenschaftlichen Sozialismus ist dieser Prozess innig verflochten mit der Vorstellung von Kampmaßnahmen. Engels hat diese Situation dahingehend modifiziert, dass die Demokratie als entscheidendes Kampfmittel dargelegt worden ist.

Kautsky geht mit seiner Vorstellung von der Bedeutung des sozialistischen Großbetriebs hierüber hinaus. Von diesen soll eine „Anziehungskraft“ ausgehen, die die Menschen - Arbeiter - zu ihnen als den höher entwickelten Betrieben lotst, die Konkurrenz erübrigend. Somit wird die Konkurrenz als Ausdruck eines niedrigeren Entwicklungsstadiums gesehen, als es die Anziehungskraft der sozialistischen Großbetriebe ist. Das entspricht dem Denken Bernsteins, konkret seiner Vorstellung, dass mit dem Erlernen der ökonomischen Verhältnisse das Konkurrenzdenken sukzessive seine Bedeutung verliert: es weicht einem das Wohl der Allgemeinheit beachtenden Denken.

Das ist zweifellos ein schönes Bild. Aber es ist ebensosehr ein unbrauchbares Bild. Der Fehler, der diesem Bild anhaftet, bei Bernstein ebenso wie bei Kautsky, besteht darin, dass das Vordringen zur Gemeinschaft an gesellschaftliche, also weltliche Bedingungen geknüpft wird. Die innere Logik dieses Bildes besteht ja darin, dass das Konkurrenzdenken einem primitiven Ausgangsstadium der Gesellschaft angehört, aus dem durch Lernen herausgefunden werden kann, die Ausrichtung auf das Allgemeinwohl als erstrebenswertes Ziel einsehend.

Legt man diese Logik an die Ausführungen zum Ich im zweiten Kapitel an, so erweist sie sich umgehend als Unlogik. Gemäß diesen Ausführungen zeichnet sich das Ich dadurch aus, dass es zur Thematisierung der personalen Ebene vordringen soll, indem es zur weltlichen Ebene in Differenz tritt. Hieran ist wesentlich, dass es an dieser Aufgabe scheitern kann, was bedeutet, dass es die personale Ebene – und somit Gemeinschaft – nicht thematisiert. Es verbleibt in der alleinigen Anerkennung der weltlichen, gesellschaftlichen Ebene. Wie unschwer zu erkennen ist, berichtet besagtes Bild hiervon, wiewohl nicht in Rücksicht auf das Ich und seinen Umgang mit der fundamentalen Aufgabe. Es projiziert die gebrachten Inhalte auf die gesellschaftliche Entwicklung.

Das führt notwendig zu verhängnisvollen Verzerrungen dessen, was eigentlich auszusagen ist, besagte Unlogik ergebend. Hierzu ist zunächst zu beachten: Mit der Projektion auf die gesellschaftliche Ebene verliert sich die Möglichkeit davon, noch von Scheitern-können zu sprechen. Die im Sinne des Bildes betrachtete Dynamik bezeichnet kein individuelles Sollen mehr, sondern eine Gesetzlichkeit der Gesellschaft. Diese trägt sich gleich eine Naturgesetz zu. Die individuellen Menschen sind gleichsam Passagiere der sich hier zutragenden Dynamik, deren Sollen und Wollen bedeutungslos ist. Es ist eben dieses reduktionistisch verzerrte Verständnis vom Menschen, das es Kautsky problemlos erscheinen lässt, von Anziehungskräften zu sprechen, von denen die Menschen innerhalb der geschichtlichen Dynamik ergriffen werden und aus dem Stadium der Idolisierung der Konkurrenz herausführen. Problemlos ist das für Kautsky, da er meint, hiermit lediglich etwas auszusagen, das der Gesetzlichkeit der gesellschaftlichen Entwicklung entspricht. Daher auch ist ihm, was er in Anspruch nimmt, keinesfalls lediglich herbeiargumentiert.

Kurz gesagt: Die Unlogik des hier zu kritisierenden Bildes ergibt sich daraus, dass, was in Rücksicht auf das Ich und sein Sollen gemäß der fundamentalen Aufgabe aufzugreifen ist, an die gesellschaftliche Dynamik angelegt wird, womit sich ein Denken einstellt, das sämtliche Erklärungsnotwendigkeiten aufgrund seiner teleologischen Konzeption ausblenden zu dürfen meint. Daher wird auch nicht erkannt, zur Thematisierung der personalen Ebene und von Gemeinschaft vordringen zu müssen, wie sich bei einem hinreichend gestalteten Bemühen um Erklärungen zeigen würde. Anders gewendet: Es wird nicht erkannt, innerhalb jener Ebene zu verbleiben, von der man zugleich aussagt, dass sie in der Geschichte überwunden wird.

Betrachtet man nur die soeben gebrachten Inhalte, so unterscheidet sich Kautskys Bild nicht sonderlich von den entsprechenden Vorstellungen Engels'. Umso größer aber erweist sich die Distanz zwischen Engels und Kautsky, wenn beachtet wird, dass dessen „Anziehungskraft“ in einer Art und Weise die Vorstellung vom Hinüberwachsen propagiert, dass sogleich einsichtig sein muss, wieso sich Engels zu der harten Kritik am Erfurter Pogramm veranlasst gesehen hat. Tatsächlich kann man sich zu der Überlegung veranlasst sehen, ob nicht Kautskys Position strikt von jener Engels' und Marxens zu trennen ist.

So einfach können die Dinge aber nicht liegen, nicht zuletzt, da andernfalls Kautskys Versicherung, im Sinne des Marxismus vorzugehen, gar keinen Sinn ergeben würde. Das Verhältnis Kautskys zu Marx und Engels kann also in seiner Komplexität bisher noch nicht hinreichend dargelegt worden sein. Um hierzu vordringen zu können, sind zunächst folgende Fragen zu beachten: Ist die Differenz anzuerkennen? Ist Expropriation zwingend nötig? Engels hat die erste Frage immer bejaht; in Rücksicht auf die zweite Frage weist sein Denken die oben skizzierte Entwicklung auf, weg von einem anfänglichen eindeutigen *ja*. Kautsky wirft die erste Frage nicht einmal auf und verneint die zweite Frage. Die Beachtung hiervon soll die folgenden Überlegungen leiten.

Begonnen werden sollen sie mit der Betrachtung von Kautskys Vorstellungen zum Staat:

„Diese Anschauung – die der sogenannten Staatssozialisten - beruht auf einer Verkennung des Staates. Wie jedes Staatswesen ist auch der moderne Staat in erster Linie ein Werkzeug zur Wahrung der Gesammtinteressen der herrschenden Klassen. Es ändert nichts an diesem seinem Wesen, wenn er gemeinnützige Funktionen übernimmt, die nicht bloß im Interesse der herrschenden Klassen allein, sondern dem der ganzen Gesellschaft gelegen sind.“ (S.129)

„Und wie der Staat bisher die Verstaatlichung nicht weiter getrieben hat, als es den Interessen der herrschenden Klassen entsprach, so wird er es auch künftighin halten. […] | Erst wenn die arbeitenden Klassen im Staate die herrschenden geworden sind, wird der Staat aufhören, ein kapitalistisches Unternehmen zu sein; erst dann wird es möglich werden, ihn zu einer sozialistischen Genossenschaft umzugestalten.“ (S.130)

Zumindest ein allgemeiner Blick lässt den Schluss zu, dass hier marxistisches Denken „ausgesponnen“ wird, was ja das Anliegen Kautskys ist. Ganz im Sinne von Engels und Marx darf es also der Sozialdemokratie nicht um einen Staat gehen, der nach Einschätzung der Eliten den Nicht-Eliten Hilfe und Unterstützung zukommen lässt (der Staat als *Idealkapitalist*!). Insoweit kann Kautsky also nicht in strikter Getrenntheit zu Engels und Marx verstanden werden.

Umso mehr irritiert aber das Ende des zweiten Zitats, der Verweis auf die Genossenschaften. Dieser erinnert nicht zufällig an die bereits zitierte Aussage Bernsteins:

„[…], dann kann es der Gesellschaft gleichgültig sein, ob neben den öffentlichen und genossenschaftlichen Betrieben noch Unternehmungen existieren, welche von Privaten für den eigenen Gewinn betrieben werden. Sie werden ganz von selbst mit der Zeit genossenschaftlichen Charakter annehmen.“ (S.163)

Auch hier tritt das Anziehungskraft-Argument in Verknüpfung mit Genossenschaften auf. Marx und Engels sind den Genossenschaften abweisend gegenübergestanden, da sie deren Potenzial erkannt haben, den bürgerlichen Staat zu verfestigen, anstatt ihn zu überwinden. Hierauf hat Engels[39] bereits im Zusammenhang mit dem Sozialismus Lassalles verwiesen:

„Erst 1862 pflanzte Lassalle, ein Schüler von Marx, von neuem die sozialistische Fahne auf. Aber das war nicht mehr der kühne Sozialismus des «Manifests»; was Lassalle im Interesse der Arbeiterschaft forderte, das war die Errichtung von Kooperativ-Produktionsgenossenschaften vermittelst des Staatskredits – [...] In der Tat: Konnte der reine Lassalleanismus, wie er ging und stand, den sozialistischen Ansprüchen der Nation genügen, die das «Manifest» erzeugt hatte? Das war unmöglich." (30f.)

Im Unterschied hierzu meinen Kautsky und Bernstein sehr wohl, dass die Errichtung von Genossenschaften „sozialistischen Ansprüchen" gerecht wird. Es ist interessant zu beobachten, dass die Protagonisten des Genossenschafts-Gedankens die Schwachstelle in ihrer Argumentation nicht sehen – ein Nicht-sehen-wollen soll nicht unterstellt werden - , obschon sie sich gerade in Kautskys unmittelbarer Zusammenschau von Staat und Genossenschaft geradezu aufdrängt. Was den Staat bedrückt, das muss auch die Genossenschaften bedrücken: Wo sollen die Menschen herkommen, die tatsächlich, also im Sinne der Beachtung der personalen Ebene, umeinander bemüht sind, die Idolisierung der Hybris von sich weisend, also in

[39] Engels, F. 1891/92: *Der Sozialismus in Deutschland* – Die neue Zeit Nr. 9, 10. Jg.; zitiert aus: Fetscher, I. 2004: *Karl Marx & Friedrich Engels* Studienausgabe Band III – Berlin; S.29-42

diesem sinne die Genossenschaften aufbauen und betreiben?

Kautsky gesteht also den Genossenschaften etwas zu, das er in Rücksicht auf den Staat nicht anerkennt, was seine zuvor betrachteten Vorstellungen zum Staat im Sinne von Marx und Engels natürlich relativiert. Auf jeden Fall erweitert er in Verknüpfung hiermit in Folge den Betrachtungshorizont, wenn er im Sinne des *Manifests* anführt, dass die „Kämpfe" der Arbeiterklasse einen „politischen Charakter annehmen müssen" (S.217). Der Klassenkampf wird hierbei „zum Kampf ums Parlament":

„Wo das Proletariat als selbstbewußte Klasse an den Kämpfen ums Parlament (namentlich den Wahlkämpfen) und im Parlament Antheil nimmt, beginnt denn auch der Parlamentarismus sein früheres Wesen zu ändern. Er hört auf, ein bloßes Herrschaftsmittel der Bourgeoisie zu sein. | [...] Die Arbeiterklasse hat also nicht nur keine Ursache, dem Parlamentarismus fern zu bleiben, sie hat alle Ursache, überall für die Kräftigung des Parlaments gegenüber der Staatsverwaltung und für die Kräftigung ihrer Vertretung im Parlament aufs Entschiedenste thätig zu sein." (S.225)

Hierzu ist festzuhalten, was bereits zu Bernsteins Ausführungen zur Demokratie gesagt worden ist. Wird die Demokratie aufgrund der ausbleibenden Thematisierung der personalen Ebene rein weltlich betrachtet, so kann sie nicht erfüllen, was Kautsky – und Bernstein sowie Engels! – von ihr erwarten. Er überschätzt ihre Bedeutung, genauso wie er zuvor jene der Genossenschaften überschätzt hat. Mittels dem Anziehungskraft-Argument wird dieser Umstand maskiert.

Im Lichte hiervon kann die Beantwortung der Frage nach der konkreten Beziehung Kautskys zum orthodoxen Marxismus wie folgt abgerundet werden. Hierzu sind zunächst zwei Zitate zu bringen, deren Zusammenhang sich zumindest zunächst verschließen mag. Das erste Zitat lautet:

„Sollten die sozialistische und die Arbeiterbewegung miteinander versöhnt und zu einer einheitlichen Bewegung verschmolzen werden, dann mußte der Sozialismus über den Gedankenkreis des Utopismus hinausgehoben werden. Dies vollbracht zu haben ist die weltgeschichtliche That von Marx und Engels, die 1847 in ihrem «kommunistischen Manifest» die wissenschaftliche Grundlagen des neuen, modernen Sozialismus, oder wie man heute sagt, der Sozialdemokratie, legten.“ (S.239)

Zweifellos attestiert hier Kautsky Marx und Engels, den Sozialismus aus dem Utopismus „herausgehoben“ zu haben. Hiermit haben sie die Grundlagen des modernen Sozialismus geschaffen, konkret der Sozialdemokratie. Sind aber die zitierten Sätze tatsächlich eindeutig? Was bedeutet es konkret, dass Kautsky von den G r u n d l a g e n spricht, die Marx und Engels geschaffen haben? Auf Grundlagen ist aufzubauen, was diese modifizieren kann.

Das führt zu dem zweiten, anzuführenden Zitat. In diesem zeichnet Kautsky ein Bild von dem Heraustreten aus dem Utopismus, das n i c h t darauf schließen lässt, Marx und Engels könnte mittels ihrem *Manifest* das Heraustreten gelungen sein bzw. bestimmter: d a s M a r x u n d E n g e l s g e r a d e z u a l s U t o p i s t e n e r s c h e i n e n l ä s s t:

„Die Kraft, den Aufbau zu besorgen, trauten sich die ebenso thatkräftigen und kühnen wie naiven proletarischen Utopisten schon zu; es handelte sich nur darum, ihnen den nöthigen Platz und die nöthigen Mittel zu verschaffen. Sie erwarteten natürlich keinen Millionär und keinen Fürsten, der ihnen diese zur Verfügung stellen werde; die *R e v o l u t i o n* sollte das Nöthige liefern, sollte das alte Gebäude niederreißen, die alten Mächte zertrümmern und dem Erfinder, oder der kleinen Gruppe von Erfindern des neuen Bauplans die Diktatur verleihen, die den neuen Messias befähigte, das Gebäude der sozialistischen Gesellschaft zu errichten. [...] | Jede Form des Klassenkampfes, die nicht auf sofortigen völligen Umsturz des Bestehenden abzielte, also jede ernsthaft zu nehmende, wirksame Form desselben galt demnach in den Augen dieser Sozialisten als nichts geringeres, denn ein Verrath an der Sache der Menschheit." (S.236f.)

Wen lehnt Kautsky hier ab? Jenen Messias, der, durch eine Revolution an die Macht gekommen und getragen von einer diktatorisch vorgehenden neuen Elite, meint, das „Gebäude der sozialistischen Gesellschaft" errichten zu können. Diesen Messias und sein Gefolge rechnet Kautsky unmißverständlich den Utopisten zu. Deren Naivität besteht darin, Klassenkampf mit Revolution gleichzusetzen und jegliche Alternative hierzu als „Verrat" abzutun. Hierzu findet Kautsky also, obschon er zugleich der Meinung ist, seine Position sei eine „Ausspinnung" des Marxismus, beruht auf den, den utopistischen Sozialismus überkommen habenden Lehren Marxens und Engels', ist getragen von dem *Manifest*. Um verdeutlichen zu können, was Kautsky hiermit seiner Leserschaft abverlangt, sollen folgende Stellen aus dem *Manifest* angeführt werden:

„Das Proletariat, die unterste Schicht der jetzigen Gesellschaft, kann sich nicht erheben, nicht aufrichten, ohne daß der ganze Überbau der Schichten, die die offizielle Gesellschaft bilden, in die Luft gesprengt wird." (S.44)

„Indem wir die allgemeinsten Phasen der Entwicklung des Proletariats zeichneten, verfolgten wir den mehr oder minder versteckten Bürgerkrieg innerhalb der bestehenden Gesellschaft bis zu dem Punkt, wo er in eine offene Revolution ausbricht und durch den gewaltsamen Sturz der Bourgeoisie das Proletariat seine Herrschaft begründet." (S.44)

Diese Zitate lassen nur einen Schluss zu: Marx und Engels sind für Kautsky entweder selbst der von ihm gezeichnete Messias oder gehören wenigstens dessen Gefolgschaft an. Es ist geradezu absurd, wenn Kautsky einerseits meint, den auf Revolution abzielenden Sozialismus als messianischen Sozialismus abtun zu müssen und andererseits meint, er könne auf Marx und Engels aufbauen, die genau diese revolutionäre Sicht vortragen. Der Verwirrung, die Kautskys dieserart stiftet, ist er wohl selbst zum Opfer gefallen, wie das folgende Zitat signalisiert:

„So lange demnach der Klassenkampf des Proletariats im Gegensatz stand zum Sozialismus, so lange er nichts weiter bezweckte, als durch Konzessionen im Namen der gegenwärtigen Gesellschaft dem Proletariat eine befriedigende Stellung zu erobern, war es unmöglich, daß er sein Ziel erreichte. Er glich einer Schraube ohne Ende." (S.242)

Kautsky lehnt hier also den Bourgeoise-Sozialismus ab – zu Recht und ganz im Sinne des *Manifests* (vgl. oben). Zugleich stellt sich aber aufgrund der vorausgegangenen Ausführungen die Frage, wie er vermeiden möchte, dass seine eigene Position nicht ebenfalls zur „Schraube ohne Ende" wird. Indem er den Klassenkampf zurückweist, was in der soeben zitierten Aussage nicht eindeutig zum Ausdruck gebracht wird, die Erzielung der wohlgeordneten Gesellschaft vollständig in die Hände „natürlicher Kräfte" legend, propagiert er ein „Hinüberwachsen" in besagte Gesellschaft, das es, wie zu zeigen versucht worden ist, nicht geben kann. Dieses Hinüberwachsen ist so gesehen ein unendlicher Prozess. Kautsky bedient hier eine „Schraube ohne Ende", zum Wohle der Vertreter des Liberalismus und der Marktgesellschaft.

4.4 Resümee

Zunächst gilt es zwei Aussagen zu Hegels Philosophie hervorzuheben: Zur wohlgeordneten Gesellschaft ist nur zu finden, wenn die Menschen nicht nur als weltliche Ichs verstanden werden; wenn sie primär als personale Ichs verstanden werden. Zudem ist zu beachten, dass seine Dialektik zu entfalten ist, konkret mittels der Fokussierung auf das Ich. Diese Fokussierung auf das Ich ist erst mit der Ausbildung der industriellen Revolution notwendig geworden, an deren Vorabend Hegel gestanden ist. Daher fehlt sie in seiner Philosophie auch nicht. Mit besagte Fokussierung ist ausgesagt, dass die Dialektik nicht an den absoluten Geist anzuknüpfen ist, sondern an das Ich. Hiermit entfällt die Aussage vom absoluten Geist nicht, da er sich als das An-und-für-sich der personalen Ichs erweist. Trotzdem ist die Dialektik des Zu-sich-kommens unmittelbar an das personale Ich angeknüpft. Es zeigt ich als der Umgang mit der fundamentalen Aufgabe, die das personale Ich ist. Hieran interessiert an dieser Stelle nur ein Umstand: Der Umgang mit der fundamentalen Aufgabe ist nichts weniger als teleologisch zu verstehen; an er Aufgabe kann gescheitert werden = das Ich wird sich nicht gerecht, kommt nicht zu sich. Liest man Hegel hinreichend oberflächlich, so kann man den Eindruck gewinnen, als würde Hegels Dialektik eine Teleologie vertreten, also das notwendige Erreichen eines Endzustandes. Die beiden entscheidenden Daten treten hierbei in Form einer Negation und sodann einer Negation der Negation auf. Diese, so wird man meinen, trete als notwendig sich einstellende geschichtlichen Daten auf, wobei ein Scheitern nicht möglich ist.

Marx und Engels die Begründer des Wissenschaftlichen Sozialismus haben auf die Dialektik Hegels zugegriffen, aber aus einem rein materialistischen Denken heraus. Diese Positionierung hat sie zunächst nicht erkennen lassen, den Menschen nicht auf die weltlichen Ichs reduzieren zu dürfen. Das ist verhängnisvoll, da erst mit der Thematisierung der personalen Ichs die moralische Ebene erreicht wird. Jene Ebene also, die das Bemüht-sein um sich, das die weltlichen Ichs prägt, um das Bemüht-sein um Wir (Gemeinschaft) erweitert. Das inkludiert, dass die wohlgeordnete Gesellschaft, also die Anerkennung der Gleichwürdigkeit aller Menschen, verfehlt sein muss, da sie bei alleiniger Beachtung der weltlichen Ichs gerade nicht erzielt werden kann.

Und trotzdem, also trotz ihres materialistischen Reduktionismus, haben sie die Vorstellung von der Gleichwürdigkeit der Menschen fest vor Augen. Gerade hieraus erwächst ihre Ablehnung jeglicher Form von Klassengesellschaft, also auch jener, die bourgeoise-sozialistisch das Los der unteren Klassen zu verbessern sucht, ohne das Dasein von Klassen grundsätzlich aufzuheben. Ihrem dieserart gegebenen Anspruch können sie somit aber nicht gerecht werden, was zu inneren Unstimmigkeiten in der vertretenen Theorie führen muss. Diese interessieren hier insbesondere in Rücksicht auf die Überwindung – „Negation" – des Kapitalismus.

Diese wird auch mit Hilfe der Dialektik erklärt. Diese wird an beobachtete ökonomische Daten angelegt und soll zeigen, dass, was beobachtet worden ist, im Kollaps des kapitalistischen Systems münden muss. Die Dialektik soll also erbringen, die ökonomischen Daten so verwenden zu können, dass sie als über den Ist-Zustand hinausweisend interpretiert werden können. Hiermit ist man aber in die Falle geraten: Indem die Dialektik in die weltliche bzw. gesellschaftliche Ebene verpflanzt worden ist, hat man ihr einen teleologischen Charakter zugeordnet, den sie einfach nicht besitzt. Andere Möglichkeiten der Erklärung der Negation des Kapitalismus hat man nicht gesucht. Somit konnte man nicht erklären, was man zu Recht ins Auge gefasst hat.

Somit ist zweifellos Raum für Reformationen gegeben. Was sich diesbezüglich in der Geschichte zugetragen hat, das hat zur Sozialdemokratie geführt, deren Anfänge in Gestalt der Positionen Bernsteins und Kautskys dargelegt worden sind. Beide Positionen zeichnen sich durch ein Abrücken von der Beachtung der Dialektik aus, was als Beitrag zu einer reinen

Verwendung des Wirklichkeitssinns verstanden wird. Beiden Positionen ist zudem gemeinsam, die Ausblendung der Dialektik insbesondere als Elimination der Vorstellung von Negation zu begreifen, was gleichbedeutend damit ist, das Überwinden des Kapitalismus als ein Hinüberwachsen in die wohlgeordnete Gesellschaft verstehen zu müssen.

Die Crux hieran besteht in folgendem Umstand: Zwar ist die Dialektik Engels und Marxens eliminiert worden, aber das bei diesen hiermit verknüpfte teleologische Denken nicht. Die Überwindung des Kapitalismus ist als Überwindung eines von Konkurrenz geprägten Denkens verstanden worden, dessen Überwindung, die wohlgeordnete Gesellschaft ergebend, dem Menschen zu Gesicht steht. Der Mensch, da er nicht mehr dem Tierreich angehört, kann sich in diesem Konkurrenzdenken nicht gerecht werden, so dass es nur logisch sein soll, wenn ausgesagt wird, dass er au dem Wege zur Ausbildung einer Gesellschaft ist, die von dem Bemühen um die Allgemeinheit geprägt ist. Aber gerade hierin besteht die Crux dieses Denkens: Was es aussagt, das müsste es zuerst einmal rechtfertigen können bzw. zeigen können, was es im Menschen sein soll, das die behauptete Dynamik tragen soll. Aber hiervon ist weder bei Bernstein noch bei Kautsky etwas zu finden. Sie verlassen sich auf das Fundament Teleologie, nicht erkennen, dass sie ihre Theorien somit auf Treibsand aufbauen.

Zugleich gibt es aber auch Unterschiede zwischen Bernstein und Kautsky. Eine Aussage Kautskys, die sein Denken charakterisiert, betrifft die Bedeutung der sozialistischen Großbetriebe für die Überwindung der Konkurrenzwirtschaft. Das ist eine klare Positionierung im Sinne der Überwindung des Kapitalismus, wie sie auch Engels und Marx bieten. Insofern ist er zu Recht er Meinung, den Marxismus „auszuspinnen“. Reformistische Abkehr vom dogmatischen Marxismus ist aber eine Implantierung der sozialistischen

Großbetriebe in den Prozess des Hinüberwachsens. Die Differenz zum Kapitalismus soll im Hinüberwachsen aufgebaut werden, was aber nicht möglich ist. Was Kautsky somit anbietet, das muss sich darin verlieren, eine bourgeoise-sozialistische „endlose Schraube“ zu sein, um sein diesbezügliches Bild zu verwenden. Anders gewendet: Marx und Engels haben die (dialektische) Differenz falsch verstanden, da sie insgesamt die Dialektik in die weltliche Ebene verpflanzt haben. Kautsky, anstatt um das zutreffende Verständnis dieser Differenz bemüht zu sein, höhlt sie endgültig aus, da sie zu einem Nebelbild in der Unendlichkeit wird.

Die Ironie hieran besteht darin, dass zum Kapitalismus nicht in Differenz getreten werden, indem die Marktwirtschaft – also Konkurrenzwirtschaft – aus der Geschichte getilgt wird, sondern indem die Vorstellungen ihrer Omnipotenz vollständig beseitigt werden. Anders formuliert: Als gesellschaftliches Phänomen ist die Marktwirtschaft anzuerkennen, aber nur in dem Sinne, dass sie aus der thematisierten personalen und gemeinschaftlichen Ebene heraus reguliert wird. Das meint: Die Notwendigkeit davon, in Differenz treten zu sollen, erschöpft sich nicht in welchem geschichtlichen – und somit gesellschaftlichen – Vorgang auch immer, sondern darin, in Differenz zur alleinigen Beachtung der weltlichen Ebene zu treten.

Angesichts hiervon ist nun Bernsteins Denken zu charakterisieren. Ein Satz von ihm, der insbesondere sein Denken verdeutlicht, ist, dass der Kampf gegen den Liberalismus in Maßen zu führen ist. Das unterscheidet sich substanziell von Kautskys Ausrichtung auf die sozialistischen Großbetriebe und bringt ihn in deutlich größere Distanz zu Marx und Engels. - Hierin mag auch zum Ausdruck kommen, wieso das Erfurter Pogramm als Sieg des Marxismus wahrgenommen worden ist.

Blickt man genauer, so ist besagter Satz Bernsteins in Verbindung damit zu begreifen, dass Bernstein bereits bekannt gewesen ist, dass die Aussage Marxens und Engels', wonach sich die kapitalistischen Krisen immer mehr zuspitzen, offenbar eine so nicht zutreffende Vereinfachung darstellen. Das mag ihn zu der Meinung veranlasst haben, dass mit der Marktwirtschaft ein Konsens zu finden ist, der, ist er grundsätzlich geprägt von der sozialdemokratischen Gesinnung, den uranfänglichen (primitiven) Konkurrenzkapitalismus überkommen lässt, ganz im Sinne des sozialistischen Verständnisses vom Zu-sich-kommen der Gesellschaft. Die Gefahr, eine „endlose Schraube“ im Sinne Kautskys anzubieten, wäre hiermit gebannt.

Zweierlei ist hierzu anzumerken: Ist Bernsteins Denken tatsächlich hiervon geprägt gewesen, so ist es zumindest höchst naiv gewesen. Der Liberalismus, also das aus sozialistischer Sicht primitive Konkurrenzdenken, wird sich aufgrund seines Selbstverständnisses immer gegen sozialistische Regierungen wenden, Kooperationen, wie sie Bernstein vorschweben, also immer nur in Phasen aktueller Schwäche eingehen. Im Sinne der Ausführungen im zweiten Kapitel, sie sind zuvor wiederholt worden, bedeutet der Umstand, die Marktwirtschaft für die gesellschaftliche Ebene veranschlagen zu müssen, gerade nicht, mit ihr Kooperationen einzugehen. Sie ist voll und ganz aus der hierzu in Differenz seienden gemeinschaftlichen Ebene heraus zu konzipieren. Da Bernstein gerade hiervon nichts wissen will, kann er nichts anbieten, das diese Aufgabe erfüllt. Was er anbietet ist, wie sich gezeigt hat, der Rede nicht wert.

Zweitens ist festzuhalten: Bernsteins Wohlwollen dem Liberalismus gegenüber kann auch als Ausdruck davon verstanden werden, dass er diesem Denken nicht grundsätzlich abgeneigt gewesen ist. Dass er nach einem Ausgleich zwischen Sozialdemokratie und liberaler Marktwirtschaft gesucht hat, da er dieser Fähigkeiten zugesprochen hat, derer auch eine sozialdemokratisch geführte Gesellschaft bedarf. Diese Möglichkeit gilt es in Evidenz zu halten, nicht zuletzt aufgrund der am Ende von 3.3.1 zitierten Aussage, wonach das Godesberger Pogramm zum Triumph Bernsteins geworden ist.

5 Ausgestaltung des sozialdemokratischen Weges

Das vorangegangene Resümee hat gezeigt, dass die Sozialdemokratie an ihrem Beginn durchaus verschiedene Denkrichtungen vereint, die in unterschiedlichem Ausmaß Kontakt mit dem orthodoxen Marxismus halten. Auf der einen Seite ist die hiermit bezeichnete Bandbreite von Positionen innerhalb der Sozialdemokratie von Kautskys Denken geprägt, das merklich diesen Kontakt zum Marxismus hält. Wo er sich vom orthodoxen Marxismus entfernt, das ist zumindest teilweise auch vom späten Engels aufgegriffen worden. Insgesamt hat er sich aber gegen das Erfurter Programm gewendet. Auf der anderen Seite ist das sozialdemokratische Denken von Bernsteins Position geprägt, dessen Kontakt zum orthodoxen Marxismus marginaler Natur ist. Bernstein hat keine Reform des Marxismus geboten, sondern eine Revision. In diesem Kapitel soll betrachtet werden, welches Schicksal den beiden genannten Denkansätzen innerhalb der Sozialdemokratie in der Geschichte widerfahren ist.

5.1 1914 bis 1919: Von der MSPD bis zum Spartakusbund: das sozialistische Spektrum am Vorabend der Weimarer Republik – Die Schwäche der seinerzeitigen Sozialdemokratie

Zur Einführung in das Thema soll der Umgang der Sozialdemokratie Deutschlands[40] mit der Bewilligung von Kriegskrediten im Jahre 1914 betrachtet[41] werden; eine in der SPD nicht unumstritten gebliebene Bewilligung[42]. Hier soll nur interessieren, wie die Befürwortung innerhalb der SPD gerechtfertigt worden ist. Bezeichnend hierfür ist die Argumentation des sozialdemokratischen Reichstagsabgeordneten David, die er 1916 auf der Reichskonferenz der Sozialdemokratie gibt:

„Aus welchen Gründen hatten wir dann am 4. August für die Kredite zu stimmen? Da wir also «prinzipiell» frei in unseren Entschlüssen waren, so hatten wir lediglich aus sachlichen Gründen nach der Situation zu urteilen. Welches war damals die Situation? Vom Osten her begannen sich die Millionenheere des Zaren in Bewegung zu setzen, vom Westen her die Millionenheere der mit

---

[40] Das anstehende Kapitel bezieht sich fast ausschließlich auf die Sozialdemokratie Deutschlands, da diese in dem interessierenden Zeitraum die stärkste sozialdemokratische Kraft gewesen ist.

[41] Jörg Berlin hält in seinem Buch *Die deutsche Revolution 1918/19 – Quellen und Dokumente* (Berlin, J. Hrsg. 1979 – Köln) hierzu fest: „Ein entscheidendes Datum in der Geschichte der deutschen Abeiterbewegung ist der 4. August 1914; der Tag, an dem die sozialdemokratische Reichstagsfraktion erstmals – gemeinsam mit den Vertretern bürgerlicher Parteien – Kriegskredite bewilligte.“ (S.11)

[42] Karl Liebknecht, Reichstagsabgeordneter der SPD, ist der ersten Abstimmung über die Bewilligung fern geblieben und hat in der Dezemberabstimmung als einziger Abgeordneter gegen die Bewilligung gestimmt.

dem Zaren verbündeten Republik, die sich mit der russischen Dampfwalze auf deutschem Boden treffen wollten. [...] In dieser Situation mußten wir alles tun, um unser Volk vor der schrecklichen, ihm drohenden Gefahr zu schützen. [...] Da kann man nicht sagen, die Soldaten mögen hinausgehen und das Land verteidigen, aber wir lehnen ab, was sie dazu brauchen." (S.28)[43]

Gemäß David hat Deutschland also einen Verteidigungskrieg geführt[44], was die Solidarisierung mit der Industrie erzwungen habe. Angesichts hiervon interessiert eine gewerkschaftliche Stellungnahme, die Nestriepke in folgende Worte kleidet:

„Als mit dem Krieg als einer unabänderlichen Tatsache gerechnet werden mußte, beschloß eine Konferenz der Verbandsvorstände am 2. August 1914 in Berlin sofort den Abbruch aller Lohnkämpfe und die Sistierung der Auszahlung weiterer Streikunterstützung. Nach dem berufensten Interpreten des Beschlusses, Karl *Legien*, wollten die Gewerkschaften damit ausdrücklich kundtun, «daß von ihrer Seite eine Störung des Wirtschaftslebens nicht erfolgen» solle." (S.49)[45]

Selbst wenn man annimmt, dass Deutschland ein Verteidigungskrieg aufgezwungen worden ist, ist die in dem Zitat

---

[43] Zitiert aus: Berlin, J. 1979 (siehe Fußnote 41): Quelle: *Protokoll der Reichskonferenz der Sozialdemokratie Deutschlands v. 21., 22. und 23. September 1916* - Berlin 1916, S.96

[44] Bernstein hat dies auf derselben Konferenz in Abrede gestellt: „Vergessen Sie nicht, daß am 1. August der deutsche Kaiser im Namen des Reiches an Russland den Krieg erklärt hatte. Der Krieg war von Deutschland und Österreich-Ungarn von vornherein vorausgesetzt. Das Ultimatum an Serbien war im vollen Bewußtsein so abgefasst, daß es Rußland auf den Plan bringen mußte, daß es von Serbien nicht angenommen werden konnte." Zitiert aus: Berlin, J. 1979 (siehe Fußnote 41) S.29

[45] Zitiert aus: Berlin, J. 1979 (siehe Fußnote 41): Quelle: Nestriepke, S. 1921: *Die Gewerkschaftsbewegung*, Bd. 2 – Stuttgart; S.34

zum Ausdruck gebrachte Vorgehensweise bzw. überhaupt die Solidarisierungsvorstellung Davids genau dann problembeladen, wenn erstens nicht sogleich mit festgehalten ist, wie aus der aktuellen Solidarisierung („Burgfrieden") wieder herausgefunden werden soll und zweitens eine einseitige Solidarisierung vorliegt, eine solche also, die von der „anderen" Seite gar nicht mitvollzogen wird.

Um verdeutlichen zu können, wovon hier die Rede ist, sei aus einem Artikel in der *Metallarbeiterzeitung* vom 7. 11. 1914 zitiert, der eine kaum glaubliche Naivität zum Ausdruck bringt:

„Der uns frivol aufgezwungene Krieg nötigte vor allem die sonst im Leben einander fremd oder gar feindselig gegenüberstehenden Volksschichten zum solidarischen Zusammenarbeiten, zum gemeinsamen Tragen von Leid und Freud. Mit jeder Faser des Herzens verfolgten wir den Fortgang des völkergeschichtlichen Ringens auf den Kriegsschauplätzen. Eine neue Zeit ist angebrochen; andere Menschen hat der Krieg in kurzer Zeit aus uns allen gemacht. Das gilt unterschiedslos für Hoch und Niedrig, für Arm und Reich, für Privatpersonen und für Staatsdiener. *Solidarität und Hilfeleistung aus unverschuldeter bitterer Not*, die wir den Arbeitern als unvergänglicher Richtschnur ihres Handelns eingeimpft und von den Reichen so oft vergeblich gefordert haben, *ist über Nacht Gemeingut eines großen und leistungsfähigen Volkes geworden*. Sozialismus, wohin wir blicken." (S.49[46])

„Sozialismus, wohin man blickt." Das ist mehr als originell. Das suggeriert, dass die Gesellschaft in einer Krisensituation umgehend innere Spaltungen abgebaut hat: Alle sind umeinander bemüht. Was also aus sozialdemokratischer Sicht unter gewöhnlichen gesellschaftlichen Verhältnissen viele Jahre demokratischer Arbeit in Anspruch

---

[46] Zitiert aus: Berlin, J. 1979 (siehe Fußnote 41): Quelle: *Metallarbeiterzeitung* vom 7. 11. 1914

genommen hätte, das ist aufgrund der außergewöhnliche Situation des Krieges spontan entstanden. Das überzeugt nicht. Ist es möglich gewesen, dass die allgemeine sozialistische Gesinnung, sich spontan Geltung verschaffen konnte, so musste sie gleichsam unter der Oberfläche bereits vorgelegen haben. Wieso bedurfte es dann ausgerechnet eines Krieges, um jene, die ihre eigentlich bereits gegebene sozialistische Gesinnung noch unterdrückt haben, zu bekehren? Bekehrungsmöglichkeiten hätte es aufgrund der Lebensverhältnisse vieler Menschen der eigenen Gesellschaft bereit zuvor gegeben. Das legt den Verdacht nahe, „Sozialismus, wohin man blickt“ einer Märchenwelt zuordnen zu müssen.

Tatsächlich lässt sich dieser Verdacht erhärten. Es ist geradezu ein „Schlag ins Gesicht“ dieses Denkens, wenn man liest, wie die Situation von den „Reichen“ – wie es in dem Zitat heißt – verstanden worden ist. Der folgende Ausschnitt aus einem Brief[47] des Großindustriellen Bosch vom 24. 10. 1918 an den Staatssekretär Haußmann bringt dies auf unmissverständliche und höchst einprägsame Weise zum Ausdruck:

> „Nur das Öffnen großer weiter Sicherheitsventile kann uns vor einer Katastrophe bewahren. [...] je weiter wir nach links gehen, desto eher werden wir Eindruck machen und eine Katastrophe ablenken können. [...] wenn das Haus brennt, löscht man auch schließlich mit Jauche, auf die Gefahr hin, daß es nachher in dem Hause eine Weile nachstinkt.“ (S.121; Hervorhebung hinzugefügt)

Angesichts hiervon braucht man sich nur die zuvor zitierte Stellungnahme in Erinnerung zu rufen, gemäß der „die

---

[47] Zitiert aus: Berlin, J. 1979 (siehe Fußnote 41): Quelle: Ruge, W. & W. Schumann (Hrsg.) 1975: *Dokumente zur deutschen Geschichte 1917-1919* – Berlin S.53

Reichen“ zu jener „Solidarität und Hilfeleistung“ gefunden haben, die zuvor „oft vergeblich eingefordert“ worden ist.

Das folgende Zitat verdeutlicht, dass Bosch hier keineswegs eine ihm allein zukommende Position einnimmt. Es stammt von R. Müller - Vorsitzender der Groß-Berliner Arbeiterräte - und gibt seine Einschätzung des Arbeitsgemeinschaftsabkommens wieder:

„Bereits während des Krieges haben die leitenden Männer der deutschen Gewerkschaften und der Rechtssozialisten gemeinsam mit einigen Intellektuellen eine «Arbeitsgemeinschaft der Klassen» angestrebt. Die kapitalistische Presse antwortete den Herrschaften mit einem Hohngelächter und wir hielten das ganze Gebaren für eine Kriegspsychose. Dessenungeachtet verfolgten die Herren Legien und Konsorten ihr Ziel weiter. | Am 9. Oktober 1918 erhielt Herr Hugo Stinnes von den Eisenindustriellen und dem Zechenverband den Auftrag, mit den Gewerkschaften zwecks Gründung einer Arbeitsgemeinschaft in Verhandlung zu treten. Zunächst wurden die Verhandlungen in Rheinland-Westfalen geführt und Anfang November in Berlin fortgesetzt. Es war sicherlich für die Herren Gewerkschaftsführer ein unbeschreiblicher Triumph, als der bekannte Scharfmacher Hugo Stinnes kam und sich zur Gründung der Arbeitsgemeinschaft bereit fand. Die Gewerkschaftsbonzen konnten nunmehr ihren Mitgliedern die Früchte ihrer Kriegspolitik in greifbarer Gestalt überreichen. Die Arbeitsgemeinschaft der Klassen war perfekt geworden. | Der Geschäftsführer des Vereins Deutscher Eisen- und Stahlindustrieller, Herr Dr. Reichert, hat am 30. Dezember 1918 in Essen in einem Vortrag die Gründe offenbart, die Herrn Hugo Stinnes bewogen, Anschluß an die Gewerkschaften zu suchen. Herr v. Reichert teilte mit, daß am 9. Oktober 1918 im Stahlhof in Düsseldorf die Scharfmacher eine Sitzung abhielten, die durch den Zusammenbruch unserer Kriegs- und Wirtschaftspolitik den erforderlichen Nachdruck erhielt. Wörtlich führte Dr. Reichert aus: «Tatsächlich war die Lage schon in den ersten Oktobertagen klar. Es kam darauf an: Wie kann man die Industrie retten? Wie kann man auch das Unternehmertum vor der drohenden, über alle

Wirtschaftszweige hinwegfegenden Sozialisierung, der Verstaatlichung und der nahenden Revolution bewahren?» | Also die Angst vor der Sozialisierung, die Angst vor der nahenden Revolution bewog die Scharfmacher, nach einem Verbündeten zu suchen. Die Regierung des Prinzen Max von Baden konnte für die Unternehmer keine sichere Stütze sein. Deshalb erklärt Dr. Reichert: «Einen überragenden Einfluß schien nur die organisierte Arbeiterschaft zu haben. Daraus zog man den Schluß: Inmitten der allgemeinen großen Unsicherheit, angesichts der wankenden Macht des Staates und der Regierung, gibt es für die Industrie nur in der Arbeiterschaft starke Bundesgenossen, das sind die Gewerkschaften.» | Dr. Reichert gibt offen zu, daß es den Unternehmern nicht leicht gefallen ist, mit den Gewerkschaften ein Bündnis zu schließen. Man habe sich auch zu Gegenleistungen bereit finden müssen. Resigniert führt er aus: «Aber was hilft es! Das Opfer mußte gebracht werden. Und es müssen wohl noch weitere Opfer in Zukunft verlangt werden, aus der wirtschaftlichen Notwendigkeit und ferner aus der politischen Notwendigkeit.» | Die Arbeitsgemeinschaft der Unternehmer und Gewerkschaftsführer war geschlossen. Am 6. November 1918 verlangten sie von der Regierung die Schaffung eines Demobilmachungsamtes. Die Verhandlungen der Gewerkschaftsführer mit den Schwerindustriellen wurden am 15. November 1918, also sechs Tage nach der Revolution, abgeschlossen. Zu einer Zeit, wo die gesamte politische Macht in den Händen der Arbeiterräte lag, trat diese Gesellschaft zusammen und legte die Axt an die Errungenschaften der Revolution. Nichts von Sozialismus, dafür aber Sicherung der privatkapitalistischen Produktionsweise. | […] Warum billigten die Scharfmacher den Achtstundentag zu? Herr Dr. Reichert gibt uns Auskunft: «Der Achtstundentag ist eine der ältesten Forderungen der organisierten Arbeiter. Ferner war bei einer Revolutionsregierung, die lediglich aus Arbeiterköpfen besteht, zu befürchten, daß mangels des Entgegenkommens der Unternehmer der Achtstundentag Gesetz werde. […]» Hier haben wir die Gründe für diese Errungenschaft. Aber Dr. Reichert beruhigt seine Zuhörer. Er meinte, das sei doch nur vorübergehend. Wenn die Entente den

Achtstundentag nicht einführt, dann würden wir ihn auch fallen lassen.“ (S.241ff.)[48]

Reicherts Ausführungen belegen eindeutig, dass „die Reichen“ – die „Unternehmer“ - nichts weniger als Solidarität im Sinne haben, dass sie n i c h t d a r a n d e n k e n, ihr Klassenbewusstsein aufzugeben. Schon in der Situation, in der sie sich in eine Scheinsolidarisierung h i n e i n b e g e b e n, denken sie das H e r a u s k o m m e n aus der Situation an – und unterscheiden sich hierin substanziell von der gewerkschaftlich-(rechts)sozialistischen Position. Trotzdem meint diese Position, einen Sieg feiern zu können. Dieser Umstand wird sich noch als höchst bedeutungsvoll erweisen.

Zunächst aber gilt es aufzugreifen, was mit der Bezeichnung „rechtssozialistisch“ gemeint ist, die in dem Zitat auftritt. Müller verwendet diesen Begriff als Repräsentant der USPD (Unabhängige-SPD) und bezieht ihn auf Vertreter der MSPD (Mehrheits-SPD). Die hierin zu Ausdruck kommende Spaltung innerhalb der SPD ist zunächst zu charakterisieren. Vorweg kann festgehalten werden, dass diese Spaltung in unmittelbarem Zusammenhang steht mit der „Spaltung“ in das Denken sensu Kautsky einerseits und sensu Bernstein andererseits am Beginn der Sozialdemokratie.

Zunächst soll Jörg Berlin zu Wort kommen:

„Die zahlenmäßig stärkste Gruppe der Opposition wurde durch die SAG und die aus ihr im April 1917 hervorgehende «Unabhängige sozialdemokratische Partei Deutschlands» (USPD) repräsentiert. Die USPD besaß kein eindeutiges politisches Profil, die ihr angehörenden Gruppen – u. a. die Spartakusgruppe – waren politisch heterogen und befehdeten sich zum Teil gegenseitig. Der entscheidende Streitpunkt war, ob der Krieg durch revolutionäre

---

[48] Zitiert aus: Berlin, J. 1979 (siehe Fußnote 41): Quelle: *Bremer Arbeiter-Zeitung* (USPD) vom 14. 3. 1919

Massenaktionen beendet oder die Regierenden primär durch parlamentarisches Vorgehen zum Frieden gezwungen werden sollten. | Die Mehrheitssozialdemokratie lehnte selbst die Mobilisierung der Massen zur Herbeiführung des Friedens und der Verhinderung arbeiterfeindlicher oder imperialistischer Maßnahmen ab." (S.63f.)

„Die MSPD-Führung versprach dagegen für Deutschland eine friedliche Umwälzung und warnte vor der Bildung von Arbeiter- und Soldatenräten (AuSR). Deren Politik vermochte sie sich – glaubt man ihren Äußerungen – nur als «bolschewistisches Chaos» vorzustellen. [...] | Die Revolutionsfurcht vieler MSPD-Führer war nicht das Ergebnis einer individuellen Fehleinschätzung der Lage, sondern Folge ihrer Integration in die bestehende politische und soziale «Ordnung»." (S.68)

Auf den in den Zitaten genannten Spartakusbund und das „bolschewistische Chaos" soll später eingegangen werden. Zunächst interessiert alleine die Spaltung in MSPD und USPD. Jene erweist sich – zunächst gemäß der Darstellung Berlins – als Inbegriff der von Engels skizzierten kleinbürgerlichen Demokraten. Sie ist es auch, folgt man Berlin weiter, in der sich der Bernsteinsche Revisionismus geradezu bis zur Aufgabe jeglicher sozialistischen Ambition ausprägt. Demgegenüber wird die USPD als eine Partei vorgestellt, die die Bereitschaft signalisiert, diesem Abgleiten zu wiederstehen, obschon in Gestalt eines heterogenen Gebildes.

Nicht zuletzt aufgrund dieser Heterogenität ist die Grenze der USPD gegenüber der MSPD nicht immer und überall scharf gezogen. Anhand der Vorgehensweise Bernsteins lässt sich dies wie folgt veranschaulichen:

„Als der Krieg ausbrach, stellten sich fast alle seine [Bernsteins] engeren Freunde in der Partei auf die Seite der Kreditbewilligung [Kriegskreditbewilligung]. Bernstein wurde indessen durch das Treiben der Reaktion und des Annexionismus in das andere Lager gestoßen. Wieder gab es schmerzliche Trennung nach langer Kameradschaft, [...] Es kam zur Parteispaltung und Bernstein ging mit seinem alten Freund und Widersacher Kautsky zu den Unabhängigen. Indes schloß seine unverändert reformistische Gesinnung jedes auch nur zeitweilige oder auch nur taktische Zugeständnis an den sich innerhalb der USB bildenden Kommunismus aus. Und so ging Bernstein, nach Überwindung der durch den Krieg geschaffenen Gegensätze, seinen unabhängigen Freunden auf dem Weg zur Einigung voraus [geschrieben 1925!].“[49]

„Im zweiten Teil seiner Ausführungen unterzieht Bernstein die Politik der Unabhängigen [= USPD] einer scharfen Kritik. Sie komme lediglich den Elends-Politikern und Elends-Spekulanten zugute[50], die vom allgemeinen Elend die Erfüllung ihrer Pläne, die Reaktivierung ihrer Spekulationen erhoffen. Auf das Elend spekulieren nicht nur die so gelehrigen deutschen Schüler des Bolschewismus, sondern auch die Reaktionäre. Heute, wo alles darauf ankomme, die Republik über die furchtbare Krisis hinwegzuhelfen, kämpfen die Unabhängigen gegen die Regierung in derselben Weise wie vordem gegen das militärisch fundierte Kaisertum. Sie behaupten zwar, die Praxis der Spartakuspartei abzulehnen, aber sie übernehmen immer mehr von der Phraseologie des Spartakismus und richten eine verderbliche Konfusion in den Köpfen der ihnen zugänglichen Teile der Arbeiterschaft an, die nur den in der Preisgabe des demokratischen Programms der Sozialdemokratie wenigstens logischen Spartakisten zugute kommen können. Da der Parteitag der Unabhängigen die gleichzeitige Zugehörigkeit der anderen Parteien für unzulässig erkläre, bleibe ihm [Bernstein] nichts übrig, als seine Dienste als Parteimann ausschließlich der Partei der Mehrheitssozialisten zu widmen.“[51]

Was ist diesen Stellungnahmen zu entnehmen? Bernstein sieht das Vorgehen der MSPD durchaus kritisch; so sehr (nicht zuletzt im Zusammenhang mit der

[49] Zitiert aus: *Vorwärts* (Berlin): *Eduard Bernstein, der Denker und Kämpfer – Zu seinem 75. Geburtstag*

[50] Bernstein wirft hier der USPD vor, immer noch an der Krisen-Theorie Marxens (vgl. oben) zu haften.

[51] Zitiert aus: *Vossische Zeitung* vom 22. März 1919

Kriegskreditbewilligung), dass er sich jenen anschließt, die das Sich-Arrangieren mit einer „annexionistischen" Politik ablehnen. Sodann „erkennt" Bernstein aber, dass sich die USPD zu weit von der Anerkennung der Demokratie entfernt hat; sie hat sich, so Bernstein, zu sehr vom Spartakusbund vereinnahmen lassen, dessen Ziel es offensichtlich ist, unter Umgehung der Demokratie eine Räterepublik nach bolschewistischem Vorbild zu etablieren. Hiervon ist Bernstein so sehr beeindruckt – zurückgestoßen –, dass er sich wieder der MSPD anschließt[52].

Das bedeutet aber: Bernstein schließt sich nun jenem Denken an, das sich im Namen seiner revisionistischen, unmittelbar auf Demokratie abzielenden Politik gegen das bolschewistische Rätesystem ausspricht. Die Crux hieran, ohne hiermit die Räterepublik als positive Alternative in den Raum zu stellen(!), ergibt sich aus dem reduktionistischen Demokratie-Verständnis des Revisionismus, das der MSPD somit nicht fremd sein kann.

Angesichts hiervon sei aus einem Artikel aus dem MSPD-Organ *Norddeutsches Volksblatt* vom 20. 10. 1918 zitiert:

„Ein Sozialismus, der nicht aus dem Leben der Demokratie gewachsen ist. bleibt eine lebensunfähige Mißgeburt. «Was will das Volk?» Das muß für uns Sozialdemokraten die erste Frage sein. Die Antwort kann nur lauten: «Das Volk wünscht ganz offenbar den Fortschritt zur Demokratie, es ist wahrscheinlich auch für weitgehende Reformen im Sinne des Sozialismus zu haben, aber die Politik der Unabhängigen [USPD] lehnt es ab.» […] | Wir [MSPD] wollen arbeiten! Zu Kindereien ist keine Zeit! Jeder seiner Verantwortung bewußte Sozialdemokrat muß die Arbeiter davor warnen, den unsinnigen Ratschlägen Unverantwortlicher zu folgen. Wir appellieren an die Einsicht und an das Gewissen der

[52] Es wird noch darauf hinzuweisen sein, dass dieser Schritt weitaus problematischer ist, als es hier zum Ausdruck kommt.

Genossen, die in Jahrzehnten des Klassenkampfes geschult sind. Törichte Streiche machen wir nicht mit.“ (S.126f.)[53]

Das Volk – so will die MSPD wissen – lehnt „Kindereien“ ab. Mehr noch: Es wünscht den „Fortschritt zur Demokratie“ und, wiewohl in diesem Punkt nicht mehr selbige Sicherheit herrscht: „[…] es ist für weitergehende Reformen im Sinne des Sozialismus zu haben“. Beachtet man, dass das Denken der MSPD über ein revisionistisches Demokratieverständnis nicht hinaus gelangt, so wird einsichtig, dass sie tatsächlich nicht von Demokratie spricht, sondern von einem reduktionistischen Zerrbild selbiger; das lässt auch verständlich werden, wieso sie sich über das Ausmaß der Etablierung sozialistischer Ideen in der Gesellschaft nicht so sicher ist. Umso deutlicher wird man in der Ablehnung der „Revolutionsspielereien“ der USPD; derartige Spielereien sollen jeglicher „Verantwortung“ entbehren.

Bemerkenswert ist, dass von gewerkschaftlicher Seite der Standpunkt der MSPD aufgegriffen wird, wie folgende Stellungnahme in einem Aufruf der Generalkommission der Gewerkschaften Deutschlands an die Zentralvorstände der Gewerkschaften vom 23. 4. 1917 darlegt:

„Arbeitsgemeinschaft und Spartakusgruppe betreiben indessen eine intensive Agitation und versuchen fortgesetzt, neue Ausstände für politische Forderungen hervorzurufen. Es braucht wohl kaum betont zu werden, daß eine solche Taktik weder dem Interesse der deutschen Arbeiter noch dem des Deutschen Reichs dient. Der Friede, den zu erreichen die deutsche Reichsregierung sich fortgesetzt die größte Mühe gibt, wird nicht herbeigeführt, wenn im feindlichen Ausland der Eindruck erweckt wird, daß Deutschland von inneren Wirren erschüttert vor dem Zusammenbruch steht. | Deutschland ist nicht Rußland. Die Revolutionsspielereien der Arbeitsgemeinschaft und Spartakusgruppe gefährden

[53] Zitiert aus: Berlin, J. 1979 (siehe Fußnote 41): Quelle: *Norddeutsches Volksblatt* (MSPD) vom 20. 10. 1918

lediglich die deutsche Arbeiterbewegung, insbesondere unsere gewerkschaftlichen Organisationen und die Verteidigungskraft des Landes." (S.85f.)[54]

An diesem Zitat fällt sofort das Bemühen auf, in Harmonie mit den elitären Klassen sein zu können – konkret: mit jenen Klassen, die ihrerseits, so hat sich gezeigt, an eine Solidarität mit den Arbeitern überhaupt nicht denken. Was diese Harmonie stören könnte – tatsächlich stören würde -, wird als „Revolutionsspielereien" abgetan, um willen der Aufrechterhaltung eines Burgfriedens, der letztlich ausschließlich den Interessen der elitären Klassen dienlich sein kann. Ein sozialdemokratisches Denken kann sich hiermit nur aus innerer, ideologischer Schwäche heraus arrangieren – oder aus Affinitäten zu den Eliten.

Setzt man den Fall, dass tatsächlich ideologische Schwäche vorliegt, so ist davon auszugehen, dass den Überlegungen der MSPD im Sinne der „überall Sozialismus"-Illusion folgendes Kalkül zugrunde liegt: In einer Krisenzeit (Krieg) tritt zumindest die Bedingung der Möglichkeit auf, mit den Mitteln der Demokratie sozialistisches Gedankengut so weit im Staat verbreiten zu können, dass es tatsächlich staatstragend wird. Hierzu sei es aber nötig, die „Reichen" nicht durch „Revolutionsspielereien" aus ihrer solidarischen Stimmung zu reißen, so wie man sich auch dem Ausland gegenüber keine Blöße geben darf. Es soll den „Reichen" also signalisiert werden, dass man zwischen Deutschland und Rußland zu unterscheiden weiß und in dem System der Sowjets (Räterepublik) nicht die Lösung der anstehenden

---

[54] Zitiert aus: Berlin, J. 1979 (siehe Fußnote 41): Quelle: Stern, L. (Hrsg.) 1959: *Die Auswirkungen der großen Sozialistischen Oktoberrevolution auf Deutschland. Archivalische Forschungen zur Geschichte der deutschen Arbeiterbewegung* Bd. II – Berlin, S.467ff.

Probleme sieht. Die Crux hieran ist die: Die „Reichen“ befinden sich *überhaupt nicht* in besagter Stimmung[55].

Worauf es ihnen primär ankommt, das ist die Beibehaltung der grundsätzlichen Anerkennung des Systems aus Marktwirtschaft und Lohnarbeit. Gelingt ihnen die Durchsetzung dieses Zieles, so können sie sich der Beibehaltung der ihnen genehmen Klassengesellschaft sicher sein. Zwar mögen sie aufgrund in die Gesellschaft eingeflossener „sozialdemokratischer“ Vorstellungen z. B. zu Lohnverhandlungen mit den Gewerkschaften genötigt sein, doch können diese nichts am grundsätzliche Status quo ändern, da angesichts „überzogener“ gewerkschaftlicher / sozialdemokratischer Forderungen von Seiten der Eliten der „Burgfrieden“ jederzeit angerufen werden kann, die Beachtung der Qualität des eigenen Wirtschaftsstandortes einfordernd! = Jedes Bemühen um Besserstellung der nicht-elitären Klassen muss mit „Bedacht vorgenommen“ werden, was soviel heißt wie: muss unter Beachtung marktgesellschaftlicher Realitäten vorgenommen werden.

Die elitären Klassen können also von der Qualität des Wirtschaftsstandortes reden, suggerierend, als würden sie an die Gemeinschaft denken, obschon sie primär an sich denken, und eine Strategie wie jene der MSPD steuert die

---

[55] Freilich lässt sich auch wie folgt argumentieren: Auch die MSPD befindet sich in keiner Solidarisierungs-Stimmung, immerhin will man ja durch die Hintertüre eine sozialdemokratisch bestimmte Demokratie aufbauen. Somit würde sich letztlich niemand in Solidarisierungs-Stimmung befinden. Sollte die MSPD der Meinung gewesen sein, ausschließlich für ihr Klientel verantwortlich zu sein, so hatte sie immer noch nicht verstanden, ein Demokratie-Verständnis im Sinne der Marktgesellschaft mit sich zu tragen, was gerade nicht im Sinne ihres Klientels ist.

„demokratische Legitimation" hiervon bei. – Damit ist nicht gesagt, um dies fortgesetzt nicht unbeachtet zu lassen, dass die Alternative hierzu, wie sie die USPD und insbesondere der Spartakusbund anbieten, hierdurch bereits gerechtfertigt wäre (hierauf wird zurückzukommen sein).

In der Sozialisierungsfrage äußert sich dieser Umstand wie folgt. Zunächst soll der USPD-Gewerkschaftsfunktionär Schliestedt zu Wort kommen:

„Für die Beurteilung der Arbeiten dieses Kongresses draußen im Volk ist allein maßgebend die Stellung zur Sozialisierung unserer Industrie, und zwar insofern, ob sie sofort oder vielleicht nach Generationen durchgeführt werden soll. Darin unterscheiden wir uns eben. Wir hegen nach den Vorgängen in diesem Kongreß das tiefe Mißtrauen, daß es der Mehrheit mit der sofortigen Sozialisierung nicht ernst ist. Nun ist dem Volksbeauftragten Barth auf seine Frage, ob verschiedene Industrien nicht etwa reif seien, [von Ihnen] immer geantwortet worden: jawohl die sind reif. Also bitte, meine Herren, beschließen Sie, daß sozialisiert werden soll, und zwar sofort." (S.252)[56]

Eine andere Sicht der Dinge hat das Mitglied der Sozialisierungskommission und MSPD-Bergarbeiterfunktionär Hue, die er in der *Kölner Zeitung* vom 9. 12. 1918 bekannt gegeben hat:

„Die Kommission für Sozialisierung hat sich mit diesen Fragen schon eingehend befasst. Darüber gibt es kein verhandeln: *Sozialisierung des Bergbaus und der damit verbundenen Industrien ist notwendig*, um dem Kapitalismus seine stärkste Macht zu nehmen. Aber heute ist doch die Frage aufzuwerfen: Ist für die unserer Überzeugung nach notwendige Sozialisierung unserer großen außerordentlich komplizierten Industrie *jetzt der passende*

---

[56] Zitiert aus: Berlin, J. 1979 (siehe Fußnote 41): Quelle: *Allgemeiner Kongreß der Arbeiter- und Soldatenräte Deutschlands vom 16. bis 21. Dezember 1918 im Abgeordnetenhaus zu Berlin. Stenographische Berichte* - Berlin 1919, S.166f.

Zeitpunkt gekommen? Unser Altmeister *Marx* hat sich die Überführung in das Gemeindeeigentum nur in einer Zeit der Überfüllung an Produktionsmitteln vorgestellt. Diese Zeit ist heute nicht da; in der ganzen Welt ist sie nicht da. Wir sind einstweilen an Händen und Füßen weltwirtschaftlich gebunden. Auch hat nirgend ein ernst zu nehmender Sozialist die Behauptung aufgestellt, daß für ein Wirtschaftsgebiet für sich allein die Sozialisierung vorzunehmen sei. [...] Glauben Sie, daß in der augenblicklichen Zeit des nationalen Taumels in England und Frankreich die Sozialisierung der Produktionsmittel dort durchzuführen wäre? Das ist ganz ausgeschlossen. Wie es sein wird, wenn der Friede geschlossen ist, das wissen wir nicht. Wir haben es aber nicht mit der Zukunft, sondern mit der Gegenwart zu tun. *Wenn wir die Sozialisierung vornähmen, würden wir als Konkursverwalter auftreten* [...]" (S.257[57])

In diesem Sinne sieht auch A. Müller (MSPD) die Angelegenheit, wie sich seiner Stellungnahme in *Deutsche Allgemeine Zeitung* vom 29. 12. 1918 entnehmen lässt:

„Maßgebend für eine Sozialisierung muß sein der jeweilige Stand der eigenen Wirtschaft, *zugleich* aber auch der Stand der *Weltwirtschaft*. Es ist unsinnig zu sozialisieren, während die ganze Welt diesen Prozeß noch nicht mitmacht. *Jetzt ist die Welt zur allgemeinen Sozialisierung noch nicht reif und wir dürfen uns keine Experimente auf diesem Gebiet erlauben.* | An einer zu schnellen Sozialisierung hindert uns übrigens ein Gesichtspunkt: Die Entente will das *Privat*eigentum respektieren; aber das gesamte Staatseigentum soll ihr als *Unterpfand* für die Entschädigungsansprüche dienen. Deshalb wäre es jetzt eine Mischung von Dummheit und Verbrechen, durch Sozialisierung das Unterpfand unserer Gegner zu vergrößern." (S.258)[58]

---

[57] Zitiert aus: Berlin, J. 1979 (siehe Fußnote 41): Quelle: *Kölner Zeitung* vom 9. 12. 1918

[58] Zitiert aus: Berlin, J. 1979 (siehe Fußnote 41): Quelle: Steinmann-Buchner, A. 1919: *Sozialisierung?* – Berlin, S.73

Der USPD ist also Sozialisierung ein Anliegen („Also bitte, meine Herren, beschließen Sie, daß sozialisiert werden soll, und zwar sofort.“). Auch die MSPD gibt sich sozialisierungsaffin („um dem Kapitalismus seine stärkste Macht zu nehmen“), verweist zugleich aber darauf, dass, ganz unabhängig davon, wie es um die wirtschaftliche Situation der in Frage kommenden Industriezweige steht, die internationale wirtschaftliche Situation nicht übersehen werden darf: und diese spricht gegen eine sofortige Sozialisierung. Natürlich sind die Argumente der MSPD nicht vollständig aus der Luft gegriffen. Wichtiger aber ist: Sie sendet überhaupt keine Signale in Richtung Überkommen der gegenwärtig sozialisierungsfeindlichen Situation aus. „Durch Demokratie zur Sozialisierung“ ist ihr Motto und meint damit ihre Burgfrieden-Demokratie. Damit öffnet sie den elitären Klassen Tür und Tor, um auf den demokratischen Meinungsbildungsprozess hinreichend Einfluss nehmen zu können, mit dem Ergebnis, dass die Sozialisierung unterbleiben muss. Ein schöneres Beispiel für eine „endlose Schraube“ sensu Kautsky lässt sich nicht finden. Die MSPD hat eben dem Pogramm der elitären Klassen substanziell nichts entgegenzusetzen.

Leonhard zitiert in einem Artikel in *Die Zeit* vom 7. 5. 1965 Ulbricht mit den Worten: „Es muß demokratisch aussehen, aber wir müssen alles in der Hand haben.“ (S.183)[59] Ulbricht

---

[59] Zitiert aus: Berlin, J. 1979 (siehe Fußnote 41): Quelle: Erdmann, K. 1986: *Das Ende des Reiches und die Entstehung der Republik Österreich, der Bundesrepublik Deutschland und der Deutschen Demokratischen Republik* – in: Gebhardt: *Handbuch der deutschen Geschichte* – Bd. 22 – München, 9., neu bearbeitete Auflage, herausgegeben von H. Grundmann. Leonhard führt diese Aussage auch in seinem Buch *Die Revolution entläßt ihre Kinder* (1981[4] [1955] – München; S.317) an. Ulbricht trifft sie im Zusammenhang mit der Bestellung der Bezirksverwaltungen in

bringt hier nichts zum Ausdruck, als dessen Erfinder er sich verstehen dürfte. Die Möglichkeit der Instrumentalisierung der Demokratie haben die elitären Klassen der Marktgesellschaft bereits vor ihm erkannt. Die Aussage Schliestedts, sie geht der zuvor von ihm zitierten Aussage voraus: „Genosse Schreck, wenn diese Demokratie, die durch den gestrigen Beschluß eingeführt ist, die nächste Nationalversammlung, die Sozialisierung ablehnt – was dann?“ ist um nichts weniger aus der Luft gegriffen als die Argumente jener, die sich gegen eine sofortige Sozialisierung wenden. Das meint: Schliestedt zielt hier offensichtlich auf die Instrumentalisierbarkeit der Demokratie ab, der die Sozialdemokratie etwas entgegensetzen muss. Ihre diesbezügliche Hilflosigkeit ist geradezu beklemmend.

Wie sehr die MSPD von dem Denken der elitären Klassen beeinflusst und beeindruckt ist bzw. wie sehr sie meint, sich diesem gegenüber öffnen zu müssen, da sie nun ja in einem Solidaritätsbund mit diesen Klassen steht, zeigt sich auch daran, dass ihre Warnung vor bolschewistischen „Spielereien“, also die Diskreditierung der Option „Druck von der Straße“, als wesensverwandt zu den Bemühungen der elitären Klassen der damaligen Marktgesellschaft zu verstehen ist. Die Darstellung hiervon soll mit einem Telegramm v. Hindenburgs an den Reichskanzler v. Baden vom 7. 11. 1918 begonnen werden:

„Die Gefahr der Vergewaltigung ganz Deutschlands durch den Bolschewismus droht. Mithilfe und Sammlung aller für Ordnung

---

Berlin durch die *Gruppe Ulbricht*: „Die Bezirksverwaltungen müssen richtig zusammengestellt werden. Kommunisten als [Bezirks-]Bürgermeister können wir nicht brauchen, höchstens in Wedding oder in Friedrichshain. Bürgermeister sollen in den Arbeiterbezirken in der Regel Sozialdemokraten sein. In den bürgerlichen Vierteln – [...] – müssen wir an die Spitze einen bürgerlichen Mann stellen, [...]“ (S.315f.)

eintretenden Teile der Bevölkerung ist notwendig. Mit äußerem Feinde ist Verständigung im Gange. Alle nationalen Kräfte müssen jetzt zusammengefaßt werden zur Sicherung des Bestandes der bürgerlichen Rechtsordnung." (S.268)[60]

Von der Industrie ist die bolschewistische Gefahr als groß genug eingestuft worden, um 500 Millionen Mark als „Versicherungsprämie" zu zahlen. Stadler schreibt hierzu in *Als Antibolschewist 1918-1919*:

„Am gleichen Tag fand die nicht minder bedeutsame Sitzung des Führertums der Wirtschaft im Flugverbandshaus statt. Als ich Punkt 4 Uhr nachmittags [...] erschien [...], waren etwa 50 Herren da: Hugo Stinnes selbst, Albert Vögler, Ernst Borsig, Siemens, Geheimrat Deutsch, [...] die ganze «haute volée» der Industrie-, Handels- und Bankwelt [...] Als einziger Punkt auf der Tagesordnung stand: Referent Dr. Eduard Stadler über «Bolschewismus als Weltgefahr» ... | [...] Ich ließ nun eine Kampf- und Mahnrede auf die 50 Herren niedersausen [...] Alle waren sichtlich betroffen. Da erhob sich in der Ecke rechts hinter mir ein kleiner Mann [...] Es war Hugo Stinnes. In die geheimnisvolle Stille des Saales hinein sagte er [...]: «Ich bin der Meinung, daß nach diesem Vortrag jede Diskussion überflüssig ist. Ich teile in jedem Punkt die Ansicht des Referenten. Wenn deutsche Industrie-, Handels- und Bankenwelt nicht willens und in der Lage sind, gegen die hier aufgezeigte Gefahr eine Versicherungsprämie von 500 Millionen Mark aufzubringen, dann sind sie nicht wert, deutsche Wirtschaft genannt zu werden.» [...] | Der sogenannte «Antibolschewistenfonds» floß nun durch alle möglichen Kanäle in die Anfang Januar 1919 einsetzende gewaltige antibolschewistische Bewegung: «Generalsekretariat zum Studium und zur Bekämpfung des Bolschewismus», «Antibolschewistische Liga», «Vereinigung zur Bekämpfung des Bolschewismus» [...] Bis in

---

[60] Zitiert aus: Berlin, J. 1979 (siehe Fußnote 41): Quelle: *Beiträge zur Geschichte der Arbeiterbewegung* 10. Jg. 1918, Sonderheft 2, S.155.

die Kassen der aktiven Truppen, ja bis in die Kassen der sozialdemokratischen Partei hinein.“ (S.288f.)[61]

Eigentlich interessant ist hieran, dass der Bolschewismus von den Eliten der Marktgesellschaft als ernste Bedrohung empfunden worden ist, zu deren Bekämpfung auch die Sozialdemokratie herangezogen werden kann. Eine starke sozialdemokratische Partei - auch im Sinne Kautskys - hätte zweifellos keine Unterstützung erfahren, da diese ihrerseits substanziell auf das Überkommen der Marktgesellschaft ausgerichtet ist. Die Eliten der Marktgesellschaft müssen erkannt haben, dass von der von der revisionistischen MSPD geprägten Sozialdemokratie, keine derartige Gefahr ausgeht. In diesem Sinne ist es zu verstehen, dass Gelder des Antibolschewismusfonds auch in die Kassen der sozialdemokratischen Partei geflossen sind - und von dieser angenommen worden sind.

Worauf es hier ankommt, die einseitige „Solidarisierung“ der MSPD (und Teilen der USPD) mit den elitären Klassen der Marktgesellschaft betreffend, das hat Luxemburg am 21. 12. 1918 in *Ein Pyrrhussieg* in aller Deutlichkeit – in nicht zu überbietender Deutlichkeit - zum Ausdruck gebracht:

„In allen früheren Revolutionen traten die Kämpfer mit offenem Visier in die Schranken: Klasse gegen Klasse, Programm gegen Programm. […] In der heutigen Revolution treten die Schutztruppen der alten Ordnung nicht unter eigenen Schildern und Wappen der herrschenden Klassen, sondern unter der Fahne einer «sozialdemokratischen Partei» in die Schranken. Würden die Ebert-Haase[62] ehrlich und offen Heydebrand, Gröber, Fuhrmann [Politiker der Konservativen, des Zentrums und der Nationalliberalen] heißen – nicht einer unter den A. u. S.-Delegierten [Arbeiter- und

[61] Zitiert aus: Berlin, J. 1979 (siehe Fußnote 41): Quelle: Stadler, E. 1935: *Als Antibolschewist 1918-1919* – Düsseldorf

[62] Haase gehört der USPD an!

Soldatenräte] hätte ihnen zu folgen gewagt. Würde die Kardinalfrage der Revolution offen und ehrlich *Kapitalismus oder Sozialismus* lauten, ein Zweifeln, ein Schwanken wäre in der großen Masse des Proletariats heute unmöglich.“ (S.220)[63]

Den Repräsentanten der „herrschenden Ordnung“ ist es also gelungen, die bereits von Engels kritisierten „bürgerlichen Sozialdemokraten“ als ihre „Schutztruppen“ zu gewinnen. Engels’ und Luxemburgs Argumentation lässt sich wie folgt zusammenfügen: Jene kleinbürgerlichen Demokraten, die nur dem Schein nach eine Allianz mit den Arbeitern eingegangen sind, konnten innerhalb der SPD zum Mehrheitsblock werden und sind nun um eine Allianz mit den elitären Klassen bemüht, zu denen sie aufrücken wollen.

Dieses Urteil kann in dem vorliegenden Buch nur insofern nicht uneingeschränkt übernommen werden, als es die Fehler auf Seite des Marxismus vollständig ausblendet. Insbesondere der Revisionismus Bernsteins lässt sich zweifellos im angemerkten Sinn verstehen. Aber die Bedingung der Möglichkeit für das Auftreten dieses Revisionismus ist auf die dargelegte Weise im orthodoxen Marxismus gelegt.

Das Feinbild – und von einem solchen ist, wie sich sogleich zeigen wird, im wahrsten Sinn des Wortes zu reden – der von Luxemburg kritisierten Sozialdemokraten sind jene Sozialdemokraten und Sozialisten, die die Strategie der Protagonisten der Marktgesellschaft durchschauen, die sich von Hinhalteparolen z. B. in Rücksicht auf Sozialisierung usw. nicht beeindrucken lassen und daher nach Möglichkeiten suchen, aus der Umklammerung ausbrechen zu können, in die sie die MSPD (aber auch Teile der USPD) zu pressen

[63] Zitiert aus: Berlin, J. 1979 (siehe Fußnote 41): Quelle: Luxemburg, R. 1974: *Gesammelte Werke* Bd. 4 – Berlin, S.470f.

versucht. Im Zentrum besagten Feindbildes steht der Spartakusbund (vormals: Spartakusgruppe).

Bevor dargestellt werden kann, wovon hiermit die Rede ist, gilt es folgenden Umstand klar zu erkennen: Die MSPD hat sich von Anfang an als „friedfertig“ und „besonnen“ dargestellt: Sie sei um „Burgfrieden“ bemüht, kalkuliert die Bedürfnisse des Wirtschaftsstandortes Deutschland mit ein (keine Sozialisierung, wenn diese nur in Deutschland stattfinden soll) usw. Vor allem aber: Sie sei bemüht, den Willen des Volkes zu beachten: Demokratisierung Deutschlands. Strategisch geschickt werden diese genannten Themen derart besetzt, dass der Versuch des Aufbaus einer Alternative zu ihrer Vorgehensweise beinahe zwangsläufig Gefahr läuft, als gewaltbereit und an den Anliegen des „Volkes“ nicht interessiert erscheinen zu müssen; kurz gesagt: als bolschewistisch ausgerichtet. Hier ist gleichsam eine Falle aufgebaut worden. Die Möglichkeit er reduktionistischen Verzerrung von Demokratie ist dahingehen genutzt worden, dass, wer sie nicht als Ideal anerkennt, der Mantel des ewiggestrigen Straßen-Klassenkämpfers umgehängt werden konnte.

In diese Falle sind auch zahlreiche Vertreter des Spartakusbundes getappt: Sie haben der Regierung Anlass geboten, Gewalt anzuwenden, wiewohl derart, dass verbreitet werden konnte, „man würde nur mit Gewalt auf Gewalt reagieren“. Das zynische Spiel, das hier von Seiten der MSPD betrieben wurde gilt es nun darzustellen.

Am Anfang dieser Darstellung soll verdeutlicht werden, wie es um die „Friedfertigkeit“ Eberts (MSPD) knapp nach seiner Ernennung zum Reichskanzler konkret bestellt gewesen ist. Im *Vorwärts* (Presseorgan der MSPD) vom 9. 11. 1918 hält er fest:

„Mitbürger! Der bisherige Reichskanzler Prinz Max von Baden hat mir unter Zustimmung der sämtlichen Staatssekretäre die Wahrnehmung der Geschäfte des Reichskanzlers übertragen. Ich bin im Begriff, die neue Regierung im Einvernehmen mit den Parteien zu bilden, und werde über das Ergebnis der Öffentlichkeit in Kürze berichten. | Die neue Regierung wird eine Volksregierung sein. Ihr Bestreben wird sein müssen, dem deutschen Volke den Frieden schnellstens zu bringen und die Freiheit, die es errungen hat, zu befestigen." (S.166)[64]

Ebert sieht die SPD also nicht mehr als Arbeiterpartei sondern als Volkspartei, und als solche in der Regierung. Hieran ist grundsätzlich nichts auszusetzen. Gerade deshalb darf aber nicht übersehen werden, dass Volk, Volksregierung usw. – gerade wie Demokratie – verschiedenes meinen kann: 1. Volk als Gesamtheit der von einer Klasseneinteilung befreiten Gesellschaft. 2. Volk als Sammelbegriff für eine Gesellschaft aus Klassen, deren Existenz maskiert und – im Sinne der Eliten der Gesellschaft – geleugnet wird. Eine sozialdemokratische Partei, die der zweiten Variante anhängt, fällt selbstverständlich der Kritik Luxemburgs anheim.

Angesichts hiervon ist interessant, was General Groener im Münchener Dolchstoßprozess von 1925 zum Ebert-Groener-Bündnis vom 10. 11. 1918 zu sagen hat:

„Zunächst hat es sich darum gehandelt – und das war mein Gedanke und das nächste Ziel -, in Berlin die Gewalt den Arbeiter- und Soldatenräten zu entreißen. Zu diesem Zwecke wurde eine Unternehmung geplant, der militärische Einzug von zehn Divisionen in Berlin. Der Volksbeauftragte Ebert war durchaus damit einverstanden. Ein Offizier wurde nach Berlin geschickt, der über Einzelheiten darüber verhandeln sollte, auch mit dem preußischen Kriegsminister, der natürlich nicht ausgeschaltet werden konnte.

---

[64] Zitiert aus: Berlin, J. 1979 (siehe Fußnote 41): Quelle: *Vorwärts* vom 9. 11. 1918

Es gab da eine Reihe von Schwierigkeiten. Ich darf nur darauf hinweisen, daß von Seiten der unabhängigen Regierungsmitglieder, der sogenannten Volksbeauftragten, aber auch von seiten, ich glaube von Soldatenräten, - ich kann das im einzelnen so aus dem Stegreif nicht sagen – gefordert wurde, daß die Truppen ohne scharfe Munition einrücken. Wir haben selbstverständlich dagegen sofort Front gemacht, und Herr Ebert hat selbstverständlich zugestimmt, daß die Truppen mit scharfer Munition in Berlin einrücken." (S.275)[65]

Die Friedfertigkeit Eberts hat also gegenüber den Bemühungen der Arbeiter- und Soldatenräte ihr Ende gefunden: Er heißt es gut, gegen sie mit Divisionen vorzugehen, die mit scharfer Munition ausgerüstet sind. Er ist zur Anwendung von Gewalt bereit! Es gehört zum Zynismus der MSPD-Position, selbst diesen Umstand noch als „vernünftigen Akt" verbuchen zu wollen: Es wird nicht Gewalt „gesät", sondern man reagiert auf Gewalt[66]. Es wird sich noch zeigen, wie haltlos diese Position ist.

Der entscheidende Punkt hieran wird sein, dass das Problem Gewalt nicht erst mit der Androhung physischer Gewalt beginnt (vgl. unten: revolutionäre Sozialisten, ausgerüstet mit Schusswaffen). Gewalt ist einer Markt- /Klassengesellschaft an sich nicht fremd, wie sich aus der Bedeutung ergibt, die in einer solchen Gesellschaft der Hybris bzw. dem Mehrsein-wollen zukommt (vgl. zweites Kapitel). Was dieserart gegeben ist, das kann sich auf Seiten nichtelitärer Gruppierungen aufgrund ihrer sozioökonomischen Verhältnisse zur Bereitschaft kristallisieren, physische Gewalt anzuwenden.

---

[65] Zitiert aus: Berlin, J. 1979 (siehe Fußnote 41): Quelle: Herzfeld, H. 1928: *Die deutsche Sozialdemokratie und die Auflösung der nationalen Einheitsfront im Weltkrieg* – Leipzig, S.383ff.

[66] Es verdient sehr wohl der Beachtung, dass Bernstein im März 1919 der MSPD die Treue gehalten hat.

Im Umgang hiermit ergibt sich der Zynismus der MSPD daraus, diese Gewaltbereitschaft nicht als Reaktion auf vorausgegangenes Gewaltpotenzial zu begreifen.

Angesichts hiervon sei erneut Luxemburg das Wort gegeben, konkret ihrer Analyse des Ergebnisses des Rätekongresses[67] (= Reichsrätekongresses) vom 16. bis 20. 12. 1918, dargelegt in einem Zeitungsartikel vom 21. 12. 1918:

„Die erste Tagung des Rätekongresses ist zu Ende. Überblickt man seine Leistungen, wie sie sich äußerlich in den Debatten und Beschlüssen darbieten, so sind sie ein Sieg der Ebert-Regierung, ein Sieg der Gegenrevolution auf der ganzen Linie. Aussperrungen der revolutionären «Straße», Annullierung der politischen Macht der A[rbeiter]- und S[oldaten]-Räte, Einberufung der Nationalversammlung, diktatorische Gewalt der Clique des 6. Dezembers – was könnte wohl die Bourgeoisie in der heutigen Situation mehr und Besseres wünschen?“ (S.217f.)[68]

Unmissverständlich macht Luxemburg klar, dass der Kongress – offensichtlich wider der mit ihm verbundenen Hoffnung von revolutionärer Seite – einen Sieg der Ebert-Regierung erbacht hat, was einzig und allein als Triumph der Bourgeoisie, der elitären Klassen zu werten sein soll. Es ist nicht nur die „revolutionäre Macht“ der Arbeiter- und Soldatenräte gebrochen worden, es ist auch die „revolutionäre Straße“ ihrer Kraft beraubt worden. In anderen Worten: Sieg der revisionistischen Sozialdemokratie als dem Schutzschild der elitären Klassen sensu Luxemburg.

Der Rätekongress, von dem Luxemburg in obigem Zitat berichtet, ist Teil einer politischen Dynamik, die Ende 1918 und Anfang 1919 zu einer tiefen Polarisierung innerhalb der

---

[67] Was es mit diesem auf sich hat, wird sogleich dargelegt werden.
[68] Zitiert aus: Luxemburg, R. 1974: *Gesammelte Werke*, Bd. 4 – Berlin, S.470f.

deutschen Gesellschaft geführt hat, ja zu bürgerkriegsähnlichen Verhältnissen. Diese Dynamik kann hier unmöglich nachgezeichnet werden, was auch nicht nötig ist. Entscheidend ist alleine die Darlegung davon, wie es um die in dieser Zeit bedeutenden Ausprägungen des Sozialismus bestellt ist. Drei Akteure sind herbei insbesondere zu identifizieren: MSPD[69], USPD und Spartakusbund.

Der Spartakusbund ist zwar bereits mehrfach genannt worden, aber noch nicht vorgestellt worden, was nun in gedrängter Form nachgeholt werden soll. Letztlich geht der Bund auf eine Initiative Luxemburgs 1914 zurück, die sich angesichts der Kriegskreditbewilligung mit weiteren, gegen diese Bewilligung bzw. prinzipiell gegen die Kriegspolitik der SP-Reichsfraktion eingestellte SP-Parteimitglieder zur *Gruppe Internationale* zusammengeschlossen hat. Die *Gruppe Internationale* – später (1916) *Spartakusgruppe*, letztlich *Spartakusbund* – gehört der marxistischen Tradition an. Mit der Abspaltung der USPD 1917 hat sie sich dieser angeschlossen. Zum Bruch mit der USPD ist es im Dezember 1918 gekommen, im Zusammenhang mit den blutigen Weihnachtskämpfen 1918. Die Spartakisten sahen die Reaktion der USPD auf diese Kämpfe als inkonsequent an. Am letzten Tag dieses Jahres ist es zur Vereinigung des Spartakusbundes mit *Internationale Kommunisten Deutschlands* zur KPD gekommen (Namensgebung gegen den Willen Luxemburgs). Kaum eine Woche darauf ist aus einer Großdemonstration, zu der die Revolutionären Obleute Berlins aufgerufen haben und der sich die KPD angeschlossen hat, der Januaraufstand erwachsen, der auch – ideologisch motiviert – als Spartakusaufstand bezeichnet worden ist. Die Reaktion der MSPD – primär Noskes (Reichswehrminister) - hierauf hat im Einsatz von Truppen des kaiserlichen

---

[69] Die Bezeichnung MSPD wird um willen der besseren Orientierung beibehalten, auch wenn SPD geschrieben werden könnte.

Heeres bestanden, unterstützt von Freikorps (vgl. unten). Als primärer Feind ist der Spartakusbund angesehen worden.

In einem Artikel von Karl Liebknecht in *Die rote Fahne* vom 15. 1. 1919 ist zur *Jagd* auf den Spartakusbund zu lesen:

„Generalsturm auf Spartakus! «Nieder mit den Spartakisten!» heult es durch die Gassen. «Packt sie, peitscht sie, stecht sie, spießt sie, trampelt sie nieder, reißt sie in Fetzen!» Greuel werden verübt, die jene belgischen Greuel deutscher Truppen in den Schatten stellen." (S.315)

Am selben Tag sind Liebknecht und Luxemburg gefangen und ermordet worden.

Dieser knappen Skizze sind in Verknüpfung mit den vorangegangenen Ausführungen folgende Inhalte zu entnehmen: 1. Von den genannten sozialistischen / sozialdemokratischen Positionen sieht sich alleine der Spartakusbund (KPD) einem revolutionären Sozialismus verpflichtet. Er tritt für eine Räterepublik ein, wiewohl, wie hinzuzufügen ist, nicht nach bolschewistischem Vorbild. Beachtenswert ist, dass sich Luxemburg mit ihrer Anschauung, die Machtergreifung nur aus einer entsprechenden demokratischen Verankerung der Partei herleiten zu dürfen, nicht durchgesetzt hat. 2. Die USPD ist eigentümlich inkonsequent; verliert sich zwischen Spartakusbund (KPD) und MSPD. 3. Die MSPD ist konsequent ausgerichtet auf ihre Allianz (Solidarisierung) mit bürgerlichen Parteien und dem Kampf gegen den Spartakusbund, wobei sie vor Gewaltanwendung nicht zurückschreckt.

Im Lichte hiervon sei zunächst das Verhältnis der MSPD zur USPD zu Beginn des Jahres 1919 kurz beleuchtet, anhand eines Artikels in *Vossische Zeitung* vom 16. 2. 1919. In diesem führt Noske aus:

„Daß Haase [USPD-Vorsitzender] das Regierungsprogramm bemängelt, ist selbstverständlich. Was auch immer darin stände, er würde es doch bemängeln. Wenn er sich und seine Freunde als die grundsatztreuesten Verfechter des Sozialismus bezeichnet, so muß ich daran erinnern, daß die *Rote Fahne* [Zentralorgan des Spartakusbundes] jeden Tag die Unabhängigen [USPD] als die faulste Kopromißlergesellschaft darstellt.“

Hiermit ist die Kluft zwischen MSPD und USPD hinreichend zum Ausdruck gebracht, da einsichtig sein muss, dass sich Noske mit der gebrachten Formulierung der Spartakisten etwas anzufangen weiß.

Wie aber ist es um das Verhältnis der MSPD zum Spartakusbund (KPD) bestellt? In einer Rede in Danzig, sie ist in *Deutsche Allgemeine Zeitung* (Berlin) vom 28. 4. 1919 abgedruckt, wendet sich Noske wie folgt gegen den Spartakusbund – aber auch die USPD:

„Unsere Parteigenossen müssen den Mut haben, in den Betrieben dem Treiben einer Minderheit entgegenzutreten. Was ist das für ein Zustand, daß in einer ganzen Reihe von Betrieben meine Parteigenossen die Mehrheit bilden, und daß wir es dann erleben, daß diese Massen von Arbeitern sich aus den Betrieben herausbringen lassen zu Streiks unter der Parole: Nieder mit der Regierung! Räterepublik! Wird der Versuch gemacht, Terror auszuüben, nun gut, dann zu einem Knüppel gegriffen und sich zur Wehr gesetzt, das ist doch einfacher, als wenn ich eines Tages Soldaten herschicken muß. Unsere Leute müssen nur Courage haben, dann können sie sich gegen terroristische Ketzereien zur Wehr setzen. Es ist politische Rückgratlosigkeit, wenn ich aus lauter Anständigkeit aus Betrieben herausgehe, weil dort eine Anzahl von Großschreiern das große Wort führen. Ich werde für meinen Teil in den Staatsbetrieben dafür Sorge tragen, daß solchen terroristischen Treibereien ein Ende bereitet wird, soweit mein Arm dazu ausreicht.“

Noske bringt hier unmissverständlich zum Ausdruck, dass sein Aufruf zur Gewalt weiter nichts als die legitim sein müssende Niederwerfung „terroristischer Treibereien“ gegen den Mehrheitswillen(!) ist; also Notwehr.

Hiervon weiß auch Scheidemann in seiner Stellungnahme zum Tode von Liebknecht und Luxemburg zu berichten:

„Sozialdemokraten waren Liebknecht und Frau Luxemburg längst nicht mehr, denn den Sozialdemokraten sind die Gesetze der Demokratie heilig, gegen die sich jene auflehnten. Jener Auflehnung wegen und weil sich neben irregeleiteten Arbeitern auch das wüsteste Verbrechergesindel an ihre Fersen geheftet hat, mußten und müssen wir sie bekämpfen. | Darum haben wir uns gewehrt […] und darum bedeutet die Niederwerfung des Spartakusaufstandes für unser Volk, ganz besonders für die Arbeiterklasse, einen Akt der Rettung, den zu vollbringen wir vor unserem Volke und vor der Geschichte verpflichtet waren.“ (S.320)[70]

Die MSPD sieht sich also in der Rolle desjenigen, der sich – den Willen der Mehrheit vertretend – „gewehrt“ hat. Bevor hierauf eingegangen werden kann, lohnt es darzustellen, dass es bei den zuvor zitierten „Knüppeln“ nicht geblieben ist. Hierzu zunächst eine Einschätzung der MSPD-Führung aus der Sicht von Oberst von Thaer:

„Ebert und Scheidemann schlottern jetzt selber vor Angst mit den Knien, daß sie von Liebknecht und Rosa Luxemburg gefressen werden könnten. Jetzt möchten sie von diesen erlöst werden, keinesfalls aber wollen sie dabei selber ein Risiko tragen. Jetzt heißt es also: «Lieber Genosse [General] Groener [Oberste Heeresleitung], jetzt mußt Du es machen. Wir würden ja gern mit Dir gehen, Du siehst es aber doch wohl selbst ein, daß wir das nicht

---

[70] Zitiert aus: Berlin, J. 1979 (siehe Fußnote 41): Quelle: *Vorwärts* vom 17. 1. 1919

machen können. Du bist es der Truppen besitzt, sogar Gardekavallerie.»" (S.286[71])

An dieser Stelle dürfen auch die Freikorps nicht unbeachtet bleiben, zu denen man aus einer Ansprache von Generalmajor Maerckers Mitte Dezember 1918 erfährt:

„Kameraden! Ich stehe zum erstenmal vor Truppen des Freiwilligen Landesjägerkorps und begrüße Euch deshalb besonders herzlich. Es liegt mir daran, daß ihr mich kennen lernt und daß ich Euch kennen lerne. | [...] An die Stelle der Kaiserlichen Regierung ist die des Reichskanzlers Ebert getreten. Sie ist gegenwärtig in schwierigster Lage, denn sie hat keinerlei Machtmittel. In spätestens 14 Tagen ist das deutsche Heer aufgelöst. | Sie braucht aber Machtmittel – zum Kampf an den Reichsgrenzen wie zum Kampf im Innern. | Im Osten stehen die Bolschewisten Rußlands, stehen die Polen und Tschechen an den deutschen Grenzen und bedrohen sie. Im Innern des Reichs geht alles drunter und drüber. Überall Plünderung, überall Unordnung, nirgendwo mehr Achtung vor Gesetz und Recht, Achtung vor persönlichem und staatlichem Eigentum. | Und vor allem wird die Regierung Ebert bedroht durch die Gruppe der Spartakusleute, durch Liebknecht und Rosa Luxemburg. Diese Bedrohung ist eine arge. Die Rosa Luxemburg ist ein Teufelsweib und Liebknecht ist ein Kerl, der aufs Ganze geht, und der genau weiß was er will. Vor allem will diese Gruppe den Zusammentritt der Nationalversammlung verhindern, weil die Nationalversammlung das herbeiführen soll, was jene Leute nicht wollen, nämlich den Frieden, Ruhe und Ordnung im Lande. | Rosa Luxemburg kann das deutsche Reich heute straflos zu Grunde richten, denn es gibt keine Macht im Reiche, die ihr entgegentreten kann. | Da wollen wir einspringen, sei es, um die Reichsgrenzen zu beschützen, sei es, um im Innern für Ruhe und Ordnung zu sorgen." (S.286f.)

---

[71] Zitiert aus: Berlin, J. 1979 (siehe Fußnote 41): Quelle: A. v. Thaer, Generalstabsdienst an der Front und in de OHL. Aus Briefen und Tagebuchaufzeichnungen 1915-1919. Unter Mitarbeit von H. Rönnefarth hrsg. v. S. Kehler, Göttingen 1958; S.286

Was ist die „Botschaft“ beider Zitate? Luxemburg und Liebknecht sind erfüllt von Gewalttätigkeit, ihr ganzes Streben gilt einem Ziel: *die Zugrunderichtung Deutschlands.* In diesem Sinne sind sie *Teufelsweib* und *ganzer Kerl.* Gegen derartige Menschen richtet sich also die friedliebende und um Ordnung bemühte Regierung im Namen des deutschen Volkes, mit dessen Mehrheit sie sich in Übereinstimmung weiß. Eben diese Mehrheit soll die bevorstehende Nationalversammlung auf demokratischem Wege legitimieren, und da der Spartakusbund über eben diese Mehrheit nicht verfügt, unternimmt er alles, um das demokratische Recht freier Meinungsäußerung terroristisch zu unterwandern. Im Namen der hieran geknüpften Notwehr-Logik wird also General Groener zu Hilfe gerufen und formieren sich Freikorps, die der Regierung ebenfalls ihre Kräfte zur Verfügung stellen („da wollen wir einspringen“).

Angesichts hiervon ist wieder auf Noske zurückzukommen. Die *Vossische Zeitung* vom 6. 2. 1919 gibt folgende Rede Noskes wieder:

„Nach langem Zögern entschloß sich die Regierung zu militärischen Eingreifen, nicht au Drängen irgend welcher Militaristen, sondern aus einfachstem Pflichtgefühl. Die Division Gerstenberg hatte durch einstimmigen Beschluß der Reichsregierung festgelegte genaue Vorschriften. Unser Bremer Kollege Deichmann war während der ganzen Aktion beim Stabe der Division, die nichts getan hat, was er nicht billigte, was er nicht für notwendig erklärt hatte. Der Einmarsch in Bremen und die Entwaffnung wäre vielleicht ohne Blutvergießen abgegangen, wenn sich der Hamburger Soldatenrat nicht eingemischt hätte. Der Hamburger Soldatenrat beansprucht die oberste Kommandogewalt für den ganzen Bezirk des 9. Armeekorps. Die Regierung soll in diesem Bezirk nichts ohne seine Zustimmung tun können; das ist eine ganz unmögliche Zumutung. Wir haben ja auch in Cuxhaven einen Soldatenrat, der eine unabhängige kommunistische Republik ausgerufen hat. Dagegen hat der Hamburger

Soldatenrat ebenso wenig etwas unternommen, wie gegen die verrückten Bremer Kommunisten. Nur gegen die Reichsregierung will er seine angebliche Kommandogewalt hochhalten."

Das entspricht ganz den vorangegangenen Zitaten: Man hat es mit „Verrückten" zu tun, mögen sie „Teufelsweiber" und „ganze Kerle" sein wie sie wollen. Auf die Inhalte, die dieser Personenkreis hochhält, wird gar nicht mehr eingegangen. Ebenso wird die Gewalt, die man anwendet, erneut vollständig entproblematisiert: Über das Notwehr-Argument hinaus gehend, wird der Eindruck erweckt, man habe – nachdem der Geduldsfaden gerissen ist („nach langem Zögern") – den „Verrückten" gegenüber nicht anders als im Sinne „einfachsten Pflichtgefühls" vorgehen können.

Noske insistiert also im Namen der MSPD darauf, aus „Pflichtgefühl im Dienste der Arbeitnehmer" vorzugehen. Diese Formulierung ist in ihrer allgemeinen Bedeutung zu begreifen, da sie auch die Abgrenzung von den bürgerlichen Parteien umfasst: Die Solidarisierung der MSPD mit diesen Parteien soll keinesfalls dahingehen verstanden werden, dass sozialdemokratische Inhalte aufgegeben werden. Noske möchte diese Solidarisierung als rein dem „Pflichtgefühl" geschuldet verstanden wissen. Wovon hiermit die Rede ist, das kleidet er in dem einmal bereits herangezogenen Artikel in *Vossische Zeitung* vom 16. 2. 1919 in folgenden Satz:

„Auch wir [MSPD] waren nicht gewillt, eine Ehe auf Lebenszeit mit den bürgerlichen Parteien einzugehen."

Anders gewendet: Aus „Pflichtgefühl im Dienste der Arbeitnehmer" ist man mit den bürgerlichen Parteien eine Vernunftehe auf Zeit eingegangen. Es soll eben dieses Pflichtbewusstsein und diese Vernünftigkeit sein, also keinesfalls die Aufgabe sozialdemokratischer Werte, das die MSPD z. B. von der Sozialisierung abhält. Es ist einfach nicht die Zeit für wirtschaftliche Experimente.

Angesichts hiervon interessiert zunächst eine Aussage Noske, abgedruckt in *Deutsche Allgemeine Zeitung* vom 28. 4. 1919:

„.Wenn ich die Staatsbetriebe sozialisieren soll. So ist es blanker Unsinn, wenn mich diese Staatsbetriebe alle drei Tage bestreiken. Es ist blanker Unsinn, in den Staatsbetrieben bei einem Achtstundentag 2,40 *M* pro Stunde Arbeitslohn zu zahlen, wenn die Werkstätten benutzt werden als politisches Tribunal. Voraussetzung für den Achtstundentag ist intensive Arbeit, sonst können wir einpacken mit unserer ganzen Sozialisierung und sind erschlagen bei dem Versuch, auf dem Weltmarkt zu konkurrieren."

Die Sorge gilt also dem Wirtschaftsstandort in Rücksicht auf den Weltmarkt; dessen Diktat müsse man sich beugen. Diese Sorge ist natürlich nicht reine Phantasie. Jedoch: Das Problem ist, dass man die gegenwärtige Klassengesellschaft verfestigt, wenn ob der Sorge um den Wirtschaftsstandort kein international ausgerichtetes Bestreben zum Überkommen eben dieser Gesellschaftsordnung initiiert wird.

Dergleichen bringt Noske aber gerade n i c h t zum Ausdruck: Er fordert von den Arbeitern „intensive Arbeit", anstatt „politischer Tribunale". Die Arbeiter sollen sich also auf ihre Arbeit konzentrieren und die Politik den MSPD-Politikern überlassen. Also jener Art von Sozialdemokraten, die aufgrund ihrer revisionistischen Ausrichtung niemals zu einer Überwindung der Klassengesellschaft finden können, dafür aber um so mehr als Schutzschild sensu Luxemburg für die elitären Klassen eignen.

Worauf hiermit abgezielt ist, das lässt sich anhand einer Stellungnahme Davids, abgedruckt in *Hamburger Nachrichten* vom 5. 3. 1919, verdeutlichen:

„Es ist allerdings nötig, daß neben der politischen Demokratie nun auch die w i r t s c h a f t l i c h e D e m o k r a t i e ihren Einzug hält. Es muß dafür gesorgt werden, daß jeder Arbeitende im deutschen Lande auch eine menschenwürdige Existenz findet. So stehen wir vor der großen Aufgabe, die wirtschaftliche Demokratie auch im Verfassungswerk zu verankern und da können wir nur auf dem Wege der sozialen Organisation. Wir betreten damit Neuland, denn wir haben auf dem Gebiete keine Vorbilder, weder in den westlichen Ländern und noch weniger im Osten, wo wir höchstens ein abschreckendes Beispiel haben. [...] Das ist der Sozialismus, den man mit Recht bezeichnet als den *Socialismus asiaticus*. Hier hat das deutsche Volk eine Selbstmission zu erfüllen, sich selbst zum Heile und anderen Völkern zum Vorbilde."

Also doch! Völlig zu Unrecht ist der MSPD-Regierung zuvor das Bemühen um Internationalisierung sozialdemokratischer Einsichten abgesprochen worden. Die Zauberformel lautet: wirtschaftliche Demokratie. Zu dieser soll aus der bereits gewonnenen politischen Demokratie gefunden werden. Hierfür hat man aber keine Vorbilder bzw. lediglich ein abschreckendes Beispiel in Gestalt des bolschewistischen *Socialismus asiaticus*. Dass der Bolschewismus zu einem solchen herabsinken musste, so ist aus der Sicht der MSPD festzuhalten, das ergibt sich schon aus seiner Unfähigkeit, zunächst die politische Demokratie anzuerkennen. Dies mag – fortgesetzt aus Sicht der MSPD – seine Wurzel auch darin haben, dass man an der Formel des *Manifests* „Proletarier aller Länder, vereinigt euch" festgehalten hat, anstatt den Sprung von der Arbeiterbewegung zur Volksbewegung zu vollbringen. Hierin eben unterscheidet sich die MSPD vom *Socialismus asiaticus*.

Das revisionistische Kalkül, worauf diese Argumentation aufbaut, besteht darin, im Sinne der Solidarisierung mit den bürgerlichen Parteien die Marktwirtschaft nicht grundsätzlich zu unterwandern, sondern einen sozialdemokratisch geprägten Typus des Unternehmers zu kreieren, der sich seiner Verantwortung für das Allgemeinwohl bewusst ist. Hierfür soll nicht zuletzt mitverantwortlich sein, die Arbeiter ihrerseits mittels Genossenschaften an diesen Typus heranzuführen, strikte Klassenschranken abbauend. Dieses Kalkül bedient sich der Phantasie Bernsteins, wonach der moralische Wert Solidarität fortgesetzt an Bedeutung gewinnt und der gewerkschaftlichen Phantasie, wonach angesichts des „frivol aufgezwungenen“ Krieges die Unternehmer gleichsam *von sich aus* diesen Wert zu dem ihren gemacht haben („Sozialismus, wohin man schaut.“).

Was der MSPD – der revisionistischen „Sozialdemokratie“ – dieserart vorschwebt, ist aber, so ergibt sich aus den gebrachten philosophischen Ausführungen, wie folgt darzulegen: Im Namen der politischen und wirtschaftlichen Demokratie werden Klassengegensätze derart abgebaut, dass unter dem Mantel gesellschaftlicher Einheit das Fortbestehen des Auftretens von Eliten und Nicht-Eliten auftritt. Der Grund hierfür liegt nicht darin, dass ein sozialistischer Unternehmertyp grundsätzlich unmöglich ist. Im Gegenteil: Die hier gebrachte philosophische Argumentation fordert ihn geradezu ein. Aber zugleich fordert sie die Beachtung der Bedingung der Möglichkeit dafür ein, tatsächlich hiervon sprechen zu können: die Thematisierung der personalen / gemeinschaftlichen Ebene. Jener Ebene also, aus der heraus dem Unternehmer jene Inhalte offensichtlich werden, die ihn sozialistisch am Werke sein lassen. Aber gerade hiervon will der Revisionismus nichts wissen und kann daher nur zum Schein vom „sozialistischen Unternehmertyp“ sprechen.

Die beschworene Auflösung der Klassen ist somit weiter nichts als Ausdruck der Strategie, den vormals nicht-elitären Klassen zu suggerieren, sich nicht länger im Gegensatz zu den elitären Klassen verstehen zu brauchen, da sie nun ihrerseits in den Genuß jener gesellschaftlichen Mechanismen kommen, die vormals nur den elitären Klassen zugekommen sind, deren elitären Status ergebend. Dass dies lediglich ein Trick der elitären Klassen ist, die eigene Position zu wahren, ist bereits mehrfach festgehalten und aus den philosophischen Überlegungen hergeleitet worden.

Der Beitrag der MSPD – Regierung *Ebert* usw. - zur Durchsetzung hiervon ist zwingend mit dem Bild Luxemburgs zu charakterisieren: *Schutzschild.* Ein höchst aktives Schutzschild, das auch vor Gewalt nicht zurückgeschreckt ist. Mehr noch: Ein Schutzschild, das seine eigene Gewaltanwendung zynisch als Notwehr maskiert hat. Der Spartakusbund (KPD), gegen den es sich primär zu wehren gegolten hat, hat zweifellos aus der Situation der Ohnmacht heraus agiert und hierbei Fehler begangen. Die eigentliche Problematik der Vorgehensweise des Spartakusbundes ist aber darin zu sehen, sich einer materialistischen Denkweise anvertraut zu haben, die einfach nicht die seine hätte sein dürfen, da sie die Bedingung für die Erreichung der Auflösung der Klassengesellschaft – die Thematisierung der Gleichwürdigkeit der Menschen – nicht enthält. Dieserart hat man die Quadratur des Kreises versucht: Mit der Denkweise jener, gegen die man sich wendet, selbige zu besiegen.

5.2 1929 bis 1933: Agiert die SPD reformistisch schwach oder strategisch klug?

Das Verhalten der SPD (MSPD) am Vorabend und Beginn der Weimarer Republik ist nicht, so hat sich gezeigt, das Verhalten einer ideologisch starken sozialistischen Partei. Im vorangegangenen Kapitel ist Jörg Berlins Satz zitiert worden: „Die Revolutionsfurcht vieler MSPD-Führer war nicht das Ergebnis einer individuellen Fehleinschätzung der Lage, sondern Folge ihrer Integration in die bestehende politische und soziale «Ordnung».“ Diesem Satz ist grundsätzlich zuzustimmen. Der Begriff „Revolutionsfurcht" ist hiermit aber noch nicht hinreichend ausgelotet.

Es gilt zu unterscheiden: Erlegt sich die SPD in Beziehung auf ein revolutionäres Vorgehen eine Zurückhaltung auf, da sie das Gelingen eines derartigen Unternehmens ausschließt – wohl zu Recht -, oder übt sie sich in Zurückhaltung, da sie ein derartiges Unternehmen alleine als ein „bolschewistisches" Unternehmen begreifen kann, auf das sie sich als „integraler Teil" einer bürgerlichen Gesellschaft aus ideologischer Überzeugung nicht einlassen darf, daher alleine auf Demokratie, Grundgesetze usw. „vertrauend"?

Der ehemalige Volksbeauftragte Emil Barth[72] hat in diesem Zusammenhang bereits 1919 starke Kritik an der Sozialdemokratischen Partei und den Gewerkschaften geäußert:

> „Wenn die Organisationen des Proletariats an sich genügten, nicht deren Inhalt und Geist, dann wäre dem dummen deutschen Michel schon lange geholfen; denn über riesige Organisationen verfügt er, die ihm aber in seinem Befreiungskampfe, wie einem Schwimmer ein Mühlstein, am Halse hängen, da in all diesen Organisationen die ersten Diener derselben sich zu ihren Herren machten, erfüllt sind von dem einen Streben, das Proletariat zur Ruhe, zur Zufriedenheit und zur Bewunderung ihrer eigenen Personen zu erziehen. So in Partei, Gewerkschaft, Genossenschaft, Krankenkassen usw., und ich möchte laut und dringend mahnen, wachsam zu sein, denn schon zeigen sich in der U.S:P. dieselben Fäulniserscheinungen."

Die Sorge, die Barth hier äußert, s c h e i n t grundlos gewesen zu sein, zumindest wenn man folgende Ausführung von

---

[72] Berlin, J. 1979 (siehe Fußnote 41): Quelle: Barth, E. 1919: *Aus der Werkstatt der deutschen Revolution* – Berlin, S.6

Reichskanzler Hermann Müller (SPD)[73] aus dem Jahr 1928 liest:

„Im zehnten Jahr der Republik weiß die in der Nachkriegszeit aufgewachsene Jugend vielfach gar nicht, was sich gegen früher durch die Revolution grundlegend geändert hat. Ich denke dabei nicht nur an die Verfassungsverhältnisse, sondern an die Verbesserungen auf allen Gebieten des öffentlichen Lebens. [...] Nach der Revolution wurde die Erwerbslosenversicherung erst durch Verordnung, dann durch Gesetz eingeführt. [...] Die Revolution brachte die Befreiung der geringen Einkommen von der Einkommenssteuer, während im Obrigkeitsstaat die geringsten Einkommen Gemeindesteuern zahlen mußten. Die Revolution hat erst die Grundlage für ein deutsches Tarifrecht geschaffen. [...] Erst nach der Revolution mußten sich die Unternehmer gesetzliche Beschränkungen bei der Einstellung Entlassung von Arbeitern und Angestellten gefallen lassen. [...] Die Revolution hat das Werk der Befreiung der Arbeiterklasse eingeleitet. Im Werk von Weimar liegt der Keim für die werdende sozialistische Gesellschaft. Es ist Aufgabe der Zukunft, das in Weimar begonnene Werk zur Reife zu bringen. Das wird gelingen, wenn wir aus der Revolutionszeit die große Lehre ziehen, daß ein so hohes Ziel nur durch die geeinte Arbeiterklasse zu erreichen ist.“ (S.363)

Das hat Müller 1928 geschrieben. Vier Jahre später, am 20. Juli 1932, nutzte das Papen-Kabinett (siehe unten), unterstützt von der Reichswehr, Unruhen (u. a. Altonaer Blutsonntag am 17. Juli 1932) zur Auflösung der sozialdemokratisch geführten Regierung in Preußen („Preußenschlag“). Rund ein halbes Jahr später, am 30. Januar 1933, wird Hitler von Reichspräsident von Hindenburg zum Reichskanzler ernannt und wieder rund ein halbes Jahr später, aufgrund des Ergebnisses der Reichtagswahl vom 5. März 1933, werden NSDAP und DNVP mit der Regierungsbildung beauftragt. Eines der Ergebnisse hiervon ist das Verbot der SPD als

---

[73] Berlin, J. 1979 (siehe Fußnote 41): Quelle: Müller, H. 1928: *Die November-Revolution. Erinnerungen* – Berlin; S.285f.

einer „volks- und staatsfeindlichen Organisation“. Liest man diese Sätze, so kann man nicht umhin, die Ausführungen Mülles als ein Prognosedebakel ungeheuren Ausmaßes zu verstehen. Wie ist eine derartige Fehleinschätzung möglich gewesen?

Zur Beantwortung dieser Frage soll zunächst eine Ausführung des preußischen Ministerpräsidenten Otto Braun (SPD) gebracht werden, die sich auf das Ergebnis der Reichstagswahl bezieht und gleichfalls in die Kategorie Prognosedebakel einzuordnen ist:

„Ich halte trotz dieses Wahlergebnisses weder die Verfassung, noch die öffentliche Sicherheit, noch den Kurs unserer Außenpolitik auch nur einen Augenblick für bedroht. Es ist ganz ausgeschlossen, daß die radikalen Parteien, die bei diesen Wahlen gewonnen haben, in die Lage kommen werden, ihre Regierungskonzepte praktisch zu erproben. | Ich halte es vielmehr für sicher, daß eine große Koalition aller Vernünftigen sich zusammenschließen wird, um mit einer zweifellos ausreichenden Regierungsmajorität zunächst energisch alle Kräfte auf Bekämpfung der Arbeitslosigkeit und auf die Verbesserung der wirtschaftlichen Existenzbedingungen der breiten Massen zu konzentrieren.“[74]

„Trotz dieses Wahlergebnisses.“ Was ist hiermit gemeint? Die Reichstagswahl vom 14. September 1930 hatte einen großen Gewinner: Die NSDAP. Diese steigerte ihren Stimmenanteil auf 18,3 % (zuvor: 2,6 %), sodass sie auf 107 Abgeordnete (zuvor 12) kam. Hiermit war die NSDAP hinter der SPD zweitstärkste Fraktion. Demgegenüber brachte die Wahl „für die Parteien der «bürgerlichen Mitte» ein katastrophales Ergebnis.“[75]

---

[74] Zitiert aus: Neebe, R. 1981: *Großindustrie, Staat und NSDAP 1930-1933* – Göttingen; S.77

[75] Zitiert aus Neebe, R. 1981; siehe Fußnote 74; S.76

Neebe hält zur Reaktion hierauf von maßgebenden Teilen der Industrie fest:

„Zur gleichen Lagebeurteilung gelangte Jakob Reichert vom VDEStI [Verein deutscher Eisen- und Stahlindustrieller], einer der Hauptopponenten gegen den Silverberg-Kurs von 1926. Reichert hielt eine Regierungsbildung nach rechts, so erwünscht diese an sich sei, für ausgeschlossen, solange nicht die Nationalsozialisten «ihr halb sozialistisches und halb nebelhaftes Parteiprogramm» aufgeben und «in wahrhaft konservativem Sinne» arbeiten würden. Sollte die NSDAP, so Reichert, weiterhin «in ihrem Radikalismus mit den Kommunisten zusammengehen, dann bleibt nur eine Große Koalition übrig.» [76]" (S.76)

„Auf Pressemitteilungen hin, daß eine Regierungskoalition nach rechts (unter Einschluß der NSDAP) möglich werden könne, meldete sich Kastl am Abend des 15. September erneut in der Reichskanzlei und unterstrich noch einmal eindringlich die Forderungen des RDI nach einer Großen Koalition, zu der sich neben dem Präsidenten Duisberg sowie den Stellvertretenden Vorsitzenden Frowein, Kraemer, Müller-Oerlinghausen und Silverberg auch der Hamburger Bankier Max Warburg ausdrücklich bekannt hätten." (S.77)

Hieran ist bemerkenswert, dass die genannten Vertreter der Industrie ebenfalls auf eine Neuauflage der Großen Koalition abzielten, wiewohl offensichtlich nicht im Sinne Brauns als Ausdruck einer „Koalition der Vernünftigen". Zeigt sich hieran, dass die SPD zu Beginn der 30er Jahre des vorigen Jahrhunderts so wenig sozialdemokratisches Profil besessen hat, dass sie der Industrie als unbedenklicher Teil einer großen Koalition annehmbar erscheinen konnte?

Hiervon kann nicht die Rede sein, wie sich am einfachsten darstellen lässt, wenn die Arbeit der Sozialdemokratie und

---

[76] Quelle: Aufsatz Reicherts (15. September 1930): *Der erste Eindruck von der Reichtagswahl 1930* – dreiseitiger hektographierter Umdruck, Krupp-Archiv IV E 962

der Gewerkschaften durch die Brille ihrer ideologischen Gegenspieler betrachtet wird.

Am 30. Juni 1931 haben sich die Ruhrlade und führende Vertreter der Berliner Großindustrie in einem Schreiben an Reichskanzler Brüning gewendet, in dem sie diesem „vorbildlichen sittlichen Ernst" attestieren, mit dem er seine Aufgabe erfüllt, wie auch die grundsätzliche Richtigkeit seiner „Umleitung der Wirtschaft auf gesunde Bahnen". Zugleich stellen sie aber Forderungen, die Neebe wie folgt darlegt:

„Die sich daraus ableitenden konkreten Forderungen richteten sich in Wiederholung altbekannter Thesen gegen die Grundelemente des Weimarer Kompromisses von 1918, Achtstundentag und Tarifrecht, Sozialsystem und Mitverantwortung des Staates in der Wirtschaft. Die Durchsetzung dieses Katalogs verlangte innenpolitisch eine Schwenkung des Kabinetts Brüning nach rechts. Die nicht nur von Paul Reusch zum Kriterium erhobene Trennung Brünings von der Sozialdemokratie musste deshalb für die Ruhrlade zum Prüfstein ihrer zukünftigen Haltung gegenüber der amtierenden Regierung werden." (S.98)

Anfang September hat sich Paul Reusch, Vorstandvorsitzender der Gutehoffnungshütte und Präsidiumsmitglied des RDI bis 1933, wie folgt geäußert[77]:

„Das ganze Unheil, das über uns gekommen ist, ist nicht zum geringsten Teil auf die Gewerkschaften zurückzuführen, von denen sich seit den Revolutionstagen alle Regierungen mehr oder weniger beeinflussen ließen und die im Hintergrunde tatsächlich regiert haben. Wir haben den Fehler gemacht, in der Vergangenheit die Regierung zu bekämpfen, statt daß wir die Gewerkschaften mit aller Schärfe bekämpft haben und sollten aus diesem Fehler der Vergangenheit nunmehr die entsprechenden Folgerungen ziehen."

[77] Zitiert aus Neebe, R. 1981; siehe Fußnote 74; S.99; Quelle: Historisches Archiv der Gutehoffnungshütte Nr. 400101220 /11b

Neebe führt zur Reaktion Brünings auf das „große Manifest der deutschen Wirtschaftsverbände“ vom 29. September 1931, in dem sein Kabinett ungewohnt direkt angegriffen worden ist, aus:

„Brüning selbst versuchte die Flucht nach vorn und ließ am 30. September erklären, er betrachte «das große Manifest der deutschen Wirtschaftsverbände nicht als eine Kampfansage an das Kabinett, sondern als eine weitgehende Unterstützung der Regierungspolitik.» Auf Druck von SPD und Gewerkschaften sah sich der Kanzler allerdings schon am folgenden Tag veranlaßt, von dieser Position abzurücken und ergänzend mitteilen zu lassen, daß er «in keiner Weise» erklärt habe, «daß die in der Eingabe der Verbände enthaltenen Grundsätze das Programm der Reichsregierung darstellten.»[78]“ (S.102)

In diesem „Manifest“ wird zudem dargelegt, dass die deutsche Politik – das Kabinett Brüning – erkennen müsse, dass es „keinen Kompromiß“ zwischen sozialistischen und kapitalistisch-individualistischen Wirtschaftssystemen gibt. Hierin kommt die tatsächlich unüberwindliche Kluft zwischen sozialistischem und marktgesellschaftlichem Denken zum Ausdruck. Aber sie wird, wie Neebe zeigt, nach außen hin zurückhaltend vertreten, wofür der Grund ist:

„Die nach außen hin demonstrierte «Zurückhaltung» der Schwerindustrie hatte eine doppelte Ursache: Zunächst war eine gewisse Furcht der Industrie vor direkten wirtschaftlichen Pressionen der Reichsregierung nicht zu übersehen. Die Abhängigkeit von Staatsaufträgen hielt die Repräsentanten der großen Konzerne des Westens davon ab, offen gegen das Kabinett zu Felde zu ziehen.“ (S.107)

Die Sozialdemokratie und die Gewerkschaften repräsentierten also sehr wohl politische Kraft. Gerade deshalb ist die Frage um so dringlicher, wie die zuvor angeführten

---

[78] Quelle: Texte der Erklärungen im Anhang der Anlage des RS RDI Nr. 1974 / P vom 7. Oktober 1931 (D II)

Prognosedebakel Müllers und Brauns passieren konnten. Die naheliegende Antwort lautet: Sie ist sich ihrer Kraft aufgrund einer ideologischen Schwäche nicht oder nur unzureichend bewusst gewesen. Anders formuliert: Sie ist sich aufgrund ihrer reformistischen bzw. revisionistischen Schwärmerei für ein Zerrbild der Demokratie der ihr zukommenden Rolle insbesondere am Übergang zu den Präsidialregimen nicht bewusst geworden.

Ein Aspekt dieser „naheliegenden" Antwort darf freilich nicht übersehen werden: Die von den Protagonisten der Marktgesellschaft der Sozialdemokratie und dem Sozialismus attestierte politische Kraft muss sich nicht unmittelbar auf deren politische und gewerkschaftliche Vertreter beziehen. Sie kann sich auch auf die Abeiterklasse und deren Empörungspotenzial beziehen. Daher müssen vor allem die revisionistisch sozialdemokratischen Vermengungen der Marktwirtschaft mit sozialistischen Inhalten suspekt gewesen sein, da sie letztlich sozialistisches Gedankengut am Leben erhalten. Auf derartige Spielerein lassen sich die Vertreter der Marktgesellschaft nicht ein, so es nicht der Empörungsprophylaxe dienlich ist.

Es gilt nun darzustellen, wovon hiermit die Rede ist und ob die zuvor gegebene „naheliegende Antwort" auch die richtige Antwort ist. Zuvor ist ausgeführt worden, dass große Teile der Industrie und die SPD an Brüning mit der Aufforderung zur Fortführung der Großen Koalition herangetreten sind. Brüning seinerseits hat in dieser Koalition aber einen der „größten Gefahrenherde des Augenblicks"[79] gesehen. Hierin kommt auch zum Ausdruck, dass er sich dem vom Reichspräsidenten Hindenburg erteilten Auftrag verpflichtet

[79] Brüning H. 1970: *Memoiren 1918-1934* – Stuttgart; S.187

gesehen hat, keine feste Koalition nach links einzugehen. Neebe (S.78) hält hierzu fest:

„[…], legte Schleicher in Übereinstimmung mit Brüning einen Stufenplan vor, in dem die endgültige Abkehr vom parlamentarischen System hin zu Präsidialregime und Notverordnungsdiktatur vorprogrammiert war.[80]“

Die Zentrum-Politiker Schleicher und Brüning wenden sich also nicht bloß gegen die Große Koalition, sie wenden sich gegen das parlamentarische System. Das ist zweifellos auch der Großen Depression geschuldet, im Lichte derer ein ausgeglichener Haushalt bei sinkenden Staatseinnahmen einerseits und steigenden sozialpolitischen Leistungen andererseits zu erstellen gewesen ist. Dass dies nicht zu untragbaren Belastungen der Wirtschaft führen durfte, versteht sich von selbst. Nicht selbstverständlich ist aber, was hierunter zu verstehen ist bzw. was konkret mit „der Großen Depression geschuldet“ gemeint sein soll.

Das konservative Zentrum hat die hiermit bezeichnete Situation eindeutig im Sinne einer Abkehr von sozialdemokratischen Lösungen verstanden und konnte sich hierin in Übereinstimmung z. B. mit dem Reichsverband der deutschen Industrie (RDI) wissen. Auf der außerordentlichen Mitgliederversammlung des RDI formulierte dessen Vorsitzender Carl Duisburg: „Es darf nicht halbe, es muß ganze Arbeit sein, die gemacht wird. Kompromisse helfen nicht mehr. Es geht ums Prinzip, ums ganze System.“[81] Mit Kompromiss ist die Vermengung sozialdemokratischer und marktwirtschaftlicher Konzepte gemeint. Ende 1929 ist man bereits mit der Ermöglichung der Verwirklichung dieser „ganzen Arbeit“ beschäftigt gewesen:

---

[80] Quelle: 26. September 1930 Schleicher an Schulenburg, versendet als Einschreiben N 42/21

[81] Zitiert aus: Neebe, R. 1981; siehe Fußnote 74; S.51

„Schon ganz im Zeichen dieser Strategie standen die Ausführungen Duisbergs vor der Geschäftsführerkonferenz des RDI am 2. Dezember und der Mitgliederversammlung am 12. Dezember 1929. Daß das Ende der Koalition vorbereitet wurde, hatte Werner von Alvensleben, Vertrauensmann General von Schleichers und beherrschende Intrigantenfigur der Präsidialregimezeit, Duisberg bereits im November 1929 persönlich darlegen können. In Bestätigung der Unterredung schrieb Alvensleben: «Ich kann eine parlamentarische Lösung der Schwierigkeiten nicht sehen und bin überzeugt, daß in Kürze mit dem § 48 regiert werden muß. Der Herr Rp. [Reichspräsident] wird niemals die Sozialdemokratie mit dieser Aufgabe betrauen. Es kommt die Arbeitsgemeinschaft der Mitte»[82].“ (Neebe S.54f.)

Bemerkenswert ist, dass der Reichswirtschaftsminister Moldenhauer (Deutsche Volkspartei [DVP]) auf der zuvor angemerkten außerordentlichen Mitgliederversammlung des RDI davor gewarnt hat, die „sozialen Elemente“ der geplanten Neuausrichtung zu übersehen, da dies zu sozialen Spannungen führen könne, an denen das Vorhaben „zerschellt“[83]. Moldenhauer muss also einsichtig gewesen sein, welcher Art die geplante „ganze Arbeit“ ist. Die Vertreter des RDI haben sich hiervon nur bedingt beeindruckt gezeigt. Sie müssen, so lässt sich hieraus folgern, von den sozialen Errungenschaften der Novemberrevolution so sehr beeindruckt gewesen sein, freilich im negativen Sinn des Wortes, dass sie die Probleme im Zusammenhang mit der zuvor erwähnten Erstellung eines ausgeglichenen Haushaltsplanes primär als Einfallstor für eine weiterführende Sozialisierung gesehen haben, dem es unbedingt entgegenzuwirken galt.

---

[82] Quelle: 28. November 1929 Alvensleben an Duisberg, Bayer Archiv, Autographensammlung

[83] Zitiert aus: Neebe, R. 1981; siehe Fußnote 74; S.51; Quelle: Veröffentlichung des RDI Nr. 50 Jänner 1930: S.7f.

Zugleich mussten sie aber och auch taktieren. Der Hauptgrund hierfür ist die anstehende Verabschiedung des Young-Planes, der gegenüber dem vorangegangenen Dawes-Plan die deutsche Gesellschaft mit deutlich geringeren Reparationszahlungen belastete. Das ist der deutschen Wirtschaft freilich nicht entgangen, genauso wenig wie der Umstand, dass man zur Verabschiedung des Planes der SPD bedurfte. Die gewählte Taktik bestand darin, zunächst den Young-Plan zu verabschieden und sich sodann von der SPD zu trennen, die Große Koalition sprengend. Hierzu schreibt Neebe:

„Wie von Gilsa seinem Auftraggeber Paul Reusch zu berichten wußte [Februar 1930], hatten sich die maßgebenden Kreise der DVP auf folgendes taktisch-strategische Konzept geeinigt: «Nach Erledigung des Youngplanes sollen dann die innerpolitischen Dinge mit größter Beschleunigung in Ordnung gebracht werden. Hier steht Scholz [Fraktionsvorsitzender der DVP] völlig auf dem von mir Ihnen schon öfter vorgetragenen Standpunkt. Er beabsichtigt, in ultimativer Form an das Kabinett die Aufforderung zu richten, gesetzlich festgelegte Bindungen für die Finanz- und Steuerreform vorzunehmen. Dabei sagte Scholz uns vertraulich, daß er hierbei bewußt auf einen Bruch mit der Sozialdemokratie hinarbeiten wolle.»[84]“ (S.55f.)

Am 11. März 1930 ist die Verabschiedung des Young-Planes Realität geworden, am 27. März 1930 die Auflösung der Großen Koalition. In dieser Situation ist der Position des Reichspräsident insbesondere Bedeutung zugekommen. Neebe hält zu Hindenburg, dem amtierenden Reichspräsidenten, fest:

„Der Inhaber des Amtes, Generalfeldmarschall von Hindenburg, hatte schon im Jahre seiner Wahl 1925 einer Delegation des Reichsverbandes der Deutschen Industrie gegenüber zu erkennen

[84] Quelle: 5. Februar 1930 Gilsa an Reusch, Historisches Archiv der Gutehoffnungshütte 400101293 / 4a

gegeben, daß eine «stärkere Anwendung des Artikel 48 auf der Grundlage eines Ermächtigungsgesetzes» angesichts der «Not der Zeit» durchaus von ihm unterstützt werde.[85]" (S.57)

Wie bereits angemerkt, hat Hindenburg den Zentrum-Politiker Brüning zum Reichskanzler bestellt. Dieser war beseelt von der Vorstellung der Wiedererrichtung einer konstitutionellen Monarchie. Zu den Leitsätzen seiner Politik gehörte der Auftrag Hindenburgs, keine feste Koalition mit der Sozialdemokratie einzugehen. Hiermit ist die Zielsetzung des neuen Kabinetts aber erst negativ dargestellt, also dargestellt, was man nicht wollte. Die positive Darstellung dessen, was man wollte, lautet: Schrittweise „Restauration des alten obrigkeitlichen Systems" (Neebe S.73). Trotzdem hat die Wirtschaft in Gestalt des RDI sogleich ihre Stunde gekommen gesehen, was Neebe wie folgt ausdrückt:

„Auch Geheimrat Kastl vom RDI, der am gleichen Tage [24. Juli] eine ausführliche Besprechung mit Reichskanzler Brüning hatte, bat jetzt, nach der Ausschaltung des Reichstags, darum, daß die «Reformen» der Sozialgesetze auf dem Verordnungswege durchgeführt würden. «Nichts», so Kastl, «sei im Sinne einer richtigen Anwendung des Art. 48 zur Beseitigung des gegenwärtigen finanziellen und wirtschaftlichen Notzustandes dringender als gerade das.»[86] Andererseits machte Kastl aber starke Bedenken geltend, «mit obrigkeitlichen Maßnahmen» eine Antikartellpolitik einzuleiten oder auf einen Preisabbau hinzuwirken." (S.74)

Am 1. Oktober 1930 hat Brüning seinen Sanierungsplan vorgelegt, der den Wünschen der Wirtschaft nach Umkehr der bisherigen nachrevolutionären Finanz-, Steuer- und Soziapolitik umfassend nachgekommen ist. Einem Sparprogramm, Kürzungen in der Arbeitslosenversicherung usw.

---

[85] Quelle: 30. Dezember 1925 Kastl an Silverberg Nachlass Silverberg Nr. 235

[86] Quelle: 25. Juli 1930 Kastl an Silverberg Nachlass Silverberg Nr. 235

standen umfangreiche steuerliche Entlastungen der Wirtschaft gegenüber.[87] Trotzdem ist die Wirtschaft nicht uneingeschränkt zufrieden gewesen. Die Umorientierung in der Wirtschafts- und Sozialpolitik ist ihr nicht rasch genug gegangen, wie es ihr auch nicht zusagte, dass sich Brüning noch nicht vollständig von der Sozialdemokratie hat unabhängig machen können. In einem Schreiben der Ruhrlade und berliner Großindustrieller vom 30. Juni 1931 wird daher festgehalten:

„«[...] das Tempo der Umstellung [ist] so zu beschleunigen, daß sie der weiteren Entkräftung der Wirtschaft zuvorkommt und ihr so die Möglichkeit der Gesundung und zum Aufstieg gewährt. Das ist auch der allein wirksame Weg zur Bekämpfung der Arbeitslosigkeit. Man muß der Wirtschaft die Fesseln abnehmen und ihr das Wirtschaften nach den ewig gültigen ökonomischen Gesetzen wieder frei geben, damit sie ihre Kräfte entfalten kann. Dann wird sie ganz von selbst immer größere Massen von brachliegenden Arbeitskräften aufsaugen.»[88]"

Die deregulierte („entfesselte") Wirtschaft als alleiniger Garant für die Lösung des Arbeitslosigkeitsproblems. Das ist nichts weniger als originell, das ist marktgesellschaftliches, wirtschaftsliberales Standardargument. Wie sehr die Arbeitgeberseite um die Arbeiter bemüht gewesen ist bzw. was sie darunter verstanden hat, verdeutlicht Neebe wie folgt:

„In Erwiderung auf Silverberg machte Thyssen allerdings klar, daß weder die auf einer Tolerierung durch die SPD gründende Basis des Brüning-Kabinetts noch die in der Reparationsfrage verfolgte etappenweise Revisionspolitik die Billigung der von ihm vertretenen Industriekreise finde. Innenpolitisch habe ein Zusammengehen mit der «Nationalen Opposition» zu erfolgen und

---

[87] Neebe, R. 1981; siehe Fußnote 74: „Siehe dazu vor allem *Aufstieg oder Niedergang* Veröffentlichungen des RDI Nr. 49 1929"

[88] Zitiert aus Neebe, R. 1981. siehe Fußnote 74, S.98; Quelle: R 43 I / 1139, Bl. 318/19

außenpolitisch bleibe, wie [Hjalmar] Schacht gefordert habe, nur der Weg eines einseitigen, sofortigen Transferstops [Reparationszahlungen]. Vor dem Winter müßten noch «ganz andere politische Voraussetzungen» geschaffen werden. Immerhin stelle er mit Befriedigung fest, «daß selbst hier im Kreise des Reichsverbandes insofern eine große Wendung eingetreten ist, als … das Vertrauen zur Demokratie kolossal gelitten (Heiterkeit) und daß das Vertrauen zu einer Art Diktatur wesentlich zugenommen hat (Heiterkeit). Ich hoffe mit allen Kreisen, auf diesem Weg fortzuschreiten. Vielleicht kommt dann doch noch etwas heraus (Heiterkeit und Beifall).»[89]“ (S.94f.)

Tatsächlich hat das „Vertrauen in die Diktatur“, konkret jene der Nationalsozialisten, noch wesentlich zugenommen; es ist also etwas „herausgekommen“. Einfach ist es der Industrie aber nicht gemacht worden. Zunächst nämlich ist der Wechsel vom Kabinett Schleicher zum Kabinett Papen herausgekommen:

„Papen ließ in seinen ersten programmatischen Äußerungen keinen Zweifel an der selbständigen und eigenverantwortlichen Rolle der Privatwirtschaft aufkommen und bezeichnete es als «grundlegende[n] Irrtum, daß der omnipotente, unpersönliche Staat an die Stelle der persönlichen Verpflichtung des Arbeitgebers treten könne. Die Verantwortlichkeiten, die aus der gottgewollten organischen Regelung der Dinge erwachsen, müssen wieder aufgerichtet, die Verbundenheit von Arbeitgeber und Arbeitnehmer wiederhergestellt werden.»[90] Ein allgemeines Wohlwollen im industriellen Lager bestätigte, daß Papen damit den richtigen Ton getroffen hatte.“ (Neebe, R. 1981: S.127)

---

[89] Quelle: Vorstand des RDI 19. Juni 1931, sten. Protokoll, Bayer Archiv 62/10/4c, S.28

[90] Quelle: Papen am 11. Juni 1934 in seiner Programmrede vor dem deutschen Landwirtschaftsrat in Berlin; Horkenbach, C. (Hg.) 1932-35: *Das deutsche Reich von 1914 bis heute* – Berlin, 4 Bände

„Die Verpflichtung des Arbeitgebers“, „die Verbundenheit der Arbeitgeber und Arbeitnehmer“. Hat sich Papen ernsthaft erwartet, die Gewerkschaften und Arbeitnehmer würden sich angesichts der Fortführung einer einseitigen Belastung der Arbeitnehmer durch die Präsidialkabinette hiervon beeindrucken lassen? Tatsächlich sah sich Papen mit gewerkschaftlichen Protesten konfrontiert, zu denen der Historiker Eberhard Czichon in seinem Buch *Wer verhalf Hitler zur Macht?*[91] schreibt:

> „Gegen den damit hervorgerufenen heftigen Protest der Gewerkschaften verteidigte sich von Papen etwas naiv mit der Behauptung, dies wären durchaus keine «Milliardengeschenke an die Unternehmer», sondern diese Maßnahmen seien durchaus «sozialpolitisch» gedacht, weil sie zur Erhöhung des wirtschaftlichen Umsatzes beitragen würden und damit geeignet seien, die Arbeitslosigkeit überwinden zu helfen.“ (S.37f.)

Eine einseitige Belastung zum Wohle aller Menschen! Das ist eigentlich mehr als naiv, aber einem elitär-marktgesellschaftlichen Denken eine Selbstverständlichkeit. Zugleich ist zu beachten: Im vorigen Abschnitt hat sich gezeigt, dass der revisionistischen MSPD und einer hierauf aufbauenden Sozialdemokratie die Basis dafür fehlt, diesem Argument etwas entgegenzusetzen, was tatsächlich Substanz besitzt.

Aber auch die Industriellen hätten hellhörig sein müssen, angesichts Papens Berufung auf „gottgewollte organische Regelung“. Zwar freute sie sich über Papens Ermöglichung von Eingriffen in das Tarifwesen, die die „Unterschreitung von Tariflöhnen bei Schaffung zusätzlicher Arbeitplätze“ (Neebe, R. 1981: S.129) vorsahen, jedoch:

> „Gleichwohl bereitete der Industrie das Eintreten für eine aktive Konjunkturpolitik der öffentlichen Hand, wie sie auch in einer

[91] Czichon, E. 1978[5]: *Wer verhalf Hitler zur Macht?* – Köln

Angabe an die Reichsregierung am 24. September (Forderung nach einer Einbeziehung auch der Einkommens- und Körperschaftssteuer in die Steuergutscheinregelung)[92] zum Ausdruck kam, außerordentliche ideologische Schwierigkeiten." (S.129)

Angesichts hiervon konnte sich die Industrie nicht sicher sein, ob mit Papen tatsächlich jeglicher Rest sozialistischen staatlichen Interventionismus überwunden worden ist. Mehr noch:

„Den Grundsätzen seiner christlich-konservativen Wertordnung entsprechend sah Papen «eine starke, zielbewußte Agrarpolitik» als «Fundament jeder gesunden Entwicklung, die in sorgsamer Abwägung der Interessen auch der anderen Berufsstände der Gesamtheit der deutschen Wirtschaft gerecht» werde.[93]" (S.129)

Im Lichte hiervon ist zu beachten, dass Papen das SA-Verbot wieder aufgehoben hat, was als konkretes Entgegenkommen gegenüber den Nationalsozialisten zu verstehen ist. Angesichts hievon ist folgende Aussage Reuschs zu lesen:

„Wir kommen in Deutschland nur weiter, wenn die Parteien bei der Regierungsbildung in Zukunft ausgeschaltet werden. Das vorzunehmende Reformwerk ist so ungeheuerlich groß, daß man vorläufig nicht daran denken kann, die Parteien im Reich und Preußen irgendwie wieder an die Regierung heranzulassen."[94]

Die radikale Lösung für dieses Vorhaben hat kurze Zeit später die NSDAP in Form der Auflösung der Parteien herbeigeführt. Das besagt aber nicht, dass alle Schwerindustriellen

[92] Rundschreiben der Steuerstelle des RDI, Nr. 6256 S vom 27. September 1932, Anlage; Historisches Archiv der Gutehoffnungshütte Nr. 400101220 / 13b

[93] Quelle: siehe Fußnote 92

[94] Zitiert aus Neebe, R. 1981; siehe Fußnote 74; Quelle: 4. August 1932 Reusch an Dörge, Historisches Archiv der Gutehoffnungshütte Nr. 4001012007/13

nach der Reichtagswahl vom 31. Juli 1932, diese hat der NSDAP einen Stimmenzuwachs von 18,3 auf 37,4 % gebracht, wodurch sie zur stimmenstärksten Partei geworden ist, in der Übernahme der Regierungsverantwortung durch Hitler die Lösung ihrer Probleme gesehen haben.

Immer noch schien ein behutsameres, da soziale Unruhen vermeidendes Vorgehen zielführender. Seinen unmittelbaren Ausdruck fand dies in dem Wechsel von Papen zu Schleicher. Eberhard Czichon schreibt in seinem Buch zum Kabinett Schleicher:

„Die Rundfunkrede des Kanzlers [Schleicher], die Weihnachtsrede des Reichskommissars [Gereke] und schließlich die lebhafte Debatte in Haushaltsausschuß des Deutschen Reichtags unter dem Vorsitz von Ernst Torgler (dem Vorsitzenden der KPD-Reichtagsfraktion) über eine Verstärkung der Staatskontrolle in der Wirtschaft und über die skandalöse Verschuldung der ostelbischen Großagrarier bestätigten die betonte Distanz des neuen Kabinetts gegenüber der Papen-Silverberg-Variante des deutschen «Keynesianismus», zumal Schleicher auch ernsthaft bemüht war, Gewerkschaftsvertreter in sein Kabinett mitein zu beziehen.“ (S.45f.)

Das ist als Ausdruck eines taktierenden marktgesellschaftlichen Vorgehens zu verstehen, durchaus vergleichbar dem nur wenige Monate später in den USA verwirklichten New Deal. Zu dieser Einschätzung gelangt auch Czichon:

„Diese Maßnahmen hatten weder einen sozialistischen noch demokratischen Charakter. Schleicher und Gereke waren nicht bereit, in Deutschland einen entschieden demokratischen Weg zu beschreiten. Sie waren lediglich entschlossen, die bürgerliche Ordnung in Deutschland durch eine flexible Überwindung der Wirtschaftskrise wieder zu stabilisieren, ohne jedoch dabei eine nationalsozialistische Herrschaft zu errichten.“ (S.47)

Dieses taktisch geprägte Denken findet sich auf Seite der Wirtschaft auch noch zu Beginn des Amtsantritts Hitlers. In seiner ersten Stellungnahme zum Amtsantritt hält der RDI am 17. Februar 1933 fest:

„Für die Besserung der wirtschaftlichen Verhältnisse sei es nach Auffassung der Industrie von ausschlaggebende Bedeutung, daß Störungen der inneren Ruhe und des sozialen Friedens vermieden würden, [...]"[95]

Diese „Sorge" des RDI (und DIHT = Deutscher Industrie- und Handelstag) ist von eigentümlicher Komplexität. Wesentlich hierfür ist, dass dem RDI das Wirtschaftsprogramm der NS-Regierung immer noch von „letzter Klarheit weit entfernt" ist[96] und wo sie gegeben ist, durchaus in Differenz zur eigenen wirtschaftsliberalen Position bleibt. Nebst Differenzen zur Finanz- und Währungswirtschaft usw. ist es vor allem der staatskapitalistische Charakter des NS-Wirtschaftsprogramms, der Sorge bereitet.

Daher konnte der Wechsel von Schleicher zu Hitler die Probleme der Industrie keinesfalls grundsätzlich gelöst haben, sofern ihre Vertreter nicht - wie z. B. Thyssen - unmittelbar auf die nationalsozialistische Diktatur abzielten. Umso interessanter ist, was Neebe zur Unterredung führender Industrieller mit dem Reichskanzler Hitler am 20. Februar 1933 schreibt:

„[Hitler] verstand es aber andererseits, «in geschickter Wendung das eigene autoritärdiktatorische Wirtschaftskonzept mit den antidemokratischen Autoritätsansprüchen einer mehrheits- und gewerkschaftsfeindlichen Unternehmerideologie» zu verbinden[97]. Symptomatisch war, daß Hitler, [...] im übrigen keineswegs gewillt war, das Modell einer strikten Trennung von Staat und Wirtschaft, das Krupp in seinen vorbereiteten Notizen zur Grundlage

[95] Zitiert nach Neebe, R. 1981; siehe Fußnote 74; S.177

[96] Quelle: Deutsche Wirtschaftszeitung Nr. 5 vom 2. Februar 1933: „Neue Staatsführung – Neuwahlen"

[97] Zitiert nach Czichon, E. 1978[5]: siehe Fußnote 91; S.70

einer Kooperation mit den Nationalsozialisten gemacht hatte, zu akzeptieren. | Trotzdem brachte Krupp als Sprecher der Industrie «spontan den Dank der Versammlung» zum Ausdruck[98] und hob dabei insbesondere das Bekenntnis Hitlers zum «Privateigentum» und zur «Wehrhaftigkeit»[99] hervor.“ (S.180)

Hitler konnte also Krupp usw. die sie verbindende Klammer plausibel machen: das antidemokratisch-autoritäre Denken.

Das besagt freilich nicht, dass die Industrie grundsätzlich von ihrem wirtschaftsliberalen Denken abgegangen ist, auch wenn sie sich während der NS-Zeit mit der gegebenen Situation zu arrangieren wußte. So sehr sie im Sinne besagter Klammer Affinität zum Nationalsozialismus demonstrierte, konnte sie insgesamt nicht in diesem aufgehen, eben aufgrund dessen staatskapitalistischer Ausrichtung. Dessen Überwindung im Blickfeld hat sie sich zugleich an die Gewerkschaften gewendet, die Vorstellung verfolgend, diese bzw. die Arbeiterschaft in ihrem Sinne instrumentalisieren zu können. Abwegig ist dieser Gedanke freilich nicht, wie das im vorigen Abschnitt dargestellte Verhalten der MSPD zeigt.

Neebe hält zu der entsprechenden Aktivität des RDI fest:

„Im März 1933 sind so Anzeichen für Überlegungen vorfindbar, die Zentralarbeitsgemeinschaft zu reaktivieren: Clemens Lammers, Präsidialmitglied des RDI, schlug nach Gesprächen mit C. F. von Siemens und einem Meinungsaustausch mit Krupp vor, «dem Arbeitsgemeinschaftsgedanken in einer weithin sichtbaren Form» erneut Ausdruck zu geben, um die «Pläne abzubiegen, welche bei den Nationalsozialisten hinsichtlich Umformung der Verbände und Gewerkschaften nach italienischem Muster

98 Quelle: 21. Februar 1933 Springorum an Reusch; Historisches Archiv der Gutehoffnungshütte Nr. 400106/105

99 Quelle: 21. Februar 1933 Blank an Reusch; Historisches Archiv der Gutehoffnungshütte Nr. 4001012024/11

bestehen.»[100] Auch der Kölner Privatsekretär Silverbergs, Dr. Bauer, regte an, den zunächst von Siemens vor der Generalversammlung der Siemens & Halske AG am 28. Februar 1933 ausgesprochenen Gedanken über die «Arbeitsgemeinschaft zwischen Arbeitgebern und Arbeitnehmern» aufzugreifen.[101]" (S.179)

In seinem Aide-mémoire vom 23. März 1933 lieferte der RDI den Gewerkschaften gleich die Rahmenbedingungen für die Wahrung des sozialen Friedens mit:

„[Die Wahrung des sozialen Friedens werde] wesentlich davon abhängen, daß zwischen Unternehmern und Arbeitern eine verständnisvolle Zusammenarbeit möglich wird, die durch eine positive Einstellung zum Staatsgedanken und durch eine Überwindung der Idee des Klassenkampfes und parteipolitischer Gesichtspunkte gekennzeichnet sein [müsse]."[102]

Neebe sieht hierin zu Recht eine Reaktion auf eine Verlautbarung des ADGB (Allgemeiner Deutscher Gewerkschaftsbund) vom 21. März 1933:

„Diese gewiß interpretationsfähige Erklärung [Aide-mémoire vom 23. März 1933 des RDI] steht offenbar in Zusammenhang mit der Verlautbarung des ADGB [Allgemeiner Deutscher Gewerkschaftsbund] vom 21. März 1933 zu Aufgaben und Stellung der Gewerkschaften: Die Gewerkschaften, so der ADGB, seien «von dem Willen geleitet», «die ihnen obliegende Vertretung der Arbeiterinteressen in freier Vereinbarung mit den Unternehmern wahrzunehmen» und «im Sinne einer Selbstverwaltung der Wirtschaft auch über das Gebiet der Lohn- und Arbeitsbedingungen

[100] Quelle: 20. März 1933 Lammers an Krupp; Krupp-Archiv IV E 1024

[101] Quelle: 3. März 1933, Aktennotiz von Dr. Bauer [Privatsekretär Silverbergs] an Silverberg; Nachlass Silverberg Nr. 115, Bl. 130/31; vollständiger Text der Siemens-Rede in: Siemens-Archiv SAA 4/Lf 874

[102] Zitiert aus Neebe, R. 1981; siehe Fußnote 74; S.179; Quelle: Aide-mémoire des RDI vom 23. März 1933 Abschnitt 2, Krupp-Archiv IV E 203

hinaus dauernd mit den Unternehmerorganisationen zusammen zu wirken.»[103]" (S.179)

Was ist hiervon zu halten? Anders gefragt: Wie konnte es kommen, dass die SPD von 1919 bis 1925 mit Friedrich Ebert den Reichspräsidenten stellte, von 1928 bis 1930 mit Hermann Müller den Reichskanzler (in der bereits angesprochenen Großen Koalition), ihr von ihrem politischen Widerpart (implizit) politische Kraft attestiert worden ist und sie, im Anschluss hieran, in dem Kabinett Brüning (1930-1932) eine Tolerierungspolitik ablieferte[104], mit dem Ergebnis, rund ein Jahr später verboten zu sein?

Um diese Frage beantworten zu können, ist es zunächst nötig, den politischen Widerpart der Sozialdemokratie konkret zu benennen, also die Klammer herauszuarbeiten, der diesen eint. Das muss explizit im Sinne der in dem vorliegenden Buch vertretenen philosophischen Position geschehen.

Bei oberflächlicher Betrachtung erscheinen die dargestellten, wider die Soziademokratie argumentierenden und agierenden politischen Kräfte durchaus nicht als in sich geschlossene Einheit. Einerseits umfassen sie Positionen, die ein wirtschaftsliberales, marktgesellschaftliches Denken auf ihre Fahnen heften, sich gegenüber staatskapitalistisch-interventionistischen Vorstellungen abgrenzend. Diese finden sich aber ebenfalls in dem hier interessierenden Kräftebündel. Sie treten auf in Verknüpfung mit Vorstellungen zur Restauration der durch die November-Revolution beendeten Monarchie. Seinen Facettenreichtum erhält dieses Kräftebündel zudem durch die Divergenzen zwischen Industrie und den Großagrariern, sowie unterschiedlichen

[103] Quelle: Gewerkschaftszeitung Jg. 43 1933 Nr. 12 S.177

[104] Diese hat 1931 erneut zu einer Spaltung innerhalb der SPD geführt; nachdem erst wenige Jahre vorher, am 24. September 1922, große Teile der USPD in die SPD zurückgekehrt sind.

Vorstellungen zum Umgang mit den Reparationszahlungen, von der Bedeutung des Exports usw.

Aus ihrer Binnensicht heraus werden die Vertreter dieses Kräftebündels kaum die sie umgreifende Klammer im Zentrum ihrer Aufmerksamkeit gehabt haben. Betrachtet man ihr Agieren aber von außerhalb in Rücksicht auf ihre Beziehung zur Sozialdemokratie, so wird diese Klammer schnell ersichtlich und somit die Richtigkeit davon, von einem Kräftebündel zu sprechen. Als Substanz dieser Klammer erweist sich das elitäre Denken der Vertreter dieses Kräftebündels, ein elitäres Denken im Sinne eines klassengesellschaftlichen Denkens. Die aus heutiger Sicht entscheidende Ausprägung dieses Denkens ist jene in Gestalt der wirtschaftsliberalen Forderungen der Industrie nach einer „entfesselten“ Wirtschaft, da diese alleine eine wohlgeordnete Gesellschaft garantieren soll, was auch eine von sozialen Unruhen verschonte Gesellschaft umfasst. Der Makel an dem hiermit in Aussicht gestellten Frieden ist, dass er alleine der Ermöglichung davon dienen soll, einer Elite ihr Mehr-sein-wollen, ihre Hybris befriedigen zu lassen. Das ist explizit im Sinne der philosophischen Ausführungen zum Scheitern an der fundamentalen Aufgabe zu verstehen.

In diesem Sinne ist die Ausführung des RDI zu verstehen, wonach Arbeitgeber und Arbeitnehmer zu einer „verständnisvollen Zusammenarbeit“ finden sollen, die von einer „positive[n] Einstellung zum Staatsgedanken und durch eine Überwindung der Idee des Klassenkampfes und parteipolitischer Gesichtspunkte“ geprägt ist. Das bedeutet weiter nichts, als den Gewerkschaften und der Arbeiterschaft abzuverlangen, einen gesellschaftlichen Frieden zu akzeptieren, der die Befriedigung der Hybris der Eliten zum Ziel hat. Es ist erstaunlich, dass der RDI der Meinung gewesen sein konnte, mit einer derartigen Botschaft positive Resonanz zu finden.

Wie aber ist im Lichte hiervon das Verhalten der SPD zu verstehen? Hat sie reformistisch / revisionistisch schwach oder strategisch klug gehandelt? Anhand historischer Einzelheiten während des hier betrachteten Zeitraums lässt sich die Frage nicht umfassend beantworten. So war es z. B. mit größter Wahrscheinlichkeit ein Zeichen politischer Klugheit, den Preußenschlag nicht mit einem Gegenschlag zu beantworten. Eine weitere beachtenswerte historische Einzelheit ist das Abstimmungsverhalten der SPD in Rücksicht auf das Ermächtigungsgesetz (und den dazugehörenden Geschäftsordnungsänderungen). Alleine die Abgeordneten der SPD – sämtliche SPD-Abgeordnete! –, angeführt von ihrem Vorsitzenden Otto Wels, haben dagegen gestimmt. Beachtet man, dass zu diesem Zeitpunkt bereits einige SPD-Abgeordnete verhaftet gewesen sind, die Krolloper, in der die Abstimmung stattgefunden hat[105], von der SS umstellt und in dem Gebäude zahlreich bewaffnete SS- und SA-Männer aufgetreten sind, so wird die Atmosphäre der Gewalt, mit der die SPD-Abgeordneten konfrontiert gewesen sind, ersichtlich[106]. Ihre Standhaftigkeit zeugt somit zweifellos von menschlicher Größe und es liegt nahe, deren Wurzel auch in einer ideologischen Stärke zu suchen, fernab irgendeiner Schwäche.

---

[105] Das Reichtagsgebäude ist aufgrund des Reichtagsbrandes nicht zur Verfügung gestanden.

[106] Diese Atmosphäre der Bedrohung ist zweifellos auch gegen einzelne Abgeordnete bürgerlicher Parteien gerichtet gewesen, sodass ihre Bereitschaft, sich der Parteidisziplin zu fügen, nachvollziehbar ist. Wesentlich ist aber, dass keinesfalls einer dem Ermächtigungsgesetz grundsätzlich fern stehenden Parteihaltung diszipliniert gefolgt worden ist. Insbesondere lesenswert ist die Begründung für das Ja zum Ermächtigungsgesetz von Prälat Ludwig Kaas, dem Vorsitzenden des Zentrums.

Aber hieraus den Schluss zu ziehen, dass die SPD in dem hier interessierenden Zeitraum grundsätzlich politisch klug, ja sogar standhaft agiert hat, wäre falsch. Die ideologische Schwäche Friedrich Eberts ist bereits aus dem vorangegangenen Abschnitt bekannt. Die unglaublichen Prognosedebakel Hermann Brauns 1928 und Otto Müllers 1932 lassen sich nur aus ihrer ideologischen Schwäche erklären. Offenbar ist nicht verstanden worden, was es bedeutet, dass Reichspräsident Hindenburg nach dem provozierten Zerfall der Großen Koalition den Zentrum-Politiker Brüning zum Reichskanzler ernannt hat. Ebensowenig kann das Verhalten der Industrie – des RDI - verstanden worden sein, weder in Rücksicht auf deren anfängliches Eintreten für die Große Koalition, noch in Rücksicht auf die Appelle zur „Zusammenarbeit“. Anscheinend lebte man immer noch in der „Sozialismus, wohin wir blicken“-Utopie, die in der Metallarbeiterzeitung vom 7. 11. 1914 geboten worden ist (siehe voriger Abschnitt).

Kurz gesagt: Aufgrund ihrer ideologischen Schwäche gelangte die reformistisch-revisionistische SPD nicht zur Einsicht, dass die Demokratie, wie sie 1919 geschaffen worden ist, viel zu schwach ausgefallen ist, als dass von ihr dem von der Hybris bestimmten und auf eine elitäre Klassengesellschaft abzielenden Denken ein substanzielles Gegengewicht hätte entgegengehalten werden können. Das ist explizit im Lichte der dialektischen Philosophie zu verstehen: Das seinerzeitige sozialdemokratische Denken hat das fundamentale Manko der erreichten Demokratie nicht erkannt, da sie die Differenz zwischen der weltlichen und der personalen Ebene nicht verstanden hat – oder aber verstehen hat wollen.

Der Fehler, den die SPD während der Weimarer Republik begangen hat, äußert sich somit nicht darin, dass es nicht gelungen ist, den Wiederaufstieg elitären Denkens zu verhindern. Er äußert sich darin, dass man den Reduktionismus in Gestalt von Reformismus-Revisionismus so sehr verinnerlicht hatte, dass man die politische Kraft, die man noch repräsentierte und vom politischen Gegenüber attestiert worden ist, nicht zu nutzen bereit gewesen ist. Daher ist es insbesondere die Tolerierungspolitik gegenüber dem Kabinett Brüning, die als Ausdruck ideologischer Schwäche zu verstehen ist.

5.3 Intro: Anmerkungen zur Bundesrepublik in der Zeit Konrad Adenauers

Der anstehende Abschnitt betrachtet die SPD in der Zeit unmittelbar nach dem Zweiten Weltkrieg. Die Rechtfertigung dafür, die Zeit der NS-Diktatur somit zu überspringen, liegt darin, dass diese Zeit einen so außergewöhnlichen geschichtlichen Abschnitt darstellt, dass ihre Betrachtung für die in dem vorliegenden Buch interessierende Problematik kaum ergiebig ist. Umso ratsamer scheint es, der Betrachtung der Entwicklung der SPD nach dem Zweiten Weltkrieg zunächst eine Skizzierung der gesellschaftlichen Verhältnisse in Deutschland während der späten 40er und der 50er Jahre des vorigen Jahrhunderts zu geben. Die Arbeit hieran geschieht in Auseinandersetzung mit Artikeln in *Zeit Geschichte: Deutschlands doppelter Neubeginn* (2009 – Nr.1). Im Anschluss hieran werden Betrachtungen Pikettys in *Das Kapital im 21. Jahrhundert*[107] zur Entwicklung nicht nur der deutschen Wirtschaft während des 20. Jahrhunderts und zu Beginn des 21. Jahrhunderts herangezogen. Sie sind geeignet, einige der Ausführungen in *Zeit Geschichte* kritisch hinterfragen zu können.

---

[107] Piketty, T. 2014³: *Das Kapital im 21. Jahrhundert* - München

Axel Schildt schreibt in seinem Artikel *Der doppelte Anfang* (S.16-28):

„Während im Westen Deutschlands eine Demokratie entstand, existierte im Osten von Beginn an nur eine demokratisch Fassade.“ (S.21)

Wenige Seiten später ist zu lesen:

„Das christlich-konservative Freund-Feind-Denken vergiftete um 1950 die politische Kultur – ähnlich wie die zur gleichen Zeit in den USA wütende antikommunistische Hexenjagd des Senators Joseph McCarthy. Die frühe Bundesrepublik war keineswegs von Anfang an von demokratischem Geist durchweht.“ (S.24)

Schildts genauere Ausführung hiervon lässt zumindest den Gedanken aufkommen, dass auch am Beginn der Bundesrepublik eine „demokratische Fassade“ vorgelegen hat bzw. eine „bizarre supranationale Abendlandideologie“:

„Der Kampf gegen den «Bolschewismus», so der zeitgenössische Begriff, wurde immer wieder in diese Traditionslinie eingeordnet, etwa in der Rede des Bundesaußenministers Heinrich von Brentano zur Jahrtausendfeier der Schlacht auf dem Lechfeld 955. Im Kampf Ottos des Großen gegen die Ungarn sah Brentano eine «deutliche Parallele» zur gegenwärtigen politischen Situation: «Damals standen vor den Toren des Abendlandes, vor den Toren dieser Stadt, in der wir weilen, die heidnischen Nomadenscharen des Ostens; Verderben und Untergang drohten. Jetzt stehen wiederum, nicht sehr viel weiter von dieser Stadt entfernt, die Massen des Ostens, und wiederum sehen wir der Gefahr ins Auge, daß das Abendland von ihnen überrannt wird und ihnen zur Beute fallen kann.»“ (S.23)

Einer ernsthaften Beschäftigung mit Politik gegenüber waren „die meisten Menschen damals“ wenig aufgeschlossen. Sie „wünschten sich eine Vater- oder besser Großvaterfigur an der Spitze“ des Staates, während sie selbst ihren „privaten Geschäften nachgingen“ (S.27). Dementsprechend gering ist die Informiertheit dieser Menschen über die

Demokratie, wie Schildt hinzufügt. Zudem muss er hinzufügen: „Eine relative Mehrheit hätte Umfragen zufolge lieber die auch in der NS-Zeit geehrten kaiserlichen Farben Schwarz-Weiß-Rot gesehen.“ (S.27). Mehr noch: „[…] eine solche Aussage fand ebenso Mehrheiten wie die Auffassung, „es sei besser, nicht zu viele Juden im Land zu haben.“ (S.27)

In einem anderen Artikel in *Zeit Geschichte* hält Sebastian Ullrich (*Weimars langer Schatten*; S.56-59) zunächst fest, dass vor allem konservative und rechtsliberale Kreise der neuen Demokratie skeptisch gegenüberstanden:

„Erst die Erfolge der Ära Adenauer ließen Bonn aus dem Schatten Weimars heraustreten. Das politische System entwickelte unter Adenauers Kanzlerdemokratie ein Maß an politischer Autorität, wie es einer parlamentarischen Demokratie in konservativen Kreisen nicht zugetraut worden war.“ (58f.)

Hierauf folgt:

„Das Parteiensystem durchlief schon in den fünfziger Jahren einen Konzentrationsprozeß, den letztlich nur drei Parteien, CDU/CSU, SPD und FDP, überlebten. Das Wirtschaftswunder schließlich sorgte für wachsenden Wohlstand, und die sozialpolitischen Weichenstellungen des Gründungsjahrzehnts entschärften die gesellschaftlichen Konflikte, die die Entwicklung der Weimarer Demokratie so schwer belastet hatten.“ (S.59)

Die vorangehenden Aussagen lassen Zweifel daran anmelden, dass hiermit tatsächlich alles gesagt ist. Auf das Wirtschaftswunder wird noch zurückzukommen sein. Die „gelungene Sozialpolitik“ ist sogleich in Frage zu stellen. Sie müßte von Adenauer geleistet worden sein, obschon er „[d]as in Werl gelegene Gefängnis […] demonstrativ vor der Bundestagswahl 1953 [besuchte], weil dies in der Öffentlichkeit gut ankam.“ (Schildt; S.26) Der springende Punkt hieran: In diesem Gefängnis wurden vor allem

Menschen aufgrund von Kriegsverbrechen festgehalten[108]. Hiermit passt zusammen, dass Adenauer das Ende der „Nazi-Riecherei" einforderte (S.26). Das sind zweifellos keine Hinweise auf eine gehaltvolle s o z i a l e Gesinnung.

Überblickt man die gebrachten Ausführungen, so wird ersichtlich, was Schildt meint mit: „Die frühe Bundesrepublik war keineswegs von Anfang an von demokratischem Geist durchweht." Das wird so sehr einsichtig, dass sich die Frage erhebt, wie aus einem d e r a r t i g e n Anfang zur Demokratie hat gefunden werden können, wovon Schildt ebenfalls spricht. Auf jeden Fall sehen Schildt und Ullrich diese Entwicklung zur Demokratie und berufen sich in der Darstellung hiervon auf Jürgen Habermas.

Schildt: „Denn die Legitimation für eine konservative Politik in den Gründerjahren der Bundesrepublik durch eine Mehrheit der Bevölkerung bedeutete auch, dass es Möglichkeitsräume für politische Veränderungen gab. Jürgen Habermas spricht von einer «Inkubationszeit», in der jene Kräfte heranreiften, die ein Jahrzehnt später wirkmächtig wurden. Die wirtschaftliche und lebensweltliche Modernisierung führte dabei zwar zunächst CDU/CSU auf den Höhepunkt ihrer Macht, aber dann, am Ende des Jahrzehnts, begann das Ende der Ära Adenauer. Die Liberalisierung der politischen Kultur und der Gesellschaft in den sechziger Jahren – sie konnte sich im Rahmen der 1949 geschaffenen Ordnung entfalten." (S.28)

Ullrich: „Erst der Wandel der politischen Kultur zwischen den fünfziger und den siebziger Jahren hat die parlamentarische Demokratie fest im Wertekanon der Bundesbürger verankert. In dieser Zeit hat die Bundesrepublik einen Prozeß der Fundamentalliberalisierung (Jürgen Habermas) durchlaufen, ohne den ihre Erfolgsgeschichte nicht denkbar wäre." (S.57)

---

108 Kurt Schumacher, sozialdemokratischer Oppositionsführer, hatte seinerseits nicht gezögert, „ein Veteranentreffen der Waffen-SS zu beehren" (S.26).

Erinnert Schildt also an Habermas' „Inkubationszeit", so Ullrich an dessen „Fundamentalliberalisierung". Die Pointe beider Zitate liegt darin, dass zu Begin der Bundesrepublik zwar kein demokratischer Geist vorgeherrscht hat, wohl aber eine Situation, die dessen Ausbildung die Rahmenbedingungen bereitgestellt hat. Diese Ausbildung bedurfte einer Inkubationszeit, was man sich gefallen lassen wird, und hat sich im Rahmen einer Fundamentalliberalisierung zugetragen, was man sich schon nicht mehr gefallen lassen muss[109]. Der Grund hierfür liegt darin, dass diese Fundamentalliberalisierung in erstaunlicher Nähe zur Idolisierung der Marktgesellschaft ist, wie sogleich zu skizzieren sein wird.

Um diesen Ausführungen den nötigen Boden aufbereiten zu können, ist zunächst auf die Justiz in der „Möglichkeitsräume bietenden" Anfangszeit der Bundesrepublik zu blicken, ihr Umgang mit Nazi-Verbrechern einerseits und Kommunisten andererseits. Die folgenden Darstellungen sollen zeigen, wie sehr die damalige Justiz ideologisch bebürdet gewesen ist, im Sinne einer Ausrichtung auf die Marktgesellschaft, abseits jeglichen Bemühens um ein Vorgehen im Sinne der Demokratie. Die Pointe hiervon wird darin bestehen, dass das hiermit bezeichnete Denken keinesfalls seine Grenze an jener der beschworenen Inkubationszeit gefunden hat. Die folgenden Ausführungen sind dem

---

[109] Ausgesprochen originell ist es, wenn Schildt der konservativen Politik am Beginn der Bundesrepublik positiv abgewinnen kann, dass sie „Möglichkeitsräume für politische Veränderungen" bereitgestellt hat. „Möglichkeitsräume" ist ein netter Begriff, besagt aber wenig, außer dass der Anfang somit in einem nicht mehr ganz so dunklen Licht erscheint, was insofern Sinn macht, als er die Basis für die Entwicklung der Demokratie sein soll. Das wiederum wirft kein sehr helles Licht auf das aufgewendete Demokratie-Verständnis

Zeit Geschichte-Artikel von Christian Staas *Was damals Recht war ...* (S.76-80) entnommen.

Im Dezember 1945 ist das Kontrollgesetz Nr. 10 eingeführt worden, das den Tatbestand „Verbrechen gegen die Menschlichkeit“ bezeichnet. Es ermöglichte den Alliierten, in den Nürnberger Kriegsverbrecherprozessen NS-Täter anzuklagen, „ohne mit den nationalsozialistischen Rechtsnormen argumentieren zu müssen“ (S.77). „So wurde das NS-Recht als ein System «bürokratischer Rechtlosigkeit» delegitimiert.“ (S.77) Zunächst, 1945/46, fanden vor allem Bestrafungen der NS-Führung statt, was in der Bevölkerung mehrheitlich positiv aufgenommen worden ist: „die Bestrafung der NS-Führung dürfte in den Augen vieler einem Freispruch für die breite Bevölkerung gleichgekommen sein.“ (S.77) Ende 1946 kündigten die Alliierten eine Ausweitung der Prozesse an:

> „In den Nürnberger Nachfolgeprozessen klagten die Alliierten nun gegen die bürgerlichen Funktionseliten des NS-Staates, gegen die Ärzteschaft und die Wehrmachtskommandeure, gegen Unternehmer und Bankiers, nicht zuletzt gegen die Juristen des Dritten Reichs.“ (S.77f.)

Nun „kippte“ die Stimmung in der Bevölkerung. Mag sich diese aus sich heraus ihres „Freispruchs“ nicht mehr so sicher gewesen sein, sie ist zu ihrem Verhalten auf jeden Fall substanziell aufgemuntert worden. Ehemalige NS-Juristen[110], die Kirchen und die Presse haben eine „regelrechte

---

[110] Hervorgetan hat sich u. a. der ehemalige Kronjurist der SS und Stellvertreter Richard Heydrichs Werner Best:
„Er arbeitete als Kanzleimitarbeiter des FDP Bundestagsabgeordneten Ernst Achenbach und überhäufte Justizminister Dehler mit Petitionen. «Die nachtragende Unversöhnlichkeit der Alliierten» sei nicht länger hinzunehmen, schrieb Best, und da eine Wiederholung der politischen Taten ausgeschlossen sei, halte er eine Bestrafung für «unvernünftig und unsittlich». Noch wenige Jahre

Gnadenlobby" (S.78) gebildet, für die Haftentlassung der Kriegsverbrecher plädierend.

Als Beispiel für Lobbyarbeit der Presse führt Staas einen Artikel von Marion Gräfin Dönhoff an, die im Sommer 1950 auf der Titelseite der *Zeit* forderte: „Der Tag muß kommen, an dem die Einsicht dämmert, daß es wesentlich wichtiger ist, die Autorität des Rechts [...] zu retten, als in langjährigen Ermittlungen einige Menschen mehr oder weniger zu verurteilen." (S.79) Was Dönhoff offensichtlich nicht „gedämmert" ist: Die Autorität des Rechts hätte sich gerade durch die von ihr diskreditierten Ermittlungen erringen lassen. So aber reiht sie sich in die Gruppe jener ein, die um eine Kultur des Vergessens[111] und „Verklärung" der Justiz[112] bemüht gewesen sind.

Meinungsumfragen belegen, dass die Arbeit der „Gnadenlobby" ein voller Erfolg beschieden gewesen ist. Ihr Standpunkt ist zu jenem der Mehrheit der Bevölkerung geworden:

---

zuvor hatte Best vernünftig und sittlich gefunden, im Reichssicherheitshauptamt die «Verdrängung und Vernichtung fremden Volkstums» ins Werk zu setzen." (S.79)

[111] „«Man sollte mit diesen Dingen zu Ende kommen. Es sollte Wahrheit werden was in einer ähnlichen Zeitlage vor 300 Jahren festgestellt worden ist, als man am 24. Oktober 1648 den Westfälischen Frieden schloss. Dort hat man gesagt: ewiges Vergessen als dessen, was seit Beginn der Unruhen geschehen ist.» Der Bundesjustizminister der Adenauer-Regierung, Thomas Dehler (FDP), sprach diese Worte im Januar 1950 vor dem Deutschen Bundestag. Er formulierte damit den partei-, schichten- und konfessionsübergreifenden Konsens der frühen Adenauer-Jahre." (S.78)

[112] „1947 etwa verlautbarte der nordrhein-westfälische Justizminister auf dem Konstanzer Juristentag: «Der Deutsche Richter in seiner Gesamtheit ist im Dritten Reich intakt geblieben, er hat nicht vor Hitler kapituliert.»" (S.78)

„Dieser Tag begann zu dämmern [Anspielung auf die Dönhoff-Aussage], als die Bundesregierung ein Jahr später [1951] mit knapper Zustimmung der Länder beschloss, den Tatbestand «Verbrechen gegen die Menschlichkeit» – die sogenannte Nürnberger Klausel aus der Europäischen Menschenrechtskonvention – nicht ins neu zu kodifizierende Strafrechtsregister der Bundesrepublik aufzunehmen. Dem stehe, so hieß es, das Rückwirkungsverbot «nulla poena sine lege» (Keine Strafe ohne Gesetz) entgegen“ (S.79)

Damit ist allen Ernstes der Widerstand kriminalisiert und die NS-Täter mehr oder weniger schuldlos gesprochen worden. 1951 hat das Landgericht München I festgestellt:

„[...],dass das Standgerichtsverfahren vom April 1945 gegen die Widerstandskämpfer Hans von Dohnanyi und Hans Oster als unangreifbar anzusehen sei. Die Verurteilten hätten «nach damaligem Rechtszustand die Tatbestände des Hoch- und Landesverrats oder des Feindesverrats erfüllt», die ergangenen Todesurteile müsse man für rechtmäßig halten.“ (S.79f.)

Die Pointe hieran liegt darin, dass die Bundesrepublik – konkret der Bundestag - bis zum Ende des 20. Jahrhunderts gebraucht hat, um „die Unrechtsurteile der NS-Herrschaft rückwirkend die Rechtsgültigkeit abzusprechen [...] zwei Generationen zu spät.“ (S.80) Ist die Inkubationszeit und die Fundamentalliberalisierung, von denen bereits die Rede gewesen ist, im Lichte hiervon zu verstehen?

Das Wohlwollen gegenüber den NS-Tätern wird aber erst richtig verstanden, wenn es in Rücksicht auf das Vorgehen der selben Justiz gegen Kommunisten betrachtet wird. Staas schreibt hierzu:

„Stärker als die Richter mit solchen Winkelzügen beförderten nur die Staatsanwaltschaften das «ewige Vergessen»: durch ihre während der Amnestiedebatte bis zum Stillstand erlahmende Ermittlungstätigkeit. Zwischen 1952 und 1957 kam die Verfolgung von NS-Verbrechern beinahe zum Erliegen – wobei dieselbe Justiz in anderen Fällen großen Eifer an den Tag legte; bei der Verfolgung von Kommunisten. 1953 standen den 123 in diesem Jahr verurteilten NS-Tätern 1655 Strafurteile gegen Kommunisten entgegen. Verurteilt wurden sie in der Regel für wenig mehr als ihre Gesinnung. 151 hatte man unter anderem zu diesem Zweck alte Tatbestände aus der Weimarer und der NS-Zeit wiedereingeführt: Hochverrat, Landesverrat und Staatsgefährdung. Die KPD, sagte damals ein Vertreter der Adenauer-Regierung, sei «ein gefährlicher Infektionsherd im Körper unseres Volkes». 1956 wurde die Partei verboten. Zwei Jahre später war die Amnestiebewegung für NS-Täter am Ziel: Die letzten Verurteilten aus den Nürnberger Nachkriegsprozessen wurden in die Freiheit entlassen.“ (S.80)

Die Kommunisten sind also nicht in den Genuss der Kultur der Nächstenliebe gekommen, wohl da sie als „gefährlicher Infektionsherd im Körper des deutschen Volkes“ erkannt worden sind. Die „oft fadenscheinige Loyalität von Millionen Nazifizierten“ (S.80) wurde, so muss man folgern, nicht als „Infektionsherd“ gewertet. Das ergibt nur Sinn, wenn es zunächst im Lichte der oben angemerkten „supranationalen Abendland-Ideologie“ der Adenauer-Regierung betrachtet wird. Dem seinerzeitigen Bundesaußenminister von Brentano ist es ja gelungen (vgl. oben), „deutliche Parallelen“ zwischen dem Verhältnis der jungen Bundesrepublik zum Bolschewismus und dem tausend Jahre zurückliegenden Kampf Otto des Großen und den Ungarn (Schlacht auf dem Lechfeld 955) auszumachen.

Es wäre mehr als naiv zu glauben, von Brentano könnten die geschichtlichen Änderungen in den dazwischen liegenden tausend Jahren entgangen sein. Natürlich argumentiert er aus einem Engagement heraus, das die aktuelle gesellschaftliche Situation in einem bestimmten Licht erscheinen lassen soll. Dieses Licht soll im Kommunismus einen „Infektionsherd“ sehen lassen, nicht aber in der „oft fadenscheinigen Loyalität von Millionen Nazifizierten“. Hierin kann nicht liegen, dass der Osten aufgrund demokratiepolitischer

Defizite als Feindbild dargestellt wird. Diese Defizite prägen auch die deutsche Gesellschaft, wobei Habemars' Vorstellung von der Inkubationszeit, die der Ausbildung einer funktionierenden Demokratie zuzugestehen ist, getrost beiseite gelegt werden kann. Es ist zu keiner funktionierenden Demokratie gefunden worden. De weg hierzu ist auch niemals ernsthaft beschritten worden, wie gerade in Beziehung auf Habermas' Demokratieverständnis gezeigt worden ist. Der Grund hierfür liegt in der Ausrichtung auf die Marktgesellschaft. Diese Ausrichtung hat sich der „Osten" als bolschewistischer Gegenentwurf präsentiert.

Mehr noch: Innerhalb Deutschlands hat die Sozialdemokratie auf eine sozialistische Neuordnung der Wirtschaft gedrängt, sodass es weitaus realistischer ist, von einer Inkubationszeit zu sprechen, derer die Protagonisten der reinen Marktgesellschaft bedurften, um wieder zu Kräften zu kommen, als mit Habermas von einer Inkubationszeit, derer die Demokratie bedurfte, um sich entfalten zu können. Das gilt es genauer darzustellen.

Zunächst ist hervorzuheben, was Schildt diesbezüglich zum Verhältnis zwischen der Adenauer-Regierung und der SPD festhält:

> „Die Anschuldigung, dem «Bolschewismus» in die Hände zu arbeiten, diente auch als moralische Keule gegen die Sozialdemokratie, der es wenig nutze, dass sie sich in der Gegnerschaft gegen die SED nicht übertreffen lassen wollte und wie keine andere Partei den aktiven Widerstand in de DDR unterstützte. Viele Anhänger der SPD saßen dort im Gefängnis." (S.25)

Tatsächlich hat die SPD in der noch jungen Bundesrepublik eine sozialistische Neuordnung der Wirtschaft eingefordert, um zum Ausdruck bringen zu können, die Lehren aus dem Scheitern Weimars gezogen zu haben (Ullrich S.57).

Was sich tatsächlich in Deutschland zugetragen hat, das nimmt nicht zuletzt seinen Anfang mit der Währungsreform. Schildt schreibt hierzu.

„Mit der Währungsreform, so beschrieb es Heinrich Böll in den sechziger Jahren, habe für die Westdeutschen eine neue Zeitrechnung begonnen. Am 20. Juli 1948 bescherte sie den Westzonen, drei Tage später auch den Westberlinern mit der D-Mark ein verlässliches Zahlungsmittel und damit über Nacht reichhaltige Angebote von insgeheim gehorteten Waren, die zuvor nur auf dem Schwarzmarkt erhältlich gewesen waren." (S.27)

Diese Argumentation ist durchaus eigentümlich: Hat die Währungsreform „über Nacht" ein reichhaltiges Angebot entstehen lassen? Schildt thematisiert diese wundersame Brotvermehrung nicht. Das ist insofern schade, als die Thematisierung hiervon geeignet wäre, das gesellschaftliche Miteinander in der jungen Bundesrepublik besser zu verstehen. In einem weiteren Artikel in *Zeit Geschichte* (*Leistung, Leistung, Leistung* S.40-44) findet John Jungclaussen zu dem interessierenden Thema zu folgender Aussage:

„Das viel beschworene Wirtschaftswunder ließ allerdings noch auf sich warten, denn die Kauflust der Bevölkerung war anfangs so ungezügelt, dass die Preise rasant stiegen. Ende 1948 kosteten Eier eine Mark pro Stück – unerschwinglich für eine Familie mit einem Durchschnittseinkommen von 140 M -, und knapp eine Million Menschen standen ohne Arbeit da, mehr als doppelt so viele wie im Sommer. Im November riefen die Gewerkschaften zum Generalstreik auf, und von Flensburg bis Oberammergau gab es empörte Eierproteste. Dabei ging es den Westdeutschen erheblich besser als den Ostdeutschen" (S.44)

Hieran kann überraschen, dass die ungezügelte Kauflust der Konsumenten das Auftreten des Wirtschaftswunders zunächst blockiert haben soll. Wichtiger aber ist, dass die sich einstellenden Wucherpreise alleine auf eben dieses Verhalten der Konsumenten zurückgeführt wird. Von einer Gier der „Eierbesitzer" ist überhaupt nicht die Rede. Die

Möglichkeit, dass die Forderung der SPD nach einer sozialen Wirtschaftsreform ihre Berechtigung haben könnte, zieht Jungclaussen daher erst gar nicht in Betracht. Hieran ist durchaus zu beachten: Eigentümlich ist nicht nur die Situation in der jungen Bundesrepublik Adenauers; eigentümlich ist auch deren Darstellung in *Zeit Geschichte* im Jahre 2009.

In diesem Sinne sind auch die folgenden Ausführungen Schildts und Jungclaussens zu betrachten. Jener verweist zunächst darauf, dass sich in der Bundesrepublik „schon nach wenigen Jahren die Umrisse eines modernen Massenkonsums" abzeichneten (S.28). Die Nettolöhne verdoppelten sich und Luxusgüter (Waschmaschinen, Kühlschränke usw.) wurden „nun auch für breite Schichten der Bevölkerung erschwinglich".

„[Hierfür] schufteten die Westdeutschen in einem Ausmaß, das ausländischen Beobachtern unheimlich war. Die Franzosen sprachen von „la Tüchtigkeit allemande". Im industriellen Bereich betrug die Wochenarbeitszeit in der Bundesrepublik 1955 fast 50 Stunden an sechs Werktagen." (S.28)

Für sich genommen regt dieses Zitat nicht dazu an, kritisch hinterfragt zu werden. Das ändert sich aber, wenn man es an die zuvor gebrachten Ausführungen zum Schwarzmarkt und dem Preiswucher anlegt, die sich in derselben Gesellschaft zugetragen haben. Hierdurch steht sofort der Verdacht im Raum, dass hier in einer grundsätzlich marktgesellschaftlichen Situation „geschuftet" wird, die Verdoppelung der Nettolöhne, der Leistbarkeit von „Luxusgütern" nicht als Ausdruck eines personalen Bemüht-seins-umeinander verstanden werden kann. Anhand Aussagen Jungclaussens lässt sich dieser Verdacht erhärten:

„Nach seiner kurzen Amtszeit als Wirtschaftsminister in München war Erhard Leite der Sonderstelle Geld und Kredit in Bad Homburg geworden, und in dieser Rolle hielt er im April 1948 eine Rede vor dem Wirtschaftsrat der Westzonen, in der er darauf bestand, dass die wirtschaftliche Not «durch Wettbewerb und eine auf stärksten Leistungswillen ausgerichtete Ordnung» überwunden werden könne." (S.44)

Was Konkurrenz und stärkster Leistungswille bescheren und Schildt als modernen Massenkonsum bezeichnet, das wird nun „Schaufensterwunder" (S.44) genannt. Dieses habe sich in der Bundesrepublik eingestellt, nicht aber in der DDR. Der Grund hierfür liegt nicht im mangelnden Leistungswillen der Menschen in der DDR, sondern dass sie ihre Kraft in einem planwirtschaftlichen System verpuffen lassen mussten, anstatt sie in einem auf Konkurrenz aufbauenden System die Segnungen des Schaufensters bewirken zu lassen. – Der Osten als „Feindbild".

Angesichts hiervon ist eine Aussage Jungclaussens insbesondere hervorzuheben:

„Im Westen blieb die Wirtschaft noch bis Anfang 1950 instabil. Danach aber wurde klar, wie viele Menschen vom Kaliber der [Grete] Schickedanz[113] es gab. Herbert Quandt baute BMW auf, Reinhard Mohn schuf den Bertelsmann-Konzern, und Karl und Theo Albrecht machten Aldi groß. Sie alle stehen für das Wirtschaftswunder, das den politischen Neubeginn absicherte und die Bundesrepublik binnen zehn Jahren zur zweitgrößten Wirtschaftsmacht der Welt aufsteigen ließ." (S.44)

Hier werden sie also genannt, die wahren Helden des Wirtschaftswunders; jene, deren unternehmerisches Genie es gelingen ließ, das Schuften der Bevölkerung Früchte tragen zu lassen. Das ist freilich, wie sich aus den bisherigen Ausführungen ergibt, eine Verklärung der Eliten der Marktgesellschaft; eine recht plumpe, wie nebenbei bemerkt sei.

[113] Die „Schöpferin" des Quelle-Katalogs, „der Konsumbibel der frühen Bundesrepublik" (Jungclaussen; S.41)

Um sie in ihrer Bedeutung hinreichend beurteilen zu können und im Rahmen hiervon richtig einschätzen zu können, was sich in der jungen Bundesrepublik zugetragen und was den Möglichkeitsräumen in Rücksicht auf die Fundamentalliberalisierung entnommen worden ist, sollen den soeben gebrachten Ausführungen einige Sätze Pikettys gegenübergestellt werden:

„Für diejenigen, die diese Veränderungen miterlebt haben und in der Zeitung, im Radio, im Fernsehen immer wieder von atemberaubenden Gehaltserhöhungen unter «Supermanagern» hören müssen, ist das bestürzend. Und es ist besonders bestürzend im ökonomischen Kontext der Jahre von 1990 bis 2010, in denen das Durchschnittseinkommen stagniert der zumindest sehr viel langsamer wächst als in der Vergangenheit.“ (S.422)

„In den Vereinigten Staaten hat die Einkommensungleichheit in den Jahren 2000 bis 2010 wieder die Höchststände erreicht, die zwischen 1910 und 1920 zu beobachten waren [...]. In Großbritannien und in Kanada ist sie im Begriff, dies zu tun, während sie in Japan und Kontinentaleuropa zumindest bis heute sehr viel schwächer bleibt als zu Beginn des 20. Jahrhunderts und sich in Wahrheit seit 1945 nur wenig verändert hat, wenn man eine sehr langfristige Perspektive einnimmt. [...] | Das heißt offenkundig nicht, dass die europäischen und japanischen Entwicklungen dieser letzten Jahrzehnte vernachlässigt werden dürften. Im Gegenteil: Der Verlauf gleicht in mancher Hinsicht demjenigen, der in den Vereinigten Staaten zu beobachten ist, mit einer Verspätung von ein oder zwei Jahrzehnten – und nichts zwingt uns zu warten, bis diese Entwicklung die makroökonomische Tragweite entfaltet, die sie in den Vereinigten Staaten tatsächlich schon hat, bevor wir uns darüber Sorgen machen.“ (S.425)

Lässt sich angesichts dieser Sätze das Bild aufrecht erhalten, das Schildt und Jungclaussen in ihren Artikeln zeichnen? Jenes Bild also, dem gemäß aus den Anfängen der Bundesrepublik heraus eine Fundamentalliberalisierung im Namen des Aufbaus einer starken Marktwirtschaft stattgefunden hat, und die eine Festigung der Demokratie („Inkubationszeit“) im Dienste aller Menschen mit sich gebracht hat. Die hiermit gezeichnete „heile Welt“ eines umfassenden Umeinander-bemüht-seins findet sich in den Ausführungen Pikettys nicht wieder. Diese weisen in Richtung davon, dass die Fundamentalliberalisierung eine marktgesellschaftliche Legitimierung der zu Beginn der Bundesrepublik gegebenen Schwarzmarkt- und Preiswucher-Mentalität erbracht hat. Dass also eine Klassengesellschaft im demokratischen Mantel etabliert worden ist, deren Eliten Jungclaussen als die wahren Helden des Wirtschaftswunder erscheinen lässt.

Das relativiert die Bedeutung des angeführten Schaufensterwunders. Die Eliten einer Klassengesellschaft sind gemäß ihrer Idolisierung der Hybris an einer solidarischen Gesellschaft nicht interessiert. Sehr wohl aber müssen sie daran interessiert sein, ihre, die Einkommensungleichheiten ergebenden Bemühungen nicht zur Quelle von Unruhen innerhalb der Nicht-Eliten werden zu lassen. Das Schaufensterwunder eignet sich hierzu vorzüglich, vorausgesetzt es gelingt den Eliten, in der Gesellschaft eine Stimmung zu erzeugen, der gemäß die Frage, ob dieses Wunder tatsächlich alle Menschen erreicht, als unsinnige Frage abgetan wird. Dieses Ziel ist mit der Behauptung erreicht worden, dass sich Solidarität – der Begriff selbst ist natürlich verschwunden bzw. ist er, wenn er gebraucht wird, zynisch gemeint – nur auf die Fleißigen zu erstrecken braucht, was dahingehend gemeint ist, dass lediglich nicht fleißige Menschen in eine prekäre Lage geraten können. Den Nicht-Eliten musste also plausibel gemacht werden, untereinander eben jene Egozentrik auszubilden, mit denen ihnen die Eliten begegnen. Insofern kann das Schaufensterwunder geradezu als „Opium fürs Volk“ bezeichnet werden, um einen Begriff Marxens zu verwenden.

5.4 Die Situation unmittelbar nach dem Zweiten Weltkrieg: Kurt Schumacher

Heinrich Potthoff[114] schreibt zu Kurt Schumacher (Vorsitzender der SPD 1946-1952):

„Willy Albrecht hat in seiner Studie[115] prägnant die Konsequenzen herausgearbeitet, die Schumacher – noch vor seiner Verhaftung im Juli 1933 – und ihm nahestehende kämpferische Sozialdemokraten zogen. Die Sozialdemokraten müßten sich beim Kampf gegen die Diktatur von den Kommunisten absetzen und die «bolschewistische Zielsetzung verwerfen.»“ (S.138)

Schon in seiner Grundsatzrede in Hannover am 6. Mai 1945, also zwei Tage vor der bedingungslosen Kapitulation Deutschlands, hob Schumacher seinen Standpunkt deutlich hervor[116], daß die „Kommunisten [Deutschlands] fest an eine einzige der großen Siegermächte und damit an Rußland als Staat und an seine außenpolitischen Ziele“ gebunden seien[117]. Sie gehören „«nicht zur Einheit der sozialistischen

---

[114] Potthof, H. 1996: *Kurt Schumacher – Sozialdemokraten und Kommunisten* – in: Dowe, D. (Hrsg.): *Kurt Schumacher und der „Neubau“ der deutschen Sozialdemokratie nach 1945*, Bonn; S.133-150; zitiert nach: Friedrich Ebert Stiftung, Digitale Bibliothek

[115] Albrecht, W. 1985: *Ein Leben für den demokratischen Sozialismus* - Bonn

[116] Das „Schon“ am Anfang des Satzes soll nicht besagen, dass Schumacher jetzt erst zu dieser Einschätzung des Kommunismus gelangt ist. Potthoff (S.137) zitiert aus einer Rede Schumachers von 30. 3. 1930 in Eßlingen. Folgende Ausführung: „Kommunisten, die in Wirklichkeit nur rotlackierte Doppelausgaben der Nationalsozialisten sind. Beiden gemeinsam ist der Haß gegen die Demokratie und die Vorliebe für die Gewalt.“

[117] Zitiert nach Potthoff, H. 1996: siehe Fußnote 114

Bewegung», war die Botschaft des Exils und die Überzeugung Kurt Schumachers“ schreibt Potthoff, sich auf eine Arbeit von Willi Eichler[118] stützend.

Dieser Standpunkt Schumachers ist auch als Reaktion auf die 1928/29 von Stalin und Sinowjew entwickelte Sozialfaschismusthese zu verstehen, die nicht zuletzt dazu beigetragen hat, eine tiefe Kluft zwischen Sozialdemokratie und Kommunismus auftreten zu lassen. Angesichts hiervon muss es für ihn befremdlich gewesen sein, dass die Kommunisten unmittelbar nach dem Zweiten Weltkrieg auch in den Westzonen als „Demokraten“ geführt worden sind und in aus Wahlen hervorgegangenen westdeutschen Landesregierungen vertreten gewesen sind (z. B. in Bremen bis Jänner 1948 und Hamburg bis Juli 1948; siehe Potthoff S.134).

Schumacher hat die Soziademokratie aber nicht alleine gegen den Kommunismus abgegrenzt. Sein Bemühen galt auch der Abgrenzung gegenüber der bürgerlichen Ideologie. Hierbei liegt das Problem darin, zu begreifen, wieweit er hiebei tatsächlich gegangen ist, ob er sich also in Äquidistanz zu Kommunismus und bürgerlicher Ideologie verstanden hat, und was er konkret als den Weg der Sozialdemokratie begriffen hat? Die Auseinandersetzung mit dieser Thematik soll mit folgendem Zitat aus Potthoffs Arbeit begonnen werden:

„Schumacher aber war gleichsam die Identifikation einer antitotalitären, in KZ und Widerstand gehärteten, eigenständigen und unabhängigen national-sozialen Mission, bei der Kommunisten auf der einen Seite, Kapitalisten und Bürgerliche auf der anderen jeweils nur als Sachhalter und Handlanger imperialistisch-nationalistischer Interessen der Siegermächte fungierten. Das schuf ein Maß an Abgrenzung und Unversöhnlichkeit, das einen Brückenschlag zu Christ- und bürgerlichen Demokraten erschwerte, ihnen

[118] Eichler, W. 1962: *Hundert Jahre Sozialdemokratie* - Bonn

so nicht gerecht wurde und auch innerhalb der Sozialdemokratie strittig war.“ (S.140)

Hieran ist zunächst zu beachten, was Potthoff von seiner eigenen Position einfließen lässt: Die Brücke zu den Christ- und bürgerlichen Demokraten ist wichtig; die Sozialdemokratie darf sich nicht gleichermaßen gegenüber diesen und den Kommunisten abgrenzen. Das ist insofern von Interesse, als, wie dargelegt, Bernstein das Ziel der Sozialdemokratie in der Verbürgerlichung der Arbeiter gesehen hat, was aber als reformistisch-revisionistische Abkehr vom sozialdemokratischen Ideal darzulegen gewesen ist. Das lässt die Frage zu: Äußerst sich eben dieser reformistisch-revisionistische Geist auch in Potthoffs Wohlwollen den bürgerlichen Demokraten gegenüber?

Sich diese Frage vorzulegen lohnt, um seine folgende Ausführungen richtig einschätzen zu können, wiewohl um willen eines hinreichenden Verständnisses Schumachers:

„Auch bei Schumachers Auseinandersetzung mit dem Kommunismus kommt man bei allem Wohlwollen nicht daran vorbei, daß er die Realitäten und Zwänge der Nachkriegsepoche nicht zureichend antizipierte und illusorischen Vorstellungen von einem demokratisch-sozialistischen Deutschland und Europa zwischen der Sowjetunion und den USA anhing. Obwohl die Ablehnung des «östlichen Totalitarismus» eine ganz andere Qualität besaß als seine Distanz zu den Vereinigten Staaten, wurden diese Grundsatzunterschiede zu wenig sichtbar, weil Schumacher verbal nach beiden Seiten fast mit den gleichen Waffen focht und die Grotewohls wie die Adenauers jeweils als Kollaborateure ausländischer Mächte attackierte. Dadurch machte er es denen leichter, die den Sozialdemokraten Reserven gegenüber dem Westen vorhielten und ihre Vorbehalte gegen konkrete Schritte der Westintegration mit kritischen Augen sahen. Obwohl gerade Schumacher für eine konsequente Demokratie und Freiheit focht, wurde wohl nicht immer hinreichend deutlich, daß die Sozialdemokratie einem freiheitlichen westlichen Wertesystem verpflichtet und in ihm tief verwurzelt war." (S.146)

Ist man erst einmal vorgewarnt, so fällt es leicht zu erkennen: Potthoff will von Schumachers Idealen gar nichts wissen; er will sein Wirken in eine Entwicklung der SPD eingliedern, wie sie sich seit Schumacher sukzessive dem „westlichen Wertesystem" verschrieben hat bzw. in diesem Sinne ausgebaut hat, was aber bereits mit dem Revisionismus Bernsteins grundsätzlich eingesetzt hat. Daher auch bagatellisiert Potthoff Schumachers Vorstellung vom „dritten Weg" als „illusorische Vorstellung"; sie braucht weiter nicht beachtet zu werden. Potthoffs Position ist eindeutig: Wem begründet „Reserven gegenüber dem Westen" vorgeworfen werden können, der irrt. In diesem Sinn hat Potthoff damit kein Problem, auf seine Aussage, zwischen Schumachers Stellungnahmen gegen den „östlichen Totalitarismus" und jenen gegen die USA liege ein „Grundsatzunterschied", folgen zu lassen, dass er – Schumacher - „mit den gleichen Waffen gegen die Grotewohls [DDR] wie die Adenauers [BRD] gefochten hat". Das ergibt keinen Sinn.

Bereits in der Diskussion zu Potthoffs Referat[119] ist hierzu von K. Schönhoven kritisch Stellung bezogen worden:

„Auf der anderen Seite wurde argumentiert, es sei zu einfach, Schumacher undifferenziert als eindeutig westlichen Politiker zu qualifizieren, was zwar zutreffe hinsichtlich seiner Vorstellungen von Demokratie und demokratischem Sozialismus, nicht aber hinsichtlich seiner Position zur Westernization, zum sozialen Kapitalismus." (S.149)

[119] Der Sammelband, in dem Potthoffs Arbeit erschienen ist, ist das Ergebnis einer Veranstaltung der Friedrich Ebert Stiftung – Gesprächskreis Geschichte – vom 12. und 13. Oktober 1995.

Angesichts hiervon muss interessieren, was es mit Schumachers Vorstellung von der Wirtschaft auf sich hat. Im Beitrag von Peter Brandt[120] zu der Veranstaltung des *Gesprächskreises Geschichte* vom Oktober 1995 ist hierzu zu erfahren: Schumacher verfolgte um willen der Festigung der Demokratie und angesichts der schlechten Situation in Deutschland eine auf die Brechung der Macht des Großbesitzes und eine sozialistische Planung der Wirtschaft abzielende Politik (S.42). Er, aber nicht er alleine, konnte sich nicht vorstellen, wie „sozialverträglich im Marktkapitalismus" (S.42) vorgegangen werden kann. Das signalisiert: Schumachers Position muss ein Element enthalten, das es modernen Interpreten – z. B. Potthoff - schwer macht, sein Wirken uneingeschränkt würdigen zu können. Da sich Schumacher, das lässt sich jetzt schon festhalten, nicht dem Marxismus genähert hat, kann dieses Element nicht in diesem gesucht werden. Worin es zu suchen ist, das lässt sich der Ausführung Brandts entnehmen, dass Schumacher Lassalle[121] näher stand als Marx. Das ist bedeutungsvoll genug, um Marxens[122] Kritik an Lassalle aufzugreifen:

---

[120] Brandt, P. 1996: *Demokratischer Sozialismus –Deutsche Einheit – europäische Friedensordnung – Kurt Schumacher in der Nachkriegspolitik (1945-1952)* – in: Dowe, D. (Hrsg.): *Kurt Schumacher und der „Neubau" der deutschen Sozialdemokratie nach 1945*, Bonn; zitiert nach: siehe Fußnote 114

[120] Albrecht, W. 1985: *Ein Leben für den demokratischen Sozialismus* - Bonn

[121] Ferdinand Lassalle (1825-1864) war Mitbegründer des Allgemeinen Deutschen Arbeitervereins (1863). Aus Marxistischer Sicht legte er den Grundstein der opportunistischen Richtung in der deutschen Arbeiterbewegung.

[122] Marx, K 1890/91 [geschrieben: 1875]: *Kritik des Gothaer Programms* – Die Neue Zeit Nr. 18 S.563-575; herausgegeben von F. Engels (mit Auslassungen) – zitiert aus: *K. Marx & F. Engels: Ausgewählte Werke* – 1971, Moskau; S.329-349. In seinem

„Lassalle hatte, im Gegensatz zum *Kommunistischen Manifest* und zu allem früheren Sozialismus, die Arbeiterbewegung vom engsten nationalen Standpunkt gefaßt. Man folgte ihm darin – und dies nach dem Wirken der Internationalen! | […] Die deutsche Arbeiterpartei – wenigstens wenn sie das Programm zu dem ihrigen macht – zeigt, wie ihr die sozialistischen Ideen nicht einmal hauttief sitzen, indem sie, statt die bestehende Gesellschaft (und das gilt von jeder künftigen) als Grundlage des bestehenden Staats (oder künftigen, für künftige Gesellschaft) zu behandeln, den Staat vielmehr als ein selbständiges Wesen behandelt, das seine eigenen «geistigen, sittlichen, freiheitlichen Grundlagen» besitzt. | […] Seine [gemeint ist das Gothaer Programm] politischen Forderungen enthalten nichts, außer der aller Welt bekannten demokratischen Litanei: allgemeines Wahlrecht, direkte Gesetzgebung, Volksrecht, Volkswehr etc., sie sind bloßes Echo der bürgerlichen Volkspartei, des Friedens- und Freiheitsbundes." (S.341-345)

Marx wirft Lassalle also ein oberflächliches Demokratie-Verständnis vor. Woran Lassalle hierbei denkt, das reicht nicht hinaus über Vorstellungen, wie sie auch die bürgerlichen Volksparteien zeigen, also über Vorstellungen, denen Demokratie vor allem ein Werkzeug zur Einzementierung des klassengesellschaftlichen Ist-Zustandes ist. Diese Kritik ist aus der in dem vorliegenden Buch eingenommenen Perspektive sehr wohl nachvollziehbar und zeigt, dass Lassalles Position als eine Frühform reformistisch-revisionistischer Sozialdemokratie verstanden werden kann. Das gilt es also im Lichte von Brandts Feststellung festzuhalten,

---

Vorwort hält Engels fest: „Zum erstenmal wird hier die Stellung von Marx zu der von Lassalle seit dessen Eintritt in die Agitation eingeschlagnen Richtung klar und fest dargelegt, […] Die rücksichtslose Schärfe, mit der hier der Programmentwurf zergliedert, die Unerbittlichkeit, womit die gewonnenen Resultate ausgesprochen, die Blößen des Entwurfs aufgedeckt werden, alles das kann heute, nach fünfzehn Jahren, nicht mehr verletzen." (S.329)

Schumachers Denken steht jenem Lassalles näher als jenem Marxens.

Angesichts hiervon mag überraschen, bei Karl Erdmann[123] lesen zu können, dass sich Schumacher gegen eine „grobklotzige Vereinfachung der Klassenkampfidee“ ausgesprochen hat:

„Kriterium der Klassengrenze war für ihn «nicht schlechthin die Tatsache des Eigentums an Produktionsmitteln [...], sondern der Umfang, die Intensität und die Anwendung der Eigentumsrechte. Das Unterscheidungsmerkmal», so erklärte er, «ist die Frage, ob das Eigentum im Sinne der kapitalistischen Ausbeutung angewendet wird oder nicht».“ (S.144)

Schumacher wendet sich also nicht grundsätzlich dagegen, von Klassenkampf zu sprechen. Schon dieser Umstand ist aus heutiger Sicht, also angesichts der gegenwärtigen Sozialdemokratie, beachtlich. Eigentlich interessant ist aber, dass Schumachers Verständnis von Klassenkamp bzw. Klasse sich dahingehend gegen Marxens und Engels' Vorstellung hiervon wendet, als das Eigentum an Produktionsmitteln ncht an und für sich zur Quelle klassengesellschaftlicher Strukturen erklärt wird. Zum Problem wird dieses Eigentum nur, wenn es auf kapitalistische Weise der Ausbeutung der nicht-elitären Klassen dient. Worin Schumacher somit das Problem sieht, das ist zuvor bereits angesprochen, nämlich in Gestalt seiner Skepsis gegenüber dem Umstand, dass ein „sozialverträglicher Marktkapitalismus“ möglich ist.

Aus der in dem vorliegenden Buch vertretenen Position sind diese Überlegungen Schumachers insofern durchaus interessant, als auch sie darauf abzielt, die wohlgeordnete

---

[123] Erdmann, K. 1986[5]: *Das Ende des Reiches und die Neubildung deutscher Staaten* – München; in: Gebhardt, K.D.: *Handbuch der deutschen Geschichte*, Band 22.

Gesellschaft mit der Marktwirtschaft zu verflechten. Die unabdingbare Voraussetzung hierfür ist aber, dass Gesellschaft aus der Thematisierung der personalen und gemeinschaftlichen Ebene heraus verstanden wird. Nur dieserart lässt sich substanziell ein eigener Weg zwischen dem westlichen und dem „bolschewistischen" Denken finden. Jegliche Vorbehalte gegenüber dem „Marktkapitalismus", die herauf verzichten, verlieren sich entweder in unhaltbaren Konstruktionen – z. B. Kautskys sozialistische Betriebe – oder emanzipieren sich nur dem Schein nach von marktgesellschaftlichem Denken –z. B. Bernsteins Revisionismus.

Somit erhebt sich die Frage, ob Schumacher tatsächlich zu einem eigenständigen Weg gefunden hat. Zur Beantwortung dieser Fragen soll folgende Stelle in Erdmanns Buch beachtet werden:

> „In hieraus sich ergebenden Leitsätzen zum Wirtschaftsprogramm wurde daher gefordert, daß der gewerbliche und bäuerliche Mittelstand geschützt, der Großgrundbesitz aufgesiedelt und die Großindustrie wie die Großfinanz, die Energiewirtschaft und das Verkehrswesen verstaatlicht werden sollten. Als Vorstufe und Wegbereitung zur Sozialisierung galten die Entwicklung der Wirtschaftsdemokratie durch Ausdehnung der staatlichen Kontrollfunktionen über die Wirtschaft und durch Demokratisierung der Organe der wirtschaftlichen Selbstverwaltung. Ein solcher Gedankengang bewegte sich im Rahmen der gewerkschaftlichen Programmatik der Weimarer Zeit. Traditionsgeprägt war auch die Vorstellung, daß durch Vergesellschaftung «an die Stelle der kapitalistischen Unterkonsumtion infolge kapitalistischer Arbeiterausbeutung der sozialistische Reichtum treten» werde. | Die auf dem ersten Parteitag in Hannover am 11. Mai 1946 verabschiedeten Leitsätze entsprachen diesen Gedanken." (S.144)

Das Schumachersche Gesellschaftsbild bewegt sich also nicht alleine im „Rahmen der gewerkschaftlichen Programmatik der Weimarer Zeit". Was hierüber hinausreicht, das weist aber gerade nicht in Richtung eines eigenständigen

Weges im zuvor dargelegten Sinn, sondern verbleibt in wohlbekannten Bahnen der Vorstellung vom Hinüberwachsen in die wohlgeordnete Gesellschaft. Somit ist es dem Denken Lassalles, Bernsteins usw. tatsächlich näher als jenem Marxens und Engels'. Ob Schumacher hierbei Bernstein oder Kautsky näher gestanden ist, ist schwer zu beurteilen.

Der Grund hierfür liegt auch im seinerzeitigen Wirtschaftswunder und in der Inkubationszeit, die absolviert werden musste, um das marktgesellschaftliche Denken Selbstsicherheit im öffentlichen Auftreten gewinnen zu lassen. Anders gewendet: Die Protagonisten dieses Denkens mussten die Möglichkeiten, die sich ihnen im Sinne des Wirtschaftswunders boten, dahingehend ergreifen, dass der Kapitalismus tatsächlich als Garant für die Etablierung der wohlgeordneten Gesellschaft dargestellt werden konnte. Das hat zu Formulierungen geführt, die geradezu als späte Bestätigung von „Sozialismus, wohin man schaut." stilisiert werden können. Anhand zweier Zitate aus Erdmanns Buch soll verdeutlicht werden, wovon hier Rede ist:

„Das Parteiprogramm der CDU der britischen Zone, das auf der Grundlage eines von Adenauer gefertigten Entwurfs auf der Sitzung des Zonenausschusses in Neheim-Hüsten am 1. März 1946 einstimmig verabschiedet wurde, erklärte «die Bedarfsdeckung des Volkes» zum Ziel aller Wirtschaft. Aus dem Persönlichkeitsprinzip wurde die Notwendigkeit abgeleitet, «ein soziales Recht zu schaffen, das Arbeitnehmer und Arbeitgeber zu gleichberechtigter Tätigkeit in Führung und Verantwortung verpflichtet. Hierdurch wird eine soziale Neuordnung in Wirtschaft und Gesellschaft und eine gerechte Verteilung des wirtschaftlichen Ertrages erreicht und der Geist des Klassenkampfes überwunden.»" (S.151)

„Am systematischsten wurde die Frage nach der sozialen Neugestaltung der Wirtschaft im Ahlener Programm für die britische Zone vom 3. Februar 1947 durchdacht. Es beginnt mit der lapidaren Feststellung, daß «das kapitalistische Wirtschaftssystem … den staatlichen und sozialen Lebensinteressen des deutschen Volkes nicht gerecht geworden» sei. Eine «Neuordnung von Grund aus» müsse daher erfolgen.“ (S.152)

Die CDU hat also das Scheitern des kapitalistischen Wirtschaftssystems erkannt. Das kann nicht ernst gemeint gewesen sein. Eine soziale Neuordnung, die die Bedarfsdeckung des Volkes, Gleichberechtigung von Arbeitnehmern und Arbeitgebern usw. erzielen soll, scheint sozialdemokratische Inhalte aufzugreifen bzw. greift sie diese der Form nach tatsächlich auf. Jedoch: Das Wirtschaftswunder, das dieserart im Sinne des Kapitalismus gestaltet werden konnte, weist gerade nicht in die hiermit bezeichnete Richtung. Die zitierte quasi-sozialdemokratische Rhetorik der CDU ist als Empörungsprophylaxe und Mittel zur erfolgreichen Erledigung der Inkubationszeit zu verstehen.

Angesichts hiervon lohnt es hervorzukehren, dass das bürgerlich-marktgesellschaftliche Denken in problematischen Situationen nicht erst Mitte der 40er Jahre des vorigen Jahrhunderts Reformen des Kapitalismus angedacht hat. Ein Beispiel hierfür, Ludwig Erhard spielt in diesem eine prominente Rolle, gibt Czichon in seinem 1967ertals veröffentlichten Buch *Wer verhalf Hitler zur Macht*[124]:

„Auch eine nürnberger Gruppe um den Direktor des Institutes für Wirtschaftsbeobachtungen der deutschen Fertigware, Prof. Dr. Wilhelm Vershofen, und dem jungen Dr. Ludwig Erhard, der damals Mitglied der Geschäftsführenden Leitung dieses Instituts war, vertrat diese Ansicht. Sie befürworteten an Stelle des altliberalen Laissez-faire eine aktive Konjunkturpolitik durch staatliche Beeinflussung der Marktwirtschaft als Ausweg aus der Krise. Notwendig erschien ihnen dazu ein etappenweiser Abbau der Demokratie zugunsten einer autoritären Staatsform.“ (S.25)

---

[124] Siehe Fußnote 91

Dieses Beispiel lässt den Geist bürgerlich-marktgesellschaftlicher Überlegungen zur Ausgestaltung des Kapitalismus wesentlich deutlicher hervortreten als das zuvor gebrachte CDU-Beispiel.

Auf jeden Fall musste sich Schumacher damit auseinandersetzen, dass sich die CDU sozialdemokratisch gebärdete. Er durfte sich, plakativ formuliert, nicht von der CDU „links" überholen lassen. Aber das einzige, hierfür taugliche Mittel, also die Thematisierung der personalen und gemeinschaftlichen Ebene, ist ihm nicht zur Verfügung gestanden, einfach da es von der Sozialdemokratie längst aussortiert worden ist. Aus der hieraus resultierenden ideologischen Schwäche hat er sich in eine Klassenkampfrhetorik geflüchtet, die seiner Vorstellung von der Bedeutung der Vergesellschaftung Gewicht als Alternative zu den bürgerlichen Vorstellungen verleihen sollte. Die Haltlosigkeit dieser Vorgehensweise braucht nicht mehr eigens dargelegt zu werden, da sie sich aus eben jenen Gründen ergibt, die bereits für Bernstein und Kautsky angeführt worden sind.

5.5 Das Godesberger Programm (1959): Die Sozialdemokratie in der Falle

Nun soll also auf jenes Programm geblickt werden, von dem, wie bereits angemerkt, Bruno Kreisky ausgesagt hat, dass es den nachträglichen Triumph Bernsteins mit sich gebracht hat.

Zwischen dem Wirken Kurt Schumachers und dem Godesberger Programm liegen nur wenige Jahre, aber diese haben genügt, um die Gesellschaft nachhaltig zu verändern. Als der Kristallisationspunkt dieser Veränderung kann das Wirtschaftswunder / Schaufensterwunder angesehen werden, das einen Triumph der Marktwirtschaft im Sinne der Protagonisten der Marktgesellschaft bezeichnet. Jedoch: Die Entfaltung der Marktwirtschaft musste erst Tempo aufnehmen. Konkret nahm die marktgesellschaftliche Instrumentalisierung der Marktwirtschaft Tempo auf. Die bürgerlichen Parteien mussten aus ihrer Verunsicherung in der unmittelbaren Nachkriegszeit herausfinden, von der die Zitate aus Erdmanns Buch zur Kapitalismus-Kritik der CDU Zeugnis ablegen. Zudem mussten die „wahren Helden des Wirtschaftwunders" ihre Konzerne erst aufbauen. Kurz gesagt: Es musste die Inkubationszeit abgearbeitet werden.

Insbesondere aus sozialistischer Sicht, weniger aus sozialdemokratischer Sicht, hat das Wirtschaftswunder aber noch eine Schwierigkeit mit sich gebracht. Wie dargelegt, ist die Erzielung der wohlgeordneten Gesellschaft im Geiste des Sozialismus daran geknüpft, sich vom innerweltlichen Blick dahingehend emanzipieren zu können, dass die personale und gemeinschaftliche Ebene vergegenwärtigt wird und die im innerweltlichen Blick entgegentretende weltliche Ebene in Differenz zu dieser erkannt wird. Das Wirtschaftswunder ist nichts weniger als dafür geeignet, diese Emanzipation zu unterstützen. Es bedeutet ja die Fokussierung auf materielle Güter – und das nach der Zeit der Entbehrungen in den Kriegs- und unmittelbaren Nachkriegsjahren.

Ein sozialistisches Denken, das um die zutreffende Reform des Sozialismus im Sinne Marxens und Engels' bemüht ist, hätte darauf hinweisen müssen, dass diese Fokussierung auf die materiellen Güter eine Falle beinhaltet. Die Ausrichtung au diese Güter an und für sich ist hierbei freilich nicht das Problem, die wohlgeordnete Gesellschaft ist keine solche aus Asketen und Entbehrungskünstlern. Das Problem beginnt erst, wenn die Ausrichtung auf diese Güter zur Ausblendung der personalen Ebene und somit zur Befriedigung des personalen Bedürfnisses führt. Hierin liegt dass mit der

Ausblendung dieses Bedürfnisses jene Bedürfnisse geweckt werden, die im Sinne der falschen Lösung der fundamentalen Aufgabe Bedeutung erlangen, allen voran das Mehr-sein-wollen als die Mitmenschen. Was die Menschen in den Schaufenstern bewundern konnten „(Schaufensterwunder") ist auch als Ausdruck hiervon zu verstehen, konkret des Mehr-sein-wollens – bzw. der Hybris – der marktgesellschaftlichen Eliten. Was sie in die Auslagen gebracht haben, das steht dort nicht als Ausdruck des Bemühens um die Mitmenschen Es steht dort als Manifestation eines Wirtschaftssystems, dem das Bemüht-sein um die Mitmenschen fremd ist.

Ein um die Thematisierung hiervon bemühtes reformistisches sozialistisches Denken hätte, wäre es denn in Angriff genommen worden, mit extremen Widerstand rechnen müssen. Dieses Denken hätte eine Umorientierung einfordern müssen, in einer hierfür also ungeeigneten Situation.

Wie aber, so ist zu fragen, hat sich in dieser Situation die Sozialdemokratie verhalten, die sich ja ebenfalls als Reform des Sozialismus im Sinne Engels' und Marxens versteht. Zumindest Kautskys als „Ausspinnen" gebotene Reform des Marxismus hat Raum dafür geboten, die vollständige Reduktion auf die marktgesellschaftlich verstandene Marktwirtschaft abzuwehren. Auf schwer greifbare Weise hat Schumacher hierzu Affinität bekundet. Dem steht die ideologische Schwäche der MSPD am Ende der Weimarer Republik gegenüber, die sich nicht zuletzt als Folge der Orientierung am Revisionismus Bernsteins erwiesen hat. Dieses Denken ist von der Vorstellung geprägt, in die wohlgeordnete Gesellschaft hinüberwachsen zu können, was, wie gezeigt worden ist, explizit die Beachtung der Bedeutung davon unterwandert, sich von der weltlichen Ebene emanzipieren zu sollen.

Setzt sich dieses Denken erneut innerhalb der Sozialdemokratie durch, so gerät sie in die Falle. Das meint: Hat das marktgesellschaftliche Denken die Inkubationszeit erst einmal erfolgreich hinter sich gebracht, so hat es nicht zuletzt aufgrund des Schaufensterwunders die Gesellschaft dermaßen auf die Fokussierung auf die materiellen Werte und Güter eingeschworen, dass es einer ohnedies gegen die Thematisierung der personalen Ebene eingenommenen Sozialdemokratie immer schwerer fallen muss, sich gegen die von der Marktgesellschaft ausgehenden Stahlkraft zu erwähren, sich also von der Ausrichtung auf die weltliche Ebene emanzipierend umzuorientieren, oder zumindest im Sinne Kautskys in Distanz zur Ausrichtung auf die Marktwirtschaft zu begeben. Besagte Strahlkraft muss sie geradezu immer mehr in ihren Bann ziehen, da sie ja keine tatsächliche Alternative anzubieten hat. Sie verfängt sich also immer mehr in den von diesem Denken ausgehenden Denkschablonen, bis sie die Falle, in diese geraten ist, nicht mehr als solche erkennen kann. Die „Ehe auf Zeit", von der die MSPD noch gesprochen hat, wird somit zu einer Dauereinrichtung, mit einem mehr oder weniger hilflosen Ehepartner.

Dem Godesberger Programm kommt hierbei entscheidende Bedeutung zu, da es die Positionierung der SPD in dieser heiklen geschichtlichen Situation zum Ausdruck bringt. Zunächst gilt es das Verhältnisses der SPD zum Kommunismus zu betrachten, wie es in dem Programm zum Ausdruck kommt:

„Zu Unrecht berufen sich die Kommunisten auf sozialistische Traditionen. In Wirklichkeit haben sie das sozialistische Gedankengut verfälscht." (S.8)

Diese Sätze bringen natürlich das Verhältnis der SPD zur Sowjetunion und der DDR zum Ausdruck. Insofern ist die strikte Abgrenzung vom Kommunismus nachvollziehbar und bedeutet eine unmittelbare Fortsetzung des Denkens

Schumachers. In unmittelbarer Fortsetzung des Erfurter Programms können diese Sätze aber schon nicht mehr stehen. Wie dargelegt, begreift Kautsky Marx und Engels als die Ahnherrn dieses Programms, deren Vorstellungen lediglich „ausgesponnen“ werden. Somit hält Kautsky die Verbindung zu Marx und Engels aufrecht, wiewohl er dem, wozu er Verbindung hält, aufgrund seiner reformistischen Ausrichtung nicht gerecht wird. Die Wende zum Reformismus bedeutet eine Verfälschung des Marxismus. Von Verfälschung ist zu sprechen, da mit dieser Wende die Thematisierung der dialektischen Differenz zwischen der wohlgeordneten Gesellschaft und der von der Marktwirtschaft geprägten materialen Ebene der Gesellschaft ausgeblendet worden ist. Wenn daher das Godesberger Programm davon spricht, dass der Kommunismus eine Verfälschung des Sozialismus ist, so unterliegt es einem Irrtum. Was an sozialistischen Theorien vor Marx und Engels geboten worden ist, das erschöpft sich in bourgeoisesozialistischen Ansichten, die von Marx und Engels erst in eine tatsächlich sozialistische Lehre erhoben werden mussten, also in eine Lehre von der klassenlosen Gesellschaft aus als gleichwürdig erachteten Menschen. Die Fehler, die ihnen hierbei unterlaufen sind, sind dargelegt worden, ändern aber nichts an diesem grundsätzlichen Umstand. Kurz gesagt: Engels und Marx haben mit ihrer Einbringung des Differenz-Gedankens den Sozialismus aus den Fesseln bourgeoise-sozialistischer Unzulänglichkeiten befreit, haben ihn also au ein Fundament gestellt, unabhängig davon, dass sie diem Gedanken letztlich nicht gerecht worden sind. Wir diese Entwicklung wieder zurückgenommen, so wird, was erreicht worden ist, verfälscht. Anstatt dahingehend reformistisch zu wirken, dass diesem Gedanken entsprochen wird, wir das Fundament revisionistisch ad acta gelegt. - Mag es auch so sein, dass sich die SPD gegen Ende der 50er-Jahre klar vom

Bolschewismus abgrenzen musste, so hätte sie doch klar zwischen Marxismus und Bolschewismus unterscheiden müssen.

Angesichts hiervon sollen zwei Sätze aus dem Programm zitiert werden, die auf den ersten Blick wenig spektakulär aussehen mögen:

„Die Sozialdemokratische Partei Deutschlands bekennt sich zur Demokratie, in der die Staatsgewalt vom Volk ausgeht […]" (S.10)

„Die Sozialdemokratische Partei ist aus einer Partei der Arbeiterklasse zu einer Partei des Volkes geworden." (S.26)

Die Staatsgewalt soll also im Namen der Demokratie vom Volk ausgehen, weshalb sich die SPD von der Arbeiterpartei zur demokratischen Volkspartei gewandelt hat. Das hört sich zunächst vernünftig an, geradezu marxistisch (das ist zynisch gemeint), scheint es doch zum Ausdruck zu bringen, dass man aus der Überwindung der Klassengesellschaft heraus argumentiert. Die einzelnen gesellschaftlichen Gruppierungen sind so sehr umeinander bemüht, dass man sich selbst als Partei nicht mehr als Interessensvertretung verstehen braucht. Ernst gemeint kann dieser Anspruch aber nur sein, wenn mehr als Anziehungskraft-Phantasien im Sinne Bernsteins und Kautskys und „Sozialismus, wohin man blickt."-Illusionen aufgeboten werden können. Gelingt das nicht, so wird man, einer Fehleinschätzung der Kraft der Demokratie unterliegend, zu Kautskys „Schraube ohne Ende": Das Volk, von dem die Staatsgewalt ausgehen soll, kann nicht von der Fessel befreit werden, ein Konstrukt aus Klassen darzustellen. Das demokratische Mäntelchen, das sich hierbei übergelegt wird, kann von den Eliten der dieserart gegebenen

Gesellschaft problemlos in ihrem Sinne instrumentalisiert werden[125].

Tatsächlich spart das Godesberger Programm nicht mit Formulierungen zur Thematisierung der gemeinschaftlichen Ebene, sodass der Eindruck entsteht, man ist tatsächlich nicht mehr auf besagte Phantasien und Illusionen angewiesen. Es lohnt, einige dieser Formulierungen zu betrachten.

„Das Interesse der Gesamtheit muß über dem Einzelinteresse stehen. In der vom Gewinn- und Machtstreben bestimmten Wirtschaft und Gesellschaft sind Demokratie, soziale Sicherheit und freie Persönlichkeit gefährdet. Der demokratische Sozialismus erstrebt darum eine neue Wirtschafts- und Sozialordnung." (S.8)

Hier wird explizit Gewinn- und Machtstreben angesprochen, konkret in Verknüpfung damit, dass sie die „freie Persönlichkeit" gefährden. Was man allerdings nicht erfährt, im gesamten Programm nicht erfährt, ist, was unter Persönlichkeit konkret zu verstehen sein soll. Dieser Begriff wird mit einer Selbstverständlichkeit verwendet, als wäre die Möglichkeit seiner reduktionistischen Verzerrung vollständig ausgeschlossen. Das Gegenteil trifft zu, wie sich gezeigt hat; das Programm nimmt diesen Umstand erst gar nicht zur Kenntnis. Das wirft durchaus kein gutes Licht auf die angestrebten Bemühungen, eine „neue Wirtschafts- und Sozialordnung" schaffen zu wollen. Das signalisiert, dass die „neue" Wirtschaftsordnung so neu nicht sein kann.

Ein weiteres Zitat:

„Wir streiten für die Demokratie. Sie muß die allgemeine Staats- und Lebensordnung werden, weil sie allein Ausdruck der Achtung vor der Würde des Menschen und seiner

[125] Um nicht missverstanden zu werden: Das Problem ist nicht die Demokratie an sich; das Problem ergibt sich daraus, dass dieser kein Fundament im Sinne der Beachtung der personalen Ebene geboten wird (siehe obige Kritik an Habermas).

Eigenverantwortung ist. | Wir widerstehen jeder Diktatur, jeder Art totalitärer und autoritärer Herrschaft; denn diese missachten die Würde des Menschen, vernichten seine Freiheit und zerstören das Recht.“ (S.8)

Hier wird also die Würde der Menschen bemüht. Oben ist gezeigt worden, dass sich von der Würde der Menschen gehaltvoll nur in Verknüpfung mit der personalen Ebene sprechen lässt. Diese ist aber, da sie mit der reinen Nennung des Begriffs Persönlichkeit nicht schon thematisiert. Das fällt zurück auf die „Achtung“, die der Würde des Menschen mittels der Demokratie erwiesen werden soll. Was ich nicht thematisiere, dem kann ich nicht Achtung entgegenbringen, sodass die Nennung von Demokratie tatsächlich all die Makel aufweisen muss, die bereits erwähnt worden sind.

Die dieserart angesprochene Persönlichkeit der Menschen, ihrer Würde, Freiheit usw. wird auch in Rücksicht auf den Staat betrachtet:

„Der *Staat* soll Vorbedingungen dafür schaffen, daß der einzelne sich in freier Selbstverantwortung und gesellschaftlicher Verpflichtung entfalten kann. Die Grundrechte sollen nicht nur die Freiheit des einzelnen gegenüber dem Staat sichern, sie sollen als gemeinschaftsbildende Rechte den Staat mitbegründen.“ (S.10)

Das ist eine bemerkenswerte Aussage. Der Ausrichtung auf das Individuum, seiner Entfaltung und Freiheit, wird etwas unterlegt, in dem das Teil-Sein jedes Individuums von einer Gemeinschaft Beachtung findet und in dessen Ausgestaltung sich das Individuum ebenfalls einbringen soll. Zudem ist hervorzuheben, dass, was dieserart unterlegt ist, der Staat bzw. die Grundrechte, in Differenz zur Wirtschaft gesehen wird. Es wird also nicht, so hat es zumindest zunächst den Anschein, auf die marktgesellschaftliche Omnipotenz des Marktes bzw. der individualistisch verstandenen Marktwirtschaft abgezielt! Das erinnert sehr wohl an die philosophischen Ausführungen im zweiten Kapitel; konkret an die

Feststellung, dass das Ich zugleich Individuum und Individuation von Wir ist. Umso enttäuschender ist daher, dass es eben nur daran erinnert, ohne zu erreichen, was hierzu ausgeführt worden ist.

Der Grund hierfür liegt darin, dass in dem Programm Person, Würde usw. ohne jegliches Fundament und somit substanziellen Inhalt geboten werden. Was völlig zu Recht eingefordert wird, die Verflechtung der Ermöglichung des Sich-Entfaltens als Individuums mit dem Bemüht-sein um die Gemeinschaft, muss daher die in Aussicht gestellte Wirkung, Aufbau einer tatsächlichen Solidaritätsgemeinschaft, verfehlen.

Dieserart kann die Sozialdemokratie über den Status einer „Schraube ohne Ende" im Sinne Kautskys nicht hinaus gelangen. Sie hat ihren Schritt von der Interessensvertretung (Arbeiterinteressen) zur Volkspartei vollzogen, ohne der hiermit gegebenen Ausrichtung auf Volk, Gemeinschaft, Staat usw. ein tragfähiges Fundament zu bieten. Das gilt, obschon nicht bestritten werden braucht, dass tatsächlich erwünscht wird, wovon die Rede ist.

Angesichts hiervon interessiert folgende Ausführung in dem Programm:

„Jede Zusammenballung wirtschaftlicher Macht, auch die in Staatshand, birgt Gefahren in sich. Deshalb soll das Gemeineigentum nach den Grundsätzen der Selbstverwaltung und der Dezentralisierung geordnet werden. [...] Nicht durch zentrale Bürokratie, sondern durch verantwortungsbewußtes Zusammenwirken aller Beteiligten wird der Gemeinschaft am besten gedient." (S.15)

Wieso unterlässt es das Programm, die Quelle der zu Recht angemerkten „Gefahr" zu thematisieren? Zuvor ist in dem Programm explizit von der Gefahr „Gewinn- und Machtstreben" die Rede. Eben diese Gefahr liegt auch hier vor und es soll ihr also durch ein „verantwortungsbewußtes Zusammenwirken“ begegnet werden. Das trifft zu. Um aber gehaltvoll hiervon sprechen zu können, muss, was genannt ist, vollumfänglich thematisiert sein – und das ist nicht der Fall.

Die einzufordernde vollumfängliche Thematisierung gelingt alleine aus der Kenntnisnahme davon, dass die genannte Gefahr aus dem Umgang eines Menschen mit der ihm uranfänglich gestellten Aufgabe erwächst; dass sie also Ausdruck des Scheiterns an dieser Aufgabe ist. Alleine aus dieser Quelle lässt sich die Gefahr verstehen und benennen, aber auch jenes, das ihr entgegenzuhalten ist: das aus der Beachtung der Personalität heraus (= erfolgreicher Umgang mit der fundamentalen Aufgabe) verstandene „verantwortungsbewusste Zusammenwirken“ als Resultat davon, sich als Individuation von Wir (Gemeinschaft) zu begreifen.. Wird hierauf verzichtet, so müssen reduktionistische Verzerrungen von „verantwortungsbewusstes Zusammenwirken“ auftreten, wie sie jedes an der fundamentalen Aufgabe scheiternden Denken prägen. Daher muss bereits die zuvor aufgetretene Vorstellung von „Gewinn- und Machtstreben“ defizitär sein.

Angesichts hiervon ist konkret auf die Vorstellungen zur Wirtschaft und ihrer Bedeutung in der Gesellschaft zu blicken, die in dem Programm geboten werden. Die moderne Wirtschaft, so erfährt man (S.14), zeichnet sich durch einen wachsenden Konzentrationsprozeß aus. Hiermit einher geht eine Machtkonzentration in den Händen der Großunternehmen, die weit über das rein „Ökonomisch-Materielle“ hinausgeht:

„Wo das Großunternehmen vorherrscht, gibt es keinen freien Wettbewerb. Wer nicht über gleiche Macht verfügt, hat nicht die gleiche Entfaltungsmöglichkeit, er ist mehr oder minder unfrei. Die schwächste Stellung in der Wirtschaft hat der Mensch als Verbraucher. Mit ihrer durch Kartelle und Verbände noch gesteigerten Macht gewinnen die führenden Männer der Großwirtschaft einen Einfluß auf Staat und Politik, der mit demokratischen Grundsätzen nicht vereinbar ist. [...] Wirtschaftliche Macht wird zu politischer Macht." (S.14)

Dem ist natürlich zuzustimmen und hervorzuheben, dass es keine Selbstverständlichkeit ist, wenn eine politische Partei diese Sätze in ihrem Programm festhält. Mit diesen Sätzen ist aber erst das Problem genannt und die Frage lautet, wie sich dessen Lösung vorgestellt wird. Die entsprechende Argumentation hebt mit dem Verweis darauf an, dass in einem Staat die Wirtschaft durch dessen Steuerpolitik, Geld- und Kreditwesen usw. immer mit Disposition und Planung verflochten ist. Die Frage soll daher nicht sein, o b dergleichen auftreten soll, sondern „wer sie zu wessen Gunsten" gestaltet (S.13). Im Anschluss hieran erfährt man:

„Dieser Verantwortung für den Wirtschaftsablauf kann sich der Staat nicht entziehen. Er ist verantwortlich für eine vorausschauende Konjunkturpolitik und soll sich im wesentlichen auf Methoden der mittelbaren Beeinflussung der Wirtschaft beschränken." (S.13)

Im Zentrum der Lösung steht somit die vorausschauende Konjunkturpolitik, als Ausdruck einer insgesamt „mittelbar die Wirtschaft beeinflussenden Politik". Das wird man nicht sogleich von der Hand weisen. Zugleich ist aber einzusehen, dass, unabhängig davon, wie belastbar diese Politik tatsächlich ist, was Lösung sein soll, erst etabliert werden muss. Gerade aus diesem Grund muss man, was man nicht von der Hand gewiesen hat, doch mit Vorbehalten betrachten, wofür der Grund der vollständig defizitäre Umgang mit Person, Würde, verantwortungsbewusstes Zusammenwirken usw. in dem Programm ist. Das meint: Der Umgang mit diesen Begriffen lässt nicht darauf schießen, dass jene Ebene in Differenz zur wirtschaftlichen Ebene tatsächlich thematisiert wird, aus der heraus diese notwendig zu regulieren und gestalten ist. Die Erinnerung an die Prognosedebakel Müllers und Brauns, sie hängen mit einem dieserart gestalteten Denken zusammen, in der Weimarer Republik (vgl. oben) mahnen ebenfalls zu dieser Vorsicht.

Was also versteht das Godesberger Programm konkret unter „mittelbare Beeinflussung" der Wirtschaft durch die Politik, den Staat?

„Die Bändigung der Macht der Großwirtschaft ist darum zentrale Aufgabe einer freiheitlichen Wirtschaftspolitik. Staat und Gesellschaft dürfen nicht zur Beute mächtiger Interessensgruppen werden." (S.14)

Die Einsicht in diese Gefahr und der Notwendigkeit ihrer Abwehr hat in der Sozialdemokratie Tradition. Jedoch lässt sich das Godesberger Programm nicht auf diese Tradition reduzieren. Das Programm enthält ein genuines Element, das es darzulegen gilt. In Rücksicht hierauf ist insbesondere die Formulierung „Bändigung der Macht der Großwirtschaft" hervorzuheben. Interessant ist diese Formulierung, da sie jenes angibt, was die Sozialdemokratie unausgesetzt zu leisten haben soll. Das inkludiert aber, dass sie sich von einem zentralen Element ihrer bisherigen Argumentation verabschiedet hat, nämlich dem Hinüberwachsen in die wohlgeordnete Gesellschaft. Es wird also nicht mehr davon ausgegangen, dass die Strahlkraft sozialistisch geprägter Wirtschaftseinrichtungen zum Verschwinden jener Unternehmen führen, die im Sinne kapitalistischen Macht- und Gewinnstrebens geführt werden.

Diese Vorstellung, wie sie das Denken z. B. Bernsteins und Kautskys beherrscht hat, ist als reduktionistische Modifikation von „neuer Mensch" und „Sprung in die Freiheit" dargelegt worden, wie sie Marx und Engels im Geiste ihres Verständnisses der Dialektik gesehen haben: Der „neue Mensch" als Repräsentant jener Gesellschaft, die im

„Sprung in die Freiheit“ auftritt, die Verhaftetheit der Menschheit im Tierreich, wie sie in der kapitalistischen Gesellschaft noch gegeben sein soll, hinter sich lassend. Die Haltlosigkeit dieser Vorstellung, sowohl in Rücksicht auf Marx und Engels wie auch in Rücksicht auf Bernstein und Kautsky, ist dargelegt worden. Im Sinne der Hegel verpflichteten dialektischen Philosophie, wiewohl diese entfaltend, ist zudem dargelegt worden, dass der „neue Mensch“ in der Geschichte, also der weltlichen Ebene, nicht auftreten kann; da der Umgang mit der fundamentalen Aufgabe eine Invariante der Menschheit ist.

Angesichts hiervon lässt sich davon sprechen, dass das Neue des Godesberger Programms zumindest in Analogie zu der in dem vorliegenden Buch vertretenen Position ist, eben da sie die „Bändigung der Macht der Großwirtschaft“ als Invariante darstellt. Jedoch gilt es hier tiefer zu blicken und die Frage aufzuwerfen: Beruft sich das Godesberger Programm hier auf eine Invariante, da sie zumindest partiell (und implizit) Einsicht in die Gedankenwelt der dialektischen Philosophie erlangt hat, oder beruft es sich auf eine Invariante, da es auch die letzten Reste dialektischen Denkens eliminiert hat? Anders gewendet: Begreift das Godesberger Programm die Notwendigkeit besagter unablässigen Bändigung im Sinne des Bourgeoise-Sozialismus, also im Sinne einer „endlosen Schraube“, oder sieht sie die Möglichkeit, zur wohlgeordneten Gesellschaft vordringen zu können, ohne hiermit die Bedingung der Möglichkeit des Rückfalls in klassengesellschaftliche Verhältnisse eliminiert zu haben, sodass es die stets auftreten könnenden entsprechenden Versuche zu bändigen gilt?

Die vorausgegangnen Überlegungen zum Godesberger Pogramm in Rücksicht auf Person usw. haben dessen fundamentales Defizit dargelegt. Das ist nun dahingehend zu verstehen, dass in dem Programm zwar angegeben werden kann, wogegen sich die Sozialdemokratie zu wenden hat, Gewinn- und Machtstreben im Namen der (nicht explizit genannten) Hybris, dass aber die Nennung dessen, im Namen wovon man hiergegen auftreten soll, im Dunkeln bleibt. Das ist wie folgt zu verstehen: Aufgrund der Unterlassung davon, im Sinne der dialektischen Philosophie das Ich als Person und daher als mit der fundamentalen Aufgabe umgehen müssend zu begreifen, kann es nicht gelingen, das Ziel von Um-sich-bemüht-sein (personale Befriedigung und personales Umeinander-bemüht-sein) zu formulieren. Es muss bei der Betrachtung der weltlichen Ichs und deren Bedürfnisbefriedigung bleiben. Somit kann das Bedürfnis um Realisierung von Gemeinschaft nicht angesprochen sein, da das Ich nicht auch als Individuation von Wir begriffen wird. Die aus dem Programm zitierten Ausführungen zur Bedeutung des Staates in diesem Zusammenhang erweisen sich somit als hilflose Versuche, etwas aufzugreifen, was tatsächlich aufzugreifen ist.

Das hat weitreichende Konsequenzen. Kann dieses Ziel, also die Thematisierung der personalen Ebene, nicht angegeben werden, so muss das Bestreben, die Macht der Großindustrie zu „bändigen“ mit untauglichen Mitteln vorgenommen werden, mit Mitteln, die die Sozialdemokratie nicht über Kautskys „Schraube ohne Ende“ hinauskommen lassen. Das Neue an dem Godesberger Wirtschaftsprogramm beschränkt sich somit primär darauf, es von allen Inhalten fern zu halten, die der Realisierung der wohlgeordneten Gesellschaft dienen. Das ist enttäuschend, da hiermit ausgesagt ist, von einer wohlgeordneten Gesellschaft reden zu können, wenn die Machtgier der Wirtschaftseliten in Grenzen gehalten werden kann. Jede hierüber gehende Zielsetzung wäre illusorischer Natur, ebenso wie z. B. die Vorstellung von der Strahlkraft sozialistischer Großbetriebe. Der Grund hierfür ist bereits mehrfach genannt worden:

Arbeitet eine ideologische Kraft nicht daran, den Menschen den Gewinn der Thematisierung der personalen und gemeinschaftlichen Ebene näher zu bringen (wobei zweifellos nicht alle Menschen erreicht werden können), so arbeitet sie, ob nun wider die eigene Absicht oder nicht ist gleichgültig, an der Einzementierung einer kapitalistischen Klassengesellschaft.

Wichtig ist zu betonen: Das Bemühen um die Bändigung der Macht der Großwirtschaft soll dem Godesberger Pogramm nicht grundsätzlich abgesprochen werden. Hierüber darf aber nicht übersehen werden, dass das hiermit bezeichnete Denken aufgrund seiner reduktionistischen Ausgestaltung zum Einfallstor für Ideologen werden kann, deren Ambitionen keinesfalls on diesem Bemühen geprägt sind. Die erkennen, dass sich der sozialdemokratische Sozialismus dazu eignet, ihre Vorstellungen von Mehr-sein als die Mitmenschen realisieren zu lassen. Im folgenden Kapitel wird hierauf zurückzukommen sein.

Lässt sich die gebrachte Interpretation des Godesberger Programm anhand weiterer Passagen aus diesem untermauern? Die folgenden Zitate zeigen unzweideutig, dass diese Frage zu bejahen ist:

„Freie Konsumwahl und freie Arbeitsplatzwahl sind entscheidende Grundlagen, freier Wettbewerb und freie Unternehmerinitiative sind wichtige Elemente sozialdemokratischer Wirtschaftspolitik.“ (S.13)

„Deshalb bejaht die Sozialdemokratische Partei den freien Markt, wo immer wirklich Wettbewerb herrscht. Wo aber Märkte unter die Vorherrschaft von einzelnen oder von Gruppen geraten, bedarf es vielfältiger Maßnahmen, um die Freiheit in der Wirtschaft zu erhalten. Wettbewerb so weit wie möglich – Planung soweit wie nötig!“

„Das private Eigentum an Produktionsmitteln hat Anspruch auf Schutz und Förderung, soweit es nicht den Aufbau einer gerechten Sozialordnung hindert. Leistungsfähige mittlere und kleine Unternehmen sind zu stärken, damit sie die wirtschaftliche Auseinandersetzung mit den Großunternehmen bestehen können. (S.14f.)

Diese Aussagen sind der zuvor zitierten Stellungnahme gegenüberzustellen: „Die Grundrechte sollen nicht nur die Freiheit des einzelnen gegenüber dem Staat sichern, sie sollen als gemeinschaftsbildende Rechte den Staat mitbegründen." An dieser Ausführung ist würdigen, wiewohl mit massiven Vorbehalten, dass sie eine gesellschaftliche Ebene in Differenz zur wirtschaftlichen Ebene einführt, die geeignet sein kann, die Vorstellung von der Omnipotenz des Marktes im Sinne marktgesellschaftlichen Denkens zu brechen. Die nun gebrachten Zitate sind hiermit nicht, zumindest nicht gehaltvoll, in Übereinstimmung zu bringen, zeigend, dass besagte massive Vorbehalte zu Recht bestehen. Grundsätzlich liegt der Grund hierfür darin, dass die Aussage von der Schutz- und Förderungswürdigkeit des privaten Eigentums an den Produktionsmitteln mit einer inhaltslosen Thematisierung von Person verflochten ist, sodass sich hieraus kein Regulativ im einzufordernden Sinn für die Marktwirtschaft ergeben kann.

Hieran ist zu beachten, dass besagte Schutz- und Förderungswürdigkeit in der Tradition der zuvor von Schumacher zitierten Aussage steht:

„Kriterium der Klassengrenze war für ihn «nicht schlechthin die Tatsache des Eigentums an Produktionsmitteln […], sondern der Umfang, die Intensität und die Anwendung der Eigentumsrechte. Das Unterscheidungsmerkmal», so erklärte er, «ist die Frage, ob das Eigentum im Sinne der kapitalistischen Ausbeutung angewendet wird oder nicht»."

Das Godesberger Programm unterscheidet sich hiervon zunächst durch eine stärkere Fokussierung auf die privaten Produktionsmittel. Dieserart befürwortet das Programm den freien Markt, sieht in ihm geradezu die Conditio sine qua non für eine gedeihende Gesellschaft. Das entspricht natürlich der bereits angemerkten Neuerung, die das Godesberger Programm dem sozialdemokratischen Wirtschaftssystem hat angedeihen lassen: Die Marktwirtschaft kann nur invariant ein potenzielles Problem darstellen, wenn sie invariant gegeben ist. Von der Überwindung der Marktwirtschaft ist also nicht mehr die Rede.

Angesichts hiervon ist zu beachten: Das Problem „Marktwirtschaft“ wird in einem eigenartig eingeengten Sinn verstanden. Es wird nämlich festgehalten, durchaus zu Recht, wie auch der moderne Monopolkapitalismus zeigt, dass es zu den Eigenschaften der Marktwirtschaft gehört, ihre eigene Grundlage zu unterwandern, also das freie Spiel der Marktkräfte. Hieraus resultieren Machtkonzentrationen, die gebändigt werden müssen, um Angriffen auf den „Aufbau einer gerechten Sozialordnung“ entgegenwirken zu können.

Das Problem mit der Marktwirtschaft wird also darin gesehen, dass selbige entarten kann. Das wird aber dahingehend verstanden, dass, was entarten kann, an und für sich eine Säule gesellschaftlichen Wohls ist, wenn es sich überlassen ist, wenn es „frei“. Die entsprechende Aussage des Programms ist bereits zitiert worden: „freier Wettbewerb und freie Unternehmerinitiative sind wichtige Elemente sozialdemokratischer Wirtschaftspolitik“. Aber gerade das ist falsch. Grundsätzlich gilt für die Marktwirtschaft, dass sie, da sie der gesellschaftlichen Ebene angehört, nicht frei im Sinne von auf sich gestellt am Werke sein darf. Anders gewendet: Sie muss unausgesetzt, also nicht nur in Entartungssituationen, aus der Beachtung eines Regulativs heraus geführt werden und dieses Regulativ darf nicht ebenfalls der gesellschaftlichen Ebene angehören, es muss in Differenz hierzu sein. Eben dieses Regulativ ist die Beachtung der personalen und gemeinschaftlichen Ebene, also die

Anerkennung der Gleichwürdigkeit der Menschen im Sinne von Individuation-sein von Wir. Aber genau hiervon berichtet das Programm auf hoffnungslos inhaltslose Weise.

Das lässt sich auch wie folgt ausdrücken: Das Programm versteht nicht, dass die Marktwirtschaft, da sie der gesellschaftlichen Ebene angehört, gemäß der dieser zukommenden differenziellen Eigenständigkeit auf eine in sich stimmige Weise als der Erzielung der wohlgeordneten Gesellschaft dienlich dargestellt werden können muss. Aber was hiermit dargestellt wird, das ist jenes, auf das die Menschen im Umgang mit der fundamentalen Aufgabe zugreifen, um es, da es aus der gemeinschaftlichen Ebene heraus begriffen wird, Realität werden zu lassen. Genauso kann es, scheitert ein Mensch am Umgang mit der fundamentalen Aufgabe, reduktionistisch verzerrt werden – wobei es in sich stimmig bleibt, sodass es in einer Art und Weise Realität wird, die der wohlgeordneten Gesellschaft nicht gerecht wird.

Das Godesberger Programm sieht hieran nur, dass die Marktwirtschaft auf in sich stimmige Weise dargestellt werden kann, blendet aber vollständig aus, dass, worauf es hiermit blickt, etwas ist, das erst Realität wird, wenn es von den Menschen auf zutreffende Weise verstanden wird. Das wird von dem Programm vollständig ausgeblendet, da es ein reduktionistisches Menschenbild aufbietet, ein Menschenbild ganz im Sinne der aufgeklärten Moderne.

Trotzdem wäre es einfach falsch, die Differenz des Godesberger Programms zur individualistisch verstandenen Marktwirtschaft zu übersehen. Nicht auf dieses Übersehen darf die Kritik an dem Programm abzielen, sondern darauf, dass nicht eingesehen wird, die freie Marktwirtschaft zwar für die weltliche Ebene der Gesellschaft aussagen zu müssen, hiermit aber n o c h n i c h t s thematisiert zu haben, das a u s s i c h h e r a u s eine „gerechte Sozialordnung" bzw. wohlgeordnete Gesellschaft erzielen lässt.

Angesichts hiervon kann man sich fragen: Was ist eigentlich aus den Genossenschaften geworden, die bei Kautsky eine große Bedeutung gespielt haben? Das folgende Zitat erteilt hierüber Auskunft:

„Wettbewerb durch öffentliche Unternehmen ist ein entscheidendes Mittel zur Verhütung privater Machtbeherrschung. Durch solche Unternehmen soll den Interessen der Allgemeinheit Geltung verschafft werden. Sie werden dort zur Notwendigkeit, wo aus natürlichen oder technischen Gründen unerläßliche Leistungen für die Allgemeinheit unter Ausschluß eines Wettbewerbs wirtschaftlich vernünftig erbracht werden kann." (S.15)

Die Genossenschaften sind also in den „öffentlichen Unternehmungen" aufgegangen. Sie ersetzen nicht mehr die privaten Unternehmungen; sie sollen dafür sorgen, dass der Markt ein freier Markt bleibt.

Was ist angesichts der gebrachten Ausführungen prinzipiell zum Godesberger Programm festzuhalten? Die zentrale Aussage dieses Programms besteht darin, die Marktwirtschaft als substanziellen Teil der wohlgeordneten Gesellschaft anzuerkennen. Das Bild vom Hinüberwachsen in diese Gesellschaft aufgrund der Auflösung des Konkurrenzkapitalismus wird ersetzt durch das Bild der erfolgreichen Bekämpfung der Entartung der Marktwirtschaft, wozu auf staatliche Interventionen bis hin zum „Wettbewerb durch öffentliche Unternehmen" gesetzt wird. *Hiermit ist die Sozialdemokratie endgültig in die Falle geraten, denn die Fähigkeit, die sie sich hiermit attestiert, kann sie nicht besitzen.*

Angesichts hiervon ist an die eingangs zu diesem Abschnitt zitierte Aussage von Carlo Schmid zu erinnern: „Eduard Bernstein hat auf der ganzen Linie gesiegt." Das Godesberger Programm soll Ausdruck hievon sein, da es sich „endgültig vom orthodox-marxistischen Sozialismusbegriff abgewandt und das von Bernstein begründete revisionistisch-reformistische Sozialismuskonzept zur Grundlage ihres theoretisch-programmatischen Selbstverständnisses gemacht [hat].“ Tatsächlich bedeutet das Godesberger Programm diese Abwendung und ebenso trifft zu, diese Abwendung im Geiste von Bernsteins Revisionismus geschehen ist. Aber diesem Geist, zu dessen markantesten Sätzen gehört: „Schließlich wäre es auch zu empfehlen, in Kriegserklärungen gegen den «Liberalismus» etwas Maß zu halten.“, hätte gerade nicht gefolgt werden dürfen. Maß gehalten hat das Godesberger Programm gegenüber dem Liberalismus, so sehr, dass es sich aller Möglichkeiten beraubt hat, gehaltvoll auf die Etablierung der wohlgeordneten Gesellschaft hinarbeiten zu können.

Mitunter wird die Hilflosigkeit der Sozialdemokratie sogar von deren Protagonisten geahnt. So ist z. B. im 2018 herausgegebenen Parteiprogramm der sozialdemokratischen Partei Österreichs *Neue Kraft. Neuer Mut* gleich im ersten Abschnitt zu lesen:

„Die «soziale Demokratie», die die Kreisky-SPÖ forderte, ist heute aber so unerreicht wie vor 40 Jahren. Die Sozialdemokratie war in den letzten Jahrzehnten in ganz Europa mit einem mehr oder weniger erfolgreichen Abwehrkampf gegen die neoliberale Demontage des Sozialstaats sowie gegen die Aushöhlung der Demokratie beschäftigt.

Der Optimismus der 1970er ist einem anderen Zeitgeist gewichen. Das Modell des Nachkriegskonsenses der sozialen Marktwirtschaft wurde und wird in den hochentwickelten Industriestaaten von einem postdemokratischen finanzmarkt-getriebenen Kapitalismus verdrängt. An die Stelle der Beteiligung – die Teilhabe der arbeitenden Menschen an Wohlstand und an wirtschaftlicher wie politischer Macht – tritt eine Benachteiligung, in der sozialer Aufstieg erschwert und bestehende Privilegien zementiert und ausgebaut werden.“

6 „Sozialdemokratie“

6.1 Gerhard Schröder und Tony Blair

In den vorangegangenen Ausführungen ist darauf hingewiesen worden, dass der Sozialdemokratie, also der revisionistischen Reform des Sozialismus im Sinne Engels’ und Marxens, sozialistisches Engagement nicht grundsätzlich abgesprochen werden soll. Das Engagement kann also grundsätzlich richtig sein, wiewohl seine Ausführung fehlerbehaftet ist. Hierüber hinaus ist aber auch darauf hinzuweisen gewesen, dass ein hiervon geprägtes sozialdemokratisches Denken auch für Menschen attraktiv werden kann, denen keinesfalls ein sozialistisches Engagement attestiert werden kann. Sie können vor allem an dem liberalen Geist interessiert sein, der durch die revisionistische Sozialdemokratie weht. Der Grund hierfür wird sein, dass sie ihre Vorstellungen von dem reduktionistischen Bedürfnis Mehr-sein als die Mitmenschen nicht als von einer explizit liberalmarktgesellschaftlichen Ideologie befriedigbar begreifen. Daher wenden sie sich der Sozialdemokratie zu, in der durchaus nicht unberechtigten Hoffnung, deren Maß an Zurückhaltung gegenüber dem Liberalismus ausbauen zu können. Dieses Denken, das also institutionell innerhalb der Sozialdemokratie auftreten kann, hat mit Sozialdemokratie an sich aber nichts mehr zu tun. Daher soll es nicht als sozialdemokratisch - Sozialdemokratie – verstanden werden, sondern als „sozialdemokratisch“ – „Sozialdemokratie“.

Gerhard Schröder und Tony Blair veröffentlichten 1999 einen Vorschlag zur Erneuerung der Sozialdemokratie: *Der Weg nach vorne für Europas Sozialdemokratie*[126]. Es soll

[126] Zitiert nach: www.glasnost.de/pol/schroederblair.html

nun gezeigt werden, dass dieser Vorschlag ein paradigmatisches Beispiel für „sozialdemokratisches“ Denken ist.

Zunächst sind aus der (nicht explizit so genannten) Einleitung folgende Aussagen zu zitieren:

„Sie [die Sozialdemokratie] hat neue Zustimmung auch gewonnen, weil sie nicht nur für soziale Gerechtigkeit, sondern auch für wirtschaftliche Dynamisierung und für die Freisetzung von Kreativität und Innovation steht.“

„Die meisten Menschen teilen ihre Weltsicht nicht mehr nach dem Dogma von Links und Rechts ein. Die Sozialdemokraten müssen die Sprache dieser Menschen sprechen.“

„Fairneß, soziale Gerechtigkeit, Freiheit und Chancengleichheit, Solidarität und Verantwortung für andere: diese Werte sind zeitlos. Die Sozialdemokratie wird sie nie preisgeben.“

„Wir unterstützen eine Marktwirtschaft, nicht aber eine Marktgesellschaft!“

„[...] Arbeitsplätze und Wohlstand fördern, jedem einzelnen Individuum die Möglichkeit bieten, seine eigenen Potentiale zu entwickeln, soziale Ausgrenzung und Armut bekämpfen; [...]“

Gleich in der „Einleitung“ verweisen die Autoren also auf die Bedeutung, die der „wirtschaftlichen Dynamisierung“ in der „neuen“ Sozialdemokratie zugewiesen werden soll. Für sich betrachtet kann dies freilich nicht zur Kritik anregen, vor allem da die Autoren zugleich darauf verweisen, für die Markt*wirtschaft* zu sein, „nicht aber eine Markt*gesellschaft*“ protegieren zu wollen. Das legt nahe, so folgt aus den bisher gebrachten Ausführungen, den *Vorschlag* dahingehend verstehen zu dürfen, dass zumindest grundsätzlich in Differenz zur marktwirtschaftlichen Ebene getreten werden soll.

Umso befremdlicher ist daher, dass die Autoren zugleich das „Dogma von Links und Rechts“ ablehnen, also von ideologischer Positionierung nichts wissen wollen. Auch die Sozialdemokratie wird nicht als Ideologie begriffen. Diese

Positionierung ist sogleich im Lichte der ablehnenden Haltung gegenüber dem politischen Menschen des liberalen Denkens aufzugreifen, wie sie in der Kritik an Habermas angetroffen worden ist: Ideologie als einem aufgeklärten, modernen Denen unangemessener Überbau, der lediglich den analytischen rein innerweltlichen Blick trübt. Damit ist zwar noch nicht ausgeschlossen, zwischen Marktwirtschaft und Marktgesellschaft unterscheiden zu können, aber zumindest einer gehaltvollen Gestaltung hiervon sollte aufgrund der offensichtlichen Ausrichtung auf die weltlichen Ichs der Boden entzogen sein.

Tatsächlich hat bereits das Godesberger Programm aufgrund seines Friedensschlusses mit der Marktwirtschaft die Beachtung der personalen Ebene der Ichs beiseite gelegt. Was, so ist daher zu fragen, unterscheidet es vom Vorschlag Schröders und Blairs, dass alleine diesem „sozialdemokratischer“ Charakter zugeordnet werden soll?

Zur Darstellung hiervon sollen zwei der zuvor zitierten Zitate wiederholt werden:

„Fairneß, soziale Gerechtigkeit, Freiheit und Chancengleichheit, Solidarität und Verantwortung für andere: diese Werte sind zeitlos. Die Sozialdemokratie wird sie nie preisgeben.“

„Sie [die Sozialdemokratie] hat neue Zustimmung auch gewonnen, weil sie nicht nur für soziale Gerechtigkeit, sondern auch für wirtschaftliche Dynamisierung und für die Freisetzung von Kreativität und Innovation steht.“

In dem ersten Zitat werden Inhalte genannt, wie sie auch im Godesberger Programm zu finden sind. Aber schon zu diesem ist festzuhalten gewesen, dass sie inhaltslos bleiben. Ihr Inhalt würde sich erst aus der Nennung der personalen Ebene ergeben, die aber ausgeblendet bleibt. In eben diese Richtung weist aber auch die ablehnende Haltung gegenüber Ideologie im *Vorschlag*. Somit steht der Veracht im

Raum, dass bereits eingetreten ist, was angeblich niemals passieren wird, nämlich die „Preisgabe“ der aufgezählten Inhalte.

Angesichts hiervon ist das zweite Zitat umso bemerkenswerter: Die Sozialdemokratie hat „neue Zustimmung“ erfahren, da sie verstärkt wirtschaftliches Denken aufgegriffen hat. Das impliziert, dass in der dem *Vorschlag* vorausgehenden Zeit von der Sozialdemokratie zu sehr auf Gerechtigkeit abgezielt worden sein muss. „Zu sehr“ kann in diesem Kontext nur bedeuten: Auf die Wirtschaft regulierende Weise. Dieser Vorwurf reagiert auf sozialdemokratisches Mißtrauen gegenüber der marktgesellschaftlich verstandenen Omnipotenz des Marktes. Tatsächlich lassen sich entsprechende Inhalte im Godesberger Programm finden, z. B. in Rücksicht auf die Bedeutung der Grundrechte. Hierzu ist aber festzuhalten, dass bereits dieses Programm besagte Inhalte unterwandert, explizit aufgrund seiner Fokussierung auf die Bedeutung der freien Marktwirtschaft. Drängen daher Schröder und Blair auf eine weiter führende Verstärkung des wirtschaftsorientierten Denkens, so spitzen sie die im Godesberger Programm enthaltene Problematik zu. Dann müssen sie sich dahingehend einem rein marktgesellschaftlichen Denken genähert haben, dass sich nicht mehr von einem fehlerbehafteten sozialdemokratischen Denken sprechen lässt, da grundsätzlich aus dem marktgesellschaftlichen Denken heraus argumentiert wird; es wird ein rein „sozialdemokratisches“ Denken geboten. Hiermit wäre, lässt sich diese Interpretation untermauern, die zuvor in den Raum gestellte Differenz zwischen dem Godesberger Programm und dem Vorschlag Schröders und Blairs gefunden. Die Frage lautet somit: Kann diese Untermauerung geboten werden?

Die Beantwortung dieser Frage soll mit der Analyse folgender Passage aus dem Kapitel *Aus Erfahrung lernen* begonnen werden:

„In der Vergangenheit wurde die Förderung der sozialen Gerechtigkeit manchmal mit der Forderung nach Gleichheit im Ergebnis verwechselt. Letztlich wurde damit die Bedeutung von eigener Verantwortung ignoriert und nicht belohnt und die soziale Demokratie mit Konformität und Mittelmäßigkeit verbunden statt mit Kreativität, Diversität und herausragender Leistung. [...] Die Ansicht, dass der Staat schädliches Marktversagen korrigieren müsse, führte allzu oft zur überproportionalen Ausweitung von Verwaltung und Bürokratie, im Rahmen sozialdemokratischer Politik. Wir haben Werte, die den Bürgern wichtig sind – wie persönliche Leistung und Erfolg, Unternehmergeist, Eigenverantwortung und Gemeinsinn – zu häufig zurückgestellt hinter universelles Sicherungsstreben. [...] Allzu oft wurden Rechte höher bewertet als Pflichten. Aber die Verantwortung des einzelnen in Familie, Nachbarschaft und Gesellschaft kann nicht an den Staat delegiert werden. Geht der Gedanke der gegenseitigen Verantwortung verloren, so führt dies zum Verfall des Gemeinsinns, zu mangelnder Verantwortung gegenüber Nachbarn, zu steigender Kriminalität und Vandalismus. ... Die Fähigkeit der nationalen Politik zur Feinsteuerung der Wirtschaft hinsichtlich der Schaffung von Wachstum und Arbeitsplätzen wurde über-, die Bedeutung des Einzelnen und der Wirtschaft bei der Schaffung von Wohlstand unterschätzt. Die Schwächen der Märkte wurden über-, ihre Stärken unterschätzt."

Sogleich sei die das Zitat abschließende Aussage hervorgehoben: Zweifellos besagt diese eine Fokussierung auf die Marktwirtschaft, dergestalt, dass deren Bedeutung als Entscheidungsfindungsebene betont wird, nahe legend, dass Eingriffe von politischer – auch sozialdemokratischer – Seite von nachrangiger Bedeutung, vielleicht sogar störend sein müssen. Das kann sehr wohl als implizite Kritik am Godesberger Programm gelesen werden, das es aus der Sicht Schröders und Blairs an der nötigen Konsequenz fehlen lässt. Der hieraus erwachsene Fehler soll nun also korrigiert werden, indem verstärkt auf den Markt als Quelle der wohlgeordneten Gesellschaft abgezielt wird. Das ist, wie sich aus den vorangegangenen Überlegungen unmittelbar ergibt, die Quadratur des Kreises, eine ideologisch motivierte Quadratur.

In diesem Sinne ist somit auch zu verstehen: „In der Vergangenheit wurde die Förderung der sozialen Gerechtigkeit manchmal mit der Forderung nach Gleichheit im Ergebnis verwechselt." Hierdurch sei „die Bedeutung von eigener Verantwortung ignoriert und nicht belohnt" worden und „die soziale Demokratie mit Konformität und Mittelmäßigkeit verbunden worden, statt mit Kreativität, Diversität und herausragender Leistung". Die „soziale Gerechtigkeit" und „Demokratie" ist also – teilweise – mißverstanden worden, mit dem Ergebnis, die Menschen nicht ihre Freiheit und Selbstbestimmung finden und entwickeln zu lassen, was zu unterstützen grundsätzlich auch das Godesberger Programm für sich in Anspruch nimmt. Stattdessen werden die Menschen der Konformität ausgeliefert: Sie sollen sich auf den Staat verlassen, anstatt auf sich selbst, die ihnen möglichen „herausragenden Leistungen" abrufend. In anderen, offeneren Worten: Sie sollen den Unternehmer in sich wecken (auf den sie reduziert werden), der durch Innovationskraft besticht[127]. Die Crux hieran ist: Die freie Marktwirtschaft im Kleide der Marktgesellschaft ist es gerade, die aufgrund der in ihr herrschenden Machtkonzentrationen die individuellen Leistungen der meisten Menschen untergräbt, ihre Individualität zur Markt-Konformität herabbrechend. Schröder und Blair scheuen also nicht davor zurück, Menschen zu etwas aufzurufen, was diese gerade nicht realisieren können. Es wird ihnen etwas als Ideal dargestellt, was sie nicht

[127] Das ist im Sinne der „die wahren Helden des Wirtschaftswunder-Phantasie zu verstehen (vgl. oben).

realisieren können, das aber aus der Sicht der Eliten der Marktgesellschaft allgemein anerkannt sein sollte, um ihr eigenes Vorgehen, das von diesem Ideal um willen der Realisierung von Machtkonzentrationen im Namen der Hybris getragen ist, nicht als Ausdruck fehlender Ausrichtung auf die Gemeinschaft, also Anerkennung der Gleichwürdigkeit der Menschen, erscheinen zu lassen.

Im Lichte hiervon soll nun aus dem Zitat hervorgehoben werden: „Wir haben Werte, die den Bürgern wichtig sind – wie persönliche Leistung und Erfolg, Unternehmergeist, Eigenverantwortung und Gemeinsinn – zu häufig zurückgestellt hinter universelles Sicherungsstreben." Es ist geradezu Zynismus, wenn hier, wie selbstverständlich, Gemeinsinn in einem Atemzug mit Unternehmergeist, Leistung, Erfolg usw. genannt wird. Alle genannten Begriffe – außer Gemeinsinn – werden in einem die Bedeutung der Marktwirtschaft hin zur Marktgesellschaft stärkenden Weise gebracht und weisen somit gerade nicht auf Gemeinsinn. Angesichts hiervon sei wiederholt: Die Betrachtung der weltlichen Ebene der Gesellschaft und der Ichs, wie sie anfänglich im Bedenken und Hinterfragen als jenes auftritt, von dem aus zur Thematisierung der personalen Ebene vorgedrungen werden soll, kann nicht in Getrenntheit zu Gemeinsinn sein, da sie sonst an sich anderes als jenes wäre, zu dem vorzudringen ist. Den Gemeinsinn an und für sich kann sie aber nicht schon enthalten, da ansonst nicht vorzudringen wäre. Was sie also enthält, das muss seinem An-sich nach erst verstanden werden, eben mittels der Thematisierung der personalen Ebene, als Bedingung der Ermöglichung davon, was in der weltlichen Ebene vorgefunden worden ist, richtig verstehen zu können. Unterbleibt dies, entscheidet sich also ein Mensch für die alleinige Fokussierung auf die weltliche Ebene, so tritt ein Zerrbild von Gemeinschaft (Gemeinsinn) im Namen von Mehr-sein-wollen auf.

Die Argumentation Blairs und Schröders gibt ein Beispiel hierfür im Namen der „Sozialdemokratie".

Diesen Befund gilt es zu konkretisieren, wozu zunächst aus dem Kapitel *Neue Konzepte für veränderte Realitäten* zitiert sein soll:

„Die Politik der Neuen Mitte und des Dritten Weges richtet sich an den Problemen der Menschen aus, die mit dem raschen Wandel der Gesellschaften leben und zurechtkommen müssen. In dieser neu entstehenden Welt wollen die Menschen Politiker, die Fragen ohne ideologische Vorbedingungen angehen und unter Anwendung ihrer Werte und Prinzipien nach praktischen Lösungen für ihre Probleme suchen, mit Hilfe aufrichtiger, wohl konstruierter und pragmatischer Politik. Wähler, die in ihrem täglichen Leben Initiative und Anpassungsfähigkeit im Hinblick auf die wirtschaftlichen und sozialen Veränderungen beweisen müssen, erwarten das gleiche von ihren Regierungen und ihren Politikern."

„Pragmatische Politik" anstatt „ideologische Vorbedingungen" im Dienste der auf ihre „Anpassungsfähigkeit" angewiesenen Menschen. Dieserart soll also von den Politikern nach „praktischen Lösungen" für die „Probleme der Menschen" gesucht werden, freilich „unter Anwendung ihrer Werte". Ist also zuvor „Gemeinschaftssinn" in einen Kontext hineingetrickst worden, in den er einfach nicht passt, so gilt selbiges nun für „Werte". Das ist wie folgt zu verstehen: Grundsätzlich ist gegen eine Dynamisierung der Wirtschaft nichts einzuwenden. Nicht das Ausmaß an Dynamisierung ist zunächst von Bedeutung, sondern dass diese als weltliche Veranstaltung verstanden werden muss, die erst begriffen sein kann, wenn sie, wie wiederholt dargelegt, aus der personalen Ebene heraus begriffen wird. Erst hierdurch kann, was auf der weltlichen Ebene auftritt, tatsächlich werte-basiert reguliert werden, also im Sinne der Beachtung personalen Um-einander-bemüht-seins. Gerade das wird aber von Schröder und Blair ausgeblendet. Ihre Vorstellung von

Werten muss daher eine Verzerrung dessen sein, was mit diesem Begriff tatsächlich zu verbinden ist.

Angesichts hiervon interessiert folgende Aussage:

„Sozialdemokraten müssen den wachsenden Anforderungen an die Flexibilität gerecht werden und gleichzeitig soziale Mindestnormen aufrechterhalten, Familien bei der Bewältigung des Wandels helfen und Chancen für die eröffnen, die nicht Schritt halten können."

„Soziale Mindestnormen"! Das kann niemals das Ziel des Sozialismus und der Sozialdemokratie sein! Menschen, „die nicht Schritt halten können", lediglich Chancen zu eröffnen, das kann niemals das Ziel des Sozialismus und der Sozialdemokratie sein! Wiederum bedienen sich Schröder und Blair eines Tricks: Chancen werden in Rücksicht auf eine dynamisierte Wirtschaft für jene eröffnet, die bereit sind, eben diese Dynamisierung zu akzeptieren, die also bereit sind, die „Anforderungen an die Flexibilität" zu akzeptieren. Das bedeutet konkret: Die bereit sind, ihren Fleiß in den Dienste einer von der Hybris der Eliten geprägten Dynamisierung zu stellen.

Damit ist das hier interessierende Argument von Schröder und Blair aber noch nicht vollständig ausgelotet. Zudem ist zu beachten, in welcher Situation sie konkret an den Fleiß der Menschen appellieren. Diese ist nicht geprägt von dem personalen Bemüht-sein-umeinander, sondern, wie dargelegt, von dem marktgesellschaftlichen Konkurrenzdenken. Das muss mit sich bringen, dass Menschen, die „nicht mithalten können", nicht aus eigenem Zutun in diese Situation gelangt sind, in eine Situation, die ihrem Elan sehr wohl abträglich sein kann. Wie aber kann / wird die Reaktion ihrer Mitmenschen aussehen, die sich – wie anempfohlen - fleißig in einer Wirtschaft bemühen, zu deren Gewinnern sie nicht gehören, bzw. wie soll sie aus der Sicht der Protagonisten der Marktgesellschaft aussehen? Sie sollen im Geiste der alleinigen Anerkennung des weltlichen Konkurrenzdenkens als „zu wenig fleißig" begriffen und ihre Lage als „selbstverschuldet" beurteilen.

Die marktgesellschaftliche Logik dahinter ist: Es ist eben das Schicksal der menschlichen Gesellschaft, niemand hat es ausgesucht, dass ihr Wohl vom Markt abhängt und dieser nicht mehr als das Anbieten von Chancen hergibt. In der Gegenwart bedeutet das, dass man flexibel sein muss, immer bereit, auf die Anforderungen des Marktes zu reagieren. Von Menschen, denen man ihre Personalität abspricht, ist das tatsächlich nicht zu viel verlangt. Die Pointe liegt darin, dass die Eliten der Marktgesellschaft dieserart auch die Nicht-Eliten dahingehend auf ein Konkurrenzdenken einschwören, dass auftretende soziale Ungleichheiten und Probleme für nicht zur Elite gehörende Menschen von diesen nicht mit Blick auf die Eliten beantwortet werden, sondern mit einem Blick innerhalb die Nicht-Eliten.

Die Quintessenz dieser marktgesellschaftlichen Logik besagt: Die Förderung jener, die „nicht Schritt halten" können, muss immer auch im Blickfeld behalten, dass sie Sand in das Getriebe „Stärkung des eigenen Wirtschaftsstandortes" streut. Daher sollen jene der Nicht-Elite, die aktuell Schritt halten können, davon überzeugt sein, dass diese Förderung in engen Grenzen gehalten wird. Desto mehr diesen Menschen der Solidaritätsgedanke fremd ist, um so leichteres Spiel für die Eliten.

Nun erinnern sich Schröder und Blair aber daran, dass sie Sozialdemokaten sind und führen im zweiten Kapitel aus:

„Wir wollen den Sozialstaat modernisieren, nicht abschaffen. Wir wollen neue Wege der Solidarität und der Verantwortung für andere beschreiten, ohne die Motive für wirtschaftliche Aktivitäten auf puren Eigennutz zu gründen. *Die wichtigsten Elemente dieses Ansatzes sind die folgenden:* Ein robuster und wettbewerbsfähiger marktwirtschaftlicher Rahmen. […] Die EU sollte auch weiterhin als entschiedene Kraft für die Liberalisierung des Welthandels eintreten."

Der Sozialstaat soll also nicht abgeschafft werden. Er muss aber modernisiert werden, was nicht zuletzt an die Adresse vorangegangenen sozialdemokratischen Denkens gerichtet ist. Wiederum wird der Trick angewendet, dass in eine marktgesellschaftliche Konstruktion Begriffe eingefochten werden – „Solidarität" und „Ablehnung des puren Eigennutzens" -, obschon das nur dem Schein nach möglich ist. Es entbehrt hierbei nicht der Komik, wenn in Rücksicht auf Solidarität weiter nichts als die Schaffung eines „robusten und wettbewerbsfähigen" Marktes einfällt. Das kann nichts anderes als ein marktgesellschaftliches Denken bedeuten; das kann nichts anderes als die Idolisierung des Mehr-sein-wollens, der Hybris bedeuten.

Im Lichte hiervon ist der Schlusssatz des Zitates wie folgt zu interpretieren: Oben ist dargelegt worden, dass Bernstein vor einer Dämonisierung des Liberalismus gewarnt hat, obschon zugleich den Sozialismus als dessen Erbe begreifend. Schröder und Blair – die „Sozialdemokratie" – haben den ersten Teil der Ansicht Bernsteins ernst genommen, so sehr, dass von jenem Denken, das sein Erbe antreten sollte, nichts mehr geblieben ist, außer Floskeln (Gemeinschaftssinn, Ablehnung des puren Eigennutzes usf.).

Anhand zweier Zitate lässt sich der Geist der Argumentation von Schröder und Blair zusammenzufassen. Das erste Zitat lautet:

„Ein Sozialversicherungssystem, das die Fähigkeit, Arbeit zu finden, behindert, muß reformiert werden. Moderne Sozialdemokraten wollen das Sicherheitsnetz aus Ansprüchen in ein Sprungbrett in die Eigenverantwortung umwandeln."

Das „Sicherheitsnetz aus Ansprüchen“ soll also umgewandelt werden in ein „Sprungbrett in die Eigenverantwortung“! Angesichts hiervon ist daran zu erinnern, was Habermas zu den positiven und negativen Rechten im liberalen Denken festhält:

„Nach liberaler Auffassung bestimmt sich der Status der Bürger nach Maßgabe der subjektiven Rechte, die sie gegenüber Staat und anderen Bürgern haben. [...] Subjektive Rechte sind negative Rechte, die einen Optionsspielraum gewähren, innerhalb dessen die Rechtspersonen von äußeren Zwängen freigesetzt sind.“ (S.278f.)

Wie unschwer zu erkennen ist, orientiert sich „Sprungbrett in die Eigenverantwortung“ an der liberalen Vorstellung von den negativen Rechten. Diese Rechte zielen auf den atomistisch verstandenen Menschen ab und exkludieren daher alle Rechte, die sich aus der Eingebettetheit der Einzelmenschen in eine Gemeinschaft ergeben würden. Hierin eben kommt der liberale Reduktionismus zum Ausdruck, der sich in „Sprungbrett in die Eigenverantwortung“ wiederspiegelt. Dass dem so ist, das ergibt sich unmittelbar aus der Zurückweisung des Sicherheitsnetzes aus Ansprüchen.

Diese Zurückweisung ist falsch. Sie kann nur jemandem als sinnvolle Aussage erscheinen, der die Menschen auf die weltlichen Ichs reduziert. Betrachtet man hingegen die Menschen im Sinne der zutreffenden Lösung der fundamentalen Aufgabe, so wird einsichtig, dass sie auch Individuationen von Wir (Gemeinschaft) sind, dass also mein Bemüht-sein um mich das Bemüht-sein um Wir inkludiert, konkret abseits jedweder Spielerein, die den Egoismus maskieren sollen, von dem mein Denken geprägt ist, wenn ich mich für die falsche Lösung der fundamentalen Aufgabe entscheide. Hieraus folgt: Als Mensch soll ich um meine Mitmenschen bemüht sein, so wie diese um mich, erwächst also Recht auf ein „Sicherheitsnetz aus Ansprüchen“, wen vielleicht auch nicht in einem trivial-juristischen Sinn, gemäß dem weiter nichts als die weltlichen Ichs beachtet werden.

Anders gewendet: Entscheidet man sich für die zutreffende Lösung der fundamentalen Aufgabe, so wird das Sicherheitsnetz aus Ansprüchen zur Selbstverständlichkeit, aus personaler Solidarität heraus.

Angesichts hiervon kann zum zweiten Zitat übergegangen werden:

„Die Menschen verlangen zu Recht nach hochwertigen Dienstleistungen und Solidarität für alle, die Hilfe brauchen – aber auch nach Fairneß gegenüber denen, die das bezahlen. Alle sozialpolitischen Instrumente müssen Lebenschancen verbessern, Selbsthilfe anregen, Eigenverantwortung fördern."

Wenn Schröder und Blair festhalten, dass die Menschen nach hochwertigen Dienstleistungen und Solidarität für hilfsbedürftige Menschen verlangen, so erinnert das zunächst an Bernsteins Satz, wonach die Menschen nichts davon halten, dass Menschen über Menschen Gewalt ausüben (vgl. oben). Was muss daher an dem Zitat verwundern? Nachdem zunächst die Menschen auf eine nichts weniger als solidaritätsaffine Marktgesellschaft ausgerichtet worden sind, wird ihnen nun besagte solidaritätsaffine Einstellung attestiert. Das ist peinlich. Schröder und Blair können um eine derartige Einstellung, selbige nach ihrem eigentlichen Sinn genommen, gar nicht bemüht sein, da dies ihrem reduktionistischen Verständnis von Gesellschaft zuwider wäre.

Tatsächlich signalisieren sie auch sogleich, wie sie Solidarität verstehen. Die Dienstleistungen für alle, „die Hilfe brauchen", müssen auch bezahlt werden, und denjenigen die bezahlen muss auch „Fairneß" wiederfahren. Das ist insofern originell, als die Zahler vor allem unter den Nicht-Eliten auftreten, denen in der Marktgesellschaft ansonst gerade keine Fairneß wiederfährt. Das lässt folgenden Schluss zu: In die Anrufung der Solidarität ist ein Element eingearbeitet, das die fehlende Solidarität innerhalb der Nicht-Eliten (vgl. oben) anspricht, gleichsam aufmuntern soll. Woran Schröder und Blair also denken, wenn sie von Solidarität denken, das kann nicht mehr als eine Empörungsprophylaxe sein.

Kurz gesagt: In einer vom Markt bestimmten Gesellschaft, also einer in Eliten und Nicht-Eliten zerfallenden Gesellschaft, wird der Nicht-Elite angeraten, ihre Solidarität soweit zu zügeln, dass den Spielregeln marktgesellschaftlichen Konkurrenzdenkens fortgesetzt entsprochen werden kann. Damit ist die Beachtung tatsächlicher Solidarität ad absurdum geführt. Sie ist am Altar der Marktgesellschaft geopfert worden – im Kleide der „Sozialdemokratie". Die Grenze zum liberalen Denken ist verschwunden.

Hiermit soll nicht gesagt sein, dass die Sozialdemokratie notwendig in die „Soziademokratie" abgleiten muss. Aber es gilt zu beachten, dass der Sozialdemokratie die Möglichkeit dieses Abgleitens einwohnt

6.2 Olaf Scholz

Der „sozialdemokratischen" Gesinnung von Olaf Scholz wird man am einfachsten einsichtig, wenn man seine Positionierung in der Ukraine-Krise betrachtet. Zur Vorbereitung hierauf sind einige Ausführungen zu dieser Krise, der Militarisierung der EU usw. zu bringen, bevor in 6.2.4 unmittelbar auf Olaf Scholz geblickt werden kann.

6.2.1 Krieg in der Ukraine

Russland hat, ohne provoziert worden zu sein, einen Angriffskrieg gegen die Ukraine begonnen. Die USA und die EU sind aus Empathie mit den Menschen in der Ukraine selbiger zu Hilfe geeilt. Die massive militärische Unterstützung der Ukraine findet hierin ihre Begründung. Zugleich ist die Solidarität mit den Menschen in der Ukraine eingebunden in die Verteidigung des westlichen Wertesystems, das ebenfalls durch den russischen Angriffskrieg bedroht wird.

Das ist das Bild, das in den USA und der EU kolportiert wird. Die westliche Gesellschaft soll als eine von Werten geprägte Gesellschaft verstanden werden, wobei dem Wert „Solidarität" eine hervorragende Bedeutung zukommt. Die grundsätzliche Realitätsferne dieses Bildes ist bereits dargelegt worden. Die anstehende Aufgabe besteht darin, sie konkret in Beziehung auf die Ukraine-Krise darzulegen.

Hierzu soll zunächst der Artikel *Neoliberale Offensive und soziales Elend in der Ukraine* von Judith Dellheim konsultiert werden, der 2015 in ZEITSCHRIFT LUXEMBURG erschienen ist. Der Artikel stammt also aus der Zeit nach dem Maidan aber noch deutlich vor Beginn des Krieges. Ihren Aufsatz beginnt Dellheim mit der Feststellung, dass sich die ukrainische Wirtschaft „auf rasanter Talfahrt" befindet, „verbunden mit dramatischensozialen Folgen". Sodann ist zu lesen:

> „So prognostiziert die Weltbank der Ukraine einen Wirtschaftsrückgang um 7,5 Prozent gegenüber dem Vorjahr, in dem das Bruttoinlandsprodukt bereits um 6,8 Prozent geschrumpft war. [...] Für die Bevölkerung ist die anhaltende Krise jedoch unmittelbar spürbar. Sie zeigt sich insbesondere in der wachsenden Schere zwischen Preis- und Lohnentwicklung: So sind die Reallöhne (die bereits 2014 deutlich gesunken waren) im ersten

Quartal 2015 um durchschnittlich ein Fünftel geschrumpft, in der Luhansker Region gar um ein Drittel. Während der nominelle Durchschnittslohn, an den auch die Höhe der Renten gekoppelt ist, von Januar bis April um nicht einmal zwei Prozent erhöht wurde, sind allein im März die Preise für Konsumgüter um elf Prozent gestiegen."

„So liegt die Wirtschaftsleistung des Landes mittlerweile statistisch betrachtet etwa um ein Drittel unter der Bilanz der ehemaligen Ukrainischen Sowjetrepublik zum Zeitpunkt der Auflösung der UdSSR. [...] Noch 1990 lag der Human Development Index über dem Russlands, Polens und Rumäniens. Heute, nach mehr als zwei Jahrzehnten des ökonomischen Strukturwandels, liegt er wesentlich darunter, wobei der Abstand zu den genannten Ländern weiter wächst. Offiziell leben 25,6 Prozent der Bevölkerung unter dem Existenzminimum. Akut von sozialer Ausgrenzung betroffen sind nahezu 40 Prozent der Haushalte, vor allem diejenigen mit Kindern oder nicht (mehr) Erwerbstätigen."

Hieraus wird unmittelbar einsichtig, dass die Ukraine keinesfalls als ökonomisch in sich gefestigtes Land verstanden werden kann. Dellheim bringt diesen Umstand auch wie folgt zum Ausdruck: „seit 1994 waren die Regierungen des Landes 12 Jahre auf den IWF angewiesen." Diese Verflechtung mit dem IWF ist sogleich aufzugreifen. Das gilt vor allem in Beziehung darauf, dass der IWF dringliche Kredite „immer nur gegen Konditionen" gewährt, wie Dellheim hinzufügt. Diese sind derart, dass marktgesellschaftliches, neoliberales Gedankengut übernommen werden muss. Dieses Gedankengut wird als Ausdruck der Basis einer wohlgeordneten Gesellschaft gepriesen, obschon es, wie sich gezeigt hat, ausschließlich im Dienste der marktgesellschaftlichen Eliten steht.

Angesichts hiervon lohnt es, folgende Aussage Dellheims hervorzuheben: „«Die Ukraine ist für die USA als Gegengewicht zu Russland interessant», zitiert The Ukrainian Week Ende April den amerikanischen Historiker Alexander

Motyl." Letztlich wird es darauf ankommen, zu verstehen, was konkret mit „Gegengewicht zu Russland" gemeint ist, welches Gegengewicht also der IWF, die EU usw. an der Grenze zu Russland aufbauen.

Dellheim beginnt ihre diesbezüglichen Ausführungen mit den „Hilfspaketen" des IWF, der EU usw. nach dem Maidan. Damit überspringt sie Vorgänge, die zu beachten durchaus notwendig ist. An diese soll mittels eines Artikels des ehemaligen EU-Erweiterungs-Kommissars Günter Verheugen, erschienen in PRAGMATICUS und auszugsweise veröffentlicht in DIE GANZE WOCHE (Nr.22/22), erinnert werden:

„Gegen diese schrittweise Heranführung [der Ukraine an die EU] gab es zunächst auch keinerlei russische Widerstände. Die Verhandlungen über die EU-Assoziierung der Ukraine waren bereits 2011 abgeschlossen. Die Ukraine war unter ihrem als «pro-russisch» deklarierten Präsidenten [Wiktor Janukowytsch] damals zur Unterschrift auch bereit. Es war die EU, die damals nicht unterschreiben wollte, weil einige «Strategen» in Washington und Berlin es für angemessen hielten, mit parteipolitisch motivierten Schachzügen die politische Zukunft eines großen europäischen Landes aufs Spiel zu setzen. Im Jahre 2013 hatte sich die ökonomische und finanzielle Lage der Ukraine substanziell verschlechtert. Die EU verweigerte damals, dem ukrainischen Präsidenten großzügige makroökonomische Unterstützung, was dazu führte, dass der ukrainische Präsident zunächst die Aussetzung der Assoziierung vorschlug. Dieser Vorschlag löste die Ereignisse des Maidan in Kiew im Februar 2014 und den Regierungssturz aus. Auf dem Maidan versammelten sich keineswegs nur leidenschaftliche Europäer. Der Maidan wurde zum Sammelplatz der gesamten Opposition gegen Wiktor Janukowytsch und die Kontrolle übernahm praktisch deren extrem rechter, russischfeindlicher Flügel."

Das lässt sich nur wie folgt verstehen: Die Solidarität der EU mit den Menschen in der Ukraine hat ihr Ende in dem

Umstand gefunden, die Ukraine zu einem „Gegengewicht zu Russland“ aufbauen zu können. Anders formuliert: Man hat die Möglichkeit erkannt, einen Umsturz in der Ukraine provozieren zu können, der das Land aus einem „pro-russischen“ in ein „russischfeindliches“ Land verwandelt – freilich unter dem Deckmantel, in Verbindung mit dem IWF und den USA, jenes marktgesellschaftlich neoliberale Denken in die Ukraine zu bringen, das den Menschen in der Ukraine tatsächliche Hilfe bringt.

Im Lichte hiervon ist zu dem Artikel Dellheims zurückzukehren:

„So ist es nicht verwunderlich, dass «nach dem Maidan» und der Bildung einer ukrainischen Übergangsregierung vom Winter 2014 IWF, USA und EU beschlossen, sehr gezielt «Hilfen» und Finanzressourcen in die ukrainische Wirtschaft zu pumpen. Dazu gehörte ein Ende März 2014 vertraglich geregeltes IWF-Paket in Höhe von 14 bis 18 Milliarden US-Dollar. Ihm folgten nach der Unterzeichnung des Assoziierungsabkommens mit der EU und Poroschenkos gewerkschaftsfeindlicher Agenda 2020 im März dieses Jahres nochmals Zusagen für 17,5 Milliarden US-Dollar Kredite vom IWF und seinen Partnern. Im April wurde vom IWF erklärt, dass das angestrebte Privatisierungs- und Reformtempo sowie die Notwendigkeit der Schaffung von Verteidigungsfähigkeit gegenüber Russland Kredite von 40 Milliarden US-Dollar in den nächsten vier Jahren rechtfertigen.“

Hieran fällt nicht zuletzt die Zufriedenheit des IWF mit dem „Privatisierungs- und Reformtempo“ in der Ukraine auf. Diese Zufriedenheit ist explizit im Lichte davon zu sehen, dass, wie bereits angemerkt, der IWF dringliche Kredite „immer nur gegen Konditionen“ vergibt. Daher kann nicht überraschen, welche Art von Reformen die Zufriedenheit des IWF ausgelöst haben. Dellheim stellt sie wie folgt dar:

„Die weitere Verbilligung von Arbeitsleistungen, die Absenkung sozialer und demokratischer Standards, den erweiterten Zugriff auf die Ressourcen und Märkte durch Unternehmen der global

Herrschenden, die weitere wirtschaftliche Liberalisierung und Privatisierung, die Verbesserung der Rahmenbedingungen für transnationale Konzerne und Finanzmarktakteure. Unentwegt ist von Haushaltskonsolidierung, Finanzdisziplin beim Schuldendienst, von Arbeitsmarkt- und Wirtschaftsreformen neoliberaler Art die Rede."

Tatsächlich ist neoliberales Denkens bereits seit dem Ende der Ukrainischen Sowjetrepublik Teil des ideologischen Spektrums in der Ukraine gewesen, so Dellheim. Allerdings, so fährt sie fort, hat dieses Denken seit dem Machtwechsel 2014 „eine neue Qualität" bekommen:

„Im Juli 2014 hatte Premierminister Jazenjuk ein Gesetzesprojekt zur größten Privatisierung seit zwanzig Jahren verkündet. Es folgte eine lange Liste von geplanten Verkäufen von Aktienpaketen und Unternehmen. Zugleich werden gesetzwidrig erfolgte Privatisierungen, etwa bei Wohnungen sowjetischem Gewerkschaftseigentum und verschiedenen Unternehmen, nachträglich im Interesse genehmer Eliten korrigiert."

Angesichts hiervon wird grundsätzlich ersichtlich, was es mit der Ukraine als „Gegenentwurf zu Russland" auf sich hat: Politische Kräfte der Ukraine haben sich der EU, USA, dem IWF usw. angeboten, deren neoliberale Politik in der Ukraine federführend werden zu lassen, also bis an die Grenze Russlands heranreichen zu lassen. Das besagt freilich nicht, dass somit neoliberales Denken bis an die Grenze eines kommunistischen Russlands herangeführt worden wäre, denn dieses gibt es nicht mehr. Tatsächlich ist der Machtbereich westlicher oligarchisch strukturierter Wirtschaftseliten bis an die Grenze eines anderen – des russischen -, ebenfalls oligarchisch strukturierten Machtbereiches, herangeführt worden.

Alleine um diese geographische Nähe kann es den westlichen und ukrainischen Konstrukteuren dieser Dynamik nicht gegangen sein. Diese bedeutet, für sich genommen, noch keine Schwächung des russischen Machtbereiches. Umso interessanter ist daher, dass Dellheim bereits 2015 von der Überzeugung der westlichen Akteure schreiben konnte, die Ukraine in ihrer Verteidigungsfähigkeit gegenüber Russland massiv unterstützen zu müssen. Diese Einsicht muss überraschen, da, wie Verheugen ausführt, Russland zunächst keineswegs aggressiv auf die Assoziationsbemühungen der Ukraine mit der EU reagiert hat. Die Eskalation der Gewalt hat erst mit dem Maidan eingesetzt, ist also von westlicher Seite provoziert worden. Die Möglichkeit der Gewalteskalation ist somit von vornherein miteinkalkuliert worden. Insofern ist „Unterstützung der Verteidigungsfähigkeit der Ukraine" eine Umschreibung für „Aufrüstung der Ukraine", um die gewonnene geographische Nähe zum Machtblock „Russland" zu dessen Schwächung nutzen zu können.

Gerade die Verzahnung der östlichen Regionen der Ukraine mit Russland konnte hierbei genutzt werden, um grenzübergreifend aktiv werden zu können. Dellheim führt zu dieser Verzahnung aus:

> „Die Orientierung nach Russland ist hier [Donbass] ökonomisch begründet: die energieintensive regionale Stahl-, Bergbau- und Chemieindustrie ist in starkem Maße von den russischen Energielieferungen und Aufträgen abhängig, ihre Produkte gingen oftmals in erster Linie nach Russland."

Die hiermit bezeichnete neoliberale Grundeinstellung der Politik der Ukraine ist bis in die Gegenwart bestimmendes Element geblieben. Exemplarisch lässt sich dieser Umstand anhand der Verabschiedung des Gesetzesentwurfes Nr.5371 am 20. Juni 2022 zeigen, eines Gesetzesentwurfes, der bereits seit April 2021 vorgelegen hat! In seinem Artikel vom 20.9.2022 *Ukraine: Angriff auf Arbeitnehmer*innen im Schatten des Krieges* (zitiert nach: www. dgb.de) schreibt Eric Balthasar zu diesem Thema:

„Der Gesetzesentwurf wurde in weniger als 15 Minuten debattiert und durchgewunken, berichtet der Vorsitzende der Konföderation der freien Gewerkschaften der Ukraine (KVPU) und Parlamentarier Mkhailo Volynets. Das Gesetz schädigt die Rechte und Arbeitsbedingungen der ukrainischen Arbeitnehmer*innen grundlegend. Es schafft das Tarifverhandlungsrecht für Arbeitnehmer*innen in Unternehmen mit bis zu 250 Beschäftigten ab. Zudem wird den Unternehmen gestattet, bestehende Tarifbestimmungen in Einzelarbeitsverträgen zu ignorieren. Somit ersetzt der Arbeitsvertrag das Arbeitsrecht für die große Mehrheit der ukrainischen Beschäftigten."

Die Autoren des Gesetzes sehen das freilich anders, wie in dem TAZ-Artikel *Neoliberale Politik mitten im Krieg* vom 21.07.2022 zu lesen ist:

"Das Gesetz Nr.5371, so seine Autoren, soll den Verwaltungsaufwand erleichtern. Nun können Arbeitgeber und Arbeitnehmer selbst ihre Arbeitsverträge ausformulieren, sich über Beginn und Beendigung des Arbeitverhältnisses einigen sowie über das Vergütungssystem, die Arbeitbedingungen, Löhne, Zulagen, Prämien, Entschädigungen, Arbeits- und Ruhezeiten."

Zudem solle das Gesetz nur bis zum Ende des Kriegsrechtes gelten. Glaubhaft ist das nicht, wenn man den vorausgegangenen Umgang der Ukraine mit dem Arbeitsrecht betrachtet. Balthasar schreibt hierzu:

„Ungeachtet der wirtschaftspolitischen Einstellungen im ukrainischen Parlament hätte die Ukraine gemäß des 2014 unterzeichneten Assoziierungsabkommens mit der EU, das eine vertiefte und umfassende Freihandelszone umfasst, internationale Arbeitsstandards umsetzen müssen. Allerdings wurde die vom Unterausschuss EU-Ukraine für Handel und nachhaltige Entwicklung benannten Lücken von der Ukraine nicht geschlossen. Vielmehr zeigten Initiativen der Regierung und der Mehrheitspartei im Parlament, dass die Verpflichtungen nicht eingehalten werden und eine libertäre Wirtschaftspolitik in der Ukraine weiterverfolgt wird."

Hierher gehört auch:

„Parlamentarier und Mitglieder Selenskyjs Partei wie Danylo Hetmantsev möchten weiter liberalisieren, denn sie sind überzeugt, dass individuell ausgehandelte Arbeitsverträge die Interessen von Unternehmen und Arbeitnehmer*innen gleichermaßen schützen. Eine irrwitzige Vorstellung, die vollends von Machtverhältnissen in Vertragsverhandlungen abstrahiert."

Hiermit stimmt folgende Ausführung in dem TAZ-Artikel überein:

„Unterdessen erklärte Premierminister Denys Schmyhal, es sei nun an der Zeit, die Privatisierung von Staatseigentum zu erleichtern. Ein entsprechender Gesetzesentwurf zur Beschleunigung der Privatisierung sei schon ausgearbeitet, zitiert «ukrinform» den Premier."

Folgende Ausführung Balthasars rundet das hiermit gezeichnete Bild ab:

„Soziale Gerechtigkeit, sozialer Dialog, menschenwürdige Arbeit oder Gleichheit sind von den neoliberalen Parlamentarier*innen als sowjetische Anachronismen aus der sozioökonomischen Landschaft der Ukraine verbannt. Gegen die ökonomischen Missstände und die hohe Einkommensungleichheit der Ukraine gibt es für sie nur eine Lösung: Liberalisierung."

Soziale Gerechtigkeit usw. im Namen des Neoliberalismus als Überwindung von „sowjetischen Anachronismen" zu verkaufen ist natürlich ebenso zynisch trickreich, wie das Gesetz Nr. 5371 als Triumph in Beziehung auf die Eindämmung des Verwaltungsaufwandes zu verkaufen. Die zuvor erwähnte Zufriedenheit des IWF mit der Ukraine muss grenzenlos sein.

Überblickt man die gebrachten Ausführungen, so zeigt sich: Die Ukraine hat sich zu einem Land entwickelt, dessen Eliten den Anschluss an westliche neoliberal-oligarchische Strukturen gesucht und gefunden haben. Was die Ukraine aus westlicher Sicht hierbei hat attraktiv sein lassen, ist deren unmittelbare Nachbarschaft zu Russland und die hieraus sich ergebenden Möglichkeit, deren Machtbereich angreifen zu können; „angreifen“ ist hierbei durchaus nicht bildlich zu verstehen.

Hieraus folgt: Das im Westen unausgesetzt propagierte Bild vom Opfer „Ukraine“ und Aggressor „Russland“ ist aufzugeben. Natürlich hat Russland den Krieg begonnen, aber die Aggressionen und Provokationen sind im Westen grundgelegt worden. Auch das Bild von der westlichen Solidarität mit den Menschen in der Ukraine ist aufzugeben. Die Eliten marktgesellschaftlich-neoliberaler Gesellschaften kennen Solidarität nicht, wie im Sinne der gebrachten philosophischen Überlegungen festzuhalten ist. Dass diese Solidarität auch den Eliten innerhalb der Ukraine fremd ist, also den Partnern der westlichen Eliten, bringt eindrucksvoll folgende Aussage in Balthasars Artikel zum Ausdruck:

„Sharan Burrow, Generalsekretärin des Internationalen Gewerkschaftsbundes (IGB) nennt die Geschehnisse grotesk. Die ukrainischen Arbeitnehmer*innen, die ihr Land verteidigen und sich um Verletzte, Kranke und Vertriebene kümmern, werden von ihrem eigenen Parlament angegriffen.“

Es versteht sich von selbst, dass derart realitätsferne Bilder wie „Opfer Ukraine“ und „westliche Solidarität mit den Menschen in der Ukraine“ nur unter massivem propagandistischem Einsatz den Menschen innerhalb der EU usw. plausibel gemacht werden können. Sozialistisches Denken darf sich von dieser Propaganda nicht beeindrucken lassen, muss die Weltfremdheit der verwendeten Bilder klar erkennen können. Das muss – sollte - auch für sozialdemokratisches Denken gelten. Für „sozialdemokratisches“ Denken kann das aber nicht gelten. Die Ausführungen zu Gerhard Schröder und Tony Blair haben gezeigt, dass es sich mit jenem Denken arrangiert hat, das diese Bilder kreiert und verwendet.

In den vorausgegangenen Ausführungen ist also zu zeigen versucht worden, dass der Ukraine-Krieg seine Wurzel nicht im Verhalten Russlands bzw. Putins hat, sondern in jenem der USA. Es darf aber nicht übergangen werden, dass sich auch in den USA Stimmen erheben, die das aggressive Verhalten ihres Landes klar zum Ausdruck bringen, explizit um es zu beendigen. Ein bemerkenswertes Beispiel hierfür stammt von dem US-Senator Richard H. Black, ehemaliger Leiter der Army's Criminal Law Division im Verteidigungsministerium der USA. Die folgende Wiedergabe von Blacks Ausführung ist der Kolumne von Hermann Knoflacher in DIE GANZE WOCHE (30/23) entnommen:

> „Keine andere Nation auf der Erde wurde je so kriegslüstern, mehr aggressiv und mehr terroristischer als unsere eigene. Wir haben Kriege eingeleitet und provoziert gegen Serbien, Irak, Libyen, Syrien und Jemen. Die Menschen dort haben uns nichts getan. Wenn wir Truppen über den Erdball geschickt haben, haben diese Millionen Menschen getötet. Im Jahr 2014 heben wir die ukrainische Regierung gestürzt und unser eigenes Marionettenregime eingerichtet. Zwei Monate nach Beginn des Krieges haben wir Friedensgespräche blockiert, das hätte den Krieg fast ohne Blutvergießen beendet. Wir haben die Ukraine in einen hoffnungslosen Krieg verwickelt. … Wir haben eine Ein-Mächte-Regierung mit brutaler Gewalt durchgesetzt für die Profite von Oligarchen, Königen, Bankern, Medienmogulen und Söhnen einflussreicher Politiker, die sich alle zu geheimen Konferenzen treffen, um zu entscheiden, wie sie sich auf Koten der Menschen bereichern können. Wir haben genug davon. Wenn Sie zurückschlagen wollen, schließen Sie sich der Friedensdemonstration am 6. August an."

Einprägsamer lässt sich der Umstand wohl nicht festhalten, dass die USA nicht am Frieden interessiert sind bzw. die Protegierung der Vorteile ihrer Eliten auch mit aggressiven, militärischen Mitteln durchzusetzen bereit sind. Es wäre mehr als naiv zu meinen, ein derartiges Verhalten könnte von einer funktionierenden Demokratie gezeigt werden. Tatsächlich sind die USA keine funktionierende Demokratie mehr, sie sind auf dem Weg zur Oligarchie. Wer wissen will, der kann das im Detail nachlesen bei Emmanuel Saez und Gabriel Zucman[128] und der in ihrem Werk zitierten Literatur.

6.2.2 Militarisierung der EU im Vorfeld des Ukraine-Krieges

In 6.2.1 ist die EU aufgrund ihrer Ausrichtung am marktgesellschaftlich-neoliberalen Denken als aggressionsbereites Konstrukt dargestellt worden. In ihrer Selbstdarstellung zeichnet die EU ein ganz anderes, friedensbemühtes Bild von sich. Wie ist diese Diskrepanz zu verstehen? Ist die EU doch ein um soziale Gerechtigkeit und Frieden bemühtes Konstrukt, oder hält sie sich lediglich eine Maske vor, die den Eindruck erwecken soll, dass dem der Fall ist? Der Beantwortung dieser Fragen dient der anstehende Abschnitt, konkret in Beziehung auf die Militarisierung der EU im Vorfeld des Ukraine-Krieges.

Die Substanz dessen, was die EU ausmacht, ist im *Vertrag über die Europäische Union* und *Vertrag über die Arbeitsweisen der Europäischen Union* festgehalten[129]. In jenem

---

[128] Saez, E. & G. Zucman 2020: *Der Triumph der Ungerechtigkeit* - Berlin

[129] Im *Vertrag über die Europäische Union* heißt es im ersten Artikel: „Grundlage der Union sind dieser Vertrag und der Vertrag

Vertrag wird unmissverständlich klar gemacht, welche Werte es sein sollen, von denen die EU beseelt ist:

„ARTIKEL 2 Die Werte, auf die sich die Union gründet, sind die Achtung der Menschenwürde, Freiheit, Demokratie, Gleichheit, Rechtsstaatlichkeit und die Wahrung der Menschenrechte, einschließlich der Rechte der Personen, die Minderheiten angehören. Diese Werte sind allen Mitgliedstaaten in einer Gesellschaft gemeinsam, die sich durch Pluralismus, Nichtdiskriminierung, Toleranz, Gerechtigkeit, Solidarität und die Gleichheit von Frauen und Männern auszeichnet.

ARTIKEL 3 (1) Ziel der Union ist es, den Frieden, ihre Werte und das Wohlergehen ihrer Völker zu fördern."

In Artikel 21 wird festgehalten, dass die EU zudem darum bemüht ist, ihre Werte in die Welt hinauszutragen:

„ARTIKEL 21 (1) Die Union lässt sich bei ihrem Handeln auf internationaler Ebene von den Grundsätzen leiten, die für ihre eigene Entstehung, Entwicklung und Erweiterung maßgebend waren und denen sie auch weltweit zu stärkerer Geltung verhelfen will: Demokratie, Rechtsstaatlichkeit, die universelle Gültigkeit und Unteilbarkeit der Menschenrechte und Grundfreiheiten, die Achtung der Menschenwürde, der Grundsatz der Gleichheit und der Grundsatz der Solidarität sowie die Achtung der Grundsätze der Charta der Vereinten Nationen."

Dieserart stellt sich die EU also als Ideal einer um den Frieden bemühten Solidargemeinschaft dar. Natürlich bedürfen auch die Teilnehmer einer solchen Gesellschaft materieller Güter. Im dritten Artikel wird vorgestellt, wie sich die EU die Erwirtschaftung dieser Güter vorstellt:

„(3) Die Union errichtet einen Binnenmarkt. Sie wirkt auf die nachhaltige Entwicklung Europas auf Grundlage eines ausgewogenen Wirtschaftswachstums und von Preisstabilität, eine in

---

über die Arbeitsweisen der Europäischen Union [...] Beide Verträge sind rechtlich gleichrangig."

hohem Maße wettbewerbsfähige soziale Marktwirtschaft, die auf Vollbeschäftigung und sozialen Fortschritt abzielt, sowie ein hohes Maß an Umweltschutz und Verbesserung der Umweltqualität hin. [...]."

Der Fokus liegt also auf der „sozialen Marktwirtschaft". Diese soll „in hohem Maße wettbewerbsfähig" gestaltet sein, wohl um ihr soziales Potenzial entfalten zu können. Anders formuliert: die Marktwirtschaft ist von sich aus sozial, aber sie kann ihr Potenzial nur entfalten, wenn sie nicht reguliert wird. Die Ausrichtung auf „Vollbeschäftigung und sozialen Fortschritt", „Umweltschutz" usw. würde durch regulierende Eingriffe unterwandert.

Im *Vertrag über die Arbeitsweisen der Europäischen Union* wird in Dritter Teil, Titel VII Kapitel 1 *Wettbewerbsregeln* genauer ausgeführt, wovon hier die Rede ist. Im Zentrum hiervon steht der Schutz des freien Wettbewerbs:

„ARTIKEL 101 (1) Mit dem Binnenmarkt unvereinbar und verboten sind alle Vereinbarungen zwischen Unternehmen, Beschlüsse von Unternehmungsvereinigungen und aufeinander abgestimmte Verhaltensweisen, welche den Handel zwischen Mitgliedsstaaten zu beeinträchtigen geeignet sind und eine Verhinderung Einschränkung oder Verfälschung des Wettbewerbs innerhalb des Binnenmarktes bezwecken oder bewirken, [...]"

„ARTIKEL 102 Mit dem Binnenmarkt unvereinbar und verboten ist die missbräuchliche Ausnutzung einer beherrschenden Stellung auf dem Binnenmarkt oder auf einem wesentlichen Teil desselben durch ein oder mehrere Unternehmen, soweit dies dazu führen kann, den Handel zwischen Mitgliedsstaaten zu beeinflussen."

Dergleichen soll aber nicht bedeuten, dass eine undifferenzierte Idolisierung des freien Wettbewerbs angedacht ist. Tatsächlich enthält Artikel 101 auch folgende Aussage:

„(3) Die Bestimmungen des Absatzes 1 [Artikel 101] können für nicht anwendbar erklärt werden auf [...] aufeinander abgestimmte

Verhaltensweisen oder Gruppen von solchen [Unternehmen], die unter angemessener Beteiligung der Verbraucher an dem entstehenden Gewinn zur Verbesserung der Warenerzeugung oder -verteilung oder zur Förderung des technischen oder wirtschaftlichen Fortschritts beitragen, ohne dass den beteiligten Unternehmen a) Beschränkungen auferlegt werden, die für die Verwirklichung dieser Ziele nicht unerlässlich sind, oder b) Möglichkeiten eröffnet werden, für einen wesentlichen Teil der betreffenden Waren den Wettbewerb ausschalten."

Hiermit soll also ausgesagt sein, dass die Freiheit des Marktes nicht bedingungslos über das Wohl der Verbraucher gestellt wird. Die Marktwirtschaft wird eben als soziale Marktwirtschaft verstanden. Artikel 107 bringt diesen Umstand noch deutlicher zum Ausdruck. Im ersten Absatz ist zu lesen:

„(1) Soweit in den Verträgen nicht etwas anderes bestimmt ist, sind staatliche oder aus staatlichen Mitteln gewährte Beihilfen gleich welcher Art die durch die Begünstigung bestimmter Unternehmen oder Produktionszweige den Wettbewerb verfälschen oder zu verfälschen drohen, mit dem Binnenmarkt unvereinbar, soweit sie den Handel zwischen Mitgliedsstaaten beeinträchtigen."

Im unmittelbaren Anschluss hieran – Absätze 2 und 3 – wird sogleich dargelegt, keinesfalls darauf vergessen zu haben, die Marktwirtschaft als soziale Marktwirtschaft zu verstehen:

„(2) Mit dem Binnenmarkt vereinbar sind: a) Beihilfen sozialer Art an einzelne Verbraucher, wenn sie ohne Diskriminierung nach der Herkunft der Waren gewährt werden; b) Beihilfen zur Beseitigung von Schäden, die durch Naturkatastrophen oder sonstige außergewöhnliche Ereignisse entstanden sind; [...]

(3) Als mit dem Binnenmarkt vereinbar können angesehen werden: Beihilfen zur Förderung der wirtschaftlichen Entwicklung von Gebieten in denen die Lebenshaltung außergewöhnlich niedrig mit oder eine erhebliche Unterbeschäftigung herrscht, sowie

der in Artikel 349 genannten Gebiete unter Berücksichtigung ihrer strukturellen, wirtschaftlichen und sozialen Lage; [...]"

Das vermittelt durchaus den Eindruck: Hier wird die Freiheit des Marktes als Mittel zur Realisierung des Wohles der Gesellschaft verstanden, konkret im Sinne der im *Vertrag über die Europäische Union* Artikel 2 angeführten Werte.

Aber dieser Eindruck täuscht. Das wahre Gesicht der EU, also ihr tatsächliches Verständnis von der Bedeutung der Freiheit des Marktes, hat sich z. B. in der Griechenlandkrise gezeigt. Wovon hiermit die Rede ist, soll zunächst anhand von Ausführungen in dem SOLIDARWERKSTATT-Artikel *SPÖ-Babler: „EU überhaupt nicht leiwand"* dargelegt werden:

„Ebenfalls härter als im Nato-Vertrag ist die sog. EU-Solidaritätsklausel, die zum militärischen Beistand auch bei sog. «Katastrophen menschlichen Ursprungs» verpflichtet (AEUV Art. 222). Damit sind laut EU-Rat auch «schwerwiegende Auswirkungen auf Vermögenswerte» (Beschluss EU-Rat, 24.06.2014) gemeint: die Ausrufung einer militärischen Beistandsverpflichtung zur Niederschlagung großflächiger Streiks bzw. sozialer Proteste ist damit keineswegs ausgeschlossen."

Zu militärischen Eingriffen ist es in Griechenland nicht gekommen, aber sie waren auch nicht nötig, wie in dem Artikel in Folge ausgeführt wird:

„Diese autoritäre Rute stellte übrigens der damalige EU-Kommissionspräsident Barroso 2010 den südeuropäischen EU-Staaten bereits unmissverständlich ins Fenster: so berichtete der frühere Chef des britischen Gewerkschaftsdachverbandes und Vorsitzender des Europäischen Gewerkschaftsbundes John Monks über ein Gespräch mit Barroso im Jahr 2010: «Ich hatte eine Diskussion mit Barroso letzten Freitag darüber, was für Griechenland, Spanien und Portugal und den Rest getan werden könnte. Seine Botschaft war unverblühmt: Schaut, wenn sie nicht diese Sparpakete ausführen, könnten diese Lände tatsächlich in der Art, wie wir sie als Demokratien kennen, verschwinden. Sie haben keine Wahl, so ist es.» (Daily Mail, 15.06.2010) […] Als Griechenland von der EU in das neoliberale Tal der Tränen geschickt wurde – mit Massenarbeitslosigkeit und Massenverarmung – kommentierte die Frankfurter Allgemeine Zeitung zynisch: «Das griechische Volk kann wählen, was es will – wirklich ändern kann es nichts» (FAZ 30.06.2011). Die darauffolgende Entwicklung bestätigte das in jeder Hinsicht.“

Es lohnt, diese Situation genauer zu betrachten, vor allem um Klarheit darüber zu verschaffen, was in der um Solidarität bemühten und von Werten beseelten EU unter jenem verstanden wird, von dem sie angeblich beseelt und worum sie angeblich bemüht ist. Natürlich ist die EU Griechenland „zu Hilfe“ gekommen, ganz im Sinne ihrer Vorstellung, die Freiheit des Marktes nicht idolisieren zu dürfen. Aber gerade hierin, so wird sich zeigen, besteht der Zynismus der EU.

Begonnen hat die Griechenlandhilfe 2010, unter Federführung von EU-Kommission, Europäische Zentralbank und Internationaler Währungsfonds. In diesem Jahre hat das Durchschnittseinkommen der Rentner in Griechenland 1.200 € betragen. Sechs Jahre später nur noch 833 €. Das bedeutet auch: Jeder vierte Grieche über 65 Jahre ist armutsgefährdet. Aber nicht nur die Renten sind gekürzt worden. Zudem ist der Mindestlohn gestrichen und im Gesundheitssystem eingespart worden, was u. a. zu einer erhöhten Kindersterblichkeit geführt hat. Die Arbeitslosigkeit ist von unter 10 % im Jahre 2008 auf über 25 % im Jahre 2014 gestiegen. Abwasseranalysen in Athen haben ergeben, dass die Nutzung von Psychopharmaka seit Beginn der Hilfe extrem angestiegen ist, im Falle der Antidepressiva um das elffache. Die Suizidrate hat sich von 2008 bis 2011 beinahe verdoppelt. Die soeben gebrachten Angaben sind keinesfalls einem „linksradikalen“ Medium entnommen. Sie entstammen dem

Wikipedia-Artikel *Griechische Staatsschuldenkrise* (eingesehen am 15. März 2022)!

Immerhin hat die Weltbank 2012 ein Wort des Lobes für Griechenland gefunden: Es gehört weltweit zu den zehn Ländern, die die Geschäftsbedingungen für Unternehmen am meisten in deren Sinn verändert haben. Das gehörte zu den Bedingungen, um in den „Genuss“ der „Hilfeleistungen“ zu kommen, genauso wie die Eingrenzung des Streikrechts und die Beschneidung der Kraft der Gewerkschaften. Aber auch Privatisierungen galt es durchzuführen. So erwartete beispielsweise die EU-Kommission die Privatisierung des Wassers, obschon das EU-Parlament 2015 festgestellt hatte, dass Wasser keine Ware ist: es ist ein Gut.

Nicht weniger aufschlussreich ist die Verpachtung auf 40 Jahre von lukrativen Flughäfen Griechenlands an Fraport AG, einer deutschen Staatsfirma. Diese gehört mehrheitlich dem Land Hessen und der Stadt Frankfurt. Griechenland hat sich lange gegen diese Verpachtung gewährt, nicht zuletzt aufgrund von Vertragspunkten wie dem folgenden: Sollten Änderungen z. B. im Arbeitsrecht die Betriebskosten erhöhen, muss Griechenland diese begleichen – nicht Fraport AG. Seinen diesbezüglichen ATTAC DEUTSCHLAND Bericht übertitelt Carl Waßmuth zutreffend mit den Worten: *Griechische Flughäfen: Fraport AG kassiert – Griechischer Staat zahlt und haftet.*

Grundsätzlicher kann man sich über den Charakter der „westlichen“ Hilfe orientieren, wenn man sich die Frage vorlegt: Wer sind konkret die Empfänger der Hilfsgelder? ATTAC hat sich diese Frage vorgelegt und berichtete hierüber in dem 2013 veröffentlichten Papier *Wohin floss das „Rettungsgeld“?* Die Antwort ist beklemmend:

„Seit März 20010 haben die Europäische Union (EU) und der Internationale Währungsfonds (IWF) in 23 Tranchen 206,9

Milliarden Euro für die sogenannte «Griechenland-Rettung» eingesetzt. Wofür diese große Summe öffentlicher Gelder im Detail verwendet wird, dokumentieren die Verantwortlichen jedoch so gut wie gar nicht. Attac hat daher nachrecherchiert: Mindestens 77 Prozent der Hilfsgelderlassen sich direkt oder indirekt dem Finanzsektor zuordnen."

Aber auch die Details, die ATTAC bietet, „können sich sehen lassen". Unter anderem erfährt man:

„101,3 Milliarden (49 Prozent) kamen Gläubigern des griechischen Staats zugute. Davon wurden 55,44 Milliarden verwendet, um auslaufende Staatsanleihen zu bedienen – anstatt die Gläubiger das Risiko tragen zu lassen, für das sie zuvor hohe Zinsen kassiert haben." (Hervorhebung hinzugefügt)

„Zu den tatsächlich Geretteten zählt etwa die Milliardärsfamilie Latsis, eine der reichsten Familien Griechenland, die große Teile der staatlich geretteten Eurobank Ergasias besitzt. Auch Spekulanten profitierten: Der Hedgefonds Third Point streifte im Zuge des Schuldenrücklaufs vom Dezember 2012 mit Hilfe von öffentlichen Geldern einen Gewinn von rund 500 Millionen ein."

„Mehrmals brachen EU und IWF ihre eigene Ankündigungen und hielten zugesagte Teilzahlungen wochen- bis monatelang zurück, um Druck auf die griechische Demokratie auszuüben: im Herbst 2011, um eine Volksabstimmung über die Austeritätspolitik zu verhindern, und im Mai/Juni 2012, um die Siegeschancen der Troika-freundlichen Parteien bei den Parlamentswahlen zu erhöhen."

Angesichts dieser und zahlreicher weiterer Informationen wird in dem ATTAC-Papier Mittendrein mit folgenden Worten zitiert: „Wenn Kommissionspräsident Barroso sagt, die sogenannte Griechenland-Rettung sei ein Akt der Solidarität, stellt sich die Frage: Solidarität mit wem?" Eigentlich eine rein rhetorische Frage.

Fasst man die gebrachten Ausführungen zur EU zusammen, so ergibt sich, dass sie als neoliberales, marktfundamentalistisches Konstrukt zu begreifen ist. Solidarität ist ihr nichts weniger als fremd. Von dieser und den im *Vertrag über die Europäische Union* Artikel 2 angeführten Werten spricht sie, um sich den Anschein zu geben, um eine wohlgeordnete Gesellschaft bemüht zu sein. Die „Wohlgeordnetheit", um die sie tatsächlich bemüht ist, ist jene im Sinne der Eliten einer Marktgesellschaft. Anders gewendet: Was aufgeboten wird, um die Idolisierung der Freiheit des Marktes abzuwehren, ist inhaltslos. Es muss inhaltslos sein, da die Gleichheit bzw. Gleichwürdigkeit der Menschen ungeachtet der Thematisierung der personalen Ebene der Menschen aufgegriffen wird.

Hieran ist die Aggressivität zu betonen, mit der, wie die bisherigen Ausführungen zeigen, gegen die Nicht-Eliten innerhalb des EU-Raumes vorgegangen wird. Diese Aggressivität ist nun in einem größeren Kontext zu betrachten, was unmittelbar zur Thematisierung der gegenwärtigen Militarisierung der EU führt.

Gerald Oberansmayr zitiert in seinem in SOLIDARWERKSTATT veröffentlichten Artikel *Strategischer Kompaß: „Quantensprung" der EU-Militarisierung* folgende Aussage des Hohen Vertreters für die EU-Außen- und Sicherheitspolitik Josep Borrell, ursprünglich abgedruckt in TAGESSPIEGEL (08.02.2020):

> „Wir müssen die Sprache der Macht neu erlernen und uns selbst als geostrategischen Akteur der obersten Kategorie begreifen. … Das Problem Europas ist nicht die fehlende Macht. Das Problem ist vielmehr der mangelnde politische Wille, diese Machtfaktoren zu bündeln, um ihre Kohärenz sicherzustellen und ihre Wirkung zu maximieren."

Das ist eindeutig. Das kann einen erfreuen, wenn man es an die schönen Worte im *Vertrag über die Europäische Union* und *Vertrag über die Arbeitsweisen der Europäischen*

Union anlegt, und muss umso mehr irritieren, wenn man beachtet, dass diese schönen Worte Maske sind. 2020 ist der in dem Zitat angesprochene Lernprozess, anders als im Zitat suggeriert wird, bereits im Gange gewesen. Ausdruck hiervon ist zunächst das Instrument Ständige Strukturierte Zusammenarbeit (SSZ; englische Abkürzung: PESCO), zu dem das Bundesministerium der Verteidigung Deutschlands 2017 in der Schrift *PESCO: mit Struktur ans Ziel* mitteilt: „Mit der Ständigen strukturierten Zusammenarbeit soll die gemeinsame Europäische Sicherheits- und Verteidigungspolitik der EU verbindlicher gestaltet werden." Getragen wird diese Schrift von Aussagen von Oberst Helmut Frietzsche, Leiter des EU-Referats im BMVG und Mitkoordinator des Projektes SSZ im Verteidigungsministerium. Zunächst erfährt man von ihm:

> „Die Europäer geben ein Drittel von dem für Verteidigung aus, was die USA dafür bezahlen. […] Allerdings haben wir nur 10 bis 15 Prozent der amerikanischen Fähigkeiten."

Das ist tatsächlich erstaunlich und lässt den Schluss zu, dass das ausgegebene Geld effizienter verwendet werden sollte. Eben dieses Ziel soll SSZ erreichen helfen, was Frietzsche wie folgt verdeutlicht:

> „Wir wünschen uns ein Zentrum, in dem alle Partner die Kapazität bei Luft-, Wasser- und Landtransport kennen und effektiv nutzen können. […] Der Vorteil von PESCO ist: Die Partner verpflichten sich hier zu einer Zusammenarbeit. Jeder weiß, womit er rechnen kann."

Zudem vermittelt die Schrift, dass Deutschland durch besonderes Engagement hervortritt. Zunächst verweist Frietzsche darauf, dass Deutschland „sich zudem für einen Europäischen Verteidigungsfonds ein[setzt], mit dem Projekte mit weniger Reibungsverlusten realisiert werden könnten." Zudem ist zu lesen:

„Verteidigungsministerin Ursula von der Leyen hat bereits ein medizinisches Koordinierungszentrum vorgeschlagen. Würden Ausbildung und Material vereinheitlicht, bremst unbekannte Technik Ärzte im Einsatz nicht mehr aus – und die Mediziner könnten viel flexibler eingesetzt werden."

Bis hierher kann man sich die zitierte Argumentation insofern gefallen lassen, als man sich auf den Standpunkt stellen kann, dass einfach von einer effektiveren Nutzung investierten Geldes die Rede ist. Wie naiv es aber wäre, diesen Standpunkt tatsächlich einzunehmen, zeigen die folgenden Ausführungen:

„PESCO sei dabei ein deutliches Signal an die USA, dass Deutschland und Europa Verantwortung für Sicherheitsaufgaben übernähmen. «Wir wollen nicht nur unsere Verteidigungsausgaben erhöhen, sondern unser Geld vor allem auch effektiver einsetzen, um mehr leisten zu können», erklärt Fritzsche. Da die Fähigkeiten bei den Mitgliedsländern bleiben, von denen viele gleichzeitig Nato- und EU-Mitglieder sind, stärkt eine bessere Zusammenarbeit beide Bündnisse gleichzeitig."

Die hierin auftretende Zusammenstellung von „Verantwortung für Sicherheitsaufgaben" und „Signal an die USA" bzw. Stärkung der Nato hat nichts mehr zu schaffen mit einer simplen Effizienzsteigerung. Gerade die US-amerikanischen militärischen Aktivitäten können nicht als Beitrag zur Erledigung von Sicherheitsaufgaben verstanden werden. Wird dieser Begriff in diesem Zusammenhang verwendet, so entspricht dies dem Zynismus, der, wie zitiert, Barroso die Hilfspakte der EU an Griechenland als Ausdruck von „Solidarität" hat bezeichnen lassen.

Nicht weniger auffallend ist, dass fortgesetzt von Sicherheitsaufgaben und Verteidigung die Rede ist, was den Eindruck erweckt, dass nicht daran gedacht wird, als Aggressor aufzutreten. Im Falle der „Hilfspakete" an Griechenland hat sich die EU-Kommission aber gegenüber der Mehrheit der griechischen Bevölkerung als Aggressor im Dienste der marktgesellschaftlichen Eliten erwiesen. Was ist hiervon zu halten?

Die Antwort hierauf ergibt sich aus einer Betrachtung des Instrumentes Strategischer Kompass der EU. Dieser geht – wiederum – auf eine Initiative Deutschlands zurück, die im zweiten Halbjahr 2020, also während der deutschen Ratspräsidentschaft, gestartet worden ist. Beim Europäischen Rat am 24. und 25. März 2022 haben die EU-Staats- und Regierungsspitzen den Strategischen Kompass gebilligt. Im März dieses Jahres ist das entsprechende Dokument *Der Strategische Kompass* des Rates der Europäischen Union erschienen.

In der Schrift *„Strategischer Kompass" als Richtschnur für die künftige Sicherheits- und Verteidigungspolitik der EU*, herausgegeben vom Bundeskanzleramt Österreichs (29.03.2022) wird der Kompass „als neues Grundlagendokument […] für die gemeinsame Sicherheits- und Verteidigungspolitik der EU" bezeichnet. Es lohnt, diese Schrift genauer zu betrachten.

Zunächst ist zu beachten, dass der Kompass keinesfalls als B e g i n n einer Militarisierung der EU verstanden werden soll, worauf in der Schrift mit folgendem Satz hingewiesen wird:

> „In der EU-Globalstrategie (2016) waren die übergeordneten Prioritäten für Sicherheit und Verteidigung bereits formuliert worden – mit dem Strategischen Kompass werden diese konkretisiert."

Wieso aber diese Konkretisierung? In der Schrift des Bundeskanzlersamtes heißt die entsprechende Frage: „Warum ist der Strategische Kompass wichtig?" Die Antwort, die geboten wird, ist einprägsam:

„Schneller, flexibler, handlungsfähiger: So möchte die EU künftig in Sicherheits- und Verteidigungsfragen agieren, zum Schutze der Sicherheit ihrer Bürgerinnen und Bürger."

Die ausführlichere Darstellung hiervon lautet:

„So betonte Josep Borrell, Hoher Vertreter der Union für Außen- und Sicherheitspolitik, beim Rat «Auswärtige Angelegenheiten» am 21. März 2022: «Die Bedrohungen nehmen zu und die Kosten der Untätigkeit sind klar. Der Strategische Kompass ist ein Leitfaden für unser Handeln. Mit ihm wird ein ehrgeiziger Weg für unsere Sicherheits- und Verteidigungspolitik für das nächste Jahrzehnt aufgezeigt. Er wird dabei helfen, uns unserer Sicherheitsverantwortung gegenüber unseren Bürgerinnen und Bürgern und der übrigen Welt zu stellen. Wenn nicht jetzt wann dann?»"

Warum ist diese Antwort einprägsam? Weil sie so gar nicht zu dem passen will, was von der EU (z. B.) in Griechenland geboten worden ist und sich von einer Partnerschaft mit den USA erwarten lässt. Es steht also sogleich der Verdacht im Raum, dass der Verweis auf den Schutz der Sicherheit der Menschen Maske ist, wie sie von den grundlegenden Verträgen der EU bereits bekannt ist.

„Wenn nicht jetzt, wann dann?" heißt es in dem Zitat. In der Schrift des Bundeskanzleramtes wird diese Aussage wie folgt konkretisiert:

„[In *Der Strategische Kompass* wird festgehalten:] «Das zunehmend feindselige Sicherheitsumfeld erfordert von uns einen Quantensprung nach vorne und die Steigerung unserer Handlungsfähigkeit und -bereitschaft.» Dies ist umso wichtiger in einer Zeit, in welcher der Krieg durch die ungerechtfertigte Aggression Russlands gegen die Ukraine nach Europa zurückgekehrt ist und große geopolitische Verschiebungen zu verzeichnen sind. Eine stärkere und fähigere EU im Bereich Sicherheit und Verteidigung soll eine konstruktiven Beitrag zur globalen und transatlantischen Sicherheit leisten.

Der „Quantensprung“ in der Militarisierung der EU im Dienste des Bemühens um die Sicherheit der Menschen in der EU wird also mit einem „feindlichen Sicherheitsumfeld“ begründet, was die „ungerechtfertige Aggression Russlands gegen die Ukraine“ belegen soll. Die Crux hieran: diese Argumentation entbehrt jeglicher Logik. Wie sich im vorangegangenen Abschnitt gezeigt hat, hat zwar Russland den Krieg mit der Ukraine begonnen, aber als Reaktion auf westliche Provokationen und Aggressionen. Die gebrachte Darstellung hiervon soll hier wie folgt erweitert werden. Zunächst soll der immer wieder in Abrede gestellte Bruch des westlichen Versprechens interessieren, die Nato nicht über die Elbe zu erweitern. Dass es sich bei diesem Verspechen um keine Erfindung handelt, ist spätestens seit dem Februar 2022 eindeutig ersichtlich, wie sich z. B. folgendem Artikel – *Archivfund bestätigt Sicht der Russen bei Nato-Osterweiterung* – in WELT (18.02.2022) entnehmen lässt:

> „Der US-Politikwissenschaftler Joshua Shifrinson hat das ehemals als geheim eingestufte Dokument gefunden. Es handelt von einem Treffen der Politischen Direktoren der Außenministerien der USA, Großbritanniens, Frankreichs und Deutschlands in Bonn am 6. März 1991. Bonns Vertreter Jürgen Chrobog erklärte damals laut Vermerk: «Wir haben in den Zwei-plus-Vier-Verhandlungen deutlich gemacht, dass wir die Nato nicht über die Elbe hinaus ausdehnen. Wir können daher Polen und den anderen keine Nato-Mitgliedschaft anbieten.» […] US-Vertreter Raymond Seitz sagte: «Wir haben gegenüber der Sowjetunion klargemacht – bei Zwei-plus-vier- wie auch anderen Gesprächen -, dass wir keine Vorteil aus dem Rückzug sowjetischer Truppen aus Osteuropa ziehen werden.» Zwei Jahre später korrigierten die Amerikaner ihre Politik.“

Diese Korrektur mündete in der Ukraine-Krise. Daniele Ganser führt in seinem Buch *Imperium USA*[130] aus, dass die USA interne Spannungen in der Ukraine befeuerten und 2014 „die Regierung in einem geheimen Putsch stürzten" (S.321). „Die USA installierten Arsenij Jazenjuk als neuen Ministerpräsidenten und Petro Poroschenko als neuen Präsidenten." (Ganser, S.322). Hieran fügt Ganser an:

> „Im US-Außenministerium hatte Victoria Nuland die Fäden gezogen, zusammen mit Geoffrey Pyatt, dem US-Botschafter in der Ukraine. Die Telefongespräche zwischen Nuland und Botschafter Pyatt, in denen sie vor dem Putsch die Zusammenstellung der neuen Regierung besprachen, wurden abgehört [...]" (S.322)

Diese und eine Vielzahl weiterer Informationen lassen nur den Schluss zu, zu dem auch der US-Politologe John Mearsheimer gekommen ist[131]: Konstrukteur des Ukraine-Konflikts ist nicht der russische Präsident Wladimir Putin, der Konstrukteur ist der US-amerikanische Präsident Barack Obama.

Angesichts hiervon soll der Satz wiederholt werden, dessen Korrektur voranzutreiben ist: Der „Quantensprung" in der Militarisierung der EU im Dienste des Bemühens um die Sicherheit der Menschen in der EU wird mit einem „feindlichen Sicherheitsumfeld" begründet, was die „ungerechtfertige Aggression Russlands gegen die Ukraine" belegen soll.

Zunächst ist zu beachten, dass „ungerechtfertigte Aggression Russlands gegen die Ukraine" einfach falsch ist. Das besagt noch nicht, dass die Aggression Russlands uneingeschränkt rechtfertigbar ist, wohl aber, dass sie als Reaktion auf eine Aggression zu verstehen ist. Auf eine

---

[130] Ganser, D. 2022: *Imperium USA* – Frankfurt a. M.

[131] Mearsheimer, J. 2014: *Warum der Westen an der Ukraine-Krise schuld ist* – Foreign Affairs 1. September 2014 (nach Ganser, D. 2022).

Aggression, deren Urheber die USA und die EU sind. Diese sind es somit, die konkret als Konstrukteure eines „feindlichen Sicherheitsumfeldes“ zu verstehen sind, deren Eindämmung sie sich zynischer Weise auf die Fahnen heften.

Es ist daher mehr als erstaunlich, wenn in der Schrift des Bundeskanzleramtes zu lesen ist:

„Es geht darum, enger zusammenzuarbeiten und sich besser zu koordinieren. Dies ermöglicht es, gemeinsam besser auf aktuelle und künftige Bedrohungen zu reagieren.“

Das unterstreicht freilich den bezweckten Eindruck, der mit dem Strategischen Kompass anvisierte „Quantensprung“ der Militarisierung der EU dient Sicherheits- und Verteidigungszwecken, da der Umstand maskiert wird, dass die EU – als Teil des transatlantischen Bündnisses – eine der Quellen „aktueller und künftiger Bedrohungen“ ist.

Insbesondere beklemmend ist daher, wenn in besagter Schrift zu lesen ist:

„Eine stärkere und fähigere EU im Bereich Sicherheit und Verteidigung wird dabei einen konstruktiven Beitrag zur globalen und transatlantischen Sicherheit leisten. Sie bildet eine Ergänzung zur Nato; Doppelstrukturen werden nicht geschaffen. Der Strategische Kompass soll auch die regelbasierte Weltordnung mit den Vereinten Nationen als Mittelpunkt stärker unterstützen.“

Hier wird darauf gepocht, um eine „regelbasierte Weltordnung“ bemüht zu sein. Grundsätzlich trifft das sicherlich zu. Die Frage ist nur, nach welchen Regeln die Weltordnung gestaltet werden soll. Eine Ordnung im Geiste der Charta der Vereinten Nationen kann nicht gemeint sein, was nicht ausschließt, dass diese im Sinne der tatsächlichen Ambitionen der EU instrumentalisierbar ist. Welche Regeln sollen also gemäß der EU die Weltordnung fundieren? Anders gefragt: Welche Weltordnung soll – im Namen der Verteidigung der wohlgeordneten Gesellschaft! – durch den „Quantensprung" der Militarisierung der EU verteidigt werden können?

Am Beginn der Beantwortung dieser Frage soll erneut in den SOLIDARWERKSTATT-Artikel von Gerald Oberansmayr *Strategischer Kompass: „Quantensprung" der EU-Militarisierung* geblickt werden:

„Welche Begründungen nennt der SK für diesen Quantensprung der Militarisierung. Einige Antworten kennen wir schon aus vorherigen EU-Dokumenten, wie z. B. der EU-Globalstrategie (2016). Diese werden im SK bekräftigt: Die EU müsse rüsten, um «freien Handel und Energieversor-gungsunsicherheit», die Abwehr der «Gefährdung globaler Lieferketten», den «ungehinderten Zugang zu den Hochseegewässern und kritischen Seewegen» notfalls mit Gewalt durchzusetzen. […] Außerdem sei die „Dekarbonisierung mit spezifischen Sicherheitsherausforderungen verbunden", wie etwa dem „Zugang zu kritischen Rohstoffen" (*SK* S.12). Salopp übersetzt: Krieg nicht nur ums knapper werdende Öl und Gas, sondern auch um Lithium und Kobalt für Elektroautos."

Das erste Gut, das genannt wird, um die Aufrüstung zu rechtfertigen, ist also der „freie Handel". Für sich genommen stellt dieser Umstand kein Problem dar. Den gebrachten philosophischen Überlegungen ist ja zu entnehmen, dass der „freie Handel" erst zum Problem wird, wenn er idolisiert wird, wenn er also als der Regulierung aus der Betrachtung der personalen Ebene heraus nicht bedürfend verstanden wird. Aber gerade hiervon ist das Denken der Entscheidungsträger in der EU geprägt, wie sich erneut aus dem Beispiel „Griechenlandhilfe" ableiten lässt.

Weit entfernt davon, den „Quantensprung" der Militarisierung in den Dienst des Schutzes der eigenen Bevölkerungen zu stellen, erweist er sich somit als Werkzeug zur Befriedigung des

Engagements der Eliten innerhalb der EU. Er ist also Teil jenes elitären Denkens, das seine neoliberalen, marktgesellschaftlichen, marktfundamentalistischen Vorstellungen gegen die Nicht-Eliten innerhalb der EU richtet – vgl. oben – und gegen das EU-Ausland, vorausgesetzt letzteres gehört nicht dem transatlantischen Bündnis an. Oberansmayr kleidet diesen Umstand in seinem Artikel in folgende Worte:

„Diese Aufrechterhaltung der neoliberalen Globalisierung, die die EU bekanntlich sogar im EU-Primärrecht verankert hat, drängt zunehmend in die geopolitische Konfrontation zwischen Großmächten. Das liest sich im SK folgendermaßen: «Wir sehen uns einem Wettbewerb der Governance-Systeme und einem echten Kampf der Narrative gegenüber.» Das betrifft zum einen China, das als «Kooperationspartner, wirtschaftlicher Wettbewerber und systemischer Rivale» (*SK* S.8) bewertet wird."

Hier ist also explizit von einem „Kampf der Narrative" die Rede. Die EU, wie sie sich als Teil des transatlantischen Narratives versteht, sieht sich hierbei, folgt man ihrer offiziellen Selbstdarstellung, vor die Aufgabe gestellt, diesen Narrativ als den einzigen darzustellen, der tatsächlich um die wohlgeordnete Gesellschaft bemüht ist. Aber das ist „Maske", wie sich gezeigt hat: Hinter verbirgt sich, worum sie eigentlich „kämpft", die Protegierung der Interessen der Eliten.

Diese Maskierung kann nur funktionieren, wenn sie von einer umfassenden Propaganda gestützt wird. Beispielweise muss den Menschen unausgesetzt vorgehalten werden, dass Russland in Beziehung auf die Ukraine-Krise der Aggressor ist und das transatlantische Bündnis der um Frieden, das ukrainische Volk usw. bemühte Helfer der Ukraine. Das ist Desinformation und es ist geradezu grotesk, wenn Oberansmayr zum *Strategischen Kompass* schreiben muss:

„Informationskrieg: Ausweitung der Kompetenzen, um «entschlossen auf ausländische Informationsmanipulation und Einmischung zu regieren, so wie wir es mit unsrem entschiedenen und koordinierten Vorgehen gegen die Desinformationskampagne Russlands im Zusammenhang mit seiner militärischen Aggression gegen die Ukraine getan haben» (*SK* S.22) eine euphemistische Umschreibung für Zensur und das Verbot von «Feindsendern».“

6.2.3 Der eigentümliche Umgang mit der EU-Militarisierung von Teilen der SPÖ

Mitte 2023 musste ein neuer Vorsitzender der SPÖ gewählt werden. Zur Wahl angetreten sind die bisherige SPÖ-Vorsitzende Pamela Rendi-Wagner, der Landeshauptmann des Burgendlandes Hans-Peter Doskozil und der Bürgermeister Traiskirchens Andreas Babler. Letzterer ist als neuer SPÖ-Vorsitzender aus der Wahl hervorgegangen. Im Vorfeld zu der Wahl ist ein Video hochgespielt worden, wohl um Babler zu schaden, in dem sich dieser sehr kritisch gegenüber der EU äußert. Was sich hieraus entwickelt hat, lohnt der Betrachtung, will man einen ersten Eindruck vom sozialdemokratischen Umgang mit der EU gewinnen.

Zunächst sollen hierfür zwei Artikel aus SOLIDARWERKSTATT zur Hilfe gezogen werden: *SPÖ-Babler: „EU überhaupt nicht leiwand“* (2023) und *Babler: Vor Dammbruch der SPÖ bei Frieden und Neutralität* (2023) [= *Dammbruch*]

In jenem Artikel ist zu lesen:

„Welche unerhörten Worte hat Babler in einem Interview im Jahr 2020 gesagt? Er fände «diese EU überhaupt nicht leiwand» und bezeichnete die EU als «das aggressivste außenpolitische militärische Bündnis, das es je gegeben hat, mit

Beistandsverpflichtungen … also schlimmer als was die Nato vorgegeben hat sozusagen in der Doktrin. … Wenn wir uns das anschauen, was da alles passiert ist, mit den Maastricht-Kriterien, und was dann das Dogma war, das Neoliberale in der EU. In der Sozialdemokratie …, da warst ja ein böser Mensch wenn du nicht für die EU warst, weil die bringt Frieden.»“

Der Schlusssatz signalisiert bereits, dass die hier zum Ausdruck gebrachte Vorstellung von der EU keinesfalls gängige Anschauung innerhalb der SPÖ sein kann. Hierzu passt, was in *Dammbruch* zu lesen ist:

„Das heißt freilich nicht, dass mit der Wahl eines/r der beiden KontrahentInnen von Babler (Rendi-Wagner & Doskozil) nicht eine ähnliche Volte vorstellbar gewesen wäre. Rendi-Wagner hat als außenpolitische Sprecherin der Partei kein Sterbenswörtchen der Kritik an der aktuellen EU-Hochrüstungspolitik verloren, Doskozil war seinerzeit als Verteidigungsminister einer ihrer Vollstrecker, als er gemeinsam mit Außenminister Kurz die Teilnahme Österreichs an der Ständig Strukturierte Zusammenarbeit (EU-SSZ/PESCO) auf Schiene brachte.“

Ein wichtiges Element dieses Zitates ist gleich im erstem Satz enthalten. In diesem ist von einer Volte Bablers die Rede. Was ist hiermit gemeint? Die Antwort hierauf, sie könnte auch dem Artikel entnommen werden, soll anhand eines Interviews Bablers mit der Zeitung DER STANDARD (09.06.2023) gegeben werden:

„STANDARD: Wo sehen Sie die Rolle des Heeres? BABLER: Ich glaube, es ist zu wenig, wenn man sich immer darauf zurückzieht, dass Einsätze nur mit UN-Mandat möglich sind. STANDARD: Soll die EU ihrer Ansicht nach Waffen und Panzer in die Ukraine schicken? BABLER: Ja, auf EU-Ebene halte ich das für richtig. Man muss von unserer Positionierung zur Ukraine ableiten, dass man alles tut, um den Aggressor in die Schranken zu weisen. STANDARD: Die Neos, die Sie als eine der wenigen Parteien nicht als Koalitionspartner ausschließen, treten für eine EU-Armee ein. Ist das für Sie ein No-Go? BABLER: Nein. Darüber sollten wir diskutieren."

„Alles tut, um den Aggressor [Russland] in Schranken zu weisen" ist also „unsere Positionierung zur Ukraine". Das könnten weder die EU noch die Nato griffiger formulieren. Dass Einsätze auch „ohne UN-Mandat möglich sind", zeigt Babler als gelehrigen Schüler der USA. Sein Eintreten für eine Diskussion über eine EU-Armee wird wohl auch manchen in der EU ratlos zurückgelassen haben. Evident ist auf jeden Fall, dass SOLIDARWERKSTATT zu Recht von einer Volte Bablers spricht. Hiermit steht aber nur fest, dass die Kritik Bablers an der EU mit Vorsicht aufzunehmen ist.

Eigentlich interessieren soll aber, wie die Kritik innerhalb der SPÖ aufgenommen worden ist, wie auch die Reaktion von Seiten jener, die aus ideologischer Überzeugung an der Aufrechterhaltung der zuvor dargestellten Maske interessiert sind, die sich die EU (als Teil des transatlantischen Bündnisses) vorhält.

Am Beginn hiervon soll ein Interview stehen, das der SPÖ-Bürgermeister Wiens Michael Ludwig dem Österreichischen Rundfunk gegeben hat (zitiert nach: www.wien.orf.at, 31.05.2023):

„Ludwig sagt dazu Mittwoch, dass die EU ein Friedensprojekt sei und er verweist darauf, dass die EU den Friedensnobelpreis erhalten hat. Zwar sei es durchaus möglich, «das eine oder andere an der EU zu kritisieren», aber «wer politische Verantwortung für die Sozialdemokratie in Zukunft übernimmt», der brauche eine «klare Positionierung für einen proeuropäischen Weg»."

Die EU ist also ein Friedensprojekt. Das ist falsch bzw. verwechselt Ludwig die Gesinnung der EU mit der Maske, die sie sich vorhält. Dass die EU Friedensnobelpreisträgerin ist, belegt nicht deren Friedensbegeisterung, sondern belegt fehlende „Unfehlbarkeit" jener, die diesen Preis verteilen.

Tatsächlich sollte, „wer politische Verantwortung für die Sozialdemokratie in Zukunft übernimmt“ proeuropäisch sein. Aber das bedeutet gerade nicht, für die EU sein zu dürfen, wie sie sich bisher präsentiert hat und weiter zu präsentieren gedenkt. Mit der „einen oder anderen“ Kritik ist es gegenüber dieser EU nicht getan. Es ist sehr wohl erstaunlich, wenn ein sozialdemokratischer Politiker meint, es gegenüber einer marktgesellschaftlich-neoliberalen Konstruktion bei Kosmetik bleibender Kritik belassen zu können. Das kann nur bedeuten, dass Sozialdemokratie grundsätzlich defizitär verstanden wird.

In 5.1 ist aus der *Metallarbeiterzeitung* vom 07.11.1914 zitiert worden: „Sozialismus, wohin wir blicken“. Die hierin liegende Naivität – unüberbietbare Naivität – ist dargelegt worden. Lässt sich aber nicht auch Ludwigs Ausführung zum „Friedensprojekt“ in die Worte kleiden: „Friedensbemühungen wohin wir blicken?“ Worin unterscheidet sich dann aber die Aussage aus dem Jahre 1914 von jener aus dem Jahre 2023 in puncto Naivität?

Angesichts hiervon soll die „wissenschaftliche“ Untermauerung interessieren, die dergleichen Kritik an Bablers Feststellungen aus dem Jahr 2020 gefunden hat. Hierzu soll der www. gmx.at.-Artikel (31.05.2023) *Pelinka zu Babler: Peinlich, naiv, geschichtsvergessen* zitiert werden. Der Politikwissenschaftler Anton Pelinka wird in diesem Artikel als „SPÖ-Kenner“ und „Experte“ vorgestellt, sodass davon auszugehen ist: Hier äußert sich jemand, der die Sozialdemokratie kennt. Keinesfalls ist damit schon abgeklärt, ob besagtes Experten- und Kennertum tatsächlich der Sozialdemokratie gilt – oder einem Zerrbild der Sozialdemokratie.

„«Es ist peinlich: So einer [Andreas Babler] bewirbt sich um den Vorsitz in der SPÖ. Er ist darüber hinaus geschichtsvergessen naiv, unpolitisch und kindisch», sagte Pelinka im APA-Gespräch. Er könne Babler nur im Sinne Bruno Kreiskys mitgeben: «Lernen

Sie Geschichte, Herr Bürgermeister». «Er plappert da irgendwas dahin. Eine Blödheit», meinte der Politikwissenschaftler zu dem nun aufgetauchten Video-Mitschnitt aus dem Jahre 2020, [...]"

Dieser Video-Mitschnitt hat Pelinka offensichtlich die Fassung verlieren lassen. Er geht in seiner Kritik ungewohnt weit. So weit, dass die Frage erlaubt sein muss, wer tatsächlich „Geschichte lernen sollte": der Herr Bürgermeister oder der Herr Professor? Um diese Frage beantworten zu können, ist zunächst nachzusehen, welches Nichtwissen Pelinka Babler vorwirft:

„«Die europäische Einigung war ein Projekt, das gemäßigte Linke, Sozialdemokraten und gemäßigte Rechte, Christdemokraten, vor allem in Frankreich, aber zunehmend auch in der Bundesrepublik und den Beneluxländern betrieben haben. Das hat Babler offenbar nicht gewusst. Das ist ein Zeichen für diese Ahnungslosigkeit, die da offenbar gegeben ist», griff Pelinka den Vorsitzkandidaten scharf an. Es sei «peinlich», wenn jemand, der SPÖ-Chef werden will, offenbar nicht wisse, dass die Sozialdemokratie «an der Wiege der europäischen Einigung gestanden ist.»"

Das hört sich nach einer harmonischen Beziehung zwischen der EG bzw. EU und der Sozialdemokratie an. Jedoch: Pelinka muss darauf hinweisen, dass die Haltung der österreichischen Sozialdemokratie gegenüber der europäischen Einigung „nicht immer konsistent" bzw. „schwankend" gewesen ist. Er verweist auch auf die Aussage des ehemaligen SPÖ-Vorsitzenden und Vizekanzlers Bruno Pittermann, wonach die EG ein „Kapitalistenverein" sei. Was Pelinka hier anführt, das konnte er schlecht ignorieren, aber irgendwelche Schlüsse zieht er hieraus nicht. Sogleich lässt er die europäische Einigung und die Sozialdemokratie wieder in Harmonie miteinander verschmelzen:

„Konsistent sei die Haltung mit der Kanzlerschaft von Franz Vranitzky geworden und bis heute geblieben, erinnerte der Politologe daran, dass es Vranitzky als Regierungschef war, der Österreich 1994 in einer großen Koalition mit der ÖVP in die EU führte. Der Altkanzler sei einer der «Väter des EU-Beitritts». «Hat er das auch nicht gewusst? Es ist peinlich» meinte Pelinka ein weiteres Mal Richtung Babler."

Das lässt sich in folgendes Bild kleiden: Der ehemalige SPÖ-Vorsitzende und Kanzler Franz Vranitzky gehört zu den „Vätern des EU-Beitritts", die ehemalige SPÖ-Vorsitzende Pamela Rendi-Wagner hat kein kritisches Wort zur Militarisierung der neoliberalen EU gefunden (vgl. oben) und der aktuelle Wiener Bürgereister Michael Ludwig hält lediglich kosmetische Kritik an der EU für statthaft (vgl. oben). Das ist es also, was sich der Politikwissenschaftler Pelinka von der Sozialdemokratie bzw. der SPÖ erwartet. Das ist „peinlich", wie sich aus den Ausführungen in 6.2.1 und 6.2.2 unmittelbar ergibt. Die Frage, wer Geschichte lernen sollte, hat sich hiermit von selbst beantwortet.

Dass Pelinka der SPÖ ein marktgesellschaftliches Fundament empfiehlt, ergibt sich auch aus folgender Stellungnahme:

„Auch Bablers «Marxist»-Sager sorgte bei Pelinka für Kopfschütteln. «Er soll offenbar auch ein bisschen Marxismus lernen.» Babler habe offenbar nicht kapiert, dass dann alle sofort an Lenin und den Marxismus und Leninismus denken: «Die SPÖ hat sich immer vom Leninismus kritisch abgehoben. Das ist eine traditionelle sozialdemokratische Position, nicht in die Leninismus-Falle zu tappen. Das hätte er auch wissen müssen. Ich sehe eine Unreife bei ihm.»"

Inwieweit Babler tatsächlich marxistisches Gedankengut vertritt, braucht hier nicht untersucht zu werden. Entscheidend ist, dass der Sozialdemokratie ein konstruktiver Umgang mit dem Marxismus im in dem vorliegenden Buch vorgestellten Sinn von Nutzen wäre. Hiervon will Pelinka nichts wissen. Der Marxismus ist ihm keine Überlegung wert, da jegliches derartige Engagement bedeuten würde, in der Leninismus-Falle zu sitzen. Er erkennt somit nicht, dass die „traditionelle sozialdemokratische Position, nicht in die Leninismus-Falle zu tappen" lediglich dazu führt, in die „Sozialdemokratie"-Falle zu tappen: Die völlig undifferenzierte – „unreife" – Dämonisierung des Marxismus als Rechtfertigung für die Orientierung der Sozialdemokratie an der Marktgesellschaft.

Es ist durchaus interessant, dass sich Pelinkas „Experten"-Meinung kaum von Darstellungen unterscheidet, die von jenen geboten werden, die aus ideologischer Überzeugung um die Unversehrtheit der Maske bemüht sind, die sich die EU vorhält. Ein Beispiel hierfür bietet Thomas Mayer in DER STANDARD (10.06.2023) in *Die EU ist Babler fremd.* Dass Mayer von besagter Ideologie beseelt ist, ergibt sich unmissverständlich aus seinem Satz: „Die EU ist eine große Solidargemeinschaft, kein fremdes, feindliches Wesen." Das erinnert auf beklemmende Weise an Ludwigs Aussage von der EU als Friedensprojekt.

Am Beginn seines Artikels führt Mayer im Sinne seiner ideologischen Ausrichtung aus:

> „Bablers Ziel ist es, die Partei auf Linkskurs zu trimmen und gleichzeitig als sozialpolitischer Reformer in einer «neoliberalen» EU zu erscheinen, wie er sagt. Frühere EU-feindliche Aussagen zur «imperialistischen» Union versucht er abzuschwächen, will nur noch kritischer EU-Befürworter sein. Schaut man aber genauer hin, bestätigen sich Zweifel am Leider-nein-Marxisten. […] Er trat bis vor wenigen Jahren als eher rabiater EU- und Nato-Gegner auf."

Wer die EU als „große Solidargemeinschaft" begreift, die keiner „linken sozialpolitischen Reformer" bedarf, dem kann natürlich schnell Kritik an der EU als „rabiat" erscheinen. Auffällig ist hieran auch, dass sich Mayer mit seinem

„rabiat“ deutlich moderater gibt als Pelinka mit seinen Ausfällen gegen Babler. Auf jeden Fall konkretisiert Mayer seine Vorstellung vom erübrigbaren Linksreformer Babler wie folgt:

„Der Traiskirchner fremdelt in Europa. Das zeigt sich bei seinem eng national ausgerichteten wirtschaftspolitischen Konzept für Österreich wie auch in seinen Ideen zu Europa. Der Staat als Rundumversorger steht im Zentrum. So war auch eine Rede beim Parteitag – rückwärtsgewandt. Die SPÖ soll dort weitermachen, wo Bruno Kreisky vor 40 Jahren aufgehört hat. Die Ära Franz Vranitzky, die mit Modernisierung in einem offenen Europa des Binnenmarktes, im wirtschaftlichen Wettbewerb einherging, ist in der SPÖ vorbei.“

Wiederum – wie bei Pelinka! – der Verweis auf Vranitzky als dem vorbildlichen SPÖ-Vorsitzenden. Vranitzky, einer der „Väter“ des EU-Beitritts und der Konsolidierung der Ausrichtung auf die EU innerhalb der SPÖ, um mit Pelinka zu sprechen, hat dem Ideal des Staates als „Rundumversorger“ eine Abfuhr erteilt bzw. an die Stelle hiervon auf den wirtschaftlichen Wettbewerb gesetzt. Hiermit bringt Mayer zum Ausdruck, was sich von marktgesellschaftlicher, liberaler Seite von der Sozialdemokratie erwartet wird: Sie soll ihre Affinität zur Marktgesellschaft frei entfalten, anstatt sie in Ketten zu legen. Anders gewendet: die Sozialdemokratie soll „Sozialdemokratie“ sein.

Diese Erwartung scheint Babler nicht zu erfüllen:

„Vranitzkys EU-Politik hat Babler in Linz nicht erwähnt, die EU nur abschreckend. Das Bild verfestigt sich mit Blick auf das Europäische Parlament. So wie Babler redete, würde die SPÖ besser in die Linsfraktion passen als in die Fraktion der Sozialdemokraten, die den ökosozialen Green Deal der EU-Kommission mit Christdemokraten und Liberalen mitträgt. | Die Linksfraktion steht dagegen, neben den EU-Skeptikern rechts außen mit der FPÖ. Babler klingt mehr wie der EU-skeptische französische Linkenchef Jean Luc Mélenchon als wie SPD-Kanzler Olaf Scholz.“

Mayer konstatiert also der sozialdemokratischen Fraktion im EU-Parlament, die Ausrichtung der EU-Kommission mit den Christdemokraten und Liberalen mitzutragen, und erwartet sich, dass dies allgemein auf die Sozialdemokratie zutrifft. Das ist ein Missverständnis. Die Sozialdemokratie, will sie ihren sozialistischen Wurzeln gerecht werden, darf in der EU, der EU-Kommission, gerade kein solidargesellschaftliches Konstrukt, Friedensprojekt usw. sehen. Explizit im Sinne der gebrachten philosophischen Ausführungen muss sie diese als Ausdruck eines reduktionistischen Denkens begreifen, das keine zutreffenden Vorstellungen von Solidarität – Bemüht-sein-umeinander – haben kann. Sie muss also in der Lage sein, die Maske, die sich hier vorgehalten wird, als solche erkennen und darstellen zu können.

Der Hinweis Mayers, Babler „klingt mehr wie der EU-skeptische französische Linkenchef Jean Luc Mélenchon" als die sozialdemokratische Fraktion, muss hier unberücksichtigt bleiben, da die „linken" Parteien an anderem Ort einer eigenen Betrachtung unterzogen werden sollen. Festzuhalten ist aber, dass Mayers Versuch, die EU-Skepsis der Linksparteien und Bablers mit jener der EU-Skeptiker „rechts außen" gleich zu setzen, einfach nur kindisch – „peinlich" - ist. Ist ihm nicht bekannt, dass eine im Resultat übereinstimmende Kritik an einer Sache aus unterschiedlichen Gründen auftreten kann?

Umso interessanter ist, dass Mayer die Nähe Bablers zur linken Fraktion explizit als Distanz zu dem Sozialdemokraten Olaf Scholz begreift. Hieraus ist unschwer ein Wohlwollen Mayers gegenüber Scholz abzuleiten, im Geiste seines Wohlwollens Vranitzky gegenüber. Irrt sich Mayer nicht vollständig, so muss auch Scholz – wie Vranitzky – vor allem den freien Wettbewerb als Fundament der wohlgeordneten Gesellschaft im Sinn haben. Das wiederum lädt dazu ein, nachzusehen, inwieweit diese Gesinnung bei Scholz im

Geiste der „Sozialdemokratie" ausgebildet ist. Scholz' Umgang mit der Ukraine-Krise eignet sich hierfür vorzüglich, da sich gezeigt hat, dass diese Krise – dieser Krieg - ein Werkzeug in die Offensive gelangten marktgesellschaftlichen Denkens ist.

6.2.4 Olaf Scholz

Der Bundeskanzler Deutschlands Olaf Scholz begreift den 24. Februar 2022 als Beginn einer „Zeitenwende". Jenen Tag also, an dem Russland den Krieg gegen die Ukraine begonnen hat. Dieser Krieg wird von ihm auch als Angriff Russlands auf die europäische Sicherheitsordnung, das westliche Wertesystem usw. verstanden. Angesichts der gebrachten Ausführungen lässt sich der von Scholz geprägte Begriff „Zeitenwende" durchaus aufgreifen, wenn auch versehen mit einem vollständig anderen Inhalt. Der Unterschied hebt damit an, dass der Beginn der Zeitenwende nicht im Jahr 2022 verankert wird, sondern rund drei Jahrzehnte davor; nicht an der Grenze zwischen Russland und der Ukraine, sondern in den USA. Das meint: Vor rund drei Jahrzehnten konnte der Narrativ der marktgesellschaftlichen Eliten in den USA nicht nur in die Offensive gelangen, er konnte derart mächtig werden, dass es diesen Eliten angemessen erschienen ist, ihren Narrativ im „Kampf der Narrative" (siehe 6.2.2) die uneingeschränkt führende Position erringen zu lassen. Die EU ist von dieser Dynamik ergriffen worden, hat sich immer mehr zum Juniorpartner der USA gemausert, freilich einem solchen, der sich mit dieser Rolle durchaus nicht zufrieden gibt (Stichwort: Souveränität Europas). Der von westlichen Akteuren provozierte Ukraine-Krieg ist ein Symptom dieser Zeitenwende.

Das wirft die Frage auf, was es bedeutet, dass ein Sozialdemokrat – Olaf Scholz – als Protagonist dieser Zeitenwende auftritt? Die Antwort kann nur lauten: Ein Politiker, der sich in die Dienste der marktgesellschaftlichen / marktfundamen-talistischen Eliten stellt, kann kein Sozialdemokrat sein, er ist „Sozialdemokrat".

Zur genaueren Betrachtung der Vorstellungen von Bundeskanzler Scholz sollen seine in *Reden zur Zeitenwende*[132] zusammengestellten Ausführungen betrachtet werden: *Regierungserklärung in der Sondersitzung zum Krieg gegen die Ukraine vor dem Deutschen Bundestag am 27. Februar in Berlin* (S.7-19) [= *Regierungserklärung*]; *Europa-Rede an der Karls-Universität am 29. August 2022 in Prag* (S.21-50) [= *Europa-Rede*]; *Rede anlässlich der 77. Generaldebatte der Generalversammlung der Vereinten Nationen am 20. September 2022 in New York* (S.53-64) [= *UN-Rede*].

Zunächst soll interessieren, was aus der Sicht von Scholz Russland bzw. Putin zu dem Krieg gegen die Ukraine veranlasst hat. In *Regierungserklärung* ist hierzu zu lesen:

„Wir erleben eine Zeitenwende. Und das bedeutet: Die Welt danach ist nicht mehr dieselbe wie die Welt davor. Im Kern geht es um die Frage, ob Macht das Recht brechen darf, ob wir es Putin gestatten, die Uhren zurückzudrehen in die Zeit der Großmächte des 19. Jahrhunderts, oder ob wir die Kraft aufbringen, Kriegstreibern wie Putin Grenzen zu setzen. […] Mit dem Überfall auf die Ukraine will Putin nicht nur ein unabhängiges Land von der Weltkarte tilgen." (S.8)

„Putin will ein russisches Imperium errichten. Er will die Verhältnisse in Europa nach seinen Vorstellungen grundlegend neu

[132] Die Bundesregierung 2022²: *Bundeskanzler Olaf Scholz – Reden zur Zeitenwende* - Berlin

ordnen, und dabei schreckt er nicht zurück vor militärischer Gewalt.“ (S.13)

In der *UN-Rede* ist zu lesen:

„Russlands Eroberungskrieg gegen die Ukraine ist durch nichts zu rechtfertigen.“ (S.57)

In *Europa-Rede* heißt es:

„In diesen Tagen stellt sich erneut die Frage, wo künftig die Trennlinie verläuft zwischen diesem freien Europa und einer neoimperialen Autokratie. Von einer Zeitenwende habe ich nach dem russischen Überfall auf die Ukraine im Februar gesprochen. Putins Russland will mit Gewalt neue Grenzen ziehen – etwas, das wir in Europa nie wieder erleben wollten.“ (S.23)

„Putin ist genau dieses vereinte Europa ein Dorn im Auge, weil es nicht in seine Weltsicht passt, in der sich kleinere Länder einer Handvoll europäischer Großmächte zu fügen haben.“ (S.26)

Hinzuzunehmen ist noch folgende Aussage Scholzes, die seine Vorstellung von „Trennlinie“ erhellt:

„1983 beschreibt Milan Kundera die «Tragödie Mitteleuropas», nämlich wie Polen, Tschechen, Slowaken, Balten, Ungarn, Rumänen, Bulgaren und Jugoslawen nach dem Zweiten Weltkrieg «erwachten (…) und feststellten, dass sie sich im Osten befanden», dass sie «von der Karte des Westens verschwunden» waren.“ (S.23)

Das Bild, das Scholz in den zitierten Aussagen von Putins Russland zeichnet, ist eindeutig: In Russland ist das Großmachtdenken des 19. Jahrhunderts wieder erwacht. Daher will Putin die Grenze zwischen seiner „neoimperialen Autarkie“ und dem freien Westen dahingehend neu ziehen, dass sie nicht mehr unmittelbar an der Grenze Russlands verläuft (Expansion). Er will also, dass erneut Länder „von der Karte des Westens“ verschwinden – „getilgt“ werden -. Anders gewendet: Putin hat kein Verständnis dafür, dass sich kleine und große Länder „auf Augenhöhe“ begegnen, wie sich Scholz immer wieder ausdrückt.

Das enthält, dass es für Länder verhängnisvoll ist, hinter der Trennlinie „zu verschwinden“. Sie gehen der Vorzüge der wohlgeordneten Gesellschaft, wie sie die westliche Marktgesellschaft bietet, verlustig. Hierauf wird sogleich zurückzukommen sein. Zunächst interessiert, wieso das Bild, das Scholz von der Motivation Putins zeichnet, nicht glaubwürdig ist, nicht zutreffend sein kann.

Dieses Bild basiert darauf, dass Russlands Aktion gegen die Ukraine ihre Wurzel in wiedererwachtem Großmachtstreben hat. Diese Annahme bedeutet aber die vollständige Ausblendung davon, dass die russische Aktion einem Land gilt, das sich, wie sich ergeben hat, als Instrument primär US-amerikanischer Provokationen gegen Russland verwenden lässt. = Die angebliche Aktion ist in Wirklichkeit eine Reaktion auf eine westliche Aktion, eine imperialistische Aktion im Geiste des entfachten „Kampfes der Narrative“. Mit russischem Großmachtstreben hat das einfach nichts zu tun. Dergleichen muss hineininterpretiert werden.

Da die westlichen Akteure also eine Verzerrung der Realität aufbieten müssen, um ihre Rolle im Kampf der Narrative als Kampf um die wohlgeordnete Gesellschaft darstellen zu können, sind sie fortwährend der Gefahr ausgesetzt, dass ihnen die Realität entgegengehalten wird. Aber nicht nur ihnen, sondern auch und vor allem den Menschen der westlichen Gesellschaften; dass diesen verständlich gemacht wird, dass der Narrativ, in dessen Namen vorgegangen wird, nicht im Dienste der wohlgeordneten Gesellschaft ist, dass er im Dienste der Eliten der marktfundamentalistischen Gesellschaften ist. Hiervon müssen besagte Akteure also ablenken. Die naheliegende Lösung für die Aufgabe, wie diese Ablenkung zu gestalten ist, ergibt sich eben daraus, dass

Russland einen Krieg gegen die Ukraine begonnen hat. Hieraus ergibt sich unmittelbar die Möglichkeit, die zu erbringende Ablenkung darauf aufzubauen, Angst zu schüren: Russlands imperialistische Ambitionen werden mit der „Eroberung“ der Ukraine keinesfalls befriedigt. Europa ist insgesamt in Gefahr.

In der *Regierungserklärung* lässt Scholz keinen Zweifel daran aufkommen, dass er die hiermit bezeichnete Strategie verfolgt:

„Die dritte große Herausforderung liegt darin, zu verhindern, dass Putins Krieg auf andere Länder in Europa übergreift. Das bedeutet: Ohne Wenn und Aber stehen wir zu unserer Beistandspflicht in der Nato. Das habe ich auch unseren Alliierten in Mittel- und Osteuropa gesagt, die sich um ihre Sicherheit sorgen. [...] Die Bundeswehr hat ihre Unterstützung für die östlichen Bündnispartner bereits ausgeweitet und wird das weiter tun.“ (S.12)

„Klar ist: Wir müssen deutlich mehr in die Sicherheit unseres Landes investieren, um auf diese Weise unsere Freiheit und unsere Demokratie zu schützen. Das ist eine große nationale Kraftanstrengung. Das Ziel ist eine leistungsfähige, hochmoderne, fortschrittliche Bundeswehr, die uns zuverlässig schützt. [...] Aber machen wir uns nichts vor: Bessere Ausrüstung, moderndes Einsatzgerät, mehr Personal – das kostet viel Geld. Wir werden dafür ein Sondervermögen Bundeswehr einrichten, und ich bin Bundesfinanzminister Lindner sehr dankbar für seine Unterstützung dabei. Der Bundeshaushalt 2022 wird dieses Sondervermögen einmalig mit 100 Milliarden Euro ausstatten.“ (S.13ff.)

Es soll also verhindert werden, dass „Putins Krieg auf andere Länder in Europa übergreift“. Diese Maßnahme soll in Deutschland auch als im Dienste der Besorgnis um „die Sicherheit unseres Landes“ stehend verstanden werden. Diese Sicherheit soll also gefährdet sein. Hiermit ist zweifellos ein Szenario gezeichnet, das beängstigen kann. Aber Scholz – die deutsche Bundesregierung -, wird von dieser Angst nicht gelähmt. Man weiß, wie jenem zu begegnen ist, das die

Angst auslöst: mittels militärischer Aufrüstung. Zwar erfordert deren Realisierung eine „nationale Kraftanstrengung", aber diese steht im Dienste der Aufrechterhaltung von Freiheit und Demokratie.

Die Unlogik dieser Argumentation ist offensichtlich: Man fordert eine „nationale Kraftanstrengung" für die Abwehr von etwas ein, das man selbst mitausgelöst hat. Man fordert es für die Abwehr von etwas ein, das es im propagierten Sinn gar nicht gibt: das Europa überrollen wollende russische Machtstreben.

Angesichts hiervon interessiert, was ebenfalls in der Regierungserklärung zu lesen ist:

> „Putins Krieg bedeutet eine Zäsur, auch für unsere Außenpolitik. So viel Diplomatie wie möglich, ohne naiv zu sein, dieser Anspruch bleibt. Nicht naiv zu sein, das bedeutet aber auch, kein Reden um des Redens willen. Für echten Dialog braucht es die Bereitschaft dazu auf beiden Seiten. Daran mangelt es aufseiten Putins ganz offensichtlich, und das nicht erst in den letzten Tagen und Wochen." (S.18)

US-Senator Richard Black zeichnet hiervon, wie bereits zitiert, ein ganz anderes Bild: „Zwei Monate nach Beginn des Krieges haben wir Friedensgespräche blockiert, das hätte den Krieg fast ohne Blutvergießen beendet." Auch der ehemalige EU-Erweiterungs-Kommissars Günter Verheugen spricht in seinem Artikel in PRAGMATICUS (siehe oben) die fehlende Gesprächsbereitschaft d e s W e s t e n an. Die Darstellung von Scholz, man muss Putin gegenüber eine militärische Vorgehensweise wählen, da dieser nicht dialogtauglich ist, entbehrt also ebenfalls der Grundlage.

Zugleich wird die Übereinstimmung mit US-amerikanischen Denkmustern ersichtlich; das „wir" in Blacks Aussage bezieht sich auf die USA. Das meint: Die Akteure innerhalb der EU haben auch diese aggressive Form der

Gestaltung des „Kampfes der Narrative" von den USA übernommen. Es überrascht daher nicht, in der *Europa-Rede* den Satz finden zu können: „Die Nato bleibt der Garant unserer Sicherheit." (S.41) Der tiefere Sinn hiervon erschließt sich, wenn folgende Aussage in dieser Rede hinzugezogen wird:

> „Umso wichtiger sind starke Partner, allen voran die Vereinigten Staaten. Dass heute mit Präsident Biden ein überzeugter Transatlantiker im Weißen Haus sitzt, ist ein Glück für uns alle. Welch unverzichtbaren Wert die transatlantische Partnerschaft hat, das haben wir in den vergangenen Monaten erlebt. Die Nato steht heute geschlossener denn je da, politische Entscheidungen treffen wir im transatlantischen Schulterschluss. Doch bei allem, was gerade Präsident Biden für unsere Partnerschaft getan hat, wissen wir zugleich, dass sich der Blick Washingtons stärker auch auf den Wettbewerb mit China und auf den asiatisch-pazifischen Raum richtet. Das wird für künftige amerikanische Regierungen ebenso gelten, vielleicht sogar noch mehr." (S.29)

Scholz hebt also gerade jenes Land – die USA - als wichtigsten Partner hervor, das den Ukraine-Krieg initiiert hat, erfreut sich an der transatlantischen Ausrichtung des aktuellen Präsidenten dieses Landes und bedauert, dass dieses Land seine Wohltaten nicht nur über den Atlantik ergießen kann, da es sich auch jenseits seiner Pazifikküste im „Kampf der Narrative" mit China auseinandersetzen muss. Taiwan, das hierbei insbesondere von Bedeutung ist, wird nicht explizit erwähnt. Gerade diese Stellungnahme Scholzes führt jedem, der nur sehen will, einen US-amerikanischen Imperialismus vor Augen, was es geradezu absurd sein lässt, den vorgeblichen russischen Imperialismus als die Gefahrenquelle darzustellen.

Angesichts hiervon sei nochmals betont, dass sich die EU in den US-amerikanischen „Kampf der Narrative" hat einspannen lassen, wobei die Frage die ist, wie weit die USA europäische Vorstellungen von der „Souveränität der EU" gedeihen lassen werden; wie weit sie also den US-amerikanischen

Narrativ in Europa als transatlantischen Narrativ darstellen lassen, der – um mit Scholz zu sprechen – Länder auf Augenhöhe miteinander verbindet.

Diesbezüglich ist explizit zu beachten, dass die Protagonisten marktfundamentalistischer Gesellschaften Solidarität, Werte usw. nicht kennen, wie sich aus den philosophischen Überlegungen ergeben hat. Alleine aus taktischen Erwägungen heraus halten sie sich die Maske vor, dass ihnen Solidarität, Werte usw. wichtig sind. Auch aus sozialdemokratischer Sicht, nicht nur aus sozialistischer Sicht, kann diese Maske nur als verwerflich verstanden werden, und setzt sie sich jemand auf, so ist dessen wahres Gesicht hinter der Maske zu beachten und darzustellen. Es ist zu zeigen, dass dieses wahre Gesicht von dem Bemühen um die Eliten der marktfundamentalistischen Gesellschaften geprägt ist. Die folgenden Ausführungen sollen darlegen, dass das Denken von Olaf Scholz diesem sozialistischen – sozialdemokratischen – Anspruch keinesfalls gerecht wird.

Der Anfang der Darstellung hievon knüpft noch an seine Ausführungen zum Ukraine-Krieg an:

„Mit dem Überfall auf die Ukraine hat der russische Präsident Putin kaltblütig einen Angriffskrieg vom Zaun gebrochen – aus einem einzigen Grund: Die Freiheit der Ukrainerinnen und Ukrainer stellt sein eigenes Unterdrückungsregime infrage. Das ist menschenverachtend. Das ist völkerrechtswidrig.“ (*Regierungserklärung* S.7)

„Ja, die Ukraine, die Republik Moldau, perspektivisch auch Georgien und natürlich die sechs Staaten des westlichen Balkans gehören zu uns, zum freien, demokratischen Teil Europas. Ihr EU-Beitritt liegt in unserem Interesse. […] Realpolitik im 21. Jahrhundert heißt nicht, Werte hinten anzustellen und Partner zu opfern zugunsten fauler Kompromisse. Realpolitik muss heißen, Freunde und Wertepartner einzubinden, sie zu unterstützen, um im globalen Wettbewerb durch Zusammenarbeit stärker zu sein." (*Europa-Rede* S.27)

Das lässt nur den Schluss zu, dass Scholz die Ukraine zum Zeitpunkt des Kriegsbeginns für ein demokratisches Land hält, für einen „Wertepartner" der EU, der USA usw. Das verblüfft. Wie zu zeigen gewesen ist, hat sich die Ukraine bereits vor Kriegsbeginn, auf „anraten" z. B. des IWF, in Richtung neoliberaler Gesellschaft bewegt. Seit Kriegsbeginn und im Schatten des Krieges hat sich diese Tendenz verstärkt, explizit zu Ungunsten der „freien Ukrainerinnen und Ukrainer". Das lässt sehr wohl zu, von der Ausbildung eines Unterdrückungsregimes zu sprechen, das Scholz lediglich auf der Seite Russlands sieht. Anders gewendet: Hiermit ist eben jene Unterdrückung zum Ausdruck gebracht, die von der „Wertegemeinschaft" EU gegenüber Griechenland ausgeübt wird.

Angesichts hiervon lohnt es, folgende Ausführung in *Europa-Rede* zu betrachten:

„In den Gründungsjahrzehnten des vereinten Europas hieß das vor allem, durch immer engere wirtschaftliche Verschränkung Krieg zwischen den Mitgliedern unmöglich zu machen. Dass dies gelungen ist, bleibt das historische Verdienst unserer Union. Inzwischen ist aus dem Friedensprojekt aber auch ein europaweites Freiheits- und Gerechtigkeitsprojekt geworden. Das wiederum verdanken wir vor allem den Ländern, die erst später zu unserer Gemeinschaft hinzugestoßen sind, den Spaniern, Griechen und Portugiesen, die sich nach Jahrzehnten der Diktatur einem Europa der Freiheit und Demokratie zuwandten, und dann den Bürgerinnen und Bürgern Mittel- und Osteuropas, die mit ihrem Kampf für Freiheit, Menschenrechte und Gerechtigkeit den Kalten Krieg überwunden haben." (S.47f.)

Auf das Selbstverständnis der EU, ein Friedensprojekt zu sein, ist bereits hinzuweisen gewesen. Scholz geht einen Schritt weiter, die EU zudem als „europaweites Freiheits-

und Gerechtigkeitsprojekt“ darstellend. Es ist geradezu Zynismus, wenn in diesem Zusammenhang die Griechen angeführt werden, von denen diesbezüglich gelernt worden ist. Was dem Lehrmeister „Griechen“ von ihrem Schüler „EU“ wiederfahren ist, lässt sich nicht anders interpretieren, als dass die EU nur scheinbar von den „Griechen“ gelernt haben kann, tatsächlich aber bei den US-Amerikanern in die Lehre gegangen ist, denn wovon die „Hilfspakete“ für Griechenland geprägt sind, das ist der US-amerikanische neoliberale Zugang zum Verständnis von der wohlgeordneten Gesellschaft.

Angesichts hiervon ist daran zu erinnern, dass es gemäß Scholz das Anliegen des freien, demokratischen Westens sein muss, die Ukraine nicht hinter einem neuen „eisernen Vorhang“ verschwinden zu lassen. Dieses Ansinnen soll Ausdruck davon sein, dass sich der Westen mit allen Menschen solidarisch versteht, die sein Wertesystem teilen. Die Schwachstelle hieran besteht darin, dass die Einschätzung, zum Zeitpunkt des Kriegsbeginns sei die Ukraine ein tatsächlich demokratisches Land gewesen, nicht nur nicht zutrifft, sondern vor allem als Ausdruck eines reduktionistischen Werte- und Solidaritätsverständnisses zu begreifen ist.

Anhand der Wiedervereinigung Deutschlands bzw. dem Schicksal der neuen Bundesländer lässt sich verdeutlichen, worauf hiermit abgezielt sein soll. Auf eine Anfrage der Linksfraktion im deutschen Bundestag stellte sich heraus, dass 2022 das Bruttogehalt vollzeitbeschäftigter Menschen im Osten Deutschlands rund 13.000 Euro unter jenem im Westen gelegen ist. 13.000 Euro bedeutet, dass sich die Differenz zwischen Osten und Westen in den Jahren 2020 und 2022 erhöht hat! In Zeit Online (18. 06. 2023) ist hierzu zu lesen:

„Der Ostbeauftragte der Fraktion [Die Linke], Sören Pellmann, zog eine Verbindung zum Erfolg der AfD im Osten. «Wenn ostdeutsche Vollzeitbeschäftigte im Schnitt 13.000 Euro im Jahr weniger verdienen als Kollegen in Westdeutschland, dann sollte sich kein Politiker über hohe AfD-Werte wundern», sagte er.“

Das lässt sich nur so verstehen, dass 30 Jahre nach der Wiedervereinigung die alten und die neuen Bundesländer nicht auf Augenhöhe gebracht worden sind. Der Bundesrepublik Deutschland ist also im eigenen Land nicht gelungen, was sie, folgt man den Darbietungen von Scholz, international erreichen will und den Geist der EU – des Westens – ausmachen soll:

„Die Europäische Union funktioniert nicht durch Über- und Unterordnung, sondern durch die Anerkennung von Verschiedenheit, durch Augenhöhe zwischen ihren Mitgliedern, […]“ (*Europa-Rede* S.26)

Eben diese Augenhöhe ist also nicht einmal in Deutschland erzielt worden. Sie zu erreichen kann nicht das Ziel gewesen sein, da es sich nach 30 Jahren hätte einstellen müssen.

Angesichts hiervon interessiert, dass Scholz in der *Europa-Rede* auf die Aussage „Umso wichtiger sind starke Partner allen voran die USA“ (S.29) seine Vorstellung von „dem Anspruch, den ich mit einem geopolitischen Europa verbinde“ (S.30) folgen lässt:

„Wir müssen das Gewicht des geeinten Europas noch viel stärker zur Geltung bringen. Zusammen haben wir allerbeste Chancen, das 21. Jahrhundert in unserem, im europäischen Sinn mitzuprägen und zu gestalten – als Europäische Union aus 27, 30 oder 36 Staaten mit dann mehr als 500 Millionen freien und gleichberechtigten Bürgerinnen und Bürgern, mit dem größten Binnenmarkt der Welt, mit führenden Forschungseinrichtungen, Innovationen und innovativen Unternehmen, mit stabilen Demokratien, mit einer sozialen Versorgung und einer öffentlichen Infrastruktur, die auf der Welt ihresgleichen suchen.“ (S.29f.)

Hieran ist die Formulierung „soziale Versorgung“ hervorzuheben. Diese wird, ist sie ernst gemeint, bei dem „Partner“ USA keine Freude auslösen, da dieser für keine solche „soziale Versorgung“ steht, die aus sozialdemokratischer Sicht als „ernst gemeint“ verstanden werden kann. Details hierzu können wiederum in dem Buch *Triumph der Gier* von Saez und Zucman nachgelesen werden (siehe oben). Wie ernst gemeint sind also die diesbezüglichen Vorstellungen von Scholz? Anders gefragt: Ist seine Vorstellung von „soziale Versorgung“ ebenfalls nur Maske im dargelegten Sinn – hinter der sich ein mehr oder weniger marktfundamentalistisches Denken verbirgt?

Drei Ausführungen in der *Europa-Rede* sind diesbezüglich insbesondere aufschlussreich:

„Europa verdankt seinen Wohlstand dem Handel. Dieses Feld dürfen wir nicht anderen überlassen. Deshalb brauchen wir auch weitere nachhaltige Freihandelsabkommen und eine ambitionierte Handelsagenda.“ (S.37)

„Diese ökologische und digitale Transformation unserer Wirtschaft wird erhebliche private Investitionen erfordern. Die Basis dafür sind ein starker und liquider EU-Kapitalmarkt und ein stabiles Finanzsystem. Die Kapitalmarkt- und die Bankenunion sind deshalb zentral für unseren zukünftigen Wohlstand.“ (S.39)

„Eines der besten Beispiele, […], ist das europäische Sure-Programm. Während der Corona-Krise haben wir es eingeführt, um Kurzarbeit abzusichern. Über 30 Millionen Bürgerinnen und Bürger haben EU-weit davon profitiert, immerhin jede siebte Arbeitnehmerin, jeder siebte Arbeitnehmer, die sonst womöglich auf der Straße gestanden hätten. Nebenbei ist es uns durch diesen Anreiz auf europäischer Ebene gelungen, quasi flächendeckend in Europa das Erfolgsmodell der Kurzarbeit einzuführen. Ein robusterer Arbeitsmarkt und gesündere Unternehmen in ganz Europa sind das Ergebnis. So stelle ich mir pragmatische Lösungen in Europa vor, auch in der Zukunft.“ (S.47)

In den beiden ersten Zitaten verweist Scholz also auf die essentielle Bedeutung von Freihandelsabkommen, einer ambitionierten Handelsagenda, erheblicher privater Investitionen, eines stabilen Finanzsystems, des Kapitalmarkt- und Bankensystems. Aufgrund der gebrachten philosophischen Überlegungen lässt sich all dem tatsächlich Bedeutung zuweisen, jedoch in dem Sinn, dass sie im Lichte davon verstanden wird, aus der Beachtung der personalen Ebene heraus konzipiert und reguliert werden zu müssen. Unterbleibt diese Vorgehensweise, so wird, was aufgezählt worden ist, zum Instrumentarium eines marktfundamentalistischen Verständnisses von Gesellschaft. Eines Verständnisses, dem Solidarität, Bemüht-sein-umeinander fremd sein muss, da es die Bedingung der Möglichkeit hierfür ausblendet.

Im dritten Zitat versucht Scholz zu dokumentieren, dass er – die EU –, was aufgezählt worden ist, als Instrumentarium im Dienste einer Solidargesellschaft begreift. Hierzu verweist er auf das Sure-Programm der EU, als Prototyp für eine ideale, „pragmatische“ Lösung sozialer Probleme aufgrund der Ermöglichung eines „robusteren Arbeitsmarktes und gesünderer Unternehmen“. Es lohnt, diese Argumentation genauer zu betrachten, wobei vorweg festzuhalten ist, dass, wie ausgeführt, „robusterer Arbeitsmarkt ungesündere Unternehmen“ für sich genommen n o c h k e i n Hinweis auf eine Solidargemeinschaft sind.

Am Anfang hiervon soll eine Kritik am Sure-Programm aus marktfundamentalistischer Perspektive stehen. Sie ist dem Artikel *Das „Sure“-Instrument der EU* von Matthias Kullas & Anna Hoffmann in CEPINPUT Nr. 21 / 2020 entnommen:

„Neben der Frage, ob SURE-Darlehen gegenwärtig wirklich notwendig sind, stellt sich die grundsätzliche Frage, ob sie sich rechtfertigen lassen. Gegen eine Finanzierung nationaler Kurzarbeiterprogramme durch europäische Anleihen spricht, dass die Mitgliedstaaten grundsätzlich selbst dafür verantwortlich sind, wie robust ihre Volkswirtschaften im Fall einer Krise sind, denn die Wirtschaftspolitik und die Fiskalpolitik fallen nach wie vor nicht in den europäischen, sondern in den nationalen Kompetenzbereich. [...] Für den Einsatz von SURE-Darlehen spricht, dass es sich bei der COVID-19-Pandemie um einen exogenen wirtschaftlichen Schock handelt, den die Mitgliedstaaten nicht selbst zu verantworten haben." (S.7)

„Gegen SURE spricht hingegen, dass die Darlehen die Eigenverantwortung der Mitgliedstaaten verringern, selbst für den Fall einer Krise vorzusorgen. Der Stabilitäts- und Wachstumspakt wird damit weiter unterhöhlt. [...] Der negative Reformanreiz wird nochmals vergrößert, da SURE zudem die Abneigung der Mitgliedstaaten gegen ein Programm des Europäischen Stabilitätsmechanismus (ESM) verringert. Denn SURE-Darlehen entlasten die öffentlichen Haushalte der Mitgliedstaaten. Sie entsprechen in ihrer Wirkung somit ESM-Darlehen, verzichten anders als diese jedoch auf spezifische Reformauflagen." (S.8)

„Es hätte eine Alternative gegeben: Die Inanspruchnahme der Kreditlinien des Europäischen Stabilitätsmechanismus. Sie hätte die aufgeführten Vorteile aufgewiesen, ohne die aufgeführten Nachteile und Probleme zu erzeugen: Dem asymmetrischen Schock und dem Insolvenzrisiko wäre durch Maßnahmen der EU-Ebene begegnet worden, durch eine gewisse Konditionalität der Krediteinräumung hätte man Reformanreize schaffen können, und die Mittelvergabe hätte nicht an dem Umfang der Kurzarbeit festgemacht werden müssen. Aus politischen Gründen wurde dieser Weg nicht beschritten." (S.8)

In diesen Zitaten wird also beklagt, dass die EU darauf verzichtet hat, im Falle der COVID-19-Pandemie ihre Hilfe mit erzieherischen Maßnahmen wie im Falle der „Hilfspakete" für Griechenland zu verbinden; die Möglichkeit hierfür hätte bestanden. Aber „aus politischen Gründen" ist hiervon abgesehen worden. Anders gewendet: Im Falle der COVID-19-Pandemie hat die EU nicht ihr marktfundamentalistisches Gesicht gezeigt. Das lässt die Fragen zu: Ist die obige Kritik an der EU, wonach sie bedingungslos marktfundamentalistisches Gedankengut idolisiert, übertrieben? Bedeutet diese überzogene Kritik, den um Solidarität bemühten Charakter der EU zu negieren? Das wiederum führt zu der Frage: Ist es eben dieser doch um Solidarität bemühte Kern der EU, an den Scholz mit seiner Glorifizierung des SURE-Progamms anknüpft?

Beantwortet man diese Fragen mit „ja“, so erhält man in Rücksicht auf die Natur besagter „politischen Gründe“ eine Antwort, die man zunächst als zumindest nicht naheliegende Antwort verstehen wird. Die naheliegende Antwort besteht vielmehr darin, dass die Pandemie sehr rasch zu einer derart emotional aufgeladenen Situation geführt hat, dass es aus strategischem Kalkül heraus der EU plausibel erschienen ist, auf erzieherische Maßnahmen zu verzichten. Gemäß dieser Antwort kann von einer Aufweichung der grundsätzlichen marktfundamentalistischen Ausrichtung nicht die Rede sein. Das wiederum impliziert, dass Scholz ein dieserart kalkulierendes Vorgehen glorifiziert, als Triumph westlicher Wertevorstellungen darbietet.

Die Plausibilität dieser Antwort ergibt sich grundsätzlich aus den philosophischen und geschichtlichen Betrachtungen. Anhand der Verabschiedung des Bürgergeldes durch die Regierung Scholz soll in knappen Zügen verdeutlicht werden, wovon hiermit die Rede ist. Der Bundesminister Deutschlands für Arbeit und Soziales Hubertus Heil hat in seiner Rede am 10. 11. 2022 die Einführung des Bürgergeldes als „die größte Sozialstaatsreform seit 20 Jahren“ in Deutschland bezeichnet. Rund 20 Jahre davor, am 14. 03. 2003, hatte der damalige Bundeskanzler – der „Sozialdemokrat“ – Gerhard Schröder seine Agenda 2010 vorgestellt, sowie seine Neustrukturierung des Arbeitsmarktes. Letztere ist mit der Installierung von Hartz IV im Jänner 2005 abgeschlossen worden.

Vorweg ist hierzu festzuhalten: Diese Neuordnung ist vor dem Hintergrund umfangreicher Arbeitslosigkeit, dem Aufbau der neuen Bundesländer, der Forderung Brüssels, die gesamtstaatliche Schuldenquote unter die vereinbarte 3 % Marke zu drücken usw. zu sehen. Schröders Antwort auf diese Herausforderungen bestand primär in einer Stärkung der Deregulierung des Marktes und Flexibilisierung des Arbeitmarktes. Es überrascht daher nicht, dass die Unions-Parteien und weite Teile der Wirtschaft die Agenda als Schritt in die richtige Richtung begrüßt haben. Tatsächlich können die Protagonisten der Agenda darauf verweisen, dass sich mit ihr die Arbeitslosenzahl halbiert hat und die Wettbewerbsfähigkeit der deutschen Wirtschaft an Kraft gewonnen hat. Aber was hier glänzt, das betrifft nur die Oberfläche. Mit der Agenda ist ein riesiger Niedriglohnsektor entstanden, die Leiharbeit, das Phänomen „Armut trotz Arbeit" und der Druck auf Arbeitssuchende, auch schlechte Arbeitsplätze anzunehmen, ist gestiegen. Hartz IV, das zum Synonym für diese Fehlentwicklung geworden ist, kann daher aus sozialdemokratischer Sicht als ideologisch motivierter Fehlgriff verstanden werden.

Tatsächlich gibt sich die aktuelle, „größte Sozialstaatsreform seit 20 Jahren" in bewusster Abkehr von Hartz IV. Hierin spiegelt sich zweifellos wieder, dass Gerhard Schröder mittlerweile innerhalb der SPD beinahe zur persona non grata erklärt worden ist, aufgrund seiner Nähe zu Russland. Eine inhaltliche Abkehr von der mit dem Arbeitslosengeld II (Hartz IV) verbundenen Ideologie durch die Einführung des Bürgergeldes ist aber nicht zu erkennen. Der Politikwissenschafter Christoph Butterwegge fasst dies in folgende Worte (zitiert nach: m.faz.net 24. 11. 2022):

„[…] den Regelbedarfsatz in Beziehung zur Armutsrisikoschwelle der EU zu setzen. Letztere liegt momentan bei 1148 Euro im Monat. Seit der Einführung von Hartz IV im Jahre 2005 ist die Differenz immer größer geworden und sind die Bezieher von Arbeitslosengeld II immer ärmer geworden. Nominal und relativ ist ihre Geldleistung immer weiter hinter der Armutsschwelle der EU zurückgeblieben. Auch beim Bürgergeld müsste der Regelsatz für ein würdiges Leben rund 200 Euro über den 502 Euro liegen, die für Alleinstehende vorgesehen sind. Das scheint allerdings nicht gewollt zu sein."

„Es besteht die Gefahr, dass der in Deutschland trotz des gesetzlichen Mindestlohns bestehende Niedriglohnsektor noch breiter wird. Denn je mehr man behalten darf, desto leichter fällt es rücksichtslosen Arbeitgebern, gering Qualifizierte miserabel zu bezahlen und sie im Sinne eines Kombilohnes auf das Bürgergeld als ergänzende Leistung zu verweisen. Seit 2005 hat die Bundesagentur Hartz-IV-Leistungen in Höhe von 100 Milliarden Euro an Erwerbsaufstocker bezahlt und damit Löhne subventioniert, von denen niemand leben kann."

Es verwundert daher nicht, wenn Butterwegge die angeblich „größte Sozialstaatsreform seit 20 Jahren" als „Reformruine" bezeichnet. Dieses Bild verdichtet sich, wenn man genauer betrachtet, womit Butterwegge seine Ausführungen beginnt:

„Der gefundene Kompromiss [zwischen der Regierung und den Unionsparteien] ist ein Rückfall im Vergleich zum ursprünglichen Gesetzesentwurf."

In www.welt.de (22. 11. 2022) ist hierzu zu lesen:

„Ganz anderer Meinung zeige sich Unionsfraktionschef Friedrich Merz. Der CDU-Chef sagte, dass sich die Ampel [aktuelle Regierung Deutschlands] «zu seiner Überraschung» sehr offen für die Kompromissvorschläge eine Partei gezeigt hätte. Das «ersatzlose» Streichen der Schonfrist bedeute eine grundlegende Änderung am Bürgergeld. «Damit ist der Kern des Bürgergeldes, wie es die SPD geplant hat, komplett gestrichen.»"

Von CSU-Landesgruppenvorsitzenden Alexander Dobrindt erfährt man in dem Artikel:

„Wir haben in den Verhandlungen schwere Systemfehler im Hartz-IV-Update, das ja missverständlich als Bürgergeld bezeichnet wird, also schwere Fehler im Hartz-IV-Update beseitigen können."

Dobrindt lässt also keinen Zweifel darüber offen, das Bürgergeld in der Tradition von Hartz-IV verstehen zu müssen, mit dem die Unions-Parteien grundsätzlich zufrieden sein konnten. Im Lichte hiervon ist der zuvor von Butterwegge zitierte Satz zu verstehen, wonach „die Bezieher von Arbeitslosengeld II immer ärmer geworden" sind und auch im Falle des Bürgergeldes der Regelsatz zu niedrig für „ein würdiges Leben" ist. Trotzdem findet Scholz in der Generaldebatte im Bundestag zu den Worten:

„Ich bin froh, dass wir hier zu einer Einigung gefunden haben – eine gute übrigens."

Die Gesinnung, die hierin zum Ausdruck kommt, gilt es zu beachten, wenn folgende Ausführung in der *UN-Rede* (S.56) betrachtet wird:

„Die Kernfrage, vor der wir als Weltgemeinschaft stehen, lautet: Schauen wir hilflos zu, wie manche uns in eine Weltordnung zurückkatapultieren wollen, in der Krieg ein gängiges Mittel der Politik ist[133], in der sich unabhängige Nationen ihren stärkeren Nachbarn oder ihren Kolonialherren zu fügen haben, in der Wohlstand und Menschenrechte ein Privileg der «lucky few» sind?"

Wie sich gezeigt hat, ist die Protegierung der „lucky few" - also die Protegierung der Eliten – das Ideal marktfundamentalistischen Denkens. Der von Scholz und seiner SPD hofierte Partner USA führen dies auf paradigmatische Weise vor Augen. Er kann also keinesfalls ernst meinen, was er in dem Zitat ausführt. Er kann es nicht ernst meinen in Beziehung auf die Ukraine-Krise und er kann es nicht ernst meinen in Beziehung auf das Bürgergeld. Das bedeutet aber,

[133] Das bezieht Scholz also nicht auf die USA!

dass der Verzicht auf Erziehungsmaßnahmen im SURE-Instrument keinesfalls als Ausdruck von solidarischem Denken verstanden werden kann. Dieser Verzicht ist reines Kalkül.

Überblickt man die gebrachten Ausführungen, so zeigt sich: Die Einführung des Bürgergeldes in Deutschland, die Installation des SURE-Instrumentes in der EU usw. bezeugen einerseits das Fehlen einer solidarischen Gesinnung und andererseits die Ausrichtung am marktfundamentalistischen Denken. Die hiermit bezeichnete „transatlantische“ Gesinnung verrät im Ukraine-Krieg ihre Aggressionsbereitschaft, die auch vor Kriegsbegeisterung nicht zurückschreckt. Angesichts hiervon bedarf es keiner weiteren Ausführungen, um die Frage beantworten zu können, ob Bundeskanzler Olaf Scholz Sozialdemokrat oder „Sozialdemokrat“ ist. Er ist „Sozialdemokrat“ im Dienste des transatlantischen Imperialismus.

7 Quintessenz der neuen Reform des Sozialismus

In den vorausgegangenen Ausführungen sollten alle Informationen zur Darstellung davon enthalten sein, wieso es einer neuen Reformation des Sozialismus bedarf und wie deren Fundament auszusehen hat[134]. Die Aufgabe des Schlusskapitels besteht daher darin, diese Informationen in gebündelter Form zusammenzustellen, sodass unmittelbar einsichtig wird, zu welchem Ergebnis sie führen.

Zunächst ist abzuklären, gegenüber welchem Gefüge aus ideologischen Positionen die neue Reformation des Sozialismus abzugrenzen ist. (1.) Als erste dieser Positionen ist das auf eine vollständige Anerkennung der kapitalistischen Marktwirtschaft abzielende Denken zu nennen. Die paradigmatische ideologische Ausformung hiervon ist der Liberalismus. Seine Vorstellung von der wohlgeordneten Gesellschaft basiert auf der Anerkennung der Omnipotenz des Marktes und der Ausbildung von Eliten. Dem steht (2.) der Sozialismus in seiner Ausgestaltung (insbesondere) durch Karl Marx und Friedrich Engels gegenüber. Die Vorstellung dieser Position von der wohlgeordneten Gesellschaft basiert auf der Übwindung des Kapitalismus, explizit im Sinne der Überwindung der Marktwirtschaft. Ist diese erzielt, so entsteht eine klassenlose Gesellschaft, also eine Gesellschaft ohne Eliten. Der Grund hierfür soll sein, dass mit der Marktwirtschaft das Konkurrenzdenken überwunden worden ist, das nur dem Anschein nach bzw. als Nebeneffekt das Allgemeinwohl bedient bzw. bedienen kann. (3.) Die dritte Position wird von der Sozialdemokratie eingenommen, also der bisher geschichtsträchtigsten Reformation des von Marx

[134] Lediglich der Begriff „personale Diskursebene“ wird in diesem Kapitel neu eingebracht.

und Engels gestalteten Sozialismus. Die Sozialdemokratie sieht keinen Grund dafür, die Marktwirtschaft überkommen zu müssen, ohne deshalb mit dem Liberalismus dahingehend übereinzustimmen, dass von der Omnipotenz des Marktes gesprochen werden kann. Sie sieht also die Möglichkeit dafür, zur wohlgeordneten Gesellschaft finden zu können, indem dem Konkurrenzdenken Grenzen gezogen werden, aufbauend auf einem unabhängig von diesem bleibenden Beachten des gesellschaftlichen Allgemeinwohls.

Von den hiermit bezeichneten Positionen ist behauptet worden, dass sie ein Gefüge bilden, dass sie also durch eine sie verbindende Klammer miteinander verknüpft sind. Vorweg ist hierzu hervorzuheben: Die neue Reformation des Sozialismus basiert auf der Emanzipation von eben dieser Klammer, aber innerhalb des Sozialismus. Das mag paradox anmuten, aber es wird sich zeigen, dass dieser Satz nichts weniger als paradox ist.

Worin aber besteht besagte Klammer? Kurz gesagt: In der Anerkennung der modernen Aufklärung mit ihrer alleinigen Ausrichtung auf den innerweltlichen Blick. Die moderne Aufklärung ist von Anfang an als Ausdruck davon dargestellt worden, dass es der Menschheit gelungen ist, die Welt, wie sie in den Sinneswahrnehmungen entgegentritt, aus sich heraus zu erklären. Plakativ formuliert: Um Donner und Blitz zu erklären, bedarf es nicht mehr des Rückgriffs auf welche Götter auch immer. Hierin kommt zweifellos eine immense geistige Leistung von Menschen zum Ausdruck, die nicht zuletzt ihren Niederschlag in technischen Revolutionen gefunden hat. Was erscheint daher angemessener, als die moderne Aufklärung als Erfolgsgeschichte zu verstehen?

Das soll umso mehr gelten, als die moderne Aufklärung auch auf sozialem Gebiet eine Revolution ausgelöst hat. Sie hat die alte Einteilung der Gesellschaft in Eliten und Nicht-

Eliten aufgelöst. Sie hat eine religiös unterlegte Einteilung der Gesellschaft aufgelöst, deren Eliten sich nicht durch Leistung hervorgetan haben und denen die Nicht-Eliten mehr der weniger gleichgültig gewesen sind. Der Satz von der Gleichheit der Menschen ist dieser Gesellschaftsordnung unbekannt gewesen. Die Überwindung hiervon sollte endgültig alle Zweifel daran zerstreuen, die moderne Aufklärung als Erfolgsgeschichte wahrnehmen zu müssen. Das ist es zumindest, was sich die Protagonisten der modernen Aufklärung erwarten. Und ihre Erwartung wird nicht enttäuscht. Zumindest die Protagonisten der drei vorgestellten ideologischen Positionen bekunden übereinstimmend (Klammer!) volle Zustimmung.

Demgegenüber basiert die neue Reformation des Sozialismus gerade darauf, diese Zustimmung zu verweigern. Zunächst wurzelt diese Verweigerung in dem erkenntnistheoretischen Umstand, dass sich die aufgeklärte Fokussierung auf den innerweltlichen Blick nicht rechtfertigen lässt. Die Welt, wie sie in den Sinneswahrnehmungen entgegentritt, bedeutet keine unmittelbare Vergegenwärtigung des Seins. Anders gewendet: Die Ebene der Sinneswahrnehmungen ist nicht der unmittelbare Zugang zum Sein, sie ist mittelbarer Zugang.

Hierin gründet der fundamentale Unterschied zwischen der neuen Reformation und den drei vorgestellten ideologischen Positionen, also dem aus diesen gebildeten Gefüge: Der unmittelbare Zugang zum Sein wird aufgrund der konsequenten Beachtung der erkenntnistheoretischen Problematik in Differenz zum mittelbaren Zugang zum Sein verstanden. In anderen Worten: Der unmittelbare Zugang zum Sein wird in Differenz zur Ebene der Wahrnehmung der Welt durch die Sinnesorgane verstanden.

Zweierlei ist hiermit gerade nicht ausgesagt: (1.) Die der neuen Reformation zugrundeliegende Philosophie nimmt eine Seinsebene in Anspruch, die sich irgendwo jenseits der weltlichen Ebene befindet. Hiervon kann nicht die Rede sein, da der weltlichen Ebene kein Sein an und für sich zukommt. Trotzdem hat sie Bezug zum Sein. Dieser ergibt sich aber aus dem So-Sein des Bedenkens und Hinterfragens der Menschen. (2.) Die Vergegenwärtigung von Welt ist bedeutungslos bzw. lediglich von marginaler Bedeutung. Es wird sich zeigen, dass dergleichen keinesfalls daraus folgt, die sinnliche Wahrnehmung nicht als den unmittelbaren Zugang zum Sein verstehen zu dürfen.

„Das mag ja interessant sein“, scheint sich hiergegen vorbringen zu lassen, „aber welcher konkrete Gewinn soll sich aus der Beachtung dieser Kritik an der Aufklärung für die Etablierung der wohlgeordneten Gesellschaft im Namen einer neuen Reformation ergeben?“

Die Antwort auf diese Frage wird ersichtlich, wenn beachtet wird, dass die Aussage, die weltliche Ebene repräsentiert nicht den unmittelbaren Zugang zum Sein, natürlich auch das weltliche Ich umfasst. Dieses ist keinesfalls gleichzusetzen mit dem Ich (Menschen) an und für sich. Das Ich an und für sich, also das Ich, wie es sich im unmittelbaren Zugang zum Sein zeigt, hat sich als der Umgang mit der fundamentalen Aufgabe erwiesen; es ist dieser Umgang. Diese Aufgabe besteht darin, zur Vergegenwärtigung des eigenen So-Seins vorzudringen, also zur Vergegenwärtigung von Person-Sein. Wird diese Aufgabe erfolgreich gelöst, so wird sich das Ich (der Mensch) gerecht. Das impliziert: Es reduziert sich nicht auf sein weltliches Ich. Diese Option steht ihm als falsche Lösung der fundamentalen Aufgabe sehr wohl offen, sodass festzuhalten ist: Die fundamentale Aufgabe besteht darin, sich für die zutreffende Lösung (Vergegenwärtigung von Person-Sein) und gegen die reduktionistische Lösung (Reduktion auf das weltliche Ich) zu entscheiden. Anders gewendet: Es soll sich dafür entscheiden, seines fundamentalen Bedürfnisses, sich als Person zu vergegenwärtigen, einsichtig zu werden, davon absehend, sich auf die Bedürfnisse zu reduzieren, die es als weltliches Ich hat.

Hieran ist entscheidend: Mit der Thematisierung von Person-Sein verliert die Beachtung der Bedürfnisse des weltlichen Ichs keinesfalls an Bedeutung. Zwar ist das weltliche Ich in Differenz zum Ich als Person, aber das besagt nicht, dass es Anderes als dieses ist. Hieraus folgt: Dass das Ich der Umgang mit der fundamentalen Aufgabe ist, sich gerecht zu werden, inkludiert das Bemüht-sein um das weltliche Ich. Daraus, dass sich das Ich nicht auf sein weltliches Ich reduzieren soll, folgt also keinesfalls, es ignorieren oder auch nur bagatellisieren zu dürfen. Mehr noch: Kann ein Ich nicht dazu finden, die Bedürfnissituation seines weltlichen Ichs zu befriedigen, so muss es sich die Frage vorlegen, ob es eine zutreffende Vorstellung von sich als Person hat.

Hiermit ist die Substanz dessen ausgesagt, was die neue Reformation ausmacht, denn was soeben festgehalten worden ist, das ist unmittelbar bedeutsam für das Verständnis von Gemeinschaft. Hierfür ist von grundlegender Wichtigkeit, dass das Ich an und für sich, also das personale Ich, zugleich ein Eines ist, eben das eine Ich, wie es sich bedenkt und um sich bemüht ist, und Individuation von Wir. Dieses „Individuation von Wir“ ist es, worauf es insbesondere ankommt.

Ein Verständnis hiervon lässt sich entwickeln, wenn beachtet wird: Das Ich ist aufgrund der fundamentalen Aufgabe dazu aufgerufen, zur Thematisierung seiner Personalität als seinem An-und-für-sich vorzudringen, wozu gehört, sich nicht auf sein weltliches Ich zu reduzieren. Zwar beginnt der Umgang mit der fundamentalen Aufgabe mit der Thematisierung des weltlichen Ichs, aber dieses wird noch nicht verstanden; es wird noch nicht verstanden, dass, was thematisiert wird, als mittelbarer Ausdruck vom personalen Ich zu verstehen ist, das als Ausdruck des unmittelbaren Zugangs zum Sein in Differenz zu dem weltlichen Ich ist. Selbiges gilt in Rücksicht darauf, dass das Ich am Beginn seines Umgangs mit der fundamentalen Aufgabe nicht nur sich selbst als weltliches Ich wahrnimmt, sondern eine Vielzahl weltlicher Ichs. Es thematisiert also anfänglich eine Gesellschaft. Für diese gilt, was auch für das weltliche Ich gilt: Zunächst wird die Gesellschaft zwar thematisiert, aber noch nicht verstanden. Es wird noch nicht verstanden, dass sie als Ausdruck des mittelbaren Zugangs zu verstehen ist, sodass zu ihr in Differenz zu treten ist, also das An-und-für-sich hierzu im unmittelbaren Zugang zum Sein zu thematisieren ist, was eben Ziel der Lösung der fundamentalen Aufgabe ist. Dieses An-und-für-sich ist die Gemeinschaft bzw. Wir.

Entscheidend ist nun: Dass zur Gesellschaft in Differenz zu treten ist, besagt, dass zu den weltlichen Ichs in Differenz zu treten ist. Die Essenz hiervon ist in aller Deutlichkeit festzuhalten: Die atomistische Abgegrenztheit der weltlichen Ichs gegeneinander auf gesellschaftlicher Ebene kann auf personaler Ebene nicht gegeben sein; eben hierzu wird in Differenz getreten. Zwar ist jedes personale Ich ein Eines, aber es ist dieses Eines nicht derart, dass es an und für sich gegen die anderen personalen Ichs abgegrenzt ist. Diese fehlende Begrenztheit bedeutet, dass die personalen Ichs ein übergeordnetes Eines bilden, ohne hierdurch ihre Individualität zu verlieren. Dieser Umstand ist mit dem Begriff „Individuation von Wir“ bezeichnet, da das Wir bzw. Gemeinschaft besagtes Eines ist.

Die Konsequenz hiervon für das Bemüht-sein um sich ist zugleich Kern und Angelpunkt des Sozialismus, wie er im Geiste der neuen Reformation zu verstehen ist: Da jedes personale Ich Individuation von Wir ist, findet sein Bemüht-sein um sich seine Grenze nicht an der Grenze der eigenen Person insofern sie ein Eines ist, sondern umfasst das Bemüht-sein um die gesamte Gemeinschaft, verstanden als ein Eines aus gleichwürdigen Individuationen. = Das Bemüht-sein um die Gemeinschaft (Ich as Individuation von Wir) ist integraler Teil von Bemüht-sein um sich selbst (Ich als ein Eines).

Sogleich ist hinzuzufügen: Die Gesellschaft verliert angesichts der Thematisierung von Gemeinschaft ebensowenig ihre Bedeutung wie das weltliche Ich angesichts der Thematisierung des personalen Ich. In diesem Sinne gilt, dass die wohlgeordnete Gesellschaft den personalen Ichs bzw. der Gemeinschaft ein Anliegen sein muss, wie auch, dass der Zustand der Gesellschaft als Indikator dafür verstanden werden kann, ob auf zutreffende Weise von Gemeinschaft die Rede ist.

Um willen der Verdeutlichung der Bedeutung des soeben gebrachten fundamentalen Satzes des Sozialismus soll dargelegt werden, wie es in den drei anfangs in diesem Kapitel vorgestellten ideologischen Positionen um seine Beachtung bestellt ist.

Die auf der kapitalistischen Marktwirtschaft aufbauende Ideologie kann zu diesem Satz keine Affinität besitzen, da sie aufgrund ihrer alleinigen Ausrichtung auf den innerweltlichen Blick die personale Ebene vollständig ausblendet. Das bedeutet: Das Bemüht-sein um sich bleibt ohne Erweiterung um Bemüht-sein um die

Gemeinschaft. Die wohlgeordnete Gesellschaft wird hierbei aus der Anerkennung der Omnipotenz des Marktes, seiner Mechanismen, abgeleitet.

Dieser Verweis auf die Marktmechanismen bedeutet aber weiter nichts als die Anwendung folgenden Tricks um willen der Rechtfertigung von gesellschaftlichen Eliten: Tatsächlich kommt der Marktwirtschaft auf gesellschaftlicher Ebene grundlegende Bedeutung zu. Ihre Mechanismen sind zu beachten. Aber für sich genommen sind sie moralisch indifferent. Ihre Bedeutung in Hinsicht auf die Verwirklichung der wohlgeordneten Gesellschaft können sie erst entfalten, wenn sie aus der Thematisierung der personalen Ebene und somit von Gemeinschaft ausformuliert werden. Aber gerade hierauf verzichtet die kapitalistische Ideologie. Somit unterstellt sie, dass das marktwirtschaftliche Konkurrenzdenken aus sich heraus zur wohlgeordneten Gesellschaft führt, keinerlei Ausformulierung im Sinne der Beachtung von Gemeinschaft bedürfend. Der Trick hieran besteht also darin, dass auf etwas zugegriffen wird, das an und für sich sehr wohl aufzugreifen ist, aber nur unter Beachtung seiner moralischen Indifferenz und der dementsprechenden Ausformulierung. Indem letzteres missachtet wird, wird nicht bzw. *nur dem Anschein nach* auf die wohlgeordnete Gesellschaft abgezielt. Tatsächlich wird auf eine Gesellschaft aus Eliten und Nicht-Eliten abgezielt.

All dies trägt sich im Namen der modernen Aufklärung und ihrer alleinigen Anerkennung des innerweltlichen Blicks zu. Der hierin zum Ausdruck kommende Reduktionismus ist *unabdingbare Voraussetzung* dafür, dass sich das kapitalistische Denken den Anschein geben kann, um die wohlgeordnete Gesellschaft bemüht zu sein. Für den fundamentalen Satz des Sozialismus folgt hieraus: *Die Ausrichtung auf die wohlgeordnete Gesellschaft und somit auf die Realisierung von*

Gemeinschaft inkludiert die Zurückweisung der modernen Aufklärung, als einem Werkzeug im Dienste der kapitalistischen Marktwirtschaft. Die moderne Aufklärung ist als Triumph dieser Art zu Denken zu verstehen.

Angesichts hiervon ist der Sozialismus von Friedrich Engels und Karl Marx zu betrachten. In der Anerkennung der modernen Aufklärung stimmt er mit dem kapitalistischen Denken vollständig überein. Aber was Marx und Engels hiermit in Händen halten, das begreifen sie nicht als Chance dafür, die alten – feudalen – Eliten durch neue Eliten ersetzen zu können, die sich aus der Anwendung der kapitalistisch verstandenen Marktwirtschaft ergeben. Sie begreifen die moderne Aufklärung als Chance, das Elitendenken bzw. Klassendenken insgesamt beseitigen zu können. Um diese Chance ergreifen zu können, so führen sie aus, ist die Marktwirtschaft von der Gestaltung der Gesellschaft fern zu halten; es ist in Differenz zur Marktwirtschaft zu treten. Nur so soll sich die wohlgeordnete Gesellschaft erzielen lassen.

Das entspricht der Vorstellung im Sinne der neuen Reformation. Diese begreift ja die Marktwirtschaft als gesellschaftliches Phänomen in Differenz zur personalen Ebene. Der wesentliche Unterschied liegt im Verständnis von Differenz: Da Engels und Marx diese Ebene nicht thematisieren können, verfallen sie auf die Idee, die Marktwirtschaft insgesamt, also nicht nur die kapitalistische Marktwirtschaft, von der Gesellschaft fern halten zu müssen, konkret indem sie überwunden wird. Demgegenüber löst die neue Reformation die kapitalistische Marktwirtschaft auf, belässt aber die Marktwirtschaft als gesellschaftliches Phänomen, zu dem im Sinne der Thematisierung der personalen Ebene in Differenz getreten wird. Der somit gegebene Unterschied im Verständnis von Differenz wurzelt somit darin, dass Marx und Engels der modernen Aufklärung ein Potenzial attestieren, nämlich die Thematisierung von Gemeinschaft, das ihr einfach nicht zukommt.

In der Argumentation Marxens und Engels' liegt ein revolutionäres Element, das aber zugleich als Kristallisation eines geschichtlichen Vorganges verstanden wird, der seine Wurzel in einer geradezu naturwissenschaftlich verstandenen Gesetzlichkeit haben soll: Der Kapitalismus trägt seine Auflösung in sich; er ist eine Stufe auf dem Zu-sich-kommen der Gesellschaft. Die Revolution ist somit nicht reines Menschenwerk.

Eine derartige Gesetzlichkeit kennt die neue Reformation des Sozialismus nicht. Sie führt die Überwindung des Kapitalismus auf den Umgang der personalen Ichs mit der fundamentalen Aufgabe zurück, also auf moralische Entscheidungen dieser Ichs in Rücksicht auf die Anerkennung der Gleichwürdigkeit der Menschen. Das beinhaltet: Die Überwindung des Kapitalismus muss reines Menschenwerk sein, da es keine gesetzliche (teleologische) Basis für diesen Prozess gibt. Das also kennt der Sozialismus Marxens und Engels' nicht, konkret aufgrund seiner Ausblendung der personalen Ebene im Namen der modernen Aufklärung. Anders gewendet: Mit der Ausblendung der personalen / gemeinschaftlichen Ebene haben sie jenes eliminiert, auf das zugegriffen werden kann, um tatsächlich in Differenz zur Marktwirtschaft treten zu können, ohne selbige eliminieren zu müssen, da sie nicht mehr nur als kapitalistische Marktwirtschaft auftreten muss.

Das ändert aber nichts an dem Umstand, dass Engels und Marx mit ihrer Feststellung, zur Marktwirtschaft in Differenz treten zu müssen, den Sozialismus grundgelegt haben. Das Fundament des Sozialismus braucht somit nicht neu entdeckt zu werden. Ebenso fraglos muss aber sein, dass Engels und Marx bei ihrer Ausarbeitung dessen, was sie grundgelegt haben,

Fehler unterlaufen sind. Ihr Dogma, wonach die Marktwirtschaft grundsätzlich zu überkommen ist, ist hierbei lediglich Symptom eines tiefer liegenden Irrtums.

Dieser liegt darin, dass die Eigenständigkeit der Menschen, wie sie in ihrem Umgang mit der fundamentalen Aufgabe zum Ausdruck kommt, essenziell unterschätzt worden ist. Es entbehrt nicht jeglicher Ironie, dass Marx und Engels eine marionettenhafte Vorstellung vom Menschen haben, durchaus ähnlich dem kapitalistischen Denken. Sind die Menschen hier Marionetten der Marktmechanismen, so dort des entwicklungsgeschichtlichen Prozesses, der notwendig zur klassenlosen Gesellschaft führen soll.

Dass diese Übereinstimung der beiden Positionen der gemeinsamen Ausrichtung auf die moderne Aufklärung geschuldet ist, braucht nicht mehr eigens dargelegt zu werden. Umso mehr muss betont werden, dass diese Ausrichtung tatsächlich den Eliten des kapitalistischen Denkens entgegenkommt, aber gerade nicht der Erlangung der wohlgeordneten Gesellschaft bzw. Gemeinschaft.

Für das tiefere Verständnis des Sozialismus lässt sich hieraus gewinnen, dass das zutreffende Verständnis vom Menschen als einem moralischen Wesen von essentieller Bedeutung ist. Es ist im Umgang der Menschen mit der fundamentalen Aufgabe begründet, die wohlgeordnete Gesellschaft und Gemeinschaft realisieren zu sollen. Die Erlangung dieses Zieles kann nicht delegiert werden. Weder an Marktmechanismen, die für sich genommen moralisch indifferent sind, sodass sie die moralische Ebene unbedacht lassen. Noch an eine geschichtliche Entwicklungsdynamik, die, da sie im Geiste der alleinigen Anerkennung des innerweltlichen Blicks verstanden wird, ebenfalls Moral verfehlen muss.

Bemerkenswert ist, dass die sozialdemokratische Reformation des Sozialismus auf eben diese Beachtung der moralischen Ebene abzielt, wiewohl, so ist leider sogleich hinzuzufügen, mehr aus der Not heraus, ansonst mit leeren Händen dazustehen, als aus Einsichten zum So-Sein der Menschen. Was ist hiermit ausgesagt? Die Gründer der Sozialdemokratie haben beobachtet, dass in kapitalistischen Ländern die wirtschaftlichen Krisen nicht sukzessive größer werden, sodass uneinsichtig werden musste, wieso sich der Kapitalismus seiner Selbstaufhebung entgegenbewegen sollte. Die Vorstellung von dieser Selbstaufhebung als philosophisch motivierte Schrulle von Marx und Engels abtuend, hat man die Regulierbarkeit der Marktwirtschaft in das Zentrum der Betrachtungen gestellt. Die Kernbotschaft lautet: Die Marktwirtschaft muss nicht im kapitalistischen Gewand auftreten. Zwar tritt sie zunächst in diesem Gewand auf, aber es ist Teil der Entwicklung der Menschheit, dass die das Bemüht-sein umeinander betreffenden moralischen Kräfte sukzessive mehr an Bedeutung gewinnen. Das eröffnet die Möglichkeit, die Marktwirtschaft beibehalten und nutzen zu können, eben da sie im Sinne der neuen Möglichkeiten reguliert werden kann.

Hieran darf nicht übersehen werden: Die herbeiargumentierte Annahme einer moralischen Höherentwicklung kann sehr wohl als – unmittelbare oder mittelbare – Anknüpfung an die Verwendung naturgesetzlicher Argumente im Sozialismus von Engels und Marx verstanden werden. Die Basis hierfür ist, die moralische Höherentwicklung des Menschen als Spezialfall der allgemein mit Evolution verknüpften Vorstellung von Höherentwicklung zu begreifen.

Soweit dieses Bild also Parallelen zur neuen Reformation des Sozialismus aufweist, sind diese im Lichte davon zu begreifen, dass dem sozialdemokratischen Bild das Fundament fehlt. Der Grund hierfür liegt in der Ausrichtung auf die moderne Aufklärung, also darin, das Reden von der personalen, gemeinschaftlichen Ebene ebenfalls als philosophische Schrulle zurückzuweisen. Daher kann nicht gchaltvoll von Moral gesprochen werden, wie sie in der Höherentwicklung zur Ausbildung gelangen soll; was die Marktwirtschaft nutzbringend anwenden lassen soll, bleibt somit inhaltsleer.

Zu den Konsequenzen hiervon gehört: Die Sozialdemokratie hat nicht verstanden, dass sich das Ausbleiben der Selbstaufhebung des Kapitalismus primär dem Umstand verdankt, dass dieser auf eine umfangreiche Käuferschaft angewiesen ist, worin zugleich liegt, dass sich die Eliten als um das Wohl der gesamten Gesellschaft bemüht seiend gerieren müssen und können, wobei sie umfangreich zur Ausbildung empörungsprophylaktischer Maßnahmen fähig sind. Demgegenüber ist die Annahme vom Erblühen moralischer Fähigkeiten reines Wunschdenken. Ein problembeladenes Wunschdenken, da es die von Marx und Engels zu Recht betonte Differenz ausblendet. Kurz gesagt: Die Vorstellung vom Hinüberwachsen in die wohlgeordnete Gesellschaft aufgrund erblühender moralischer Fähigkeiten als Garant für die zutreffende Regulierung der Marktwirtschaft ist das Differenz-Argument unterwanderndes Wunschdenken.

Das Problem des richtigen Umgangs mit der Marktwirtschaft, also die Befreiung selbiger von der kapitalistischen Instrumentalisierung, wird somit nicht an der Wurzel erfasst; es können nur Verbesserungen der Situation der Nicht-Eliten angestrebt werden, zweifellos über das Maß an empörungsprophylaktischen Maßnahmen hinaus, das von den Seite der Eliten angeboten wird. Anders gewendet: Die sozialdemokratische Reformation kann, um mit Marx und Engels zu sprechen, nicht über bourgeoise-sozialistische Vorstellungen hinausgelangen.

Endlich ist zu beachten: Die fehlende Differenz zur marktwirtschaftlichen Ebene und das Fehlen jeglicher inhaltlichen Vorstellungen zur moralischen Ebene birgt die Gefahr in sich, dass sukzessive mehr kapitalistische Inhalte aufgenommen werden, die sozialistische Positionierung unterwandernd. = Der Sozialdemokratie wird ihr eigenes Wunschdenken suspekt, sodass sie sich vermehrt – um pragmatische Ernsthaftigkeit bemüht – an dem ausrichtet, was die aufgeklärt verstandene Gesellschaft anbietet: Die Gesetze der Marktwirtschaft. In dem Maße, wie sie hierauf zugreift, unerwandert sie aber ihre Vorstellung von der nötigen Regulierung des Marktes. Das besagt aber: *Der Sozialdemokratie wohnt das Potenzial ein, zur „Sozialdemokratie" herabzusinken*, die sozialistische Ausrichtung preisgebend. Mehr noch: *Die Sozialdemokratie kann als „Sozialdemokratie" zu einem Instrument der Empörungsprophylaxe der kapitalistischen Eliten werden.*

Für das tiefere Verständnis des Sozialismus bzw. seiner neuen Reformation trägt diese Skizzierung der Sozialdemokratie vor allem bei, *die Beachtung der moralischen Ebene tatsächlich ernst nehmen zu müssen*. Es darf nicht bei einer sorglosen, „gut gemeinten" usw. Thematisierung hiervon belassen bleiben. Sie muss auf einer philosophisch fundierten Betrachtung des Menschen aufbauen, konkret der Betrachtung der personalen Ichs und von Gemeinschaft.

Im Lichte hiervon ist an den einleitend zu diesem Kapitel gebrachten Satz zu erinnern: „Die neue Reformation des Sozialismus basiert auf der Emanzipation von eben dieser Klammer [gemeint ist die Ausrichtung auf die moderne Aufklärung], aber innerhalb des Sozialismus." Angesichts der gebrachten Ausführungen sollte evident geworden sein, dass dieser Satz tatsächlich nicht paradox ist. Der

Sozialismus gemäß der neuen Reformation greift Marxens und Engels' sozialistische Vorstellung von der klassenlosen Gesellschaft auf, begründet sie aber im Unterschied zu Marx und Engels mittels der dialektischen Philosophie, worin die Emanzipation von der Klammer „moderne Aufklärung" liegt.

Angesichts hiervon ist das Verhältnis zwischen der dialektischen Philosophie und dem Sozialismus zu präzisieren. Die Philosophie gehört der Ebene des unmittelbaren Zugangs zum Sein an, erbringt also jene Sätze die das Sein an und für sich bezeichnen. Die entscheidenden Sätze, zumindest soweit sie in dem vorliegenden Buch interessieren, beziehen sich auf das personale Ich und die Gemeinschaft. Diese Sätze umfassen die Thematisierung der Zweieinheitlichkeit von personales Ich und Gemeinschaft, was die differenzielle Eigenständigkeit von Gesellschaft und weltlichem Ich umfasst. Das meint, wie sich bereits gezeigt hat: Die Zweieinheitlichkeit von Ich und Gemeinschaft ist Ausdruck davon, dass das Ich aus der anfänglichen Vergegenwärtigung seiner Weltlichkeit (weltliches Ich) zur Thematisierung seiner Personalität (personales Ich) vordringen soll. Die hiermit bezeichnete Aufgabe ist derart, dass das weltliche Ich als etwas erscheinen kann, das gar nicht überstiegen werden braucht, die Aufgabe als gar nicht gegeben erscheinen lassend. Ein sich hierfür entscheidendes Ich entscheidet sich also für die reduktionistische Lösung, das weltliche Ich als das Ich insgesamt verstehen zu können. Selbiges gilt für Gemeinschaft und (weltliche) Gesellschaft. In diesem Sinne sind also personales Ich und weltliches Ich bzw. Gemeinschaft und Gesellschaft in Differenz zueinander.

Zur Gesellschaft ist festzuhalten: Es muss eine gesellschaftliche Diskursebene geben, die das Bemühen um die Realisierung der wohlgeordneten Gesellschaft zum Thema hat. Diese Diskursebene ist die Politik, innerhalb derer verschiedene Ideologien darum bemüht sind, ihre Vorstellungen zu diesem Thema gesellschaftstragend werden zu lassen. Eine dieser Ideologien ist der Sozialismus. Er ist, wird er im Sinne der neuen Reformation verstanden, jene Ideologie, die aus der Anerkennung der dialektischen Philosophie heraus am Werke ist, also aus der Anerkennung davon, die Gesellschaft in ihrer Differenz zur Gemeinschaft zu verstehen. Er anerkennt also, dass seine gesellschaftlichen Betrachtungen nur dann im Dienste der Realisierung der wohlgeordneten Gesellschaft sein können, wenn sie im Lichte der Sätze der Philosophie konzipiert sind, dieserart also eine Ausformulierung erfahren.

Hiermit ist aber gerade nicht gesagt, dass diese Ausformulierung die konkreten gesellschaftlichen Probleme löst, da hiermit notwendig die differenzielle Eigenständigkeit der gesellschaftlichen Ebene unterwandert wäre. Die Ausformulierung erbringt jene Inhalte, die dem eigenständigen politischen Wirken verbindliche Vorgabe sind. Das meint: Die Politik soll die gesellschaftliche Ebene so gestalten, dass die Gesellschaft tatsächlich Repräsentation von Gemeinschaft ist. Das bedeutet vor allem, dass die Gleichwürdigkeit und die Freiheit der Menschen Maßstab der politischen, gesellschaftlichen Entscheidungen ist. Die politische Arbeit im Sinne des Sozialismus gemäß der neuen Reformation zeichnet sich also dadurch aus, diesen Maßstab tatsächlich anzuerkennen und zu befolgen. Die konkreten politischen Maßnahmen, über die die Philosophie nichts aussagt, sollen im Sinne hiervon getroffen werden.

Zur Veranschaulichung hiervon soll betrachtet werden, wie der Sozialismus im Sinne der neuen Reformation seine eigene Verankerung in der Gesellschaft versteht. Dieses Thema, so wird sich zeigen, ist unmittelbar mit dem

Verständnis der Menschenrechte verknüpft, die daher ebenfalls Thema sein müssen. Die Darstellung hiervon soll anhand einer Gegenüberstellung der entsprechenden sozialistischen und kapitalistischen Vorstellungen vorgenommen werden.

Das kapitalistische Denken sieht in den Marktmechanismen jenes, dessen Beachtung zur Realisierung der wohlgeordneten Gesellschaft führt. Das impliziert: Wer sich hiergegen wendet, der wendet sich gegen die Realisierung der wohlgeordneten Gesellschaft; der schadet der Gesellschaft. Darum werden die Protagonisten dieser Ideologe um die rechtliche Verankerung der Anerkennung der Omnipotenz des Marktes bemüht sein. Sie werden also darum bemüht sein, jegliches Denken im Sinne der Anerkennung von – ganz allgemein formuliert – der Marktwirtschaft übergeordneten Ebenen in den Privatbereich der Menschen abzudrängen, was sie gesellschaftlich mehr oder weniger bedeutungslos werden lässt.

Anders gewendet: Die Eliten der kapitalistischen Gesellschaft sind um die gesetzliche Verankerung von etwas bemüht, was alleine ihnen dient, aber in einem Kleid geboten wird, das den Anschein erweckt, als würde dem Bemühen um die wohlgeordnete Gesellschaft nachgekommen werden. Dieserart zielen sie auf die rechtliche Absicherung des sozialen Gefälles in der Gesellschaft ab! Angesichts hiervon wird verständlich, wieso es sein kann, dass in kapitalistischen Gesellschaften ein erheblicher Teil der Bevölkerungen in Armut lebt bzw. von Armut bedroht ist, obschon zugleich der aufgeklärte Geist durch eben diese Gesellschaften wehen soll.

Das geschichtsträchtigste Dokument dieser aufgeklärten Absicherung des sozialen Gefälles im Namen der „wohlgeordneten Gesellschaft“ ist die von der Konstituante erarbeitete Erklärung der Menschen- und Bürgerrechte 1789. Folgende Artikel dieses Dokumentes sind hier von Interesse:

„ARTIKEL 1. Die Menschen sind und bleiben von Geburt frei und gleich an Rechten. Soziale Unterschiede dürfen nur im gemeinsamen Nutzen begründet sein.

ARTIKEL 2. Das Ziel jeder politischen Vereinigung ist die Erhaltung der natürlichen und unveräußerlichen Menschenrechte. Diese Rechte sind Freiheit, Eigentum, Sicherheit und Widerstand gegen die Unterdrückung.

ARTIKEL 4. Die Freiheit besteht darin, alles tun zu können, was einem anderen nicht schadet. So hat die Ausübung der natürlichen Rechte eines jeden Menschen nur die Grenze, die den anderen Gliedern der Gesellschaft den Genuss der gleichen Rechte sichern. Diese Grenzen können allein durch Gesetz festgelegt werden."

Artikel 1 bringt unmissverständlich eine Zurückweisung davon zum Ausdruck, Menschen aufgrund ihrer Geburt Privilegien einzuräumen. „Soziale Unterschiede" dürfen sich nicht aus derartigen Privilegien ergeben. Vollständig verbannt sind die sozialen Unterschiede aber auch nicht. Anerkannt werden sie, wenn sich aus ihnen ein allgemeiner Nutzen für die Gesellschaft ergibt. Das irritiert. Wie sich gezeigt hat, können gesellschaftliche Maßnahmen bei oberflächlicher Betrachtung den Anschein erwecken, als würden sie der Allgemeinheit dienen, sodass soziale Unterschiede, die sie zugleich provozieren, unproblematisch sind. Die kapitalistische Marktwirtschaft beruft sich eben hierauf. Das von der Konstituante erarbeitete Dokument müsste also, will es tatsächlich um die wohlgeordnete Gesellschaft bemüht sein, jeder Argumentation einen Riegel vorschieben, die im Namen dieser Oberflächlichkeit vorgeht.

Das führt zu der Frage: Zielt der zweite Artikel hierauf ab, da er „Widerstand gegen die Unterdrückung" zu den

„unveräußerlichen Menschenrechten" zählt? Sogleich lässt sich eine Antwort nicht geben, da zu beachten ist: Es wird ja nicht spezifiziert, was alles mit Unterdrückung gemeint ist. Einem Denken im Sinne der kapitalistischen Marktwirtschaft wird die Ausrichtung auf „mehr sein wollen als die anderen" keinesfalls als Unterdrückung erscheinen, obschon sie es aus Sicht der Beachtung der gemeinschaftlichen Ebene sehr wohl ist. Das lässt die Möglichkeit zu, die hier interessierende Aussage im zweiten Artikel zu den Empörungsprophylaxen rechnen zu müssen. Ist tatsächlich hiervon zu sprechen, so zielt der zweite Artikel keinesfalls auf die zutreffende Vorstellung von Unterdrückung ab.

Betrachtet man den vierten Artikel, so zeigt sich, dass tatsächlich hiervon zu sprechen ist. Dieser Artikel bezieht sich auf das unveräußerliche Menschenrecht Freiheit. „Die Freiheit besteht darin, alles tun zu können, was einem anderen nicht schadet." Das beinhaltet, dass der Freiheit eine Grenze gezogen ist. Sie wird auch explizit angesprochen: „[...], die den anderen Gliedern der Gesellschaft den Genus der gleichen Rechte sichert." Dieserart tritt also das Dokument der Konstituante gegen die Gesinnung „jeder Mensch wie er will" auf. Diese Gesinnung darf also nicht mit Freiheit verwechselt werden. Die Freiheit erwächst erst auf dem Boden der Beachtung der Gleichheit der Menschen bzw. erwächst sie aus dem Umstand, darauf achten zu müssen, dass „jeder Mensch die gleichen Rechte genießen kann", also aus der eingezogenen Grenze, keine Unterwanderung der Freiheit.

Das kann man sich gefallen lassen und ist natürlich nicht falsch. Aber diese Ausführung ist eigentümlich kurzsichtig: Von „gleichen Rechten" lässt sich, wie sich gezeigt hat, problemlos auch in einer reduktionistischen, kapitalistischen Gesellschaft sprechen, was vollständig ignoriert wird. Aber es sind eben diese „gleichen Rechte", die zu Ungleichheiten innerhalb der Gesellschaft führen, zu Ungleichheiten, die sich mit dem Willen zur Bekämpfung von Unterdrückung nicht vereinbaren lassen.

Diese Kurzsichtigkeit hat ihren Anfang bereits im ersten Artikel genommen und zeigt sich nun explizit, wenn die Formulierung genauer beachtet wird: „Die Freiheit besteht darin, alles tun zu können, was einem anderen nicht schadet.“ So zu argumentieren ist zweifellos dem Umstand geschuldet, das atomistische Menschenbild anzuerkennen: Den anderen Menschen soll kein Schaden zugefügt werden. Davon, dass man als Ich um das Wohl der anderen Menschen bemüht sein soll, gerade aus dem Bemühen um die eigene Freiheit heraus, ist somit nicht die Rede. Es ist also davon nicht die Rede, dass die Menschen eine Gemeinschaft bilden. Aber erst hieraus, so hat sich gezeigt, ergibt sich die Möglichkeit, das Bemüht-sein um sich aufgrund von Rechten eingrenzen zu können, in deren „Genuss“ alle Menschen kommen sollten, da sie alle Menschen in ihrer Gleichwürdigkeit und Freiheit erfassen.

Kurz gesagt: Das Dokument der Konstituante zielt darauf ab, alle Menschen in den Genuss von Rechten kommen zu lassen, die einen wie großen Teil der Menschheit auch immer in die Unterdrückung führt. Die in der Anerkennung und Protegierung hiervon liegende Kurzsichtigkeit kann nur überkommen werden, wenn die Menschenrechte aus der Beachtung der Gemeinschaft heraus konzipiert werden. Im Sinne hiervon ist darzulegen, dass, was unter dem Etikett „Menschenrechte“ in der modernen Aufklärung geboten wird, eine reduktionistische Verzerrung dessen bedeutet, was zu schützen vorgegeben wird: Gleichheit, Freiheit usw.

Angesichts hiervon ist folgender Satz des vierten Artikels hervorzuheben: „Diese Grenzen [der Freiheit] können allein durch Gesetz festgelegt werden.“ Das bedeutet, dass, was dieserart festgelegt wird, im Sinne besagter reduktionistischen Verzerrung gestaltet sein muss, sodass Versuche, aus dieser Situation herauszufinden, als potenziell aus dem legalen Bereich heraustretend interpretiert werden können. Das geschieht im Namen der „Unveräußerlichkeit“ der Menschenrechte. Einer Vorstellung von Unveräußerlichkeit also, die nicht begründet worden ist und auch gar nicht begründet werden kann. Sie ist verordnet worden, im Dienste der Legalisierung des sozialen Gefälles innerhalb der Gemeinschaft.

Das reduktionistische Gesellschaftsbild wird also dieserart vor substanzieller Kritik geschützt. Grundsätzlich ist diese Vorgehensweise natürlich nachvollziehbar: Es wird geschützt, wofür man sich entschieden hat. Das Problem liegt auch nicht hierin, sondern darin, dass ausgeblendet wird, dass die dieserart per Gesetz geschützte Position das Ergebnis eines Entscheidungsprozesses ist. Anders gewendet: Den Menschen wird suggeriert, dass, wovon die Menschenrechte in ihrer vorliegenden Form berichten, notwendig zu akzeptieren ist, also nichts ist, wofür man sich aufgrund gegebener Alternativen erst hätte entscheiden müssen. Die Menschenrechte, wie sie hier geboten werden, sollen sich, so wird somit suggeriert, unmittelbar vernünftigen Überlegungen verdanken und somit ideologisch indifferent sein. Somit wird unterstellt, dass darüber nachzudenken, ob die Entscheidung eine Fehlentscheidung ist, jeglicher Basis entbehrt[135].

[135] Wem es aus welchen Gründen auch immer bedeutungsvoll ist, sich nicht auf das weltliche Ich zu reduzieren, dem werden entsprechende philosophische bzw. religiöse Ambitionen durchaus nicht verboten, aber sie werden so weit wie möglich in den privaten Bereich abgedrängt, womit sie ihrer gesellschaftliche Bedeutung weitgehend verlustig gehen.

Wie stellt sich die hiermit bezeichnete Situation aus der Perspektive des Sozialismus dar, konkret in Gestalt der neuen Reformation? Diesbezüglich ist von entscheidender Bedeutung, dass nur die neue Reformation zwischen Gemeinschaft und Gesellschaft unterscheidet, worin die Anerkennung der freien Menschen zum Ausdruck kommt, also der personalen Ichs in ihrer differenziellen Eigenständigkeit im Umgang mit der fundamentalen Aufgabe. Hiermit ist vor allem zum Ausdruck gebracht: Die Anerkennung der zutreffenden Lösung der fundamentalen Aufgabe lässt sich nicht vorschreiben, auch nicht per Gesetz. Jede diesbezügliche Vorschrift würde die Personalität der Menschen unterwandern, also den Umstand, dass die Menschen in freier Entscheidung zu besagter Anerkennung finden sollen.

Betrachtet man diesen Findungsprozess genauer, so zeigt sich die Bedeutung der bereits erwähnten personalen Diskursebene. Diese hat ihren Daseins-Grund darin, dass die personalen Ichs auch Individuationen von Wir sind. Konkret ist hiermit zum Ausdruck gebracht: Die personalen Ichs sind, insofern sie jeweils ein Eines sind, Im-Gespräch-sein-mit-sich, womit der Umgang mit der fundamentalen Aufgabe bezeichnet ist. = Als ein Eines ist das Ich Hinterfragen, also im Gespräch mit sich. Dieses Im-Gespräch-sein muss somit auch in Rücksicht auf Ich als Individuation von Wir von Bedeutung sein. Da das Im-Gespräch-sein in Beziehung hierauf nicht mehr an der Grenze der einzelnen Individuationen seine Grenze finden kann, somit nicht mehr Im-Gespräch-sein mit sich sein kann, muss es einen Dialog zwischen den einzelnen Individuationen bedeuten.

Auf der hiermit bezeichneten personalen Diskursebene verständigen sich die Ichs über ihren Umgang mit der fundamentalen Aufgabe, was als essentieller Teil davon zu verstehen ist, zur Thematisierung von Person-Sein und

Gemeinschaft vordringen zu sollen. Gelingt dieser Prozess, so werden sich diese Ichs bewusst, sich als Individuationen von Wir begreifen zu sollen (= Thematisierung des eigenen So-Seins), also als eine Gemeinschaft bildend, und demgemäß die Repräsentation hiervon auf weltlicher Ebene, also die Gesellschaft, als wohlgeordnete Gesellschaft gestalten bzw. hierum bemüht sein.

Die Basis hiervon ist wie folgt zu konkretisieren: Gewinnt ein Ich aufgrund seiner freien Entscheidung, also im eigenständigen Umgang mit den gegebenen Orientierungshilfen, Einsicht in seine Personalität und somit Einsicht in den Umstand, Individuation von Wir zu sein, so sind ihm seine Vorstellungen zur Realisierung der Gemeinschaft verbindlich, da es das Bemüht-sein um die Gemeinschaft als integrales Element seines Bemüht-seins um sich als ein Eines begreift.

Hieran ist hervorzuheben, dass die Sätze, die ein dieserart vorgehendes Ich somit beachtet und als verbindlich versteht, keinesfalls als Gesetze im gesellschaftlichen Sinn verstanden werden können, also als etwas, das anderen Ichs im personalen Diskurs verordnet werden kann. Das folgt bereits aus dem Charakter der personalen Diskursebene: In letzter Konsequenz bedeutet diese Ebene den Austausch zwischen den Ichs darüber, wie die personalen Hilfen in Rücksicht auf die Entscheidung bezüglich der fundamentalen Aufgabe zu bewerten sind. Ob sie anerkannt werden sollen. Hierin liegt, dass sich das Ich für das Angebot „personale Hilfe“ entscheiden soll, da es sich hiermit gerecht wird. Hierfür bzw. hiergegen entscheidet sich ein Ich als ein Eines. Als ein Eines, das im personalen Diskurs ermuntert werden kann, das Angebot anzunehmen, aber auch dazu, sich ihm gegenüber zu verweigern, wiewohl ohne hm hierbei seine Eigenständigkeit nehmen zu wollen.

Entscheidend ist hieran, dass, was im personalen Diskurs auch immer erfahren und ausgetauscht wird, letztlich vom Ich bewertet wird, insofern es ein Eines ist. Aus diesem Grund kann es auf der personalen Ebene keine Verordnungen in Beziehung auf die Anerkennung der personalen Hilfen usw. geben, da sich diese mit der freien Entscheidung der personalen Ichs nicht vereinbaren lassen. Das gilt auch für den Fall der Entscheidung für die reduktionistische Lösung der fundamentalen Aufgabe. Auch die Wahl dieser Lösung kann im personalen Diskurs nicht verordnet werden. Aber es kann hierzu ermuntert werden, was der Unterwanderung der Beachtung der Inhalte des personalen Diskurses gleichkommt. Diese Ermunterung kann bis zur völligen Ignoranz gegenüber der personalen Diskursebene führen (nicht aber zu deren Auflösung!), was gleichbedeutend damit ist, dass die Vorstellungen vom Fundament der Gesellschaft als in rechtliche Verordnungen gießbar erscheinen. Das zuvor betrachtete Menschenrechtsdokument aus dem Jahre 1789 ist das geschichtsträchtigste Beispiel hierfür.

Ein die zutreffende Lösung der fundamentalen Aufgabe wählendes Ich muss daher darum bemüht sein, den personalen Diskurs so zu gestalten, dass er in einer diesem gerecht werdenden Form geführt wird, also im Sinne der konsequenten Anerkennung der personalen Hilfen. In anderen Worten: Es ist darauf hinzuarbeiten, dass der personale Diskurs als *personaler* Diskurs wahrgenommen wird, also in Differenz zu den gesellschaftlichen Diskursen, sodass diese als der Ausformulierung durch jenen bedürfend eingesehen werden können. Das verhindert, dass rechtliche und gesetzliche Verbindlichkeiten eingeflochten werden, die sich am atomistischen Menschenbild der gesellschaftlichen Ebene orientieren. Kurz gesagt: *Es ist darauf hinzuarbeiten, dass der personale Diskurs explizit im*

Lichte der Philosophie verstanden und geführt wird bzw. werden kann.

Angesichts hiervon zeigt sich, was in gewisser Hinsicht die Essenz des Sozialismus ausmacht bzw. in der neuen Reformation angestrebt wird: Er anerkennt, das Bemühen um die wohlgeordnete Gesellschaft aus der Ausrichtung auf die philosophischen Darstellung der personalen und gemeinschaftlichen Ebene heraus gestalten zu müssen, sich explizit als gesellschaftliche – politische - Einrichtung verstehend. Hierin kommt die Einsicht zum Ausdruck, die Gesellschaft in ihrer differenziellen Eigenständigkeit gegenüber der Gemeinschaft begreifen zu müssen, was gleichbedeutend damit ist, die gesellschaftlichen Mechanismen, wie sie uranfänglich angetroffen werden, nur dann verstanden haben zu können, wenn sie aus der Betrachtung der gemeinschaftlichen Ebene heraus begriffen und ausformuliert werden.

Versucht man die gegebenen Ausführungen zusammenzufassen, so ergibt sich: Die sozialistische Gesinnung kann nicht das Ergebnis welcher gesellschaftlichen Analysen auch immer sein. Sie ergibt sich daraus, dass sich ein Ich als Eines für die Anerkennung der personalen Ebene entscheidet und, wozu es dieserart gefunden hat, im personalen Diskurs propagiert. Explizit sozialistisch wird die hiermit bezeichnete Gesinnung mit dem Bemühen, die Vorstellungen von der gesellschaftlichen Ebene in dem hiermit bezeichneten Sinn zu gestalten. Das umfasst, dass sich ein dieserart vorgehendes Ich nicht von beeindrucken lässt, mit der gesellschaftlichen Ebene etwas vorzufinden, das aufgrund seiner differenziellen Eigenständigkeit gegenüber der personalen Ebene suggeriert, von dieser absehen zu können. Der Sozialismus lässt sich also nur auf der Basis der entsprechenden philosophischen Einsichten errichten, in strikter Abkehr von der modernen Aufklärung.